SKILLS AND TECHNIQUES FOR SOCIAL WORK PRACTICE

현장실천중심

사회복지실천기술론

이재선 김성철 순덕기 신철민 정용충 조순일 공저

양서원

사람이 사람답게 살아가고 보다 행복하고 윤택한 삶을 영위토록 하는 데 사회복지는 실천적 · 사회적 기능을 수행하는 역할로서 제반적 기능을 해왔으며 앞으로도 그 기능은 지속될 것이다. 이러한 사회적 기능 활동으로 중요한 역할을 다하며 발달되어 온 것이 '사회복지실천'이라 할 수 있으며 그 실천을 구체적으로 실행하기 위한 기술들을 다루는 학문이 '사회복지실천기술'이라 할 것이다.

이 책에서는 최대한 현장중심 차원에서 활용되고 지침으로 삼아야 할 내용들과 사례 및 양식 등을 중심으로 하여 집필하고자 노력하였으며, 사회복지를 배우는 학습자들을 위하여 사회복지실천기술의 제반 지식과 실천기술을 보다 쉽게 이해하는 데 도움을 주기 위한 차원에서 다루어 보고자 시도되었다.

이 책은 총 12장으로 구성하였다. 우선 제1장에서는 사회복지실천기술에 대한 전반적인 개요를 설명하는 차원에서 개념과 전문적 기반 등에 대해서 다루었다. 제2장에서는 사회복지에서 주요하게 다루는 실천모델에 대해 탐구해 보는 내용으로 정리하였으며, 제3장부터 제6장까지는 개인, 집단, 가족, 지역사회 등 각 대상별 사회복지실천기술에 대한 내용을 담아 보았다.

제7장은 사회복지실천현장에서 활용되는 의사소통기술에 대해 다루었으며, 제8장에서는 면접기술에 대해 설명하였다. 그리고 제9장은 사회복지실천에서의 기록하는 기술에 대해서, 제10장에서는 사례관리 실천기술에 대하여 현장중심적 차원에서 각종 양식이나 서식 및 사례 등을 제시하며 구체적으로 집필해 보았다.

제11장은 사회복지실천의 평가기술, 마지막으로 제12장은 사회복지실천에서 종결 및 사후관리하는 기술과 내용에 대해 구체적으로 정리하였다.

6명의 저자가 각자 최선을 다해 좀 더 풍성하고 질적인 집필을 하고자 시도하였으나, 사회복지실천기술에 대하여 전체적으로 자세하게 포괄하지 못하고 사례와 문제점, 해결방안 등에 대하여 세부적으로 접근하여 책으로 담지 못한 점 등 아쉬운 부분이 적지 않다. 이 책을 읽는 여러분들의 넓은 이해와 함께 도움이 될 수 있는 조언을 아낌없이 주실 것을 기대해 본다.

이 책이 출판되기까지 모두 하나된 힘으로 집필에 참여하고 힘써 주신 6명의 저자 분들께 진심으로 감사를 드린다. 끝으로 이 책이 나오기까지 많은 도움을 주신 양서원의 회장님을 비롯한 임직원 여러분들과 이 책이 만들어지기까지 물심양면 수고해 주신 모든 분들의 아낌없는 지원과 협조에 감사를 드리며, 이 책을 통해 사회복지를 공부하는 많은 학습자 여러분들이 조금이나마 사회복지를 실천하는 데 도움이 되길 바라는 마음과 모두의 건승을 기원해 본다.

2016년 8월

저자 일동

머리말 / 2

CHAPTER 01 사회복지실천기술의 이해 ······ 7

1. 사회복지실천기술의 개념과 특징 ······ 7
2. 사회복지사의 가치와 윤리 ······ 13
3. 사회복지실천의 전문적 기반 ······ 18
4. 사회복지실천현장의 이해 ······ 27

CHAPTER 02 사회복지 주요 실천모델 탐구 ······ 39

1. 정신역동모델 ······ 39
2. 심리사회모델 ······ 46
3. 인지행동모델 ······ 53
4. 해결중심모델 ······ 60
5. 위기개입모델 ······ 67
6. 행동주의모델 ······ 74
7. 클라이언트중심모델 ······ 82

CHAPTER 03 개인대상 사회복지실천기술 ······ 89

1. 개인대상 사회복지실천 개념 및 이해 ······ 89
2. 개인대상 사회복지실천 개입과정 ······ 95
3. 개인대상 사회복지실천 주요 기술 ······ 105
4. 개인대상 사회복지실천 사례 ······ 121

CHAPTER 04 집단대상 사회복지실천기술 ······ 133

1. 집단사회사업의 개념 ······ 133
2. 집단발달단계 ······ 145
3. 집단대상 사회복지실천의 접근 모델 ······ 166

CHAPTER 05 가족대상 사회복지실천기술 171

1. 가족대상 사회복지실천 개념 및 이해 171
2. 가족대상 사회복지실천 개입과정 179
3. 가족대상 사회복지실천 주요 기술 185
4. 가족대상 사회복지실천 사정도구 196
5. 가족대상 사회복지실천 사례 208

CHAPTER 06 지역사회대상 사회복지실천기술 215

1. 지역사회의 개념과 기능 215
2. 지역사회를 바라보는 관점 219
3. 지역사회대상 사회복지실천기술의 개념과 특징 221
4. 지역사회대상 사회복지실천의 과정 및 활동유형 224
5. 지역사회를 대상으로 하는 사회복지사의 역할 232
6. 지역사회복지실천의 분야 238

CHAPTER 07 의사소통기술 241

1. 의사소통의 개념 및 요소 241
2. 의사소통의 기본 기술 245
3. 의사소통의 방해 및 대응방안 253
4. 의사소통의 효과적 기술 259

CHAPTER 08 면접기술 277

1. 면접 준비기술 278
2. 면접 시작기술 284
3. 면접 과정기술 288
4. 면접 종결기술 296

CHAPTER 09 **사회복지실천 기록기술** 299

1. 기록의 개요와 이해 299
2. 기록의 종류 307
3. 기록을 위한 지침 313
4. 기타 기록 315

CHAPTER 10 **사례관리 실천기술** 325

1. 사례관리의 필요성 325
2. 사례관리의 개념 및 정의 328
3. 사례관리의 이론과 모델 329
4. 사례관리자의 역할 및 사례회의 333
5. 장애인복지관 사례관리 지침으로 살펴보는 현장 사례관리실천 340

CHAPTER 11 **사회복지실천의 평가기술** 359

1. 사회복지실천 평가개요 359
2. 사회복지실천 평가유형 361
3. 사회복지실천 평가방법 363
4. 사회복지실천 평가기법 364

CHAPTER 12 **사회복지실천의 종결 및 사후관리** 379

1. 사회복지실천 종결 기술 379
2. 사후관리 397

참고문헌 400
찾아보기 407

CHAPTER 01

사회복지실천기술의 이해

1. 사회복지실천기술의 개념과 특징

1) 사회복지실천기술의 개념

(1) 기술의 개념

기술(skill)은 인류의 역사와 함께 사용되었으며, 다른 원조 전문직에서도 사용하는 용어이다. 기술에 대하여 존슨(Johnson)은 관심과 욕구에 맞춰 지식과 가치를 행동하는 전환하는 사회복지실천의 구성요소이며 특정의 목표나 활동을 향한 복잡한 행위체계로 정의하였고, 스말리(Smalley)는 사회복지사가 특정 프로그램이나 서비스의 목적을 달성하기 위한 과정을 진척하기 위해 이에 필요한 방법을 사용할 수 있는 능력이라고 하였다(손광훈, 2012).

(2) 사회복지실천기술의 정의 개념

기술은 '능력…솜씨, 전문적 기술…지식 또는 어떤 것에 관한 이해와 결합된 실천지식'이다. 그러나 유능한 실천은 '숙련된 기술을 활용하는 방식'으로 수행한다. 사회복지실천기술(social work skill)이라는 용어는 사회복지사에 의해 기계적으로 사용되는 단순한 조작적 기법이라고 보아서는 안 된다. 이 기술은 사람과 문제 상황에 따라 적절하게 조합하고 적용할 수 있는 기술이 요구된다. 기술은 어떤 상황 안에서 사용하기 위해 가져오게 되는 지식, 기술적 전문성, 판단 및 경험의 정도를 의미하며, 행동과 중재의 과정을 의미한다.

사회복지실천기술에 대한 학자들의 정의를 살펴보면 다음과 같다.

① 바커의 개념

바커(Barker, 1991)는 사회복지실천기술을 "대화나 클라이언트의 문제, 욕구, 능력 등에 대한 사정, 자원개발과 사회구조를 변화시키는 데 있어서의 숙련성"이라고 정의하고 있다. 기술로는 개략적으로 면담기술, 사정기술, 개입기술, 팀워크 기술, 지지망 구축 기술, 협상기술, 평가 및 종결 기술들로 구분하였고 이러한 기술들은 사회복지실천의 상황에 따라 각각 별도로 활용되기도 하지만 통합 또는 혼합되어 사용되는 경우가 더 많다.

② 슐만의 개념

슐만(Shulman, 1984)은 사회복지사가 갖고 있는 사회복지실천기술들이 종합적으로 잘 활용될 때 긍정적인 원조관계가 형성되고, 긍정적인 원조관계는 사회복지실천의 결과에 영향을 준다고 하였다.

③ 전재일의 개념

전재일(2006)은 사회복지실천기술을 "사회복지실천의 지식과 가치, 윤리, 의무에 기초하여 클라이언트와 관련된 특별한 상황의 변화를 위하여 심리사회학적 개입을 할 수 있는 사회복지사의 인지적이고 행동적인 능력"으로 정의하였다.

④ 모랄레스와 셰퍼의 개념

모랄레스와 셰퍼(Morales & Sheafor, 1997)는 이 기술을 클라이언트체계와의 관계에서 클라이언트체계와 관계된 구체적 상황에서 사회복지실천 가치와 지식에 기초를 둔 변화의 심리사회적 과정을 지도하는 어떤 행동을 취하는 사회복지사의 능력으로 정의하였다(전재일 외, 2015).

⑤ 콤프톤과 갤러웨이의 개념

콤프톤과 갤러웨이(Compton & Galaway, 1994)에 따르면 사회복지사가 자신이 얻은 지식을 능동적인 사고과정을 통해 클라이언트의 욕구에 적합한 서비스로 전환할 수 있는 능력을 말한다.

이와 같은 제 학자들의 의견을 종합하여 사회복지실천기술의 구성요소를 정리하면 다음과 같다.

- 사회복지사가 궁극적으로 추구하는 기본적인 가치와 지식에 기초해야 한다.
- 클라이언트의 사회적 기능 향상을 목표로 한다.
- 사회복지의 전문적인 지식과 방법을 기반으로 한다. 즉, '사회복지사의 종합적 능력'을 의미한다고 하겠다.

(3) 사회복지실천 기술요소

사회복지실천 기술은 폭넓은 다양한 기술들을 필요로 하는 핵심적, 기초적 또는 기본적인 기술을 명백히 하려는 여러 가지 시도들이 이루어져 왔다. 베어와 페데리코(Baer & Federico, 1978)는 실천 기술요소를 네 가지 영역으로 아래와 같이 구분하였다(전재일 외, 2015).

① 정보수집과 사정

② 전문적 자기개발과 활용

③ 개인, 가족 및 지역사회와의 실천활동

④ 평가

2) 사회복지실천기술의 특징(Cournoyer, 2002)

① 사회복지실천의 지식, 가치, 윤리, 의무에서 나와야 한다.

- 지식은 사회복지지식에서 도출되며 인간과 사회체계에 관한 것, 사회체계와 인간의 기능을 설명, 사회체계, 상황 속의 인간을 이해하는 기초지식, 전문지식
- 가치는 인간의 본질에 대해 전문직이 갖고 있는 신념으로 전문가의 활동에 반영되며 전문직의 실천방향을 제시
- 윤리는 클라이언트와의 관계 속에서 전문가로서 지켜야 할 도리, 전문적 행동의 기준이자 원칙

② 사회복지사에게 필요한 핵심적 자질과 일치해야 한다.

핵심자질은 감정이입, 존중, 진실성, 정직성, 전문적 지식, 윤리적 의사결정, 평생학

습, 비판적 사고, 자기 자신에 대한 이해, 타인에 대한 수용, 자기통제, 전문적 지식이 있다.

③ **전문적 통합성의 특징을 반영해야 한다.**

전문적 통합성은 복합적인 문제를 가진 대상에게 한 사람의 전문가가 포괄적으로 개입하는 것으로 개인, 집단, 지역사회를 통합하여 한 사람이 모든 수준에 개입한다(미시적, 거시적, 중도적).

④ 실천의 단계나 과정의 맥락을 고려할 때 사회복지실천 목적과 일치하는 것이어야 한다. 사회복지실천의 목적은 개인, 집단 또는 지역사회로 하여금 사회적 기능에 관한 그들의 능력을 강화시키거나 회복시킨다.

3) 사회복지실천기술의 목적과 필요성

(1) 사회복지실천기술의 목적(Zastrow)

'인간과 상황' 혹은 '환경 속의 인간'이라는 기본 관점에서 시작하여 사회적 기능의 강화를 목적으로 활동하였다. 이는 사회복지실천의 가장 중요한 특성이자 사회복지실천기술의 목적이다. 커노여(Cournoyer, 2000)는 사회복지실천기술을 다음과 같은 4가지 특성을 지닌 일련의 인지적으로 행동적인 행위로 정의하고 있다. 첫째, 사회복지실천의 지식, 가치, 윤리 의무로부터 나와야 하며 둘째, 사회복지사의 필요한 핵심적 자질과 일치해야 하며 셋째, 전문적 통합성의 특징을 반영해야 하며 마지막으로, 실천의 단계나 과정의 맥락이 사회복지실천 목적과 일치해야 한다.

① 사람들의 문제해결 및 처리능력을 향상시키고
② 사람들의 자원, 서비스 그리고 기회를 제공하는 체계들과 연결시키며
③ 그런 체계들의 효과적이며 인도적인 운영을 증진시키고
④ 사회정책의 개발과 개선에 공헌하는 것

(2) 사회복지실천기술의 필요성

사회복지학은 수혜자 입장이 되어 도움을 줄 수 있어야 한다. 그중에서도 직접적인 실천이 바로 사회복지실천방법론이다. 실천론은 이론적 배경을, 실천기술론은 개입기술을 다루게 되는데 이는 수혜자의 자립의지를 고취하고 능력을 개발하여 자립할 수 있도록 도움을 주는 것이다. 이를 위해서 인간행동과 심리사회적 자원 등의 다양한 요소들에 대한 지식과 이론에 근거해서 도움을 제공할 수 있는 사회복지실천기술이 요구되는 것이다.

사회복지는 사회적 존재로서 인간이 갖는 상호의존성과 상호작용의 욕구로 인해서 발생하는 개인이나 집단의 사회적 기능을 향상시키는 것이 목적이다. 사회적 기능이란 다른 원조 전문직과 사회복지를 구분하는 핵심개념으로 개인의 능력과 욕구, 그리고 사회적 환경의 기회와 욕구 사이의 적합성과 관련되며, 이러한 관점에서 보면 사회복지실천은 다음과 같은 일을 담당하게 된다.

첫째, 욕구를 가진 개인들에게 실질적인 서비스를 획득하도록 도우며

둘째, 개인, 가족 그리고 집단에게 상담 및 치료를 제공하고

셋째, 집단이나 지역사회가 요구하는 서비스를 제공하거나 기존의 서비스를 개선하도록 서비스 제공과 관련된 입법, 행정 그리고 사회행동과 관련된 일을 수행한다(김정진, 2004).

4) 사회복지실천기술의 종류

일반적으로 사회복지실천현장에서 활용되는 사회복지사의 기술은 기능에 따라 관계형성과 의사소통을 위한 대인관계의 기술과 실천과정의 기술로 구분되는데, 이 기술들은 관계론과 면접론, 과정론으로 분류하여 설명하기도 한다.

(1) 대인관계의 기술

이 기술은 클라이언트와의 효과적인 상호교류가 이루어지도록 돕는 기술로서 전문적 관계를 유지 발전시키는 데 기초가 된다. 여기에는 ① 관계형성의 기술 ② 대화의 기술이 있다.

(2) 실천과정의 기술

클라이언트의 문제를 효과적으로 해결해 나가는 원조과정에 필요한 기술이다.

① 준비단계의 기술

② 초기단계와 탐색단계의 기술

③ 사정단계의 기술

④ 계약단계의 기술

⑤ 개입단계의 기술

⑥ 평가와 종결단계의 기술

5) 사회복지실천기술의 기능

(1) 사회복지실천기술의 두 가지 기능

① 개인의 사회적 기능 증진

사회적 기능은 인간의 기본욕구를 충족하는 데 필요한 과업과 활동을 완수하고 지역사회에서 요구하는 주요 사회적 역할을 수행하기 위한 개인의 활동으로 사회복지실천가는 개인의 삶의 질을 좌우하는 사회적 기능을 향상하는 데 실천의 초점을 두고 있다. 즉, 욕구가 있는 개인들에게 예방, 재활, 치료 활동을 통해 사회적 기능을 증진시키는 데 있다.

② 사회정의 구현

사회정의 구현은 사회구성원에게 그들의 기본적인 권리, 보호, 기회 그리고 사회적 혜택을 인정하고 지원하는 데 있어서 이상적인 조건이나 상태를 말하며, 사회복지실천가는 공정하고 정의롭게 모든 사람들의 기본권을 인정하고 책임 있게 행동하도록 사람들에게 촉구함으로써 권리를 인정받지 못하거나 무시당하는 클라이언트를 위해 대변자 역할을 하는 등의 실천에 초점을 둔다. 즉, 사회복지사 옹호활동을 하면서 사회정의를 향상시키는 데 있다.

(2) 좁은 의미와 넓은 의미로 구분하는 사회복지실천 기능

① 좁은 의미의 사회복지실천의 기능

개인과 집단, 지역사회의 손상된 능력을 회복하도록 도우며, 개인적·사회적 자원을 제공하고 사회적 역기능을 예방하는 기능이 있다.

② 넓은 의미의 사회복지실천의 기능

개인이 자신의 문제를 스스로 해결할 수 있는 능력을 증진할 수 있도록 도우며 사람과 자원체계가 연결될 수 있도록 돕는다. 또한 사람과 자원체계 간의 상호작용을 촉진시키고 수정하며 자원체계 내에서 개인 사이의 상호작용을 촉진시키도록 돕는다. 마지막으로 사회정책을 개발하고 수정하고 물질적 자원을 배분, 사회통제의 매개체로서 기능을 한다.

2. 사회복지사의 가치와 윤리

1) 사회복지사의 개념

사회복지사(Social worker)는 사회복지에 관한 전문지식과 기술을 가진 자로서 보건복지부 장관으로부터 자격증을 교부받은 사람을 가리킨다. 자격증 등급은 1·2·3급으로 구분하며(사회복지사업법 개정(2017.10.24.)에 따라 2019.1.1.부터 사회복지사 3급 자격 폐지), 1급 자격증은 국가시험에 합격하여야 취득할 수 있다. 1970년 제정된 「사회복지사업법」에 따라 보건사회부(지금의 보건복지부) 장관이 일정한 자격을 가진 자에게 교부하는 자격증 제도로 시작되었다. 처음에는 사회복지사업종사자라고 불렀으나, 1983년 법률 개정에 따라 지금의 명칭으로 변경되었다. 개정된 「사회복지사업법」은 사회복지사를 '사회복지의 전문지식과 기술을 가진 자'로 규정하고, 보건복지부 장관이 교부하는 자격증을 3등급으로 구분한다. 1·2·3급으로 구분하는 자격증은 등급에 따라 학력별 기준의 차이가 있다. 1급 자격은 국가시험에 합격한 사람에게 부여된다. 2급 자격은 대학원, 대학, 전문대학 등을 통하여 「사회복지사업법 시행령」에 규정된 소정의 과목을 이수한 뒤 졸업한 사람 또는 3급 자격증 소지자로서 3년 이상 실무경험이 있는 사람 등에게 부여된다. 3급 자격은 전문대학 졸업자나 3년 이상의 실무경력자로서 소정의 기관에서 일정 기간 사회복지사업에 관한 교육훈련을 이수한 사람 등에게 부여된다(Daum 백과).

2) 사회복지사의 활동영역

(1) 일반영역

① 일반영역: 공적사회복지영역으로, 시 · 군 · 구 및 읍 · 면 · 동 사회복지전담공무원이 있다.

② 사회복지기관 및 시설영역: 민간사회복지기관영역에서의 사회복지사가 있다.

③ 보건의료영역: 의료사회복지사, 정신보건사회복지사가 있다.

(2) 확장영역

학교사회복지사, 자원봉사활동관리전문가, 교정사회복지사, 군사회복지사, 산업사회복지사가 있다(임안나 외, 2011).

3) 사회복지사의 윤리

가치가 어떤 신념이 적절한지를 결정하는 것이라면 윤리는 그러한 신념에 따라 무엇을 해야 하고 그러한 신념을 어떻게 적용할 것인지의 문제를 다룬다. 윤리는 가치에서 나오기 때문에 가치와 조화를 이루어야 하기 때문이다.

(1) 사회복지사 전문직의 윤리

전문직의 윤리는 사람들이 지켜야 할 행위의 규범이며 도덕적 지침이기도 하다. 한국사회복지사협회의 윤리강령은 1992년 제정, 2001년 12월 개정되었다.

(2) 미국사회복지사협회 윤리강령

① 도움을 필요로 하는 사람들을 돕고 사회적 문제에 대응하는 것
② 사회적 불의와 대결해야 한다는 것
③ 타고난 인간의 존엄성과 가치를 존중해야 한다는 것
④ 인간관계가 가진 중요성을 인식하는 것
⑤ 신뢰받을 수 있게 행동해야 한다는 것
⑥ 자신의 전문적 기술을 개발하고 향상시켜야 한다는 것

(3) 사회복지사의 기본적 윤리기준

사회복지사는 전문가로서 첫째, 성실하고 공정한 업무수행, 사회정의 실현의 자세를 가져야 한다. 둘째, 전문성 개발을 위해 전문적인 지식과 기술 개발, 활용, 전파를 위해 노력해야 한다. 셋째, 경제적 이득에 대한 태도로 공정하고 합리적으로 이용료가 책정되어야 한다.

(4) 사회복지사의 클라이언트에 대한 윤리기준

① 클라이언트와의 관계는 클라이언트의 권익을 최우선으로 한다.
② 동료와 클라이언트와의 관계: 적절한 논의 없이 동료 혹은 다른 기관의 클라이언트와 전문적 관계를 맺어서는 안 된다(한국사회복지사협회의 윤리강령).

(5) 윤리적 갈등의 해소를 위한 준거틀

① 윤리적 갈등의 점검의 틀

※ 매티슨(Mattison, 1997)의 준거틀

- 사례 이면의 사실과 사례의 세부사항에 대한 수집 및 평가단계
- 실천에 대한 고려와 윤리적 요소를 구분하는 단계
- 가치갈등에 대해 확인하는 단계
- 사례에 영향을 미치는 윤리강령원칙들을 확인하는 단계
- 가능한 행동양식을 결정하는 단계

- 어떤 의무가 우선적인지 평가하고 행동의 선택을 정당화하는 단계
- 해결과 반영의 단계

② **의무와 우선순위 결정의 준거틀**

※ 로웬버그와 돌고프(Loewenberg & Dolgoff)의 7가지 윤리적 결정지침

- 윤리원칙1: 생명보호의 원칙
- 윤리원칙2: 평등 및 불평등의 원칙
- 윤리원칙3: 자율성과 자유의 원칙
- 윤리원칙4: 최소한의 불이익의 원칙
- 윤리원칙5: 삶의 질의 원칙
- 윤리원칙6: 사생활 보호와 비밀보장의 원칙
- 윤리원칙7: 진실성과 개방의 원칙

4) 사회복지사의 가치

사회복지사의 가치는 믿음 또는 신념과 같은 개인이 바람직하다고 생각하는 습관, 행동규범과 원칙을 말한다.

(1) 가치의 분류

사회복지사 가치의 분류는 궁극적 가치, 차등적 가치, 수단적 가치로 볼 수 있다.

① 궁극적 가치는 자유, 인간의 존엄성, 정의로 볼 수 있다.

② 차등적 가치는 찬반이 가능한 가치이다.

③ 수단적 가치는 자기결정, 비밀보장, 고지된 동의이다.

(2) 개입수준에 따른 사회복지사의 역할

① **미시 차원**(개인, 가족)

- 조력자: 클라이언트가 다양한 스트레스에 대처하도록 돕는다.
- 중개자: 클라이언트가 지역사회의 자원이나 서비스를 연결하도록 돕는다.

• 옹호자: 클라이언트가 필요한 것을 얻을 힘이 거의 없을 때 역할을 한다.
• 교　사: 클라이언트에 사회적 기능이나 문제해결능력을 향상하는 데 도움이 되는 정보를 제공하고 적응기술을 익히도록 가르친다.

② **중범위 차원**(조직, 공식적 집단)

• 훈련가: 기관이나 조직의 차원에서 세미나, 워크숍, 사례발표, 슈퍼비전 등의 훈련을 담당한다.
• 촉진가: 기관이나 조직의 차원에서 조직의 기능이나 상호작용, 직원들 간의 협조나 지지, 정보교환을 촉진, 조직 간의 연결망을 강화하는 역할, 행정가로서의 역할을 강조한다.
• 중재자: 기관 내의 의사소통의 갈등이나 의견 차이를 조정한다.

③ **거시적 차원**(지역사회, 사회)

• 계획가: 정책적 또는 거시적 차원에서 지역사회나 사회구조에 관심을 갖고 주민 전체의 요구를 파악하는 서비스 개발, 프로그램을 계획한다.
• 행동가: 사회정의와 평등에 관심을 갖고 소외된 집단들을 위해 지역사회의 욕구조사, 분석, 자원활성화에 노력한다.
• 현장개입가: 서비스 욕구가 드러나지 않는 일반인이나 지역주민들을 대상으로 사회문제를 예방하거나 그 심각성을 인식시켜 주는 홍보와 교육을 한다.

④ **전문가 차원**(사회복지 전문가집단)

• 동　료: 동료 간의 지지를 제공한다.
• 촉매자: 전문가 차원에서 효과적인 서비스 전달체계의 발전을 위한 활동 등을 한다.
• 연구자: 학자, 문헌연구, 실무에 대한 평가, 프로그램 등을 통해 사회사업 실무나 프로그램을 향상시킨다.

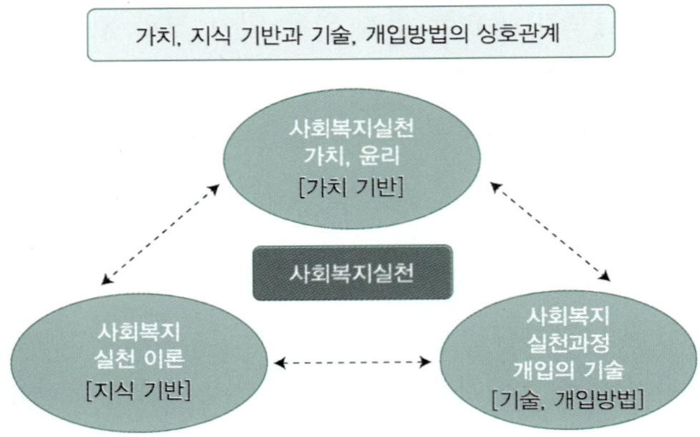

출처: 길귀숙 외(2015).

그림 1-1 사회복지실천의 기반

3. 사회복지실천의 전문적 기반

1) 과학적 기반과 예술적 기반

사회복지사는 클라이언트의 사회적 기능을 향상시키고 사회문제를 예방하기 위해 개입함에 있어 예술성과 과학성을 혼합해야 한다(남미애, 2012).

(1) 과학적 기반

과학이란 현상에 대해 관찰, 확인하고 기술하며 실험적으로 조사하고 이론적으로 설명하는 것이며, 과학적 기반이란 효과적인 개입을 위해 사회현상, 사회적 조건, 사회문제, 사회정책, 프로그램, 사회복지 전문직, 다양한 실천이론과 지식에 바탕을 두고 활용하는 것을 말한다. 사회복지 전문직은 일반인들의 활동과는 달리 책임성이 강조되고 있다. 그 이유는 사회적 자원을 지원받아 활동하기 때문이다. 그러므로 이에 따른 책임성의 유무를 위해서도 과학적 방법이 기초해야 할 필요가 있다. 사회적 책임성 구현방법으로는 객관적이고 과학적인 방법을 통한 서비스의 실행과 검증이 필수적이다. 그리고 사회복지는 현장지식 개발의 필요성 또한 요구된다.

요구되는 지식	목적
기초과학, 사회학, 인류학, 문화 분석	사회복지실천의 체계에 대한 이해
유전학, 생물학, 형태과학	생리적 · 유전적인 인간의 감정에 대한 이해
생태과학	자연세계와 상호작용하는 인간에 대한 이해
심리학, 사회학, 경제학, 인류학, 정치학	인간 연계망의 일부인 사회적 환경에 대한 이해
의학, 정신의학, 가족치료	치료를 위한 전문적 지식에 대한 이해

(2) 예술적 기반

예술이란 "능숙한 수행을 하는 데 필요한 특수한 기술로서 학습만으로는 배울 수 없는 직관적인 능력을 발휘해야 하는 것"이라고 정의된다. 구성요소들로서는 동정(자비로움, 열정적인)과 용기, 능력, 창의성, 능력, 건전한 판단력, 적합한 개인적 가치들, 그리고 효과적인 전문가 스타일을 형성하는 것 등을 들 수 있다.

클라이언트의 정서적 측면에 개입하는 사회복지사는 심리적 특성 또는 능력, 다양한 활동이나 개입이 효과적이기 위해서 기본적인 지식과 이론, 기술 등을 상황이나 클라이언트 특성에 맞게 적절히 선택하여 적용해야 한다. 이때 클라이언트를 충분히 이해하고 공감하며 원조관계를 형성하고 유지하며, 변화과정에 수반되는 저항이나 양가감정을 다룰 수 있어야 한다(길귀숙 외, 2015).

사회복지실천의 예술적 기반을 토대로 사회복지사가 지녀야 할 자세는 다음과 같다.

① 감정이입적인 의사소통 능력

② 진실성

③ 동정심(compassion)과 용기(courage)

- 동정이란 다른 사람과 함께 괴로워하는 것을 의미하며, 몰입하려는 의지를 말한다.
- 용기란 대담무쌍한 감각을 말하는 것이 아니라, 그보다는 일상적으로 발생하는 인간의 고통과 혼란, 그리고 흔히 인간의 부정적이고 파괴적인 행동에 대해서도 직면할 수 있는 것을 의미한다.

④ 전문적인 관계(professional relationship): 전문적 관계는 지속성이 없고 원조관계, 일방적인 관계로서 사회복지사가 클라이언트를 돕는 관계이다. 이를 위해서는

신뢰감을 형성해야 한다. 사회복지사가 다른 사람을 이해하고 싶다면 먼저 그 사람의 사고, 신념, 생활 경험 속으로 들어가야 한다. 그러나 그것이 가능하려면 자신의 가치, 태도 그리고 판단을 먼저 제쳐놓아야 한다. 이렇게 다른 사람의 관점을 받아들이는 능력이 감정이입이다.

⑤ 창조성(creativity)

⑥ 희망적 기대(hopefulness)와 에너지(energy)

⑦ 판단(judgment)

⑧ 개인적인 가치(personal values): 기본적 권리에 대한 존중; 모든 인간은 생활에서 목표를 달성하고, 문제를 예방하거나 경감시키며, 그리고 인간으로서 완전한 잠재력을 실현시키는 데 도움이 될 자원과 서비스에 관해 동등한 접근성을 가져야 한다.

⑨ 전문가 스타일(professional style): 스타일은 사회복지사가 클라이언트와 관계를 맺는 방법, 즉 그들의 에너지, 창의성, 지혜, 그리고 판단뿐만 아니라 특정한 사회적 이슈에 대한 그들의 열정과 헌신성에서 표현된다. 게다가 그들의 독특성은 의복, 헤어스타일, 자세, 언어, 그리고 그들이 누구이고 자신과 타인에 관해 어떤 생각을 하고 있는지에 대한 메시지를 전달하는 여러 가지 다른 선택과 행동을 통해 표현된다.

2) 사회복지실천 지식의 정의

하우(Howe)는 사회복지이론을 크게 사회복지의 이론과 사회복지를 위한 이론으로 구분하였다.

사회복지의 이론은 전문직에 초점을 두고, 전문직이 무엇에 관심을 갖고 있고 누구를 위한 것이며, 왜 그 기능을 수행하는지를 설명하였다. 사회복지사를 위한 이론은 클라이언트와 원조활동에 초점을 두고, 인간의 행동과 사회환경에 변화가 어떻게 변화를 촉진할 수 있는지를 설명하였다(Howe, 1987; Sheafor et al., 1998 재인용).

3) 사회복지사의 전문적 지식과 기술

(1) 사회복지실천의 지식

시포린(Siporin, 1975)은 사회복지실천에서 사용되는 지식을 사정에 필요한 지식과 개입에 필요한 지식으로 나누었다.

(2) 실천지식의 종류

사정에 필요한 지식	• 개인의 욕구와 문제, 상황 등을 이해하기 위한 지식 • 개입 이전에 클라이언트의 심리적 · 사회적 · 문화적 특징을 이해하고 문제가 발생하는 상황적 맥락을 분석하는 데 필요
개입에 필요한 지식	• 개인 · 집단 · 지역사회를 돕기 위한 실천과정에서 활용되는 실천이론과 개입방법에 관한 지식을 포함

출처: Siporin(1975).

(3) 사회복지실천의 기술

일반적 정의로는 솜씨나 지식, 재능, 성격, 자원을 능숙하게 활용하는 것이다.

① 사회복지사의 12가지 기술 – 미국사회복지사협회(NASW, 1981)

- 전문가로서의 이해와 목적을 가지고 경청하는 기술
- 사회력과 사정 및 보고서를 준비하기 위해 관련된 사실과 정보를 수집하는 기술
- 전문적 원조관계를 형성, 유지하고 그 관계 속에서 자신을 활용하는 기술
- 언어적 · 비언어적 의사소통을 관찰하고 해석하며 성격심리학과 사정방법에 대한 지식을 활용하는 기술
- 클라이언트가 스스로 자신들의 문제를 해결하고, 신뢰를 얻을 수 있도록 해주는 기술
- 정서적으로 민감한 주제들을 지지적 방법으로 토론하는 기술
- 클라이언트의 욕구에 대한 창의적 해결책을 만들어 내는 기술
- 치료적 관계의 종결시기와 방법을 결정하고 실행하는 기술
- 조사연구의 수행과 결과의 해석, 전문적 문헌을 해석하는 기술

- 갈등관계에 놓인 양측을 화해시키거나 협상하는 기술
- 조직 간의 연계서비스를 제공하는 기술
- 후원자, 시민, 입법관계자 등에게 사회적 욕구를 해석하고 전달하는 기술

② 미국사회복지사협회는 사회복지실천에 필요한 본질적인 기술과 관련하여 다음과 같은 사회복지사의 능력을 제안

- 명백히 말하고 기록할 수 있는 능력
- 다른 사람을 가르칠 수 있는 능력
- 정서적 괴로움이나 위기상황에서 지지적으로 반응하는 능력
- 전문적 관계에서 역할모델을 제공하는 능력
- 복합적인 심리사회적 현상을 해석하는 능력
- 임명된 책임을 완수할 수 있게 업무부담을 조정하는 능력
- 다른 사람을 돕는 데 필요한 자원을 확인하고 얻는 능력
- 인간의 행동이나 감정을 사정하고 도움이나 자문을 활용할 능력
- 집단활동에 참여하고 지도할 능력
- 스트레스 상태에서 기능하는 능력
- 갈등상황이나 다투기 좋아하는 성격을 다루는 능력
- 사회적 · 심리적 이론을 실천상황과 관련 짓는 능력
- 문제해결에 필요한 정보를 확인하는 능력
- 기관의 서비스나 자신의 실천에 관한 조사연구를 하는 능력

③ 사회복지사의 역할과 활동

- 아웃리치 워커(outreach worker): 욕구를 확인하기 위하여 지역사회로 찾아나가 서비스 기관에 의뢰
- 브로커(broker): 이용 가능한 서비스를 알고 필요로 하는 서비스를 확인하여 적절한 서비스를 제공
- 대변자(advocate): 클라이언트들이 거절당했을 때 서비스를 제공받을 수 있도록 돕고, 더 많은 욕구를 가진 사람들을 도울 수 있게 서비스를 확장하도록 도움
- 평가자: 욕구와 자원을 평가하고, 욕구를 충족시키기 위한 대안들을 마련하고, 결정

- 교사: 사실과 기술을 가르침
- 동원자: 새로운 서비스를 개발하도록 도움
- 행동 변화자: 클라이언트의 특정한 행동을 변화시킴
- 자문가: 서비스를 더욱 효과적으로 제공할 수 있도록 다른 전문가들과 함께 일함
- 지역사회 계획가: 지역사회의 사회복지욕구 충족을 위하여 지역 사회집단 계획을 효과적으로 함
- 보호제공자: 사람들이 문제를 충분히 해결할 수 없고, 자신의 욕구를 충족시킬 수 없을 때 지지적 서비스를 제공
- 자료관리자: 의사결정에 필요한 자료를 수집하고 분석
- 행정가: 서비스 프로그램을 계획하고 이행하는 데 필요한 활동을 수행

④ 사회복지사가 초보수준의 책임을 성공적으로 수행하는 데 필수적인 능력 또는 역량

- 사람과 사회제도 간의 관계를 시작하고, 증진하고, 회복하고, 보호하고, 또는 종결해야 할 필요가 있는 상황을 확인하고 사정하는 것
- 문제사정과 획득할 수 있는 목표와 이용 가능한 선택의 탐색에 기초를 둔 인간의 안녕을 개선하기 위한 계획을 개발하고 이행하는 것
- 사람의 문제해결, 대처 그리고 발달능력을 증진하는 것
- 인간을 자원, 서비스 및 기회를 제공하는 체계와 연결하는 것
- 가장 취약하고 차별받는 사람들을 위하여 효과적으로 중재하는 것
- 체계가 서비스, 자원 및 기회를 사람에게 제공하도록 효과적이고 인도적인 운영을 도모하는 것
- 새롭게 수정되었거나 개선된 서비스, 자원 또는 서비스의 소비자에게 보다 정당하고, 공정하고, 반응적인 기회체계를 만드는 데 다른 사람과 함께 적극적으로 참여하고, 부당한 체계를 제거하려는 사람과 함께 일하는 것
- 중재의 목표가 달성된 정도를 평가하는 것
- 실천 행동과 기술의 사정을 통한 전문직의 성장과 발달을 계속적으로 평가하는 것
- 전문직의 기준이나 윤리에 적합하고, 지지하고, 유지하는 전문직의 지식기초를 확대해 나감으로서 서비스 전달의 개선에 기여하는 것

⑤ 대화나 클라이언트의 문제, 욕구, 능력 등에 대한 사정, 자원개발과 사회구조를 변화시키는 데 있어서의 숙련성(Barker, 1991)

⑥ 지식(기술/모델), 반복된 행위(활용, 적용), 활용 · 적용의 평가(평가/수정)

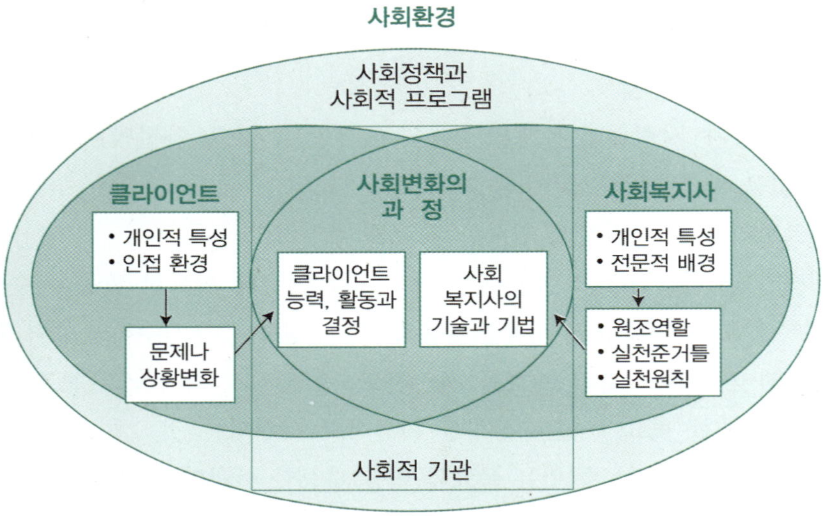

출처: 서울대 사회복지실천연구회(2010: 89).

그림 1-2 사회복지실천에 대한 통합적 관점

4) 사회복지 전문직의 정체성

(1) 기초지식

사회, 문화, 과학, 역사, 예술, 철학 등의 기초교양 과목을 폭넓게 포함시키고 있다(김혜란 외, 2006).

(2) 전문지식

전문직(專門職)이란 어느 특정 분야에 대한 전문적인 지식이나 기술이 필요한 직업이나 직책을 말한다. 전문직의 개념을 플렉스너(Flexner)와 그린우드(Greenwood)는 다음 표와 같이 정의하였다.

그린우드 (Greenwood, 1957)	사회복지는 기본적인 지식과 체계적인 이론, 전문적인 권위, 사회적인 승인(재가), 윤리강령, 전문직 문화, 전문직의 속성이 있다고 주장하였다.
플렉스너 (Flexner, 1915)	사회복지의 범위가 너무 넓어서 전문직으로서의 경계를 정하기가 불가능하다고 하였으며, 개인적 책임성이 보장되는 지적 활동, 과학적 · 학문적 기반을 둔 이론, 실제적이며 명확한 목적, 교육적 전달방식, 자발적 조직, 이타주의적 동기 등이 있다고 주장하였다.

사회복지사는 자신의 개인적 특성, 창조적 능력, 사회적 관심을 전문적 지식과 적절히 결합하여 클라이언트의 사회적 기능을 향상시키고 사회문제를 예방하기 위해서 전문가 교육이 필요하다. 이는 지식(이나 과학)을 기본적으로 이해할 수 있도록 도울 수 있다. 사회복지 지식이란 사회복지사가 효과적인 사회복지실천을 하는 데 있어서 알아야 하거나 알고 있을 필요가 있는 것이다.

① 인간행동과 사회환경

인간의 문제에 접근하기 위해서, 사회복지사는 각각의 발달시기에 관련된 욕구와 자원에 대해 알아야 한다. 또한, 이러한 욕구는 어떻게 정의되고 다양한 문화와 어떻게 만나는지 알아야 한다.

② 사회정책과 서비스

사회경제적 정의의 원칙 내에서 정책, 정책형성과정, 사회정책분석에 영향을 미치는 정치적 · 조직적 과정에 대한 지식이 필요하다.

③ 사회복지실천방법

클라이언트의 사회기능을 향상시키도록 지식과 실천기술이 필요하며 이로써 전문직 신념과 목표를 성취할 수 있다.

④ 조사연구

미국사회사업가협회(NASW)는 효과적 사회복지실천을 위한 구체적인 이론과 기술을 포괄적으로 포함하는 사회복지 전문지식을 다음과 같이 제시하였다.

• 인간행동발달에 관한 이론, 가족과 상호작용 등에 관한 이론적 지식

- 클라이언트에게 영향을 미치는 사회적 · 환경적 요인에 관한 지식
- 인종, 민족, 기타 사회의 문화집단에 관한 지식
- 기본적인 사회경제, 정치이론에 관한 지식
- 윤리적 원칙과 실무에 관한 지식
- 사회심리사정과 개입에 관한 이론과 기술에 관한 지식
- 개별지도와 집단지도의 이론과 기술에 관한 지식
- 소집단이론과 행동역동에 관한 지식
- 집단 상호작용과 치료적 개입에 관한 지식
- 위기개입이론과 기법에 관한 지식
- 지역사회조직이론과 전략에 관한 지식
- 조직과 사회체계에 관한 이론과 행동, 변화 등에 관련된 지식
- 옹호이론과 기법에 관한 지식
- 지역사회조직이론과 보건 · 복지서비스 개발에 관한 지식
- 사회계획의 개념과 기술에 관한 지식
- 지역사회자원과 서비스에 관한 지식
- 공적사회서비스에 관한 지식
- 사회와 보건서비스 등과 관련한 복지법규와 규정에 관한 지식
- 사회복지발달과 정책에 관한 지식
- 사회복지행정이론과 개념에 관한 지식
- 사회심리 통계와 기타 조사방법과 기술에 관한 지식
- 실무와 관련된 전문적이며 과학적인 연구에 관한 지식
- 교육과 훈련에 관한 이론과 기법에 관한 지식
- 전문적 슈퍼비전의 개념과 이론을 포함하는 지식

4. 사회복지실천현장의 이해

1) 사회복지실천현장의 개념

사회복지사가 직접 또는 간접적으로 사회복지서비스를 전달하는 장으로 '장소'의 개념을 넘어 사회복지실천이 이루어지는 '장', '문제', '대상집단'을 모두 포괄하는 개념이다.

사회복지실천현장을 광의의 개념과 협의의 개념으로 나누어 볼 수 있다.

① 광의의 개념: 실천분야 또는 서비스의 초점이 되는 문제영역을 포괄하는 개념과 서비스를 제공하기 위해 직접·간접으로 관련되는 모든 현장이다.

② 협의의 개념: 사회복지서비스를 직접 또는 간접적으로 제공하는 사회복지기관이다.

2) 사회복지실천현장의 분류(협의의 개념에서의 사회복지실천현장)

(1) 기관의 목적에 따른 분류

① 1차 현장: 기관의 일차적 기능이 사회복지서비스를 제공하기 위한 것으로 사회복지사가 중심이 되어 활동하는 실천현장이다(예: 지역사회 종합사회복지관, 노인복지관, 사회복귀시설 등).

② 2차 현장: 기관의 일차적 기능은 따로 있으며 필요에 의해 사회복지서비스를 제공한다(예: 의료기관, 교정시설, 학교, 읍·면·동사무소 등).

(2) 사회복지기관의 설립주체와 재원의 조달방식에 의한 분류

① 공공기관: 정부지원으로 운영되며 사회복지사 업무도 정부의 규정이나 지침에 따라 지도·감독을 받는다.

② 민간기관: 사회복지 관련 사업을 목적으로 사회복지법인, 재단법인, 사단법인, 종교단체, 시민사회단체 등에서 운영하는 비영리기관을 총칭한다.

(3) 서비스 제공방식에 따른 분류

① 행정기관: 사회복지서비스 전달체계를 효율적으로 운영하기 위해 행정업무를 수행하고 기관 간의 협의 및 연계업무를 담당한다(예: 보건복지부, 고용노동부, 민간 행정조직 등).

② 서비스 기관: 클라이언트에게 직접 서비스를 제공하는 것을 목적으로 하는 기관이다(예: 지역사회복지관, 노인복지시설 등).

③ 주거시설 제공여부: 생활시설, 이용시설

3) 사회복지사의 역할 및 기능

사회복지사의 역할은 사람들의 문제해결과 처리능력을 향상시키고 더욱 효과적으로 이용할 수 있도록 돕는다. 또한 사람들과 자원체계들 사이의 상호작용을 촉진시키며 새로운 관계를 수정하고 수립하고 사회정책의 개발과 수정에 기여하며, 물질적 자원을 분배하고 사회통제의 매개인 역할을 수행한다.

(1) 사회복지사의 역할(Zastrow, 2010)

① 직접적으로 대면서비스를 제공하는 역할

사회복지사가 클라이언트를 직접 대면하여 클라이언트의 욕구와 문제를 해결하기 위하여 직접서비스를 제공하는 역할로서 사회복지실천에서 가장 많은 부분을 차지하는 역할이다.

가. 심리치료사나 상담가의 역할: 사회복지사는 개인, 가족, 집단대상으로 자신의 감정을 잘 이해하고, 행동을 수정하며 문제상황에 대처하기 위하여 도움을 주고 이들이 갖고 있는 심리적·정서적 문제해결을 위하여 심리치료사(psychotherapist)나 상담가(counselor)의 역할을 수행한다.

나. 정보제공자나 교육자(Educator)의 역할: 클라이언트가 문제를 예방하거나 사회적 기능을 향상하는 데 필요한 지식과 기술을 갖추도록 도와주는 것이다. 클라이언트가 필요로 하는 정보제공, 클라이언트 삶의 상황에서 발생하는 어려움을

처리하고 위기를 예견하고 예방하도록 가르치는 것을 의미한다.

② 서로 다른 체계들을 연결하는 역할

가. 조력자(enabler): 문제를 해결할 수 있도록 도와주는 역할이다.

나. 중개자(broker): 필요한 자원과 서비스를 연계해 주는 역할이다(클라이언트 상황사정, 자원사정, 의뢰, 서비스체계 연결, 정보제공).

다. 옹호자(advocator): 클라이언트가 자원과 서비스를 받을 권리를 유지하도록 돕거나 클라이언트에게 부정적 효과를 주는 프로그램과 정책을 변화시키는 운동을 적극적으로 지지한다(클라이언트나 사례옹호, 계층옹호).

라. 교사(teacher): 정보의 제공, 정보를 활용할 수 있는 기술들에 대해 가르치는 역할이다(사회생활과 일상생활기술 가르치기, 행동변화를 촉진하기, 1차 예방).

마. 촉진자(facilitator): 집단사회복지사의 역할, 활동이나 자원을 전달하는 변화와 노력으로 기관이나 조직의 차원에서, 조직의 기능이나 상호작용, 직원들 간의 협조나 지지, 정보교환을 촉진시키며 조직 간의 연결망을 강화시키는 역할을 한다.

바. 중재자(mediator): 견해가 다른 개인이나 집단 사이의 의사소통의 갈등이나 의견차이를 조정, 협상과 타협을 위해 중립적 입장에서 상대방을 이해시키는 역할을 한다.

사. 훈련가(trainer): 기관이나 조직의 차원에서, 전문가적 개발을 위한 직원 오리엔테이션, 세미나, 워크숍, 사례발표, 슈퍼비전 등의 활동에 참여하여 전문가 교육이나 훈련을 담당한다.

아. 계획가(planner): 정책적 또는 거시적 차원에서, 지역사회나 사회구조에 관심을 갖고 지역사회 주민들의 욕구를 파악, 서비스를 개발한다. 기존의 서비스를 개선하는 데 필요한 목표나 정책을 수립하며 프로그램을 계획하는 역할을 한다.

자. 행동가(activist): 정의와 평등에 관심을 갖고 소외된 집단의 힘과 자원 확보를 위한 제도적 변화와 개인의 욕구에 보다 적절히 반응할 수 있는 서비스 환경을 만들기 위해 활동에 참여하는 것을 말한다.

차. 현장개입가(outreach): 서비스를 필요로 하는 개인들을 파악하고 적절한 서비스를 원조하기 위해 지역사회에 들어가 사회문제 예방을 위한 홍보활동, 교육 등을 함으로써 서비스에 대한 지역사회의 욕구와 접근성을 높이는 역할을 수행한다.

카. 전문가 집단 차원의 동료, 촉매자, 연구자/학자의 역할은 이론적 · 실천적으로 전문직의 발전과 서비스의 개선을 위한 활동을 한다.

- 동료(colleague): 건전한 사회사업실무나 전문직의 발전을 위해 전문가로서 윤리나 기준을 지키고, 전문가 조직의 참여를 통해 동료 간의 지지를 제공하는 역할을 한다.
- 촉매자(catalyst): 보다 효과적인 서비스 전달체계의 발전을 위한 활동, 올바른 환경적 · 정책적 변화를 위해 사회복지 전문직뿐만 아니라 타 전문직의 협조를 구하며 전문가 조직을 통한 국가적 또는 국제적 활동을 수행한다.
- 연구자/학자(researcher/scholar): 관심 있는 주제에 관한 문헌연구나 자신의 실무에 대한 평가, 프로그램 분석, 욕구조사 등 전문직 이론을 발전시키고, 사회사업 실무나 프로그램을 향상시키는 역할을 한다.

(2) 사회복지사의 기능

사회복지사에 의해 수행되는 실천역할의 범위는 넓고 다양하다. 효과적인 사회복지사는 역할과 관련 있는 기본적인 직무상의 기능을 수행하는 데 능숙해야 하며 전문사회복지사는 보다 적은 역할에서 보다 깊이 있는 능력이 발휘되지만 일반사회복지사는 모든 영역에서 자신의 능력을 확대하도록 노력해야 한다.

사회복지사의 기능을 살펴보면 다음과 같다.

① 중개인으로서의 사회복지사

가. 목적: 클라이언트를 적절한 인간서비스와 자원에 연결한다.

나. 설명: 클라이언트와 지역사회의 자원 연결을 촉진한다. 서비스가 필요한 사람들과 그 서비스를 제공할 수 있는 사람을 맺어 주는 것이다.

다. 기능: 클라이언트 상황 사정, 자원사정, 의뢰, 서비스체계 연결정보를 제공한다.

② 옹호자로서의 사회복지사

가. 목적: 클라이언트가 자원과 서비스를 받을 권리를 유지하도록 돕거나 클라이언트나 클라이언트 집단에게 부정적 효과를 주는 프로그램과 정책을 변화시키는 운동을 적극적으로 지지한다.

나. 설명: 사회복지의 핵심은 옹호이다. 옹호는 사회복지임무의 기본이 되고 윤리강령에 명확하게 구체화되어 있다. 사회복지사는 옹호방법과 클라이언트의 자기결정과 변화과정에서의 참여를 최대화하는 원칙 사이에 균형을 이루어야 한다. 가능한 한 옹호는 클라이언트 스스로가 자기 자신의 옹호자가 될 수 있도록 원조하는 형태를 취해야 한다.

다. 기능

- 클라이언트나 사례옹호: 옹호를 하는 공통적인 목적은 클라이언트 개인이 자격이 있고 사실상 서비스나 자원을 제공받도록 보증하기 위해서이다. 옹호를 하는 중요한 단계는 정보를 수집하고 클라이언트가 바람직한 서비스를 받을 자격이 있는지의 여부를 결정하는 것이다.
- 계층옹호: 계층옹호는 정치적 · 입법적 분야에서의 활동을 필요로 하고 그와 같은 이슈에 관심을 둔 조직과 연합한다.

③ 교사로서의 사회복지사

가. 목적: 클라이언트나 일반대중이 문제를 예방하거나 사회적 기능을 향상시키는 데 필요한 지식과 기술을 갖추도록 준비시킨다(임안나 외, 2011).

나. 설명: 사회복지실천의 많은 부분은 클라이언트나 클라이언트 집단이 삶의 상황에서 발생하는 어려움을 처리하거나 위기를 예견하고 예방하도록 가르치는 것을 포함한다. 사회복지실천의 근본적인 목적은 클라이언트가 역기능적인 행동을 변화시키고 효과적인 사회적 상호작용의 유형을 배우도록 돕는 데 있다. 가르치는 것은 대면면접 동안 비공식적으로 일어나기도 하며 발표회나 워크숍과 같이 보다 구조화된 교육적 활동을 통해서도 이루어진다. 가르치는 역할은 거시적 수준에서도 적용된다.

다. 기능

- 사회생활과 일상생활기술을 가르치기
- 행동변화를 촉진하기
- 1차 예방

④ 상담가 혹은 임상가로서의 사회복지사

가. 목적: 클라이언트 자신의 감정을 보다 잘 이해하고 행동을 수정하며 문제상황에 대처하기 위해 학습하도록 도움으로써 그들의 사회적 기능수행 능력을 향상시키도록 돕는다.

나. 설명: 가장 가시적이고 흔하게 수행되는 사회복지사의 역할은 상담가나 임상가로서의 역할이다.

다. 기능

- 심리사회적 사정과 진단: 클라이언트의 상황을 철저히 이해하고 변화를 위한 그들의 동기, 능력 그리고 기회를 사정해야 한다.
- 지속적이고 안정적인 보호: 상담가/임상가 역할에는 항상 클라이언트나 사회적 상황을 변화시키기 위한 노력이 포함되는 것은 아니며, 때때로 확대된 기반에서 지지나 보호를 제공한다.
- 사회치료: 클라이언트가 관련된 사람들과 사회집단 사이의 관계를 이해하도록 돕고 클라이언트의 사회적 관계를 수정하기 위한 노력을 지지하며 문제 해결이나 대인적 변화 노력에 클라이언트를 참여시키며 개인과 개인, 개인과 사회제도 사이의 갈등이나 차이점을 중재하도록 돕는 활동이 포함된다.
- 실천평가: 첫째, 사회복지사가 활용한 개입의 효과성을 사정하기 위해 자신의 수행을 검토하는 것이다.

  둘째, 사회복지사는 신규 혹은 개정된 서비스와 공공정책을 통해 해결될 필요가 있는 사회문제를 파악하기 위해 클라이언트자료를 수집한다.

⑤ 사례관리자로서의 사회복지사

가. 목적: 클라이언트를 적합한 서비스에 연계하고 그런 서비스를 활용하도록 조정하는 과정에서 개인과 가족에게 서비스를 지속적으로 제공하는 것이다.

나. 설명: 사례관리자로서 여러 다양한 프로그램이나 기관에서 제공한 다중적 서비스를 활용해야만 하는 클라이언트를 위해 아주 중요하다. 이 역할은 시설보다는 가정과 지역사회에 거주하는 취약집단의 사람들에게 중요하다. 취약한 노인, 역기능적인 가족의 아동들, 지체장애인, 만성적인 정신질환자와 같이 상처입기 쉽고 매우 의존적인 사람들이 포함된다. 효과적인 사례관리를 위해서 사회복지사가 목표지향적이 되고 친사회적이며 주장성이 강해야 한다(신성자 외, 2012).

다. 기능

- 클라이언트 확인과 방향: 사례관리에 의해 긍정적으로 영향을 받을 수 있는 서비스를 직접적으로 확인하고 선택하는 것이다.
- 클라이언트의 사정: 클라이언트의 욕구, 삶의 상황 자원에 관한 정보를 수집하고 사정하는 것을 말한다.
- 서비스/치료계획: 관련된 전문가와 프로그램 대표자들을 모으고 집단논의와 의사결정회의를 하도록 지도하며 클라이언트와 그 가족, 그리고 중요한 다른 사람들이 목적을 형성하고 통합된 개입계획을 설계하도록 하는 것이다.
- 연결과 서비스조정: 개인역할처럼 사례관리자는 클라이언트를 적합한 자원과 연결해야 한다.
- 사후조치와 서비스전달점거: 사례관리자는 클라이언트와 서비스 제공자 모두와 정기적이고 빈번하게 사후조치를 위한 접촉을 함으로써 클라이언트가 필요한 서비스를 실제적으로 잘 받고 활용하는지를 확인한다.
- 클라이언트 지지: 다양한 자원에 의해 서비스가 제공되는 동안 사례관리자는 클라이언트와 그 가족이 바람직한 서비스를 받는 데서 부딪치는 불가피한 문제를 다루도록 돕는다.

  성격적 갈등을 해결하는 것, 상담하는 것, 정보를 제공하는 것, 정서적 지지를 제공하는 것이 포함되고 적절할 때는 클라이언트의 편에서 그들이 수혜자격이 있는 서비스를 받도록 옹호하는 것이 포함된다.

⑥ 업무량 관리자로서의 사회복지사

가. 목적: 클라이언트에게 가장 효율적인 서비스를 제공하고 고용된 조직에 책임을 지기 위해 업무량을 관리한다.

나. 설명: 사회복지사는 클라이언트에게 필요한 서비스를 제공하는 동시에 고용된 사회기관의 요구사항인 업무량 관리를 충실히 지켜야 한다. 클라이언트 기관 모두에 관련된 업무의 균형을 이루어 사회복지사는 자원이 희박한 환경 내에서 제공되는 서비스를 최대화할 책임이 있다.

다. 기능

- 업무계획: 사회복지사는 업무량을 사정하고 중요하고 긴급한 것에 따라 우선순위를 정하며 가능한 한 가장 효과적이고 효율적인 방법으로 업무를 수행할 계획을 세운다.
- 시간관리: 시간 사용의 우선순위가 정해져야 하고 작업시간이 주의 깊게 할당되어야 한다.
- 품질보증점검: 사회복지사는 자신이 제공한 서비스의 효과성을 정기적으로 평가하고 동료가 제공한 서비스를 사정하는 데 참여한다.
- 정보처리과정: 사회복지사는 필요한 기록과 서비스 급부, 보고서 작성, 사례기록, 그리고 다양한 지출사항을 구체화하기 위해 자료를 수집해야 한다.

⑦ 직원 개발자로서의 사회복지사

가. 목적: 훈련, 슈퍼비전, 그리고 인사관리를 통해 기관 직원의 전문적 개발을 촉진시킨다.

나. 설명: 사회복지사는 흔히 중간관리자의 위치에서 일한다. 사회복지사는 직원의 업무수행을 유지하고 향상시키기 위한 에너지의 한 부분으로 헌신할 능력이 있어야 한다. 직원개발은 훈련욕구에 관한 정확한 사정에 기반을 두고 업무 코칭,

슈퍼비전 자문, 그리고 훈련회의나 워크숍을 실행하거나 참여하는 것과 같은 개별화된 교육의 형태를 취한다.

다. 기능

- 직원오리엔테이션과 훈련: 기관에 관한 오리엔테이션과 구체적인 업무할당이 모든 신입직원과 자원봉사자들에게 필요하다. 기능을 수행하기 위해 직무기대를 구체화하고 조직정책과 절차에 관하여 사회복지사에게 오리엔테이션을 제공하며 원조기술과 기법을 가르치는 것과 같은 과제들이 필요하다.
- 인사관리: 직원이 제공하는 서비스의 직을 향상시키고 기관의 규칙과 규정을 따르는지 확인하기 위해 직원의 활동을 감독하고 지시하는 것이 포함된다.
- 자문: 자문은 한 명의 전문가가 다른 전문가에게 동료수준에서 제공하는 것이다. 전형적으로 자문은 특별히 도전적인 실천상황을 어떻게 다루는 게 최상인가에 초점을 둔다(김혜란 외, 2001).

⑧ 행정가로서의 사회복지사

가. 목적: 인간서비스의 조직에서 정책 서비스 프로그램을 계획하고 개발하며 수행한다.

나. 설명: 기관정책을 수행하고 그 프로그램을 유지하기 위한 책임을 질 것을 가정하며 공공기관이나 민간기관의 주요 행정책임자가 되기도 한다. 행정가가 수행할 과제는 프로그램 계획, 채택된 프로그램에 대한 실행, 프로그램 평가과정에서 리더십을 발휘하는 것이다.

다. 기능

- 관리: 관리기능은 프로그램, 서비스, 혹은 전체 조직에 대한 운영상의 감독을 하는 데 있다.
- 내부적 · 외부적 조정: 행정가의 주요 과제는 기관의 업무를 조정하는 것이다.
- 정책과 프로그램 개발: 행정가는 정기적으로 새롭거나 색다른 서비스에 대한 필요성을 사정해야 한다. 욕구사정을 수행하고 사회적 경향에 관한 지식이 있어야 하며 조직을 운영하기 위한 대안적인 정책목적을 만들기 위해 고려

하며 운영위원회에 의해 채택된 정책목적이나 새로운 프로그램을 서비스로 전환하는 것이 필요하다.

- 프로그램 평가: 사회복지사는 기관의 프로그램을 점검하고 평가하며 서비스의 적절성을 기록하는 데 도움이 될 자료를 수집하며 서비스를 향상시키기 위한 행동조치를 제시해야 한다.

⑨ 사회변화 대행자로서의 사회복지사

가. 목적: 지역사회의 문제를 확인하고 지역사회 프로그램과 삶의 질을 향상시키는 영역을 확인하는 데 참여하기 위해서 그리고 변화나 새로운 자원 획득을 옹호하기 위해 이익집단을 동원하는 데 참여한다.

나. 설명: 사회복지에서 개인과 환경 모두를 강조하는 이중적 초점은 사회복지사가 이웃, 지역사회 혹은 보다 큰 사회체계에 필요한 변화를 촉진시키도록 요구한다. 사회적 변화를 위해서는 영향력 있는 집단의 행동을 자극하고 의사결정하는 기관이 그 문제를 해결하기 위한 힘을 갖도록 하는 기술이 필요하다.

다. 기능

- 사회프로그램이나 정책 분석: 사회변화를 위해 우선 필요한 것은 문제의 특성을 이해하는 것으로 경영을 분석하고 자료를 수집하고 종합해야 하고 의사결정자가 이해할 수 있는 방식으로 결과를 보고해야 한다. 분석을 위한 영역을 개발하는 것, 클라이언트와 사회문제에 관한 정책의 영향을 확인하는 것, 이슈에 영향을 미치는 지역사회 가치와 신념을 분석하는 것 등이 포함된다.
- 지역사회의 관심 고취: 문제에 관한 이해를 사회변화 노력으로 전환시키기 위해서는 관심 있는 개인, 집단, 조직을 동원하고 활기를 불어 넣어야 한다.
- 사회적 자원개발: 사회변화 대행자는 필요한 프로그램과 서비스를 개발하기 위한 활동을 한다. 인간서비스의 중복을 피하기 위해 활용 가능한 자원을 계획하고 할당하며 단위, 여러 기관에서 제공하는 서비스의 효과성과 효율성을 증대시키기 위한 활동이 포함된다.

⑩ 전문가로서의 사회복지사

가. 목적: 유능하고 윤리적인 사회복지실천에 참여하고 사회복지 전문직의 발전에 기여한다.

나. 설명: 기본적으로 전문가는 사려 깊고, 의도적이며, 적합하고 책임성이 있으며, 윤리적인 행동을 하는 사람이다. 사회복지사에게 기대하는 것은 고도로 전문화된 기준을 반영하는 태도를 실천하는 것이다. 사회복지사는 꾸준히 자신의 지식과 기술을 개발하고 실천의 질을 검토하고 증진시키기 위한 노력을 해야 하며 매우 높은 수준의 윤리적인 자세로 업무를 수행해야 한다.
전문가의 지위로 인해 혜택을 받기 때문에 사회복지사는 전문직의 향상과 강화를 위한 활동에 능동적으로 참여해야 한다.

※ 전문가로서의 자세(전남련 외, 2012)

- 사회복지사는 전문가로서의 품위와 자질을 유지하고 자신이 맡고 있는 업무에 대해 책임을 진다.
- 사회복지사는 클라이언트의 종교, 인종, 성, 연령, 국적, 결혼상태, 성 취향, 경제적 지위, 정치적 신념, 정신, 신체적 장애, 기타 개인적 선호, 특징, 조건, 지위를 이유로 차별대우를 하지 않는다.
- 사회복지사는 전문가로서 성실하고 공정하게 업무를 수행하며 이 과정에서 어떠한 부당한 압력에도 타협하지 않는다.
- 사회복지사는 사회정의 실현과 클라이언트의 복지증진에 헌신하며 이를 위한 환경조성을 국가와 사회에 요구해야 한다.
- 사회복지사는 전문적 가치와 판단에 따라 업무를 수행함에 있어 기관 내외로부터 부당한 간섭이나 압력을 받지 않는다.
- 사회복지사는 자신의 이익을 위해 사회복지 전문직의 가치와 권위를 훼손해서는 안 된다.
- 사회복지사는 한국사회복지사협회 등 전문가단체 활동에 적극 참여하여 사회정의 실현과 사회복지사의 권익옹호를 위해 노력해야 한다.

다. 기능

- 자기사정: 전문가가 의사결정을 할 때 자율성을 행사할 수 있는 것은 지속적인 자기사정의 책임이 있기 때문이다. 사회복지사 역할을 수행하며 자기사정과 그런 사정을 기초로 자신의 전문적 개발을 위해 노력하는 사람으로 설명했다.
- 개인적 · 전문적 개발: 자기사정의 결과는 자신의 능력을 개발하고 확인된 업무수행상의 문제를 해결하는 데 기여한다.
- 사회복지 전문직의 향상: 사회복지사는 전문직의 성장과 발전, 그리고 그 지식기반의 확장을 위해 기여해야 한다(설진화, 2013).

CHAPTER 02

사회복지 주요 실천모델 탐구

1. 정신역동모델

1) 정의

정신분석모델은 성격발달에 대한 모델인 동시에 인간본성에 대한 철학이며 정신치료의 한 방법으로 지그문트 프로이트(Sigmund Freud)와 그의 동료들의 과업에 기반을 두고 있다. 이 이론은 심리치료기법에 관한 최초의 심리학 이론으로 인간의 행동은 마음속의 움직임과 상호작용으로부터 나오며 정신이 행동을 자극하는 방식과 정신과 행동이 인간사회환경에 영향을 주고받는 방식을 강조하기 때문에 정신분석적이라고 불린다.

현대 정신분석이론은 행동에 대한 기본적 영향력을 본능적 충동의 개념으로 보는 관점에서 벗어나 어떻게 개인들이 사회화와 상호작용하는지에 대해 더욱 관심을 갖고 있다. 이는 자아심리학의 영향에서 비롯되었다. 특히 개별사회사업(case work)의 실천과정에서 정신분석이론은 개인이 가지고 있는 문제의 원인을 이해할 수 있는 이론적 틀을 제공하기도 하였다. 이 이론은 1909년 정신치료를 위한 이론으로 미국에 소개되면서 사회복지실천에 많은 영향을 주기 시작하였으며, 1920년대에는 의료적 모델에 기초한 진단주의 학파를 태동시켰고, 1930년대에는 심리사회적 이론의 개별사회사업모델로 확산되면서 개인이 가지고 있는 문제의 원인을 이해할 수 있는 이론적 틀을 제공하기도 하였다. 특히 정신분석이론은 현재까지도 사회복지실천의 중요한 이론적 토대가 되고 있다(전남련 외, 2012).

2) 주요 개념

(1) 지형학적 관점

① 의식(Consciousness)

우리가 인식하고 있고 현재 느끼고 이해하고 알 수 있는 모든 경험과 감각(보고, 듣고, 만지고, 냄새 맡고, 맛보는 것 등)들을 뜻하며, 슬픔과 고통과 같은 것을 쉽게 알아차릴 수 있는 정신생활의 영역, 깨어 있을 때 작용하는 정신적 활동이다.

② 전의식(Preconsciousness)

현재는 의식되지 않지만 전에 의식했던 것이 저장된 것으로 주의집중을 통해 의식세계로 끌어낼 수 있는 경험이다. 이 영역은 무의식과 의식 사이에 존재하고 있는 영역으로 충동과 욕구를 검열하고 조절하는 역할을 하기도 한다.

③ 무의식(Unconsciousness)

정신구조 대부분을 차지하고 있으며 인간행동을 결정하는 주된 원인으로 프로이트가 가장 중요하게 생각하는 부분으로 주로 원초아(id)와 초자아(superego)로 구성되어 있으며, 방어기제도 무의식의 일부분으로 나타난다. 욕구나 본능이 깊게 자리하고 있는 영역으로 인식할 수 없고 직접적으로 확인할 수도 없으며, 의식적 사고와 행동을 전적으로 통제한다.

(2) 구조적 관점

① 원초아(Id)

원초아란 무의식 안에 감추어진 일차적 정신의 힘으로 성격의 기초가 되는 기본욕구와 충동을 대표한다. 원초아를 움직이는 원리는 쾌락원칙으로, 반사적이고 일차적인 욕구를 충족시켜주는 것을 목적으로 한다. 즉, 리비도의 저장고이며 프로이트는 원초아의 정보처리과정을 일차적 처리과정(Primary process)이라고 하였다.

② 자아(Ego)

자아는 성격의 실행자이자 경영자로 원초아의 욕구를 현실적인 방법으로 충족시키기 위해 기능한다. 프로이트는 개인과 타인의 안녕을 해치지 않으면서 본능적 욕구를 충족시키는 알맞은 과정을 발달시킨다는 의미에서 자아의 정보처리과정을 이차적 처리과정(Secondary process)이라고 불렀다.

③ 초자아(Super ego)

초자아는 프로이트의 성격구조에서 마지막으로 발달하는 체계로서 성격의 도덕적 무기이며 현실보다는 이상을, 쾌락보다는 완성을 위해 작용한다. 초자아는 양심(Conscience)과 자아이상(Ego ideal)이라는 두 가지 과정에 의해 형성된다.

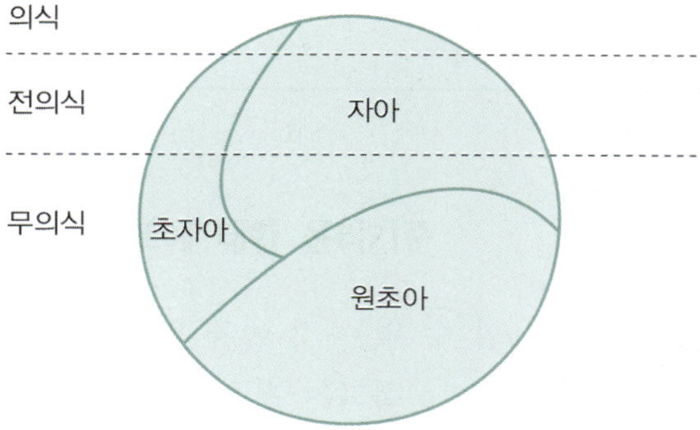

출처: 권중돈 외(2005: 224).

그림 2-1 프로이트의 정신지도

(3) 심리성적 관점

표 2-1 프로이트의 심리성적발달단계

단계	연령	성감대	핵심과제 및 주된 발달특징	방어기제	성격특성
구강기 (oral stage)	출생~18개월	입 혀 입술	젖 떼기, 빨기, 깨물기, 받기, 먹기 행위를 통해 성욕을 충족	투사 거부 내면화	낙천-비관 어수룩함-의심 능동적-수동적 감탄-시기

단계	연령	성감대	핵심과제 및 주된 발달특징	방어기제	성격특성
항문기 (anal stage)	18개월~3세	항문	배변훈련/배설물의 보유와 배설을 통해 성적 충족, 사회적 통제 습득	지성화 반동형성 유리	인색-관대 고집-순종 청결-불결 정확-애매
남근기 (phallic stage)	3세~6세	생식기	거세불안과 남근선망, 오이디푸스, 엘렉트라 콤플렉스 위기 극복, 부모 동일시, 성기에 관심, 이성부모를 사랑, 동성부모를 동일시, 초자아 발생	억압	허영-자학 자신-소심 저돌-우유부단 순결-음란 남성적-여성적
잠재기 (latent stage)	6세~12세	없음	성본능 잠재, 성본능과 관련 없는 기술 습득, 동성친구와의 우정 중시, 경쟁의식, 사회화, 지적 관심	리비도(성적 에너지)가 잠재되어 성격 유형이 발생하지 않음	
생식기 (genital stage)	13세 이후	전신	오르가슴, 정신적 · 신체적 성숙이 거의 완성, 2차 성징, 의존적 · 반사회적 성행위 추구	승화	성숙-미숙 적응-부적응

출처: 길귀숙 외(2015).

(4) 방어기제

- 억압(Repression): 자아가 수용할 수 없는 것 등을 의식하지 않으려고 무의식 세계로 밀어내어 위험적 요소들이 의식화되는 것을 막는다(예: 어려운 과제를 내주면 아예 잊어버리는 것).
- 반동형성(Reaction formation): 불안을 유발하는 무의식적 충동, 감정, 생각이 의식의 수준에서 정반대의 것으로 변화시켜서 의식화하거나 표현하는 것을 말한다(예: 미운 놈 떡 하나 더 준다).
- 퇴행(Regression): 잠재적 외상(trauma)이나 실패 가능성이 있는 상황에 처할 때 해결책으로 현재의 발달단계보다 이전 발달단계의 행동양식으로 후퇴하는 것을 말한다(예: 배변훈련이 충분히 된 아동이 동생이 태어난 후 부모의 관심이 동생에게 집중되자 대소변을 가리지 못하게 되는 것).
- 격리(Isolation): 과거의 고통스러운 기억과 연관된 감정을 의식에서 분리시키는 것이다(예: 아버지와 관련되어 해결되지 않은 감정이 무의식에 남아 있는 한 청년이 자기 아버

지의 갑작스러운 죽음에 대해 말할 때는 슬픈 감정을 전혀 보이지 않으면서 아버지를 연상시키는 권위적인 남자가 죽는 영화를 볼 때 비통하게 우는 것).

- 취소(Undoing): 용납할 수 없거나 죄책감을 일으키는 행동, 사고, 감정을 상징적인 방법을 통해 무효화시키는 것을 말한다(예: 폭력적인 남편들이 주로 폭행을 가한 후 아내에게 훨씬 잘해 주는 것).
- 투사(Projection): 자신의 용납할 수 없는 충동, 생각, 행동을 무의식적으로 타인이 그와 같은 생각이나 감정을 가지고 있다고 간주하는 것을 말한다(예: 성적이 나쁜 학생이 공부를 충분히 하지 않고 시험 문제 방식이 잘못되었다고 탓을 하는 것).
- 투입(Introction): 외부대상에 대한 적대적이거나 부정적인 감정을 자신에게로 지향시킨다는 점에서 투입은 우울증을 야기하는 중요한 기제로 간주된다. 투사와 반대되는 개념이다(예: 어머니를 미워하는 것이 자아에 수용될 수 없기 때문에 나 자신이 미운 것으로 대치되는 것).
- 자기로의 전향(Turning against self): 공격성 같은 본능적인 충동이 자기에게 향하는 것(turning against self)을 의미한다(예: 부부싸움을 한 남편이 화가 나서 자기 머리를 벽에 부딪치는 것은 부인에 대한 분노를 자기한테로 향한 것).
- 역전(Reversal): 감정, 태도, 특징, 관계, 그리고 방향을 반대로 변경하는 방어기제이다(예: 극도로 수동적이며 무력한 어머니에게 무의식적으로 반항하면서 성장해 자신만만하고 유능하게 된 여성이 자신의 성공에 대해 죄책감과 불안을 경험하는 것).
- 합리화(Rationalization): 용납할 수 없는 태도, 신념, 또는 행동을 정당화하거나 불안의식을 제거하는 것이다(예: 무의식적으로 일어나는 거짓말이나 변명 등).
- 전치(Displacement): 본능적 충동이 진짜 대상에서 덜 위협적인 대상으로 옮겨가는 것을 말한다(예: 동에서 뺨 맞고 서쪽에서 화풀이한다).
- 동일시(Identification): 자기가 좋아하거나 존경하는 대상과 자기 자신 또는 그 외의 대상을 같은 것으로 인식하는 것을 말한다(예: 어린이들의 만화캐릭터 흉내 내기).
- 전환(Conversion): 심리적 갈등이 신체감각기관과 수의근육계의 증상으로 표출되는 것을 의미한다(예: 글을 쓰는 데 갈등을 느끼는 소설가가 원고를 쓰는 오른팔에 마비를 가져오는 것이다).
- 지성화(Intellectualization): 느낌보다는 사고로 정서적 불편을 제거하는 것으로 합리

화보다 고차적인 언어를 사용한다. 종교나 철학, 문학 등의 지적활동에 몰입함으로써 욕망에서 벗어나려고 하는 방어기제이다(예: 상가집에서 상주에게 "어머님이 돌아가셔서 슬프겠어요." 하니 "공자, 맹자, 석가, 예수님 등 모든 인간들은 다 죽는데요." 하며 초연해 하는 경우).

- 보상(Compensation): 심리적으로 약점이나 제한점이 있는 사람이 이를 보상받기 위하여 다른 어떤 것에 몰두하는 경우를 들 수 있다(예: 작은 고추가 더 맵다).
- 내면화(Internalization): 다른 사람, 특히 부모의 태도, 규범, 가치관을 자신의 성격으로 흡수하는 것을 말한다(예: 어머니를 미워하는 감정을 사용할 수 없기 때문에 자기 자신을 미워하는 것으로 대치하는 것으로 투사와 반대되는 개념이다).
- 부정(Denial): 엄연히 존재하는 위험이나 불쾌한 현실을 부정함으로써 불안을 회피하고 편안한 상태를 유지하는 방어기제이다(예: 내 딸이 나쁜 짓을 했는데, "내 딸은 절대 그럴 리 없어").
- 치환(Substitution): 사람의 에너지를 원래의 목표에서 대용 목표로 전환시킴으로 해서 긴장을 해소하는 방식인데 대용 목표와 원래 목표가 아주 유사할 때에만 유용하다(예: 사랑하는 사람으로부터 선물이나 물건 그 자체와는 상관없이 애지중지하는 것으로 선물을 보낸 사람에 대한 애정이 물건으로 바꾸어 치환된 것).
- 대치(Substitution): 어떤 충동이나 감정을 직접 해당되는 대상이 아닌 데로 돌리는 행동을 말한다(예: 어머니께 야단을 맞은 아이가 개를 발로 참으로써 화풀이하는 것).

3) 정신분석의 주요 기법

① 자유연상

내담자가 일상생활의 상념과 선입견을 제거하고 감정과 생각을 억압하지 않도록 하며, 마음에 떠오른 것이면 무엇이든 말하도록 하는 기법이다.

② 해석

내담자의 행동의 의미를 설명하고 가르치기도 하는 것으로, 행동에 대한 단순한 설명이 아닌 자아가 더 깊은 무의식의 자료를 탐색할 수 있도록 돕는 기능이다. 클라이언트가 자신에 대한 통찰을 갖도록 클라이언트의 사고, 감정, 환상의 정신역동적 의미를 해석한다.

③ 꿈의 분석

사회복지사는 자유연상을 통해 내담자의 꿈에 나타난 내적인 상징을 분석하여 무의식의 잠재적 의미를 해석한다.

④ 저항의 분석과 해석

저항은 치료적 발전을 저해하고 내담자의 무의식적 욕구의 표출을 방해하는 것인데, 사회복지사는 이러한 저항을 지적, 해석함으로써 내담자의 이에 대한 통찰을 돕는다.

⑤ 전이의 분석과 해석

전이는 내담자가 사회복지사에게 반응하는 것으로 과거 중요한 타인과의 미결사항의 부분을 사회복지사가 마치 과거의 주요 인물인 듯 사회복지사에게 투사하는 것이다.

⑥ 경청과 감정이입

경청은 내담자의 언어적 · 비언어적 표현에 귀를 기울이는 것으로 의사소통의 숨겨진 의미를 이해하는 것이고, 감정이입은 내담자의 체험을 함께 느끼는 것이다.

⑦ 버텨주기와 간직하기

버텨주기는 내담자의 경험 혹은 막연한 불안과 두려움을 사회복지사가 잘 알고 있다는 것을 전해주면서 클라이언트에게 큰 힘으로 의지가 되어주는 것을 말한다. 또한 간직하기는 내담자가 두려워하는 충동과 경험을 간직하여 완화시켜주는 기법을 말한다.

⑧ 직면

클라이언트에게 나타나는 저항이나 부적응적인 행동, 특정 현상에 주의를 기울이도록 하고, 이제까지 회피해 왔던 일에 대해 앞으로는 이해하는 문제로 인지하도록 도와준다.

⑨ 명료화

클라이언트가 직면한 심리적 현상에 대해 예리하게 초점을 맞추거나 현상의 원인이 되는 중요한 과거력을 파헤쳐 나간다.

⑩ 훈습(Work through)

클라이언트가 인지한 저항이나 전이에 대해 반복, 심화, 확장함으로써 통합적으로 이해하도록 한다.

4) 정신분석모델의 장점과 단점

① 장점

심리적 문제를 가진 사람에 대한 인식을 증가시키고 상담기법에 큰 영향을 주었다. 어린 시절의 경험이 인간의 인격 발달에 미치는 영향과 그 중요성을 파악하게 되었다. 또한 무의식, 전이, 역전이, 애착, 정서적 발달과 같은 개념은 인간행동에 미치는 영향을 알게 되었으며 자신의 자아를 보호하기 위해 끊임없이 사용하는 방어기제의 작용에 대한 이해를 돕는다.

② 단점

접근비용이 비싸고 시간경계가 분명하지 않으므로 클라이언트에게는 정신분석을 권장하기가 힘들다. 성을 너무 강조했으며 발달에 미치는 사회적 · 환경적 상황을 고려하지 않았다. 인간의 자유의지를 부정하였다.

2. 심리사회모델

1) 정의

심리사회모델은 어떤 특정 이론에 근거하여 발달한 모델이 아닌 사회복지실천의 발달과정에서 직 · 간접적으로 영향을 미친 여러 요소들로 인해 절충되고 선택되어 이루어진 모델로 인간의 문제를 심리적(혹은 정서적)이고 사회적인 문제로 이해하면서 '상황 속의 인간(person-in-situation)'을 강조한다. 또한 클라이언트와 사회복지사의 관계를 중요하게 여기고, 관계를 형성하기 위해 클라이언트를 수용하고 개별화하며 '클라이언트가 있는 곳에서 출발(start where the client is)'하는 등의 실천원칙을 강조한다. 하지만 심리사회모델의 주요 이론적 배경은 정신역동이론이며, '상황 속의 인간'의 시각을 강조하지만 개입의 초점은 역시 클라이언트의 심리내적인 과정에 치중되어 있다(Woodrow, 1983). 즉, 심리사회모델에서는 클라이언트가 자신의 행동과 감정에 대해 이해하고 통찰함으로써 자신의 문제를 해결하기 위한 능력을 향상시키도록 주로 대화를 통한 개입에 초점을 두며 원조하는 것을 강조한다.

(1) 정신분석이론

프로이트는 심리적 결정론을 주장하였다. 그에 따르면 정신병리, 꿈, 말실수 등의 인간행동은 우연히 일어나는 것이 아니라 원인이 있는데, 대부분 무의식에 그 원인이 있다는 것이다. 따라서 정신분석은 자유연상이나 무의식적 소망을 표현하는 꿈을 분석함으로써 이루어진다. 또한 프로이트는 무의식적이고 즉각적이고 맹목적, 이기적인(생물학적) 원초아(id)와 본능적 욕구와 현실을 중재하고, 초자아와 현실, 초자아와 원초아를 중재하는 자아(ego), 사회의 가치와 도덕이 내면화된 것으로 쾌락과 현실보다는 이상적인 것을 추구하는 초자아(super ego)로 이루어져 있다고 하였다. 위의 성격구조를 통해 인간은 세 가지의 불안을 갖게 되는데 첫째, 억압되어 있는 원초아의 성적 충동과 공격적 충동이 분출되어 처벌될 것에 대한 신경증적 불안 둘째, 현실세계에 있는 위협적 상황에 대한 현실적 불안 마지막으로, 도덕, 양심에 위배되는 생각이나 행동을 할 경우 초자아에 의해 나타나는 죄의식에 의한 도덕적 불안이다. 또한 이런 직접적인 불안 대처를 할 수 없을 때 자신을 불안으로부터 보호하기 위해 무의식적으로 방어기제(defense mechanism)를 사용한다고 하였다.

(2) 대상관계이론

대상관계이론은 근래에 추가된 이론으로, 인간이 속한 환경과의 경험에서 발전한 대인관계를 강조한다. 정신분석이론이 인간의 심리내적인 부분을 강조한다면, 대상관계이론은 과거 경험은 내부대상(internal objects), 즉 자기 자신과 대상, 관계에 대한 정신적 이미지로 남아 대인관계에 영향을 미친다는 것이다. 인간은 다른 사람들의 실제 특성보다는 내부대상과의 유사성에 따라 대인관계를 맺으며, 특히 생애 초기에 경험한 애착대상과의 관계는 이후의 대인관계 유형을 결정짓는다고 강조한다.

심리사회적 모델의 등장배경은 다음과 같다.

심리사회적 이론은 인간의 문제를 심리적 혹은 정서적이고 사회적인 문제로 이해한다. 그 기원은 메리 리치먼드(Mary Richmond)의 '상황 속의 인간'에서 찾을 수 있으며, 1926년경부터 프로이트 학파의 이론에 의해 뒷받침되었다. 심리사회(psycho-social)라는 표현은 한킨스(Hankins)가 사회복지학회에서 '사회학이 사회복지실천에 미친 영향'을 소개하는 자리에서 처음 사용하였고, 1930년대 후반에는 고든 해밀턴(Gordon Hamilton)에 의하여 심리사회적 이론으로 처음 불리어지기 시작했다. 그 후 1960년대에 플로렌스 홀리스(Florence Hollis)에 의해서 사회복지의 실천이론과 접근방법으로 구체화되었다.

2) 기본 가정과 주요 개념

(1) 기본 가정

① 모든 개인은 생래적 가치와 존엄성을 가지고 있다.
② 모든 인간은 성장능력, 학습능력, 적응력, 그리고 사회 또는 물리적 환경을 변화시킬 수 있는 능력을 가진 긍정적 존재로 간주된다.
③ 개인이 어떻게 기능하는가에 대한 이해를 위해서는 성격체계의 구조나 발달에 대한 프로이트의 관점이 이용된다.
④ 심리체계는 독립적으로 존재하는 것이 아니라 생물학적 체계 및 사회적 체계와 끊임없이 상호작용한다고 전제된다.
⑤ 문제상황을 다루는 데 있어서 차별성이 강조된다(이영호, 2015).

(2) 주요 개념

① 개별화와 수용

심리사회모델에서는 인간의 존엄성을 바탕으로 개별화의 원칙에 따라 클라이언트에게 도움을 제공하기 위해 개인의 행동이나 상황에 대한 객관성을 가지고 관용하며, 사회복지사는 클라이언트의 복지에 관심을 갖고 그를 존경함과 동시에 수용해야 한다.

② 기호직접적 영향(direct influence) 주기

클라이언트의 행동을 향상하기 위해 사회복지사가 조언이나 제안을 하는 과정을 말한다. 의견의 피력, 제안, 클라이언트가 이미 하고 있는 생각의 강조, 강력한 주장, 직접적 개입 등의 방법을 포함한다.

③ 자기결정

클라이언트의 자기결정은 자신의 삶에 대하여 스스로 선택과 결정을 하고자 하는 인간의 욕구와 권리에 기반을 둔 원칙으로서 심리사회모델에서는 이 클라이언트의 권리를 매우 중요하게 본다. 사회복지사는 클라이언트를 돕기 위해 개입하는데 이때 클라이언트는 자율성을 경험과 희망을 가지며 자신감과 독립심을 느낄 수 있게 된다.

④ 상황 속의 인간

심리사회모델에서 클라이언트의 문제는 개인, 가족, 사회체계 등이 서로 영향을 주고받는 가운데서 나타난 것으로 간주되기 때문에 개인의 심리체계는 독립적으로 존재하는 것이 아니라 생물학적 체계, 사회적 체계와 끊임없이 상호작용한다는 것을 전제로 하는 '상황 속의 인간'에 대한 개념이 중시된다.

3) 심리사회의 주요 기법

심리사회적 모델에서는 클라이언트의 과거 경험이 현재의 심리내적 혹은 사회적 기능에 미치는 영향을 강조하고, 클라이언트가 과거 혹은 현재의 경험과 관련한 내적 갈등을 이해하고 통합함으로써 성장하도록 원조하는 것을 강조한다.

(1) 지지

지지(sustainment)과정은 심리사회모델에 따른 사회복지사의 활동 가운데 가장 기본적이고 핵심적으로 클라이언트의 문제해결 능력에 대해 확신함을 표현해 줌으로써 클라이언트의 불안을 감소시키고 자아 존중감을 증진시키는 과정이다. 지지과정은 언어적 의사소통뿐 아니라 따뜻한 표정 등의 비언어적 방법을 포함한 의사소통을 모두 동원해 클라이언트의 문제를 돕는 실질적인 활동이다.

(2) 직접적 영향

사회복지사가 자신의 의견을 제시하여 클라이언트의 행동을 촉진하거나 향상시키기 위한 조언, 제안 등을 통하여 받아들이도록 하는 개입과정이다. 강도에 따라서, 단순히 강조하기, 제안 · 충고하기, 독려하기 등으로 구분된다(예: 그것을 하는 것이 도움이 될까요? 이렇게 하는 것이 더 좋을 것 같네요).

(3) 탐색－기술－환기

기호탐색(exploration)－기술(description)－환기(ventilation) 등은 클라이언트의 문제와 관련하여 클라이언트의 환경과의 상호작용에 관련된 사실을 이해하고 설명하도록 원조하며, 사실과 관련된 감정을 표출하도록 도움으로써 감정적 해소감을 느끼게 하는 것이다(예: 지금의 문제를 조금 더 얘기해 주세요. 가족과 함께 있을 때 무슨 일이 일어나나요).

(4) 인간－상황에 대한 고찰(Person-situation reflection)

이 기술은 클라이언트의 환경 및 주변 인물들과의 상호작용에 초점을 두며, 사회복지사는 클라이언트에게 자신과 환경과의 상호작용에 대해 잘 알 수 있도록 돕는다(예: 딸을 그렇게 빗나가게 만든 것이 무엇인가요? 딸의 어떤 행동이 당신을 어렵게 만드나요?).

인간－상황에 대한 고찰은 모두 여섯 가지로 이루어진다.

① 다른 사람들, 건강, 상황

② 클라이언트의 행동이 자신 및 사람들에게 미치는 영향

③ 클라이언트 행동의 성격

④ 클라이언트 행동의 원인
⑤ 자기 평가
⑥ 사회복지사와 치료 과정

(5) 유형－역동에 대한 고찰(Pattern-dynamic reflection)

사회복지사는 클라이언트의 성격 혹은 특정한 행동이나 심리내적 역동(id/ego/super ego)에 대해 고찰한다. 또한 클라이언트가 사용하는 방어기제를 분석하고, 클라이언트가 가지고 있는 내부 사상, 분리와 개별화하는 것을 말한다.

(6) 발달적 고찰(Development reflection)

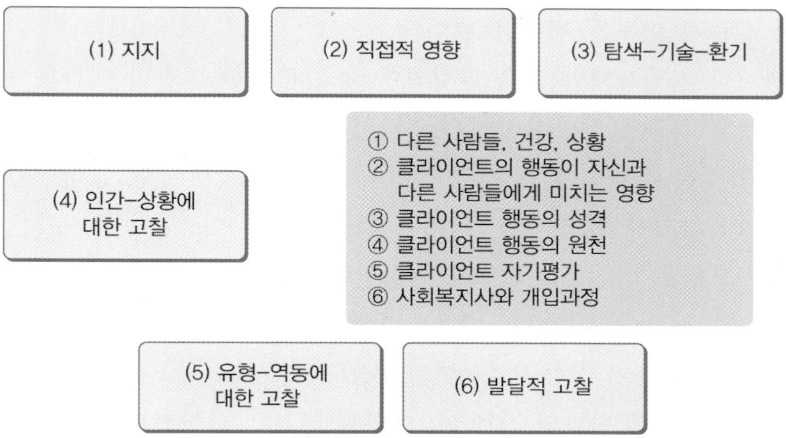

출처: 김준환 외(2016).

그림 2-2 심리사회모델의 주요 기법

클라이언트의 현재의 성격이나 기능에 영향을 미친다고 생각되는 원가족에서의 경험 또는 유아기 때의 경험에 대해 생각해 보도록 하는 의사소통행위이다. 발달적 고찰은 성인기 이전의 생애경험과 이런 경험이 현재 미치는 영향에 대해 고찰하는 것을 의미한다(예: 당신은 이전에 이와 같은 감정을 가진 적이 있습니까? 당신의 청소년기와 현재의 문제와는 어떤 관계가 있다고 생각하나요?).

4) 심리사회모델의 장점과 단점

① 장점

심리사회모델이 가지고 있는 개인과 환경중심의 기본적인 가치기준에 어긋나지 않는다면, 다양한 기법이나 지식을 수용한다는 점에서 개방적인 태도를 견지하고 있다. 특히 장·단기 개입 내지 예방적 개입 등에서 심리사회모델은 모델의 유용성을 인정받고 있다. 이러한 태도를 바탕으로 모델이 발전할 수 있는 가능성이 있다.

② 단점

이 모델은 경험적 사례연구를 통해서 양적 연구방법과 질적 연구방법을 동원하여 성과평가가 이루어지고 있지만, 어떤 유형의 문제에 대해 어떤 형태의 실천이 더 효과적이라는 실증적 연구는 빈약한 편이다.

또한 기관이나 지역사회와 같은 환경적인 요소에 대한 영향력을 간과하였다는 점과 클라이언트의 욕구를 불충분하게 반영하였다는 것에서 뚜렷한 한계가 있고 주관이 작용하거나 주로 대화를 통한 개인 개입에 집중함으로써 많은 클라이언트를 상대로 할 때는 효용가치가 떨어진다.

심리사회적 모델은 정신분석적이고, 억압받는 인구와 다른 다양한 목표집단 욕구의 강점에 불충분하게 반응한다는 비판을 받았다. 홀리스는 심리사회치료가 더 추구해 나가야 할 과제로 9가지를 지적하였고, 아이젠크(Eysenck, 1965)는 심리사회치료가 강조하는 통찰력이 행동변화의 선행조건이라는 가설은 실험적으로 증명되지 않았다는 점을 지적하였다. 크로와드와 엡스타인(Cloward & Epstein, 1965)은 클라이언트가 될 수 있는 많은 사람들을 어느 특정한 틀에 맞추려 하기 때문에 제대로 서비스를 받지 못하는 사람이 생기며 치료불능으로 간주된다고 비판하였다.

3. 인지행동모델(Zastrow, 2010)

1) 정의

인지(cognition)란 일반적으로 사고의 능력을 의미하는데 넓은 의미로는 사고 외에 지각, 기억, 지능, 언어 등을 포함하는 정신과정이다. 인지행동이론은 인지이론과 행동주의이론을 통합한 것으로 인간이 생각하고, 판단하며, 추리하고 정보를 처리하는 과정인 인지과정의 개념과 함께 행동주의이론과 사회학습이론의 여러 개념들을 통합하여 적용한 이론으로 개인과 환경 사이의 상호적 영향이 대개 정보의 교환을 통해 발생하고 그것들을 잘못 해석하면 그 개인은 각종 문제들에 잘 대처할 수 없다. 엘리스(Albert Ellis)는 사람의 믿음, 생각, 자신에게 하는 말 등이 이성적이고 합리적일 경우에는 순기능적인 감정이나 반응을 보이게 되지만, 반대로 믿음, 생각, 자신에게 하는 말 등이 혼란스럽거나 비이성적일 경우에는 역기능적인 감정, 정서 및 행동들을 표출하게 된다고 하였다.

인지행동모델은 클라이언트의 역기능적 문제가 클라이언트 자신과 환경에 대한 왜곡된 인지체계에서 출발한다고 가정하고, 클라이언트의 왜곡된 인지를 재구성하기 위해 인지적 기법뿐 아니라 다양한 행동주의적 기법을 병행하여 사용한다. 즉, 인지, 정서, 행동이 서로 어떻게 상호작용하여 클라이언트에게 영향을 미치는지 치료과정을 통해 클라이언트가 자각하도록 함으로써 클라이언트가 기능적으로 행동하고 느끼며, 생각할 수 있도록 돕는 모델이다.

인지행동모델의 등장배경은 다음과 같다.

1960년대 중반에 미국의 사회복지 문헌에 소개되기 시작됐고 현재 사회복지실천의 주요 이론적 기반으로 자리 잡고 있다. 이 이론은 다양한 클라이언트의 복잡한 문제에 모두 적용될 수 있는 통합이론과 클라이언트와 환경 간의 상호작용에 대해 포괄적으로 이해할 수 있는 이론과 모델의 필요성, 정신분석모델의 치료 거부 및 효과성에 대해서 의문을 갖게 되면서 인지행동적 관점이 대안으로 주목받기 시작했다.

인지행동모델의 뿌리는 고대 그리스 스토아 철학에서 그 근원을 찾을 수 있다. 파블로프(Pavlov)의 고전적 조건화 이론은 많은 인지행동적 개입들의 기초가 되었으며,

손다이크(Thorndike)의 조작적 조건화 이론은 이후 인지행동모델 발달에 중요한 역할을 한 스키너(Skinner)에 의해 계승되었다.

반두라(Bandura)의 사회학습이론도 중요한 기여를 했으며 이 외 바우어(Bower)의 '기분과 기억의 연결망 이론', 켈리(Kelly)의 '개인적 구조', 셀리그만(Seligman)의 '학습된 무력감 이론', 라자루스(Lazarus)의 '행동변화에 미치는 사고와 정서의 영향', 볼비(Bowlby)의 '초기 애착이론' 등의 발달심리학 등도 인지행동모델이 많은 영향을 미쳤다(신성자 외, 2000).

인지행동상담이론은 엘리스의 인지・정서・행동치료와 벡(Aaron Beck)의 인지치료를 중심으로 양대 산맥을 이루고 있다. 인지행동상담모형은 그 본질이 상담의 단기적 형태를 취하고 있다. 중요한 것은 비교적 단기에 상담이 수행됨에도 불구하고 괄목할 만한 행동의 변화가 있다는 점이다. 인지행동상담모형은 통찰보다는 구체적으로 드러나는 행동의 변화에 더 강조점을 두고 있다.

주요 학자로는 벡, 엘리스, 미켄바움(Meichenbaum), 즈릴라(혹은 데주릴라, D'zurilla)와 골드프라이드(Goldfried), 마호니(Maho-ney) 등이 있다.

2) 주요 개념

(1) 엘리스의 합리정서모델의 주요 개념

① 기본 가정

- 인간의 행동은 무의식적인 힘이 아닌 의지에 의해 결정된다.
- 인간의 행동은 사고에 의해 결정되며, 부정확한 지각과 생각이 부적응적인 행동을 초래한다.
- 잘못된 인지, 왜곡된 생각, 비합리적인 신념은 개인의 의식수준 밖에서 일어난다.
- 인간의 감정은 자기 자신과 사회적 상황에 대해 생각하고, 말하고, 가정하고, 믿는 것으로부터 초래된다.
- 인간은 창조적이고 성장의 욕구를 가지고 자신의 능력을 최대한 개발하고 목표 달성을 추구하는 기본적인 경향을 가지고 있다(Lantz, 1996; Werner, 김준환 외, 2016).

② 합리적 정서치료(REBT)

인간의 사고와 감정은 매우 연관되어 있으며 부정적 감정과 증상들은 비합리적 신념에서 비롯된다고 주장한 관점이다.

가. 치료의 목표: 부정적 감정의 뿌리가 되는 비합리적 신념을 규명하고 도전함으로써 이를 재구조화하는 것을 목표로 한다.

나. 비합리적 신념: 비합리적 신념에는 반드시, 절대로, 모든, 완전히, 전혀, 파멸적인, 해야만 한다 등이 저변에 깔려 있으므로 합리적인 생각으로 바꿔야 한다고 제시했다(김혜란 외, 2001; 손광훈, 2012).

다. 개입방법: 교육적 환경에서 클라이언트의 비합리적 신념을 합리적인 신념으로 바꾸도록 원조한다.

③ 엘리스의 ABC(혹은 ABCDE)모델

사건(Accident)에 대한 개인의 신념체계(Belief)가 결과(Conclusion)로서의 정서를 유발한다. 비합리적 신념체계를 발견하여 이를 논박(Debate)함으로써 부정적 정서와 역기능적 행동을 감소하거나 제거하는 효과(Effect)를 가져온다고 할 수 있다.

엘리스는 효과(E)를 추가해서 ABCDE모델로 확대 설명하기도 하였다(양옥경 외, 2001).

(2) 벡의 인지치료모델의 주요 개념

① 기본 가정

- 인간의 행동은 사고에 의해 결정된다.
- 인간의 중요한 사고 중의 하나는 단기적인 것이든 장기적인 것이든 간에 그들의 목적과 관련된다.
- 개인의 생활은 무의식적인 힘에 의해 통제되지 않는다.
- 본능적 충동이 존재하기는 하지만 인간의 '공격성'은 여기에 포함되지 않는다.
- 인간은 본능적 충동에 의해 지배당하지 않으며, 자신의 목적과 일치하지 않는 충동을 수정하거나 거부하는 경향이 있다(박정문, 2015).

② 핵심내용

- 자동적 사고
- 양분적 사고
- 임의적 추론
- 선택적 축약
- 진단적 명명
- 스키마(Schema)
- 과도한 일반화
- 정서적 추론
- 극대화 및 극소화

3) 인지행동이론의 주요 기술

표 2-2 인지행동치료의 주요 기술

치료기술	설명
1. 내적 의사소통의 명료화 (Clarifying internal communication)	클라이언트 스스로 자신에 대해 독백하고 사고하는 것으로 이에 대해 사회복지사가 피드백을 주어, 자신의 생각과 이야기 속에 숨겨진 인지적 오류와 비합리적 신념에 대한 통찰력을 발전시키고 이해할 수 있도록 도움을 주기 때문에 효과적이다.
2. 설명(Explanation)	클라이언트의 정서가 엘리스가 제시한 ABC모델(촉발사건 · Activating → 인지 · Belief → 정서적 결과 · Consequences)에서 어떻게 작용하는가를 가르쳐 주는 일련의 치료기술이다.
3. 기록과제 (Written homework)	① 과제는 클라이언트가 자신의 문제에 대한 인식을 향상시킬 뿐만 아니라 새로운 행동을 획득하거나 과거의 반응을 제거할 수 있도록 돕는다. ② 클라이언트로 하여금 정서에 대한 엘리스의 ABC모델을 활용하는 방법에 대해 읽고 기록할 수 있도록 양식을 제공한다.
4. 경험적 학습 (Experiential learning)	① 클라이언트에게 자신의 인지적 오류에 부합하지 않는 특정한 행동을 하도록 함으로써 클라이언트가 자신의 인지적 오류를 발견하고 수정하도록 한다. ② 인지불일치 원리(Cognitive dissonance principle)로 설명되며, 자기주장훈련, 모델링, 역할극, 사회기술훈련, 심리극(Psychodrama) 등을 활용할 수 있다.
5. 역설적 의도 (Paradoxical intention)	① 특정 행동에 대한 클라이언트의 불안이 그 행동을 유발할 때, 클라이언트가 두려워하는 행동을 하도록 지시(이중구속적인 메시지 전달)함으로써 클라이언트의 인지적 오류에 도전하고 불안을 감소시킨다. ② 주의: 자해 혹은 타해의 위험이 있는 클라이언트에게는 절대로 사용해서는 안되며, 문제의 원인이 신체적인 것에 기인하고 있는 증상일 때도 이 기술은 사용할 수 없다. 클라이언트에게 치료기술에 대해 충분히 이해시킨 후 동의한 경우에만 사용한다.

치료기술	설명
6. 역동적 · 실존적 반영 (Dynamic reflection)	객관적이고 물질적인 세계에 초점을 두고 실제적인 문제에 대한 답을 찾아가는 것에 강조를 두는 역동적 반영과 삶에 대한 의미와 잠재적 의미에 대해 숙고하는 실존적 반영을 통해 인지재구조화를 촉진시킨다.
7. 이완훈련	근육의 수축과 이완, 깊고 규칙적인 호흡, 즐거운 사고나 심상 등을 훈련함으로써 일상생활에서 유발되는 스트레스에 대처할 수 있도록 가르친다.
8. 생각중지기법 (Thought stopping techniques)	부적응적인 신념과 이에 동반하는 정서적 · 신체적 감각의 경험을 생각해 보게 하고, 이러한 생각을 긍정적인 생각의 틀이나 자기지시기법으로 대체하는 것을 의미한다.
9. 인지 재구조화	클라이언트의 역기능적 사고와 관념을 인식하고 이를 현실적인 사고와 관념으로 대치하고 순기능적일 수 있도록 돕는 것이다. 절차는 다음과 같다. ① 클라이언트는 생활 사건에 대한 자신의 정서적 반응을 매개할 가정이나 신념을 갖고 있다. 따라서 사회복지사는 클라이언트가 이 점을 수용할 수 있도록 돕는다. ② 클라이언트가 문제에 내재해 있는 역기능적인 신념과 사고과정의 유형을 파악할 수 있도록 돕는다. ③ 클라이언트가 자신의 역기능적 인지를 유발한 상황을 파악할 수 있도록 돕는다. ④ 클라이언트가 자학적인 인식을 대치할 만한 긍정적이고 순기능적인 대안적인 자기진술(self statement)로 대체할 수 있도록 돕는다. ⑤ 클라이언트의 성공적인 대처노력을 클라이언트 스스로 보상할 수 있도록 돕는다.
10. 모델링(Modeling)	관찰학습 과정을 통해 클라이언트가 시행착오 학습을 거치지 않고 원하는 행동을 학습할 수 있도록 하게 하는 것. 즉석 모델링(Live modeling), 상징적 모델링(Symbolic modeling), 복합 모델링(Multiple modeling), 참여자 모델링(Participant modeling)이 있다. 구성요소: ① 변화를 필요로 하는 구체적인 행동을 파악한다. ② 모델을 제시한다. ③ 클라이언트가 모델링에 주의와 관심을 갖도록 한다. ④ 모델행동을 따라 하도록 한다. ⑤ 따라 한 행동을 강화한다.
11. 시연(Rehearsal)	① 발달시키고자 하는 행동을 반복적으로 연습함으로써 행동으로 숙달되도록 하는 것이다. 이 기술은 집단상담을 통해 여러 사람의 피드백을 동시에 받을 수 있다는 점이 매우 효용가치가 높다. ② 숨겨진 시연: 원하는 반응에 대해 속으로 상상해 보고 반영한다. ③ 명백한 시연: 원하는 행동을 역할극에서 실제로 말로 표현해 보고 행동으로 나타내는 것이다.
12. 침습적 생각의 외현화 (Externalizing intrusive thoughts)	부정적인 사고를 글로 쓰거나, 누군가에게 말하거나, 녹음하는 방법 등을 통해 외부적으로 표현하는 것을 의미한다.

치료기술	설명
13. 체계적 둔감화	클라이언트에게 가장 덜 위협적인 상황에서 가장 위협적인 상황까지 상황을 순서대로 제시하면서, 불안자극과 불안반응 간의 연결이 없어질 때까지 불안을 일으키는 자극들을 반복적으로 이완상태와 짝 짓는 것이다. 이를 통해 실제 위협적인 상황에서는 불안을 경험하지 않는다.
14. 자기지시기술(Self instruction skill)	목표선택, 목적행동 형성, 자기탐지, 계획의 실천 등의 과정을 통해 자신이 통제하거나 변화시키기를 원하는 구체적인 행동에 대한 지침과 계획을 세우는 것으로 자기언어화(self verbalization)를 활용한다. 이 기술의 5단계는 ① 사회복지사는 과제에 대한 수행방법을 모델로 제시하면서 큰 소리로 자기 자신에게 말한다(인지적 모델링). ② 클라이언트는 사회복지사로부터 언어적 도움(verbal guidance)을 받으면서 똑같은 과제를 수행한다(명백한, 외부적인 도움). ③ 클라이언트는 과제를 수행하면서 자기 자신에게 큰 소리로 지시한다(명백한, 자기도움). ④ 클라이언트는 지시를 속삭이듯이 말하면서 과제를 수행한다(감소한, 명백한, 자기도움). ⑤ 클라이언트는 자기 자신에게 속으로 말하면서 과제를 수행한다(숨겨진 자기지시).
15. 코칭(Coaching)	클라이언트가 그날 일과 중 가장 힘든 일을 미루면서 부정적인 생각이 증가하도록 두기보다는 이러한 일을 가장 먼저 하는 것을 의미한다.
16. 자기대화(Self-talk) 관리훈련의 과정과 기법	자기대화란 스스로에게 주는 메시지를 말하며, 자기대화의 왜곡을 수정하도록 도움으로써 습관적인 사고방식을 변화시켜, 문제가 되는 감정이나 행동을 좀 더 효과적으로 통제할 수 있다고 본다. 자기대화의 5단계는 ① 지금 바로 자신의 생각과 느낌이 무엇인지 명확히 한다. ② 스스로 자기대화를 되뇌어본다. ③ 자신 상황을 객관적인 현실로 살펴본다. ④ 당신이 사실을 직시하고 부적절한 단어의 사용을 피할 때, 당신은 다르게 느끼게 될 것이고, 상황이 전처럼 나쁘지 않다는 것을 알게 되는 것이다. ⑤ 상황에 대한 사실을 명심하고, 당신이 할 수 있는 것이 무엇인가를 고려한다.
17. 이미지 안내(Guided imagery)	① 자신의 잠재의식과 긴밀하게 관계할 수 있도록 돕고, 어떻게 새로운 신념, 기대, 습관을 잘 형성해 나갈 수 있을 것인가를 가르쳐 준다. ② 방법: 최면유도, 명상, 머리부터 발끝까지 하는 근육체계의 점진적 이완, 조용하고, 유쾌하며, 편안한 상황을 상상하는 것, 호흡에 집중하거나 다른 생각을 떨쳐 버리고 "나는 편안하다"라는 말에 집중하는 것, 근사한 휴양지 혹은 지난 기억을 회상하는 것 등이다.
18. 대처카드(Copingout)의 활용과 기법	① 가로와 세로가 3×5인치 정도 되는 카드로 클라이언트의 손이 쉽게 닿는 곳에 붙이거나 보관하며, 이를 규칙적으로 읽을 뿐 아니라 필요할 때마다 읽게 한다. ② 특정 행동을 도와주는 자기지시 등의 내용을 기록하여 늘 참고함으로써 괴로움을 주는 사고를 평가하고 대처할 수 있게 도와준다.

출처: 손광훈(2012: 196-198).

4) 인지행동모델의 장점과 단점

① 장점

- 인지이론과 행동주의이론이라는 두 가지 중요한 접근을 결합시킴으로써 각 이론의 장점으로 약점을 서로 보완한다.
- 현재에 초점을 맞추지만 과거를 무시하지 않는다.
- 상담자와 내담자가 함께 작업을 하며, 구조화되어 있고 목표 지향적이어서 상담이 수월하다.
- 인지치료의 개입은 정서장애, 불안장애, 후유증, 스트레스 장애, 결혼생활 문제 등을 포함하는 폭넓은 정서장애와 행동문제에 대한 치료에서 효과성이 있다.
- 클라이언트 스스로의 삶에 대한 책임을 강조하며 교육을 통한 능동적인 변화방법을 제시하였다는 점에서 기여한 바가 매우 크다.

② 단점

- 일정한 교육수준과 능력을 가진 클라이언트에게 적용이 가능하나 지적 능력이 떨어지는 클라이언트는 많은 제약이 따른다.
- 치료방법이 매우 지시적으로 클라이언트에게 가치중립적이어야 한다는 전문적 윤리원칙과 갈등을 초래할 수 있다.
- 교육적이므로 클라이언트의 가치와 철학을 강요할 수 있어서 치료자의 인지와 신념에 대한 강조는 자칫 사건 자체의 중요성을 간과할 수 있다.
- 지금-여기에만 집중하면 과거의 상처와 억압된 분노, 적개심을 과소평가하는 결과를 낳는다.

4. 해결중심모델

1) 정의

해결중심이론(Solution Focused Theory)은 단기치료의 대표적 개입방법을 제시해 주고 있다. 특히 클라이언트 지향적 접근방법으로, 클라이언트를 문제를 가장 잘 아는 전문가로 인정함과 동시에 문제해결의 주체로서 전문적 관계의 동반자로 인정한다. 1960년대와 70년대 전반적인 가족치료이론이 발전함과 동시에 해결중심치료도 발전하게 되었다. 한국에는 인수 버그(Insoo Kim Berg)와 드 세이저(de Shazer)에 의해 처음 소개되었다(송성자, 1995).

해결중심모델은 클라이언트에게 이미 존재하고 있는 과거의 성공 경험이 내담자의 문제를 해결하기 위한 중요한 자원이며(Berg & Miller, 1992; 가족치료연구모임 역, 1995), 문제의 원인보다는 해결책에 초점을 두고 인간의 장점, 강점, 건강한 특성, 과거의 성공경험 등과 같은 클라이언트의 자원을 발견하여 클라이언트의 문제해결 능력과 대처능력을 향상시키는 것을 목적으로 한다. 이 모델은 "해결책구축모델"이라고도 한다.

해결중심모델의 등장배경은 다음과 같다.

해결중심모델은 드 세이저와 인수 버그 부부 및 그들의 동료들에 의해 등장하였다. 그들은 1978년 밀워키에서 단기가족치료센터(Brief Family Therapy Center: BFTC)를 설립해 MRI(Mental Research Institute)에서의 경험을 살려 해결중심상담모델을 발전시켰다. 특히 그들은 유일하게 정신분석훈련을 받지 않은 최면치료자로 1960년대에 세계적으로 잘 알려진 밀턴 에릭슨(Milton Erickson)의 영향을 많이 받았다. 에릭슨의 견해는, 문제의 원인이 되는 부적응을 교정하거나 문제의 원인을 제거하려는 노력은 필요 없다는 것이다.

2) 주요 개념

해결중심모델은 멧칼프(Metcalf, 1998), 오코넬과 팔머(O'Connell. & Palmer, 2003), 팰러와 월터(Peller & Walter, 1998)의 해결중심이론의 6가지 기본 가정과 드 세이저와 인수

버그의 해결중심적인 8개의 주요 원칙을 중요시한다.

(1) 해결중심이론의 6가지 기본 가정

① 클라이언트는 자신이 무엇을 원하고 삶에서 어떤 변화가 일어나기 바라는지를 가장 잘 알고 있는 전문가(expert)다. 치료는 클라이언트가 원하는 것이어야 한다.

② 해결중심이론을 활용하는 사회복지사는 클라이언트를 변화시키는 전문가가 아니라 클라이언트의 변화에 도움을 주는 자문가(consultant)의 역할을 한다. 사회복지사와 클라이언트 간의 상호존중, 대화, 탐구, 확인, 시도와 관련된 상담과정으로 간주한다.

③ 해결중심이론을 기반으로 한 개입과정에서는 문제내용 자체보다는 문제해결 방안과 새로운 행동유형을 시작하는 데 초점을 둔다. 즉, 해결방안 구축과정에 초점을 둔다. 문제 자체에 초점을 두지 않기 때문에 클라이언트가 문제의 원인에 대한 통찰력을 가질 필요가 없다.

④ 클라이언트의 잠재적인 변화 욕구를 인정하고 중요시한다.

⑤ 사회복지사의 역할은 클라이언트가 문제해결을 위한 열쇠를 사용하도록 돕는 데 있다. 클라이언트들이 자신의 목표를 알 수 있도록 돕기 위한 상황을 제공하고, 성공적인 경험을 하도록 돕는다.

⑥ 사회복지사와 클라이언트 관계는 협력적인 동료관계다. 클라이언트에게 좀 더 나은 해결방안과 최선의 것을 탐색하고 선택하는 데 있어서 함께 작업을 해야 하기 때문이다.

(2) 주요 원칙

① 병리적인 것 대신에 건강하고 긍정적인 것에 초점을 둔다.

클라이언트의 성공경험에 초점을 두며, 치료에 활용한다. 문제가 있어도 해결 가능성이 있는 관점에서 재진술을 하도록 한다(엄명용 외, 2005).

② 내담자의 강점, 자원, 건강한 특성을 발견하여 문제해결에 활용한다.

과거의 실패를 고치는 것보다 성공이나 장점을 찾아서 확대시키는 것이 쉽다. 즉,

내담자가 바라는 결과를 성취하기 위해 내담자가 이미 갖고 있는 자원, 지식, 믿음, 행동, 증상, 사회관계망, 환경, 개인적 특성 등을 활용하도록 돕는다.

③ **탈이론적・비규범적인 입장을 취하며, 내담자가 결정한 관점을 존중한다.**

클라이언트가 표현하는 모든 불평방법을 수용하고, 개별성을 최대한 존중하며 가장 단순한 것부터 시작한다.

④ **단순하고 가장 솔직한 의미를 추구한다.**

클라이언트가 달성할 수 있는 작은 변화들을 이끌어 내는 데 초점을 두어야 한다. 체계 일부분의 변화는 전체적인 체계의 변화를 가져오기 때문에 가장 단순한 것에서부터 시작한다.

⑤ **변화는 항상 일어나며 불가피하다.**

클라이언트는 문제에만 관심을 갖기 때문에 발생하지 않는 상황과 예외적인 상황이 발생하는 이유를 파악하고 그 과정에서 클라이언트의 장점을 파악하는 것이다.

⑥ **현재와 미래를 지향한다.**

클라이언트가 과거와 문제로부터 멀리하고, 현재와 미래의 상황에 적응하여 미래와 해결책을 지향하도록 한다.

⑦ **상담자와 내담자 간의 협조관계를 중시한다.**

협조관계란 상담자와 내담자가 함께 일한다는 것을 의미한다. 이 모델에서는 해결방안을 발견하고 구축하는 과정에서 내담자의 협력을 중시한다. 그래서 내담자가 치료에 협력하도록 시종일관 의식적으로 노력해야 한다.

⑧ **해결중심모델은 다음의 철학을 중시한다.**

- 내담자가 문제 삼지 않으면 그 문제를 다루지 않는다.
- 일단 효과가 있는 것을 알면 그것을 계속해서 한다.
- 효과가 없다면 다시는 같은 방법을 사용하지 말고 다른 방법을 사용한다.

3) 해결중심모델의 주요 특성 및 기술

(1) 모델의 주요 특성

① 해결책 구축을 위한 면접활동에 기반을 두었다.

해결중심모델은 클라이언트와 사회복지사 간에 이야기하는 과정 속에서 문제와 해결책에 대한 클라이언트의 정의와 인식의 전환이 있게 된다는 점을 강조하였고 목표는 기적질문을 통해 발전시킬 수도 있으며, 해결책을 구축하는 데 있어서는 예외질문을 활용한다.

② 클라이언트를 위한 피드백을 작성한다.

해결중심모델에서는 매회 면접 종결 시 면접에서 얻은 정보를 잘 조직해서 클라이언트가 해결책을 구축하는 데 도움이 될 피드백을 제공한다. 물론 피드백이 면접과정의 다른 요소들보다 더 중요하지는 않을 것이다. 피드백은 칭찬, 연결문, 과제 세 부분으로 구성된다.

이 같은 내용의 피드백을 제공하는 것은 해결중심모델이 '변화의 주동자는 클라이언트라는 사실'을 지향하고 있다는 면을 단적으로 드러내는 한 부분일 것이다.

③ 알고 싶어 하는 자세를 강조한다.

해결중심모델에서는 클라이언트의 준거틀을 탐색하는 방법으로 알고 싶어 하는 자세를 취해야 한다는 점을 강조한다.

해결중심모델에서는 알고 싶어 하는 자세를 견지하는 알고 싶어 하는 기술로 기본적인 면접기술인 경청, 사회복지사의 비언어적인 행동, 클라이언트가 사용하는 핵심용어의 반향·반복, 개방형 질문, 요약, 쉽고 간략한 설명, 침묵의 사용, 클라이언트의 비언어적 행동에 주목, 자기노출, 과정에 대한 주목, 칭찬, 클라이언트의 지각에 대한 긍정, 감정이입, 클라이언트에게 초점 돌리기, 해결중심적 대화의 확대 등을 들고 있다.

(2) 주요 기술

① 상담기술

가. 경청과 인정(listening & acknowledging): 사회복지사와 클라이언트 간의 신뢰형성을 기초로 클라이언트의 강점과 능력에 대해 경청하고 인정해줌으로써 존중받고 있다는 느낌을 갖게 한다.

나. 호기심 갖기(being curious): 클라이언트를 진단하거나 어떤 것을 강요하는 것이 아니라 클라이언트가 원하는 것을 성취할 수 있도록 질문하고 그에 대한 반응에 호기심을 갖는 것이다.

다. 초대하기(invite): 클라이언트가 기대하는 것을 상담하고, 그 목적이 성취, 해결, 발전할 수 있는 징조가 무엇인지에 대해 대화하도록 초대한다.

라. 격려하기(encouraging): 클라이언트에게 효과적인 것을 하도록 용기를 북돋아 주는 것을 중요하게 여긴다.

② 해결중심적 기술

가. 첫 면담 이전의 변화에 관한 질문(Pre-session change question): 변화란 불가피하며, 지속적으로 일어난다고 보기 때문에 면담을 약속하고 난 후, 첫 번째 면담까지 클라이언트가 경험한 변화에 관한 질문기법이다.

나. 예외질문(exception-finding question): 의도적으로 문제를 해결하기 위해 우연히 성공했던 과거의 경험과 강점을 클라이언트가 스스로 찾아낼 수 있도록 돕고 성공하였던 행동을 하도록 강화시키는 전략 또는 기법이라고 할 수 있다.

다. 기적질문(miracle question): 문제 자체를 감소하거나, 제거하지 않고 문제와 떨어져서 해결책을 상상하게 하는 질문기법으로서, 해결하기 원하는 것들을 구체화하고 명료화하는 데 도움이 되고, 치료목표를 설정하는 데 도움이 된다.

라. 척도질문(scaling question): 클라이언트의 문제의 심각한 정도를 사정하고, 치료목표 성취 정도를 측정하여 구체적인 숫자로 표현하게 하는 질문기법이다.

마. 대처질문(coping question): 위기에 관련된 문제나 만성적인 어려움에 처해 있는 클라이언트에게 그 당시의 대처 행동에 관해 질문하는 기법이다.

③ 메시지 작성과 과제 주기

- 내담자가 이미 실시하고 있는 것이 내담자에게 도움이 되고 좋은 것임을 알게 한다.
- 가능한 한 내담자가 사용한 단어를 사용하는 것이 내담자의 협조를 증가시킨다.
- 치료자는 내담자의 목표에 동의하고 긍정적인 방법으로 말한다.
- 치료받으러 온 시기가 적절한 것을 강조하고, 치료자는 목표가 성취되는 것은 매우 힘든 것이라고 강조한다.
- 칭찬은 관계성을 가지고 한다. 내담자가 칭찬을 받을 근거를 가지고 있기 때문에 내담자에게 긍정적인 반응을 하는 것은 더욱 수용이 쉽고 효과적일 수 있다.
- 내담자가 자신에게 좋은 것을 알고 실시하고 있는 것을 전제로 한다.
- 제언을 하기 위해 연결을 지어준다. 과제내용과 과제를 주는 이유는 합리적이어서 내담자가 보기에 수긍이 가고 타당하게 보여야 한다.
- 문장은 적절한 방법으로 시작하여야 한다.
- 과제를 주기 전에 먼저 생각해야 할 것은 목표를 명확하게 하고, 가장 변화가 가능한 가족원을 중심으로 실시하도록 과제를 준다. 가장 중요한 것은 핵심적인 철학을 적용하는 것이다(최경석 외, 2003; 손광훈, 2012).

④ 문제해결모델과 해결중심모델의 차이

단계	해결중심모델	문제해결모델
	개인의 문제해결 능력 향상	강점중심 접근
접수 및 사정	어떻게 변하고 싶습니까?	무엇 때문에 도움 받고 싶으신가요?
	문제가 없을 때 무엇을 하나요?	무엇이 문제라고 생각하나요?
	문제가 없을 때 가족은 무엇을 하나요?	당신의 가족은 무엇이 문제라고 하나요?
	어떻게 상황이 더 나빠지지 않게 합니까?	문제 상황을 구체적으로 말해주시겠습니까?
	그럴 때 당신은 어떤 행동이 효과적이라는 것을 아십니까?	문제를 해결하기 위해 어떤 노력을 하셨나요?
	기적이 일어난다면 무엇이 달라질까요?	문제가 어떻게 해결되기를 바라시나요?
	어머니가 여기 계시다고 가정하고 문제가 해결되면 무엇이 달라지겠냐고 묻는다면 뭐라고 말씀하실까요?	문제해결을 위해서 누가 도움이 될까요?

단계	해결중심모델	문제해결모델
	개인의 문제해결 능력 향상	강점중심 접근
계약 단계	목표 설정, 계약, 과제 부여	목표 설정 및 계약, 역할 설명
개입 단계	변화 확인, 칭찬, 척도 활용 질문, 목표 재확인	과제 성취의 장애물 확인, 대안 탐색
	변화 확인, 유용한 방법의 활용 지지	성취 확인, 노력 지지, 유사 상황에 대한 적용 격려

4) 해결중심모델의 장점과 단점

① 장점

해결중심이론은 단기치료 접근방법이면서 장기치료와 비슷한 치료의 효과가 있으며, 클라이언트중심의 관계 및 협조를 활용하고 클라이언트의 장점을 파악한다는 점에서 많은 유용성을 갖고 있다.

② 단점

첫째로, 대화를 나누는 데 있어 철학적인 접근방법으로 보기보다는 여러 기법의 배합 혹은 절충주의적 접근방법으로 보려는 경향이 있으며 둘째로, 문제의 원인을 해결하기 위해 임시대응적인 응급기법을 사용하고 있다. 셋째로, 비용효과성에 대하여 비현실적인 기대를 갖고 있으며 넷째로, 단시간에 더 효과적인 문제해결을 할 수 있을 거라는 기대에 반해 사회복지사들은 이 모델을 적용하는 데 많은 시간과 노력이 필요하다. 다섯째로, 과거에 대한 이해를 중요시하지는 않지만 사회복지사는 여전히 클라이언트에 대하여 사정하고 진단할 필요가 있다. 여섯째로, 클라이언트의 변화에 대하여 기술하고 이야기할 때 병리적인 것에 초점을 두는 모델과는 다른 용어를 사용하므로 다른 전문가들과 협력하는 것이 쉽지 않다. 마지막으로, 클라이언트가 추후상담과 종결을 결정하기 때문에 사회복지사의 업무일정을 계획하고 실행하는 데 어려움을 경험할 수 있다(O'Connell & Palmer, 2003).

5. 위기개입모델

1) 정의

위기란, “한 개인이 심각한 스트레스나 외상적(traumatic) 사건에 부딪쳐서 심한 정서적 혼란을 경험하고 일상적인 대처능력을 활용하지 못하는 상태”를 의미한다(Parad & Parad, 1990). 위기는 사건 자체보다는 사건에 대한 개인의 주관적 현실에 기초하고 있으며 위험사건, 취약상태, 촉발요인, 실제위기상태, 재통합의 다섯 요소로 구성되었다.

위기이론에 의하면, 인간은 누구나 위기에 처하게 되며, 스스로 문제해결이 곤란하여 전문가의 도움을 필요로 하는 클라이언트가 되고, 이로 인해 사회복지사가 위기에 처해 있는 개인, 가족, 집단을 돕기 위하여 그들의 생활상황 속에서 문제를 해결하도록 돕는 것이 위기중재 또는 위기개입이다.

위기개입모델은 위기로 인한 불균형 상태를 회복하기 위하여 일정한 원조 수단을 개인, 가족, 집단 그리고 지역사회 등에 적용하는 단기치료과정이라고 할 수 있다.

위기개입모델의 등장배경은 다음과 같다.

위기개입모델(Crisis Intervention Model)은 제2차 세계대전 이후에 전쟁으로 인한 후유증과 이별이나 사별에 따른 심리적 문제 등에 대한 신속하고 숙련된 전문서비스가 요구됨에 따라 연구에 탄력을 받기 시작하였다. 위기개입모델의 사회복지이론은 물론 심리학, 사회학, 정신분석학 등에 그 뿌리를 두고 있다. 그중에서도 긴장이론과 린더만(Lindermann)의 사별에 따른 슬픔반응에 관한 연구, 캐플란(Caplan) 등의 지역사회 수준에서의 예방정신의학 연구 등이 위기개입이론의 토대를 형성하면서 1950~1960년대에 급격하게 성장했다.

위기개입의 초기모델에서는 개인 및 가족을 중심으로 하는 임상접근법을 강조하였는데 캐플란이 위기해결 이후 적응과정에서의 환경자원과 지역사회서비스체계의 중요성을 주장하고 인간의 위기가 사회구조적 측면과 사회체계적 측면에 의해 제기된다는 인식이 확산되면서 심리중심 위기개입과 함께 생태학적 측면의 환경중심 접근이 강조되는 등 통합적 측면이 더욱 강조되고 있다.

2) 주요 개념

(1) 위기의 정의 및 분류

위기(crisis)라는 용어는 그리스어 'Krisis'에서 나온 것으로 결정 혹은 전환점이라는 의미를 내포하고 있으며 한자로 위기(危機)는 위험과 기회의 뜻을 나타내고 있다(김기태, 2006). 캐플란은 위기(crisis)를 균형상태의 혼란으로 보고 위기는 사건 자체보다는 사건에 대한 개인의 주관적 생각이나 행동이라고 정의했다(Caplan, 1964). 이는 같은 상황에서도 어떤 사람은 위기를 느끼는 반면, 다른 사람은 위기를 느끼지 않기 때문이다.

위기는 위기상태를 촉발시키는 특성에 따라 여러 가지 유형으로 분류될 수 있는데, 리차드(Richard)와 벌(Burl)은 브라머(Brammer, 1985)의 세 가지 위기범주에 생태체계이론의 시각에서 환경적 위기의 개념을 추가하여 네 가지 위기의 영역을 설명하였다.

① 발달적 위기

인간이 성장하고 발달해 나가는 가운데 자연스럽게 발생하는 사건으로, 이 사건으로 인하여 비정상적인 반응을 일으키는 경우이다.

가. 개인의 발달과정상의 위기: 에릭슨(Erikson)은 인간의 성장은 일련의 위기를 성공적으로 해결하는 결과라고 했으며 한 단계와 다음 단계 사이에 인식과 감정의 혼란이 현저한 과도기로서 행동의 미분화상태인 기간이 있는데 이 기간을 발달과정상의 위기 혹은 성숙상의 위기라고 했다(예: 청소년 정체성 위기, 중년의 위기, 노년의 위기 등).

나. 가족의 발달과정상의 위기: 개인의 생활단계는 가족의 생활단계와 병행하는 경우가 대부분이며, 개별 가족구성원의 연령단계와 각 발달 단계에서 과업에 대한 가족의 지각은 다르다(예: 결혼, 자녀의 출생, 자녀의 학교입학, 청년기의 시작 등).

② 상황적 위기

상황적 위기는 사람이 예견하거나 통제할 수 없는 드물고도 극히 이례적인 사건이 발생할 때 나타난다.

상황적 위기의 특성은 다음과 같다.

- 예견할 수 없다.
- 누구에게나 일어날 수 있다.
- 갑작스럽고 충격적이며 강렬하다.
- 때로는 파괴적인 위력이 있다.

③ 실존적 위기

실존적 위기는 목적이나 책임감, 독립성, 자유, 헌신 등 중요한 인간적 이슈에 동반되는 갈등이나 불안과 관련된 위기이다(예: 40세에 자신이 어떤 특정 전문직이나 조직에 중요한 영향력이 없음을 깨달으면서 경험하게 되는 위기).

④ 환경적 위기

개인이나 집단에 자연이나 인간이 일으킨 재해가 갑자기 덮쳤을 때 발생한다. 이러한 위기는 태풍이나 홍수, 지진, 폭풍, 눈보라, 산불과 같은 자연재해일 수도 있으며, 전염병이나 기름유출과 같은 생물학적으로 파생되는 위기일 수도 있다(예: 9·11테러).

(2) 위기의 구성 요소

위기는 다섯 가지 요소로 구성되어 있는데 위험사건, 취약상태, 촉발요인, 실제위기상태, 재통합이 있다.

(3) 주요 개념

① 위기개입 원리

가. 신속한 개입: 일반적으로 위기상태에 들어간 때부터 6주 이내에 어떤 형태로든 해결이 되지만 위기에 처한 사람은 오랫동안 견딜 수 없기 때문에 가능한 한 즉시 도움을 제공하여야 한다.

나. 행동에 초점 맞추기: 위기에 처한 사람은 고착되는 경향이 있고, 효과적이지 않은 행동을 하게 되므로 상담자는 행동에 초점을 맞춘 계획에 따라 적극적으로 돕고, 격려하며, 내담자를 이끌어 가야 한다.

다. 제한된 목표: 위기개입의 목표는 평행상태를 회복하는 것으로 최소한의 목표는 파멸의 예방이다. 즉, 자살, 타살, 만성 정신병, 혹은 가족해체 등을 예방하는 데 그 목표를 두는 것이지, 성격의 변화를 지향하지는 않는다.

라. 희망이나 기대(긍정적 시각): 위기에 처하여 절망한 사람들에게 지나친 희망을 주는 것은 피해야 하지만 위기를 극복할 수 있다는 희망을 주는 것은 중요하다.

마. 지지: 위기개입에 있어서 초기에는 내담자를 필요한 만큼 지지하는 것이 중요하지만 장기적인 의존은 하지 않도록 해야 한다.

바. 현재에 초점을 맞춘 신속한 문제해결: 가능한 한 신속하게 위기를 유발시킨 문제를 파악하는 것과 해결에 초점을 두면서 내담자가 현실에 직면하도록 돕는다.

사. 자긍심 혹은 자존감의 이해: 내담자들은 위기가 해결되지 않으면 자신을 실패자로 보는 경향이 있기에 내담자의 자아상을 사정하고 보호하며, 증진시킴으로써 건전한 자기상을 확립시키도록 원조한다.

아. 자립: 상황을 사정하고 개입계획을 세우는 데 있어서 내담자가 함께 참여하고 결정할 기회를 제공해야 한다(가정폭력피해자 초기지원매뉴얼, p. 5-6).

② 기본 원칙

- 가능한 수단과 자원을 동원해 가능성을 찾아야 한다.
- 이끄는 것이 아니라, 파트너로서 원조자가 되는 것이다.
- 문제를 해결해 주려 하지 말고, 해결하도록 하는 것이 중요하다.
- 내담자의 감정 표현을 도와야 한다.
- 위험한 사건과 현재의 위기 간의 관련성을 이해하도록 한다.
- 현실을 직면하도록 도와야 한다.
- 내담자 스스로가 가능하다고 느낄 때 비로소 변화를 받아들이기 시작한다(가정폭력피해자 초기지원매뉴얼, p. 7).

③ 기본 가정

길리랜드와 제임스(Gilliand & James, 1997)는 위기개입 시 고려해야 할 기본 가정을 다음과 같이 제시하였다.

- 인간이 처한 다양한 상황에서 초래되는 직접적인 스트레스와 위험한 사건에 직면했을 때 겪는 격심한 정서적 불균형과 사회적 해체 현상은 정상적인 것이다.
- 위기상황으로 인해 겪는 격심한 고통은 정상적인 삶의 경험으로 일시적 혼란이라 할 수 있으며, 누구나 겪을 수 있는 현상이다.
- 정서적 불균형을 경험하는 사람은 본능적으로 정서적 균형을 찾으려는 경향이 있다.
- 사람들은 정서적 균형을 회복하려고 노력하는 과정에서 일시적이고 격심한 심리적 유약성을 경험할 수 있다.
- 심리적으로 현저히 약해져 있을 때, 일반적으로 사람들은 심리적인 치료서비스를 수용하는 태도를 갖게 된다.
- 위기는 부정적 결과를 가져올 수도 있지만, 한편으로는 성장과 발전의 기회가 되기도 한다.

3) 위기개입모델의 개입과정과 주요 기법

(1) 골란(Golan, 1978)의 개입과정

① 초기단계

관계형성, 위기의 실재 여부, 현재의 위기상황 파악, 사회복지사와 클라이언트가 수행할 계약의 수립이 이루어지는 단계이다.

② 중기단계

현재 상황에서 구체적인 문제해결을 위해 계획된 과업의 확인과 실행, 부적절한 과업의 수정, 새로운 대처방안의 습득이 이루어지는 본격적인 개입실행의 단계이다.

③ 종결단계

시작부터 현재까지의 개입상황을 검토하면서 종결과업수행이 이루어지는데, 이 단계에서 중요한 것은 새로운 자원과의 결속 강화, 개발된 대처유형과 성취의 확인, 사후계획 등이다.

(2) 아귈라와 메식(Aguilera & Messick, 1974)의 위기개입 단계

① 사정단계

클라이언트의 현 상황의 문제를 정의하고, 클라이언트의 문제에 대한 인식, 지지적 자원의 유무, 그 수준과 질에 대해서 평가하며 과거의 경험에 대해서도 사정이 이루어진다.

② 계획단계

클라이언트의 기능에 어느 정도 손상이 있는지, 어느 정도 회복될 것인지, 주변의 자원들은 어떻게 반응하고 있는지 확인하고 행동계획 수립 등 평가가 우선 이루어져야 한다.

③ 개입의 4단계

- 개인으로 하여금 자신의 위기에 대해 지적인 이해를 하도록 돕는다.
- 클라이언트가 표현하기 힘든 감정을 드러내도록 돕는다.
- 대처기제를 탐색한다. 과거에 클라이언트에게 어떤 대처방식이 성공적으로 사용되었는지, 이것이 지금의 위기에도 적절하게 적용 가능한지 탐색하고, 또한 새로운 대처기제로는 무엇이 적절한지 조사한다.
- 사회적 활동 재개

④ 위기대비계획

클라이언트가 위기를 다루는 과정에서 무엇을 배웠는지 정리하도록 돕는 과정이다.

(3) 위기개입모델의 기법

① 지지적 기술

클라이언트가 직면하고 있는 위기적 상황이 극복할 수 있는 상황임을 강조하고 지원하며 적극적인 태도를 전달하는 것이다.

② 지시적 기술

클라이언트가 스스로 행동을 적극적으로 취할 수 있도록 구체적인 행동 방법을 제시하거나 자문, 충고 등의 방법을 지시하는 기술이다.

③ 환기법기술

사회복지사는 클라이언트가 내면에 지니고 있는 감정을 적극적으로 표출할 수 있도록 돕는 기술이다.

④ 명료화기술

사회복지사가 클라이언트의 현재 상황을 구체적으로 명료화하여 클라이언트의 현실능력을 증진하는 기술이다.

⑤ 환경조정기술

클라이언트의 긴장상황과 갈등적 상황에 대해 해소할 수 있도록 상황을 조정하는 기술이다.

⑥ 행동수정기술

클라이언트가 현장상황에서 대처기술을 습득하여 스스로 극복할 수 있는 역량을 강화하는 기술이다.

4) 위기개입모델의 장점과 단점

① 장점

위기개입모델은 다양한 단기간의 위기에 유용하며 새로운 적응적 대처방법을 발달시킬 수 있다면 좀 더 높은 수준에서 기능할 수 있다. 또한 도움을 주는 시간이 제한적이어서 노력 자원에 비추어 볼 때 효과적이라고 하겠다.

② 단점

- 실천가들의 위기개입이라는 용어는 대체로 위기 관련 활동을 기술하거나 위기가 만성화된 사람들에 대해 개입을 기술하기 위함인데 이는 위기상황에서 활용되는 개입과 하나의 특정 접근으로서의 위기개입을 구분하기 어렵다.

- 새로운 적응상태를 발달시키는 데 많은 자원이 필요하다.
- 제한된 자원, 시간 때문에 긍정적 변화에 필요한 모든 요소들을 모으는 것이 가능하지 않다.
- 개인상황의 반성만으로 클라이언트의 문제를 효과적으로 해결하기 힘들다.
- 이 개입을 활용하는 사회복지사는 매우 지시적이고 강요적이 될 수 있는데 이는 중요한 윤리적 문제, 특히 임파워먼트 개념과 관련하여 중요한 문제를 제기한다.
- 구체적 기술이 개발되지 못한 한계성을 지닌다(Brammer, 1985).

6. 행동주의모델

1) 정의

행동주의이론(behavioral theory)에서 인간행동의 대부분은 자극에 대해 반응하는 행동이며, 외부강화에 의해 학습된 행동이라고 보았다. 이들은 경험적 실증이 가능(자극-반응)하고 외부로 나타난 행동만이 연구대상이 되며, 무의식, 본능, 자아, 내면적 동기, 목적, 의도 등과 같은 경험적 실증이 어려운 것들로 인간행동을 설명하는 것을 거부한다. 즉, 인간의 행동은 학습되는 것이며 인간이 느끼고 생각하고 행동하는 것은 학습자(learning history)의 결과라고 주장하고 행동과 행동을 통제하는 환경, 즉 조건부(contingencies)에 초점을 맞춘다. 이들은 관찰 가능한 행동에 초점을 두고 행동을 자극과 반응이라는 도식에 의해 선행조건-행동-후속결과(Antecedent-Behavioral-Consequence: A-B-C 관계)로 이해하며 일반적인 것이 아닌 특정의 구체적인 문제행동에 초점을 둔다. 또한, 인간의 행동은 반응적(혹은 고전적) 조건형성, 조작적 조건형성, 대리적 조건형성에 의해 학습된다고 보았으며, 행동변화의 핵심은 의지의 문제가 아니라 기술의 문제라고 본다.

행동주의모델은 사회화의 중요성을 강조하고 있는 학습이론에 기초를 둔 이론으로서 인간의 행동은 학습이 이루어짐으로써 발달한다고 보았다. 다른 모델보다도 변화의 기술과 특수한 행동수정 기술을 강조하며, 개인수준의 사회복지실천에서는 조작적 행동을 중심으로 그 효과가 인정되고 있다. 이 모델은 관찰 가능한 행동과 환경에 초점을 두고, 분석하고 변화함으로써 클라이언트의 욕구를 충족하고자 한다. 따라서 행동주의모델에서는 구체적이고 정확한 문제의 규정, 변화목표, 개입과정이 강조된다.

행동주의모델의 등장배경은 다음과 같다.

오늘날의 행동요법의 기본이 되는 학습과 조건화에 대한 기초적인 연구는 19세기 말에서 20세기 초에 걸쳐서 손다이크와 파블로프, 스키너 등에 의해서 이루어졌다. 행동이 유일한 심리학의 주제가 되어야 한다는 관점은 파블로프의 영향을 받아 1913년 와트슨(Watson)에 의하여 처음으로 체계적으로 제시되었다. 그는 심리학이 과학이 되려고 한다면 그 자료는 관찰 가능하고, 측정 가능해야 한다고 주장하였다. 그는 사람들의 행동을 연구함으로써 심리학에 대한 객관적인 과학이 가능하다고 했다. 이러한 와트슨을 중심으로 한 행동주의를 고전적 행동주의라 하고, 1930~1940년대의 유기체 반응을 중시한 행동주의를 신행동주의라 한다. 최근 신행동주의에 있어서는 현상(phenomena)의 폭넓은 범위를 다루고 있으며 인지적 과정(cognitive processes)을 고려하고 있다. 신행동주의자들은 강화라는 말로 학습과 인간행동을 이해하려 한다. 1950년대에 접어들면서 프로이트의 정신분석에 회의를 느끼는 많은 학자들이 행동주의적 접근방식의 연구를 시작하였다. 스키너를 비롯하여 엘론(Ayllon), 린드슬리(Lindsley), 페스처(Fester), 프리막크(Premack), 울프(Wolpe) 등은 각기 조작적 행동 및 체계적 둔감법에 대한 개념을 연구, 발전시켜 치료적인 영역에 많은 영향을 미쳤다.

행동주의모델은 인간의 '행동의 관찰'을 강조한 파블로프의 고전적 조건화(혹은 반응적)와 스키너의 조작적 조건화, 반두라의 대리적 행동(vicarious behavior) 등의 이론적 배경을 갖고 클라이언트의 '환경'요인의 중요성을 인정함으로써 사회복지실천에 중요한 지지를 받게 되었다(전남련 외, 2012).

(1) 고전적 조건형성(혹은 반응적)(Classical conditioning)

반응적 조건형성에 의해 학습된 반응적 행동(respondent behavior)은 선행 자극에 대한 반응으로서 나타난 행동이다. 자극(stimulus)은 반응(response)을 일으킨다. 반응적 행동을 처음 관찰한 학자는 러시아 생리학자인 파블로프이다. 파블로프는 유명한 개의 실험에서 1단계 개에게 종소리를 들려주면 이때의 종소리는 중성 자극(neutral stimulus)인데, 개는 그쪽 방향을 돌아본다. 2단계에서 음식을 줄 때마다 종소리를 울려 반복시킨다. 3단계 음식을 주지 않고 종소리를 울려도 개는 침을 흘리는 조건형성(classical conditioning)이 되는 것이다. 그러나 음식을 제공하지 않은 채 종소리만 계속 들려주게 되면 침을 흘리는 반응이 더 이상 나타나지 않는다는 것도 관찰하였으며, 이를 소거(extinction)라고 하였다.

(2) 조작적 조건형성(Operant conditioning)

스키너는 선행사건(antecedents) 상황에서 행동(behavior)이 발생하고 행동은 결과(consequences)에 영향을 미치며, 결과는 다음의 유사 상황에서 행동의 비율, 빈도, 형태 등을 결정한다. 이때 행동은 결과에 조작한다고 하였다. 즉, 결과에 영향을 미친다는 의미에서 조작적 행동(operant behavior)이라 하며 선행사건－행동－결과를 강화의 조건부라 한다.

① 강화의 조건부는 네 가지로 구분된다.

가. 정적강화(positive reinforcement): 어떤 행동이 일어난 직후에 주어졌을 때 또는 그 상황에 가해졌을 때 그 행동이 일어날 확률을 높이는 자극(예: 칭찬, 용돈)

나. 부적강화(negative reinforcement): 어떤 행동이 일어난 직후에 제거했을 때 또는 그 상황에서 감해졌을 때 그 행동이 일어날 확률을 높이는 자극(예: 숙제, 청소)

다. 정적처벌(positive punishment): 결과를 제시함으로써 행동의 발생 가능성을 감소시키는 자극(예: 야단, 체벌)

라. 부적처벌(positive punishment): 결과를 철회함으로써 행동의 발생 가능성을 감소하는 자극(예: 관심, 상여금)

② 강화에는 일관성 있게 강화하는 계속적 강화와 부분적으로 강화하는 간헐적 강화가 있다.

가. 계속적 강화: 각 행동마다 강화물을 주어 행동을 빨리 변화시키기 때문에 학습 초기단계에서는 가장 효과적이다.

나. 간헐적 강화: 가끔씩 강화를 하여 행동의 소거에 대한 저항이 강해지기 때문에 학습된 행동을 유지하는 데에 보다 유용하다. 간헐적 강화의 종류에는 고정간격계획(예: 고정급(월급)), 변동간격계획(예: 낚시), 고정비율계획(예: 성과급 보수제도), 변동비율계획(예: 도박행위에서 딸 수 있는 확률)이 있다.

③ 소거와 자발적 회복

가. 소거(extinction): 강화물을 계속 주지 않을 때 반응의 강도가 감소되는 것

나. 자발적 회복(spontaneous recovery): 수거 이후에 무조건 자극과 조건 자극의 연합이 제시되지 않았더라도 일시적으로 조건 반응을 보이는 것

(3) 대리적 조건형성(Vicarious conditioning)

반두라에 따르면, 인간은 자신이 직접 경험하지 않더라고 행동을 학습할 수 있는데, 이런 행동을 대리적 행동(vicarious behavior)이라 한다. 즉, 대리적 조건형성은 남의 행동에 의해 나의 행동이 간접적으로 영향을 받는 모방(modeling)의 기본 개념으로 이해될 수 있다.

※ 버거(Berger, 1962) 실험

일방향 거울의 건너편 실험실에서 버저가 울릴 때마다 전기쇼크를 받는 연기를 하는 모델을 보고(관찰자는 모름) 이를 관찰하는 조사대상자의 감정적 반응에 변화가 생기고, 조건형성 후에는 실제로 모델을 보지 않아도 버저 소리가 날 때마다 맥박이 빨라진다거나 땀의 양이 증가한다는 것을 알 수 있다.

2) 기본 과정과 주요 개념

(1) 행동이론의 기본 가정

행동이론은 스키너의 행동주의이론과 반두라의 사회학습이론, 급진적 행동주의, 신행동주의이론 등에서 제시하는 기본 가정마다 차이가 있다. 여기서는 스키너의 행

동주의이론과 반두라의 사회학습이론에서 제시하는 기본 가정을 비교하여 살펴보면 다음과 같다.

스키너와 반두라는 인간의 행동이 환경적 자극에 의해 동기화된다고 전제하였다.

- 스키너: 인간의 행동이 강화에 의해 행동의 빈도와 강도가 결정된다고 봄
  반두라: 개인의 인지적 요인과 다른 내적 사건들에 의해 중재되어 최종적으로 행동이 결정된다고 주장
- 스키너: 인간이 자신의 행동을 통제할 수 있는 힘이 없다고 봄
  반두라: 인간이 자기효율성을 성취하는 방향으로 행동을 규제할 수 있다고 믿음
- 스키너: 외적 강화가 없이는 행동의 학습이나 수정이 불가능하다고 여김
  반두라: 새로운 행동의 학습은 외적 강화 없이도 이루어질 수 있다고 여김(김동배 · 권중돈, 2006)

(2) 행동이론의 주요 개념

① 표적행동

개입의 초점이 되는 측정 가능한 조작적인 행동으로 빈도, 강도, 지속시간으로 설명된다.

② 강화와 벌

강화와 벌은 조작적 상황에서 많은 행동의 변화에 사용되는 것으로, 강화는 행동을 증가시키기 위한 것으로 긍정적 강화와 부정적 강화가 있다. 처벌은 행동을 감소시키기 위한 것으로 긍정적 처벌과 부정적 처벌이 있다.

③ 조작적 행동

외부로부터의 자극에 대해 행위자가 처벌을 피하거나 보상받기 위해, 또는 싫거나 불쾌한 자극은 피하고 원하는 것을 얻기 위해 환경을 조작하는 일련의 행동이다.

④ 체계적 둔감법

울프(Wolpe)에 의한 역조건화를 이용하여 상상된 자극에 대한 이완된 반응을 활용

한다. 상상된 자극에 대한 불안의 제거는 실제 상황에서 실제 자극에까지 일반화하는 것이다.

⑤ 모델링

어떤 행동의 관찰결과에 따른 원래 행동의 모방적 변화를 말한다. 새로운 행동이나 분노와 공포를 제거하기 위해서도 이용한다. 대부분의 행동은 다른 사람이 행동하는 것을 보고 모방학습될 수 있다.

3) 주요 과정 및 기법

(1) 주요 과정

행동치료에서의 기본적인 개입과정은 크게 세 단계로 나누어진다.

① 초기단계

문제 행동에 대한 구체적인 정보를 얻는 것이며, 클라이언트가 행동수정이나 관리에 전적으로 협력하고자 하는 단계이다.

② 개입단계

이 단계는 계약과 치료단계로서 목표행동을 명확하게 인식하고, 계약을 형성하며 다루어야 할 구체적인 문제에 초점을 맞춘다.

③ 종결단계

종결의 결정이 내려지면 바람직한 행동의 유지 조건을 설정하는데, 클라이언트에게 4주 동안 문제행동의 기록을 유지하는 것과 종결 후 모임 약속을 한다.

종결 후에도 모임을 갖도록 하여 행동의 변화가 계속되었는지의 여부를 평가하고, 변화가 바람직한 수준일 때는 종결하고 그렇지 못할 경우에는 프로그램 구조를 재구성하는 것이 필요하다.

(2) 기법

① 행동수정기법

- 조작적 행동에 관련된 기술로 긍정적 강화, 부정적 강화, 소거, 판별강화, 반응형성화, 처벌 등이 있다.
- 반응적 행동에 관련된 기술로 고전적 강화, 체계적 둔감화, 충만 등이 있다.
- 복합적 기술이 있는데 이는 부정적 실천, 싫증, 자극형성, 언어적 지시, 행동연습, 규칙제정, 지위설정, 모델제시, 통찰학습을 통한 방법 등이 있다.

② 상담기법

가. 이완훈련: 사람들에게 일상의 삶에서 만들어지는 스트레스에 대처하는 법을 가르치는 방법으로 보편화, 신체와 정신의 이완을 목적으로 한다. 상상적 둔감화 과정, 체계적 둔감화, 주장훈련, 자기관리 프로그램, 최면, 명상, 신체의 자발적인 훈련 통제, 자기 암시를 통한 상상적 기능이 있다.

나. 노출법

- 체계적 둔감법(공포 및 불안 반응 극복): 고전적 조건형성이론에 기초한 기법으로 행동주의 상담에서 가장 널리 활용되고 있으며 임상적으로 검증된 기법이다. 단계로는 1단계 긴장이완훈련(relaxation-training), 2단계 불안요인의 위계설정(hierarchy construction), 3단계 역조건형성을 통해 이완반응이 불안을 대치한다.
- 홍수법: 두려움을 일으키는 자극들을 실제 현실에서나 상상 속에서 지속적으로 제시하는 기법으로 이는 내담자가 상담에 동의할 때만 시행할 수 있다.

다. 토큰경제: 스키너의 조작적 조건형성의 강화원리를 활용한 행동주의 기법으로 보상을 지연하는 효과가 있다.

라. 모델링: 개인이나 집단의 행동과정이 관찰자에게는 모두 동일한 생각, 태도 그리고 행동을 위한 자극으로 비춰진다. 반두라는 발달에서 모델링의 역할과 인간행동의 조형을 강조하였다. 장점으로는 경제적이고 시행착오를 줄여 시간을 절약할 수 있다. 모델링은 주의집중단계, 파지단계, 재생단계, 동기화단계가 있다.

마. 타임아웃: 타임아웃은 벌의 일종으로 긍정적인 강화로부터 격리시켜 부적절한 행동을 감소시키기 위한 기법, 정적강화를 차단하여 그 행동을 감소시키는 방법이다.

바. 노출기법: 불안유발자극에 대해서 현실 및 상상 속에서 오랜 기간 동안 단계적으로 노출되는 것을 말한다.

사. 자기주장 훈련: 사람들은 누구나 자신을 표현할 권리가 있다는 것을 기본 가정으로 보며, 불안이 부적응적일 때, 즉 자기주장적 반응이 아무런 부정적 결과를 가져오지 않는데도 불안해질 때에만 권유되어야 한다.

아. 자기관리 프로그램: 자기관리 프로그램은 내담자가 자신의 문제를 스스로 조정하고 해결할 수 있도록 돕는 과정, 즉 내담자가 변화하기 위하여 자신의 노력으로 환경을 수정하고 행동의 결과를 조정하며 관리하는 것을 말한다.

4) 행동주의모델의 장점과 단점

① 장점

- 인간의 행동을 관찰하고 측정할 수 있는 것으로 인해 사회복지실천의 객관적 평가를 높일 수 있으며, 사회복지실천에 있어서는 조작적 행동을 중심으로 그 효과가 인정되고 있다.
- 상담을 과학적으로 발전시켰다.
- 어떤 행동이 소거되고 획득되었는지도 객관적으로 분명히 알 수 있기 때문에, 객관적인 평가가 가능하다는 것이다.
- 효과적이고 비용이 많이 들지 않는다.

② 단점

- 자율성이나 독창성을 무시하고 통제한다는 비판이 있다.
- 구체적인 문제 행동을 수정하는 데는 효과적일지 모르나 자아실현적인 측면에서는 아주 부적합하다.

- 실험 대상이 실험실 안에 있는 동물이기 때문에 실험실 밖의 일상생활에서나 동물이 아닌 인간에게는 적절하지 않을 수 있다.
- 행동의 변화는 있을지 모르나 느낌의 변화는 없다.
- 행동수정을 위한 처벌, 부적 강화기법을 활용하는 것은 사회복지사에게 윤리적 측면에서의 어려움이 있다(전남련 외, 2012).

7. 클라이언트중심모델

1) 정의

클라이언트중심모델은 실존주의이론, 형태치료와 같이 실존주의 철학에 그 기원을 두고 있으며, 사회복지사의 공감적 이해, 무조건적인 긍정적 관심과 진실성을 바탕으로 한 사회복지사와 클라이언트 간의 관계를 중시하는 모델이다.

이 모델은 1940년대 초에 미국의 심리학자 칼 로저스(Carl Rogers)에 의하여 처음 개발된 '인간성장과 변화에 대한 접근법'으로 핵심사항은 사회복지사가 클라이언트에게 지시, 설득, 해석, 충고, 암시 등을 주는 것보다는 감정이입적 반응, 무조건적 긍정적 관심, 수용, 진정한 존중 등을 표현하면 클라이언트에게 긍정적이고 건설적인 변화가 발생한다는 것이다. 기본 철학은 각 클라이언트는 독특한 존재이며, 자아실현의 능력을 지니고 있다는 것이다. 최근에 와서 조직이나 학교, 가정 등 인간관계가 이루어지는 여러 분야에서 자기실현 촉진을 위한 방법으로서 활용되며, 사회복지실천에 클라이언트와 사회복지사 간의 관계의 질을 중요성을 재강조하고 사회복지사에게 치료원칙을 제시하는 역할을 하였다(Zastrow, 2010).

클라이언트중심모델의 기본 원리는 첫째, 클라이언트가 일관성 있게 주도해 나갈 수 있도록 한다. 둘째, 사회복지사는 자신의 관점보다는 클라이언트에게 초점을 맞출 수 있도록 원조하는 역할을 담당한다.

클라이언트중심모델의 등장배경은 다음과 같다.

이 모델은 최근에 '인간중심접근법'이라 불리기도 하는 것으로 로저스가 1940년대

처음 개발한 '인간성장과 변화에 대한 접근법'이다. 로저스가 심리학자로서의 전문적 일을 시작한 곳은 뉴욕 로체스터에 있었던 '아동범죄를 예방하는 모임'의 아동 연구부였다. 1928년부터 10년간 연구 활동을 하였고 그러던 중, 로저스는 랭크(Rank)를 만나게 된다. 그 후 로저스는 랭크 이론을 전수 받은 아동 지도 치료소의 동료 사회복지사에게서 랭크 이론에 대해 많은 것을 배우게 된다. 랭크의 이론은 나중에 클라이언트중심 이론의 골격을 형성하였다. 첫째, 과거의 경험보다는 현재의 경험과 주변 여건을 강조한다. 둘째, 자유로운 감정표현을 긍정적으로 본다. 셋째, 클라이언트의 성장과 클라이언트의 의지에 초점을 두며, 마지막으로 치료자의 권위적 태도를 배격하는 것을 들 수 있다.

1950년대 초반부터는 클라이언트중심모델에 있어서 비지시적·반성적 치료의 의미와 방법을 세련화시키는 것이 주요 문제였다. 로저스는『클라이언트중심모델』이라는 그의 저서에서 반성적 치료의 이론적 근거와 과정을 살펴보면, 그는 치료자의 행위나 기술뿐만 아니라, 진정으로 클라이언트를 중심으로 생각하는 태도가 중요함을 강조하였다. 즉, 겉으로 나타나는 태도와 일치하는 인간관, 가치체계, 감수성, 그리고 표현양식 등이 클라이언트중심모델에 있어서 중요한 점으로 등장하였다. 1950년대 중반에 들어서 클라이언트중심모델은 다양한 분야에 확대, 적용되었는데 교육, 지도력과 행정 분야, 가족관계와 기능 분야에 주로 적용이 되었다. 1951년 로저스의 저서『클라이언트중심치료』가 발간된 이후 "클라이언트중심모델"이라는 명칭으로 불려왔다. 1968년 인간연구센터를 설립하고 집단감수성 훈련 집단, 대인관계 등에 초점을 두고 연구를 지속하였다(이준우, 2003).

2) 주요 가정 및 개념

(1) 주요 가정

클라이언트중심 접근에서 가정하고 있는 인간관은 다음과 같다.

① 모든 인간은 자신이 중심이 되어 있는 끊임없이 변화하는 경험의 장에서 존재하고 있다. 이러한 개인의 세계는 유기체에 의해 경험되는 모든 것을 포함한다.

개인의 세계의 중요한 진실은 개인 그 자신에게만 알려진다는 것이다.

② 유기체는 경험되고 지각되는 장에 대하여 반응한다. 이 현상의 장은 개인에게는 현실이다.

③ 유기체는 현상의 장에서 조직된 전체로서 반응한다. 유기체는 자기를 실현하고 경험하는 자기 자신을 고양하고 유지하려는 기본적인 욕구를 지니고 있다.

④ 인간의 행동은 현상의 장 속에서 경험되는 유기체의 욕구를 만족시키려는 목적 지향적인 것이다.

⑤ 이런 행동에는 정서가 수반되며 그 정서의 강도는 유기체를 유지하려는 행동의 지각된 중요성과 관련이 된다.

⑥ 인간의 행동을 이해하는 중요한 수단은 개인 자체의 내적 참조의 틀을 이해하는 것이다.

⑦ 환경, 특히 타인과의 상호작용 속에서 개인의 자기 구조가 형성된다.

⑧ 유기체에 의해서 적용되는 행동의 대부분 방식은 자기의 개념과 일치한다.

⑨ 심리적 부적응이란 유기체가 중요한 자신의 감각적 경험들을 수용하지 못하고, 결국 이를 자기 구조의 틀 속에 상징화, 조직화할 수 없을 때 발생한다.

(2) 주요 개념

클라이언트중심모델의 주요 개념을 정리하면 다음과 같다(김정희, 1992; 이준우, 2006 재인용).

① 실현화 경향(Actualizing tendency)

인간은 선천적으로 성취하는 방향으로 생산적으로 성장하는 존재이고 자율성을 발달시키며, 유기체 본래의 자아실현 욕구를 성취하고자 하는 동기를 갖고 있다.

② 자아실현 욕구(Self-actualization)

실현화 경향의 하위체계이자 산물이 곧 자아실현이다. 자아가 형성되면서 일부 실현화 경향이 자아실현으로 표현된다.

③ **긍정적 관심**(Positive regard)

자아가 발달하면서 인간은 선천적으로 사랑과 인정을 갈구하게 된다. 긍정적인 관심을 받기 위해 인간은 점차 자기보다 다른 사람이 평가한 것에 맞추어 행동하게 된다.

④ **조건부 가치**(Conditions of worth)

중요한 타인들이 긍정적인 관심을 보일 때 인간의 어떤 부분은 존중받지만, 그렇지 않고 존중받지 못한다고 느낄 때 인간은 조건부 가치를 느낀다. 이러한 조건부 가치는 실현화 과정을 왜곡하기 때문에 인간이 자유롭게 자기 효율성을 최대한 발휘하는 것을 방해한다.

3) 개입과정 및 기법

클라이언트중심모델의 목적은 사회복지사와 클라이언트와의 관계를 통한 클라이언트의 성장과 변화 추구에 있다. 로저스의 강조점은 개입과정에서 개인이 어떻게, 왜 변화하는가를 이해하는 데 있다.

『인간으로서의 성장에 관하여』(1961)에서 제시하고 있는 7단계의 개입과정을 살펴보면 다음과 같다.

(1) 7단계의 개입과정

- 제1단계: 이 단계에서는 클라이언트 자신에 문제를 인식하지 못하거나 자기 문제를 외부의 것으로 보며, 자기와 의사소통하는 것을 싫어한다.
- 제2단계: 첫 단계에서 클라이언트 자신이 충분히 수용되고 있음을 경험하게 되면, 2단계에 이르게 된다. 이 단계에서 클라이언트는 자기 자신이 아닌 문제들에 대해 말하기 시작한다. 그러나 문제는 여전히 외적인 것으로 보여지고 클라이언트는 개인적인 책임을 받아들이려고 하지 않는다.
- 제3단계: 2단계에서 약간 느슨해지고 유동적으로 된 태도의 변화가 방해받지 않고, 계속 자신이 수용되고 있다고 느낄 수 있게 되면, 보다 많은 감정들과 사적인 표현들을 한다. 주로 과거의 감정에 대해 이야기하며, 어떤 문제들이 외부보다는

자신의 내부에 존재한다는 사실을 인식하기 시작한다.

- 제4단계: 3단계에서 여러 가지 경험들을 갖고 있는 클라이언트가 여전히 있는 그대로의 자신이 수용되고 이해되고 있다고 느낄 때, 보다 자유로운 감정의 흐름이 가능해진다. 클라이언트의 혐오감, 두려움, 증오 등의 현재의 느낌이나 경험이 표현된다. 그러나 강렬한 감정은 여전히 지금-여기의 것이 아닌 것으로 기술된다.
- 제5단계: 4단계에서 클라이언트가 자신이 있는 그대로 수용되고 있다고 느낄 때, 클라이언트의 유기체적 유동성의 자유가 증가하며, 감정들을 자신의 것으로 수용한다. 두려움과 의심은 있으나 이전에는 부인되었던 감정들이 비로소 자각되기 시작한다.
- 제6단계: 이전에는 부인되었던 감정들이 이제는 즉각적이고 수용적으로 경험된다. 그런 경험들은 부인되거나 두려움을 일으키거나 혹은 맞서 싸워야 할 어떤 것이 아니라 있는 그대로 받아들여진다. 이러한 경험들은 개인을 해방시키고 자기를 더 이상 대상으로 인식하지 않는다.
- 제7단계: 개입과정이 연속체상의 최상위단계로 이동함에 따라 자신의 감정이 일어나는 그대로 표현할 수 있다. 개인은 지난 과거 경험 속에서 새로운 감정을 풍부하고 즉각적으로 경험한다.

(2) 개입기법

클라이언트중심모델은 세밀한 기법을 중시하지 않는다. 하지만 사회복지사의 태도를 강조한다. 이것이 이 모델의 특징이라고 볼 수 있다(이준우, 2003).

클라이언트의 변화과정은 평등한 관계의 질적인 측면에 따라 상당 부분 결정된다. 로저스는 클라이언트중심모델에 근거한 실천개입의 필요, 충분조건으로서 다음의 내용을 핵심으로 보았다.

① 진실성

진실성은 사회복지사가 진실하다는 뜻으로 치료기간에 사회복지사는 완전히 신뢰할 만하다는 뜻이다. 진실성의 조건은 첫째, 클라이언트에 대한 사회복지사의 심증적 느낌이다. 둘째, 자신의 느낌에 대한 사회복지사의 인식이다. 셋째, 사회복지사 자신의 느낌에 대한 표현이다.

② 무조건적인 긍정적 존중

이는 사회복지사가 클라이언트를 충분히 수용하며, 클라이언트를 하나의 인격체로서 깊고 진실하게 무조건적으로 돌보는 것이다. 사회복지사가 클라이언트의 방어적인 태도에 상관없이 무조건적인 긍정적 관심으로 일관되게 수용할 때 클라이언트는 다른 사람에게서 진정한 관심을 받고 있음을 확신함으로써 변화하는 새로운 자기에 대해 긍정적 수용을 하게 된다.

③ 공감적 이해

공감은 클라이언트의 경험과 감정을 민감하고 정확하게 이해하는 능력을 말한다. 이 과정에서 클라이언트의 감정에 휘말리지 않고 이해하는 것이 중요하다. 또한 사회복지사는 클라이언트의 불일치성을 인식하여 해결하도록 격려한다.

4) 클라이언트중심모델의 장점과 단점

① 장점

- 실천방법이나 기법 등에 있어 독단적이지 않다.
- 사회복지사들이 자신의 실천 스타일을 개발해 나갈 수 있다.
- 경청이나 반영 등의 기법에만 의존하지 않는다.
- 사회복지사와의 관계형성 태도에 기초를 두고 있다.
- 다른 어떤 것보다도 사회복지사의 진실함이 실천관계의 힘을 결정한다.
- 상담심리학이나 성격역동성, 정신병리학에 관한 배경정보가 부족한 클라이언트에 대해서도 보다 안전하게 접근할 수 있다.

② 단점

- 인간을 너무 한쪽 측면에서만 바라보고 있다는 것이다.
- 많은 사회복지실천대상자들이 비자발적 클라이언트이거나 협조를 거부하는 클라

이언트일 수 있으며 자발적으로 사회복지사의 도움을 요청한다 하더라도 자신을 정확히 표현할 수 없는 사람들이 많은 것이 현실이다.

- 사회복지사가 클라이언트의 중심적 입장의 태도를 잘못 해석하거나 단순화할 수 있다.
- 클라이언트중심이 되어 자신의 인간성과 독자성을 잃어버릴 수 있다.
- 사회복지실천에서 초보자들은 클라이언트중심 접근법이 너무 단순하며 상세하지 못하다고 생각하는 경향이 있다(이준우, 2003).

CHAPTER

03

개인대상 사회복지실천기술

1. 개인대상 사회복지실천 개념 및 이해

1) 개인대상 사회복지실천 개념

개인대상 사회복지실천은 개인의 인격존중을 전제로 한 전문적인 대인관계의 기반 위에서, 클라이언트가 직면하고 있는 문제상황을 분석하고 검토하여 클라이언트의 생활상의 욕구를 충족시켜 나가는 전문적인 방법이다.

대부분의 개인대상 사회복지실천은 사회복지실천현장에서 가장 빈번하게 활용되는 접근방법으로 개인과 일대일 관계를 통해 이루어진다(이영호, 2014).

개인대상 사회복지실천은 클라이언트의 다양하고 복합적인 문제와 욕구 충족에 초점을 두고 클라이언트와 자원을 연결, 조정하면서 사회기능을 향상시키는 것을 말한다.

리치먼드(Richmond)는 개인과 그 사회환경 간의 개별적 · 의식적 조정(합리적 성과)을 통해 그 사람의 인격발달을 도모 혹은 지원하는 제반과정이라고 하면서, 전문적 대인관계와 인간발달에 대한 지식을 강조하였다.

바우어는 개인능력과 지역사회 자원동원에 필요한 대인관계 지식과 기술을 활용하는 예술로 설명하였다.

펄만(Perlman)은 문제를 해결하기 위한 복지기관의 활용기술, 치료가 아닌 문제해결과정, 클라이언트의 주체성을 강조하였다.

개인을 대상으로 한 사회복지실천은 1인 클라이언트체계를 중심으로 진행하며, 클라이언트와 사회복지사의 전문적 관계를 강조하고, 개인의 문제해결을 위한 다양한 개입모델을 활용하여 개인과 환경과의 상호작용을 변화, 유도하는 것으로 정의할 수 있다(구혜영, 2010).

2) 개인대상 사회복지실천 이해

(1) 개별면담 준비기술

① 면담준비단계

사회복지사와 클라이언트가 만나기 전에 클라이언트가 사회복지사를 방문하면서 갖는 생각과 감정, 의도 등을 미리 헤아려서 가급적이면 클라이언트의 상황에 사회복지사 자신을 맞추기 위한 준비활동이 일어나는 단계를 의미한다.

클라이언트는 대체로 접수양식이나 전화, 혹은 인터넷 신청 등으로 도움을 요청하는 경우가 많다. 클라이언트의 욕구와 기대는 기관에 신청한 방법 등에 기술된 서비스를 요청하는 이유나 배경 등으로 파악할 수 있다(이준우, 2009).

사회복지사와 클라이언트의 면담준비는 클라이언트의 정보를 수집하고, 클라이언트로서 대상이 되는지의 적격성 여부를 확인하기 위함이며, 치료나 변화를 돕기 위한 것이다. 면담 이후 클라이언트의 참여가 동기를 강화할 수도 있고, 조기종결이나 중도탈락도 예방할 수 있는 기회를 제공하기도 하며, 후속 상담, 관계형성, 문제해결 및 서비스의 효과성에도 많은 영향을 줄 수 있어 면담준비를 철저히 하는 것은 면담의 효율성도 높이고 클라이언트의 만족도도 높일 수 있는 것이다.

② 면담준비기술

면담을 준비할 때 효과적인 면담수행을 위한 기본사항을 파악하고, 고지하며 다음의 기술을 제시한다.

가. 사전검토(preparatory review): 클라이언트의 이전 기록이나 이전의 기관의 정보를 검토하고, 클라이언트의 교육 정도, 연령, 결혼 여부 등 기본적 배경을 검토하는 것이나, 클라이언트에 대한 편견이나 선입견을 갖지 않도록 주의해야 한다.

나. 사전탐색(preparatory exploring): 접수나 초기면담을 담당한 사람, 혹은 클라이언트를 의뢰한 사람에게서 클라이언트 및 그의 상황에 대한 질문을 통해 정보를 수집하는 것이 해당된다.

다. 사전협의(preparatory consulting): 슈퍼바이저(감독자, 상관)나 동료에게서 조언을 구하는 것을 의미한다.

라. 사전정리(preparatory arranging): 첫 면담을 위해 체계적인 물리적 환경을 준비하는 것으로 약속시간 확인하기, 면담실의 충분한 시간 확보, 비밀 보장이 될 수 있는 공간 확보 및 면담실 사전예약, 가구배치, 교통편의 및 주차, 장애인을 위한 편의시설 등과 관련된 준비 등이다.

마. 사전공감(preparatory empathy): 클라이언트가 초기 면담에 오기 전이지만 클라이언트가 겪을 수 있는 느낌이나 현재의 문제상황에 민감하게 반응할 수 있도록 미리 예상하여 사회복지사가 공감해 보는 것이다.

바. 사전자기탐색(preparatory self-exploration): 사회복지사가 자신을 분석해 보는 것으로 자신이 타인과 상호작용할 때 어떻게 영향을 주고받는지를 파악하는 것으로 자신의 개인력을 파악하고 자신의 특징, 욕구, 편견, 정서적 약점, 행동양상 등을 이해하는 것이다.

사. 집중적 자기관리: 사회복지사의 개인사정이 전문가로서의 의무와 서비스 전달에 방해가 되지 않도록 하는 것이다.

아. 사전계획 및 기록(preliminary planning): 면담 전에 사회복지사가 면담의 목적과 목표를 검토하고 면담에서 논의할 주요 과제를 임시적으로 설정하는 것이다(오봉욱 외, 2013).

③ 면담의 유형

가. 정보수집을 위한 면담: 클라이언트의 개인적 · 사회적 문제와 관련된 사회적 배경이나 개인의 성장발달사에 관한 정보를 얻기 위한 면담으로 파악해야 할 항목으로 일반적 사항(나이, 성별, 학력, 결혼상태, 주소 등), 현재의 문제상황 또는 현재 문제와 관련된 과거력, 가족력(클라이언트의 원가족과의 관계, 부모형제관계, 부부

관계, 자녀관계 등), 개인력(아동기성장과정, 발달단계상의 문제, 학교생활, 교우관계, 직장생활, 결혼생활 등), 사회적 기능 및 직업적 기능 정도 등이다.

나. 정보제공을 위한 면담: 클라이언트에게 정보를 제공해 주기만 해도 문제해결에 큰 도움이 되기도 하므로 이를 목적으로 진행되는 면담을 정보제공을 위한 면담이라고 한다.

다. 사정을 위한 면담: 어떤 서비스를 제공할지 의사를 결정하는 면담이다. 정보수집 면담보다 목적지향적인 특성이 있다.

라. 치료 혹은 변화를 위한 면담: 클라이언트가 자신감, 자기효율성을 강화하고, 필요한 기술을 훈련하며 문제를 해결할 수 있는 능력을 키우기 위한 면담을 말한다.

(2) 개별면담 시작기술

① 첫 면담에 대한 불안수용

사회복지사와 클라이언트의 첫 면담은 양쪽 모두에게 다양한 감정과 반응을 불러일으킨다. 양쪽 모두 문제해결에 대한 희망을 가지면서도 문제상황을 이해하고 수용할 수 있을지 등 여러 의문을 갖게 되고 실질적인 도움을 받을 수 있을지 등 갖가지 의문을 갖게 된다. 이러한 불안과 양가감정을 이해하고 수용할 수 있어야 한다(이준우, 2009).

② 면담의 시작

가. 자기소개: 사회복지사가 자신의 성명, 소속기관 및 부서, 직위 등에 대해 소개한다. 단 사회복지사의 학력, 출신학교, 자격증의 소지 여부 등에 대해 문의를 하는 경우 신뢰감 등 상징적인 의미가 있을 수 있기 때문에 솔직하게 대답하는 것이 좋다.

나. 클라이언트 자신 및 동행인에 대한 소개 요청: 접수양식과 사전 전화통화를 통해 방문할 클라이언트에 대해 알고 있다면, 기관을 방문한 사람의 이름을 확인해 보고 인사를 나누고, 연령을 고려하여 연장자 순으로 인사를 나누고, 필요하면 클라이언트와 동행한 사람이 누구이며 어떻게 부를지도 확인한다.

> "제가 ○○선생님이라고 불러도 될까요?"
> "제가 ○○아버님(○○어머님)이라고 불러도 될까요?"
> "나이를 고려해보니 내가 너를 ○○라고 불러도 될 것 같은데 괜찮겠니?"

다. 첫 면담의 목적 설명: 면담의 목적 설명을 통해 사회복지사는 클라이언트로 하여금 적절한 기대를 갖도록 하고, 불필요한 혼동이나 막연한 불안을 해소하도록 할 수 있다.

면담목적의 설명은 가급적 직접적이고 분명하면서도 부드럽게 하는 것이 좋으며 어려운 전문용어는 가급적 쓰지 않는다.

첫 면담이 어떻게 진행될 것이며, 몇 분간 진행되고, 첫 면담에서 할 과업이 어떤 것이 있다는 점을 설명해 준 다음에 본격적인 면담을 시작한다.

> "오늘 저희 기관에 처음 방문하셨는데 오시게 된 이유를 알고 싶습니다. 그 후 저희 기관에서 제공하는 서비스에 대해 설명을 드리도록 하겠습니다."
> "어떤 도움이 필요하신지 말씀해 주시면 저희 기관에서 어떤 도움을 줄 수 있는지 함께 모색해 보도록 하지요."

라. 클라이언트의 역할 설명하기: 면담을 위해 시간 약속을 할 것과 시간을 지킬 것, 시간 약속을 취소할 경우 반드시 하루 전에 통보해 줄 것, 합의된 상담료를 납부해줄 것(해당되는 경우), 클라이언트의 상황 변화를 사회복지사에게 알려줄 것, 클라이언트에게 과제를 내어줄 수 있으므로 이를 성실히 수행할 것 등을 요청하는 것이다.

마. 기관의 정책 및 윤리적 요건에 대해 설명: 사회복지사는 기관의 정책 및 윤리적 요소를 설명할 의무가 있는데 이를 첫 면담에서 실행한다. 서비스의 수혜자격과 요건, 수혜기관, 전달방법, 절차, 후속조치 등에 대해 클라이언트가 이해할 수 있는 수준으로 충분히 설명하고 이를 이해했는지 피드백을 받는다.

윤리적 요소에는 클라이언트의 비밀보장이 가장 중요하나 생명존중과 안전의 원칙에 따라 아동학대가 발생하는 경우, 클라이언트가 자해의 위험이 있는 경우, 클라이언트가 타인을 해칠 위험이 있는 경우, 클라이언트가 사회복지사나 기관을 대상으로 소송을 했을 경우는 비밀보장이 지켜지지 않는 경우이다.

바. 피드백 요청: 클라이언트에게 궁금한 점이나 의문점이 있는지 질문을 통해 요청하도록 하고 이에 대답한다.

(3) 클라이언트의 침묵의 의미

면담과정에서 클라이언트가 침묵을 지키면 사회복지사나 클라이언트 모두에게 긴장을 유발하게 되고 어려운 상황을 만들게 된다. 간단한 침묵의 경우 사회복지사는 조용히 인내를 갖고 기다리는 것이 좋으나, 길어질 경우 그 원인을 파악하여 대응할 필요가 있다. 클라이언트가 보이는 침묵의 예로는,

① 대답하기 힘든 질문에 대한 적절한 내용의 답을 발견하지 못하는 경우

② 대답하기에 너무 감정이 격한 경우 혹은 질문사항이나 면담상황에 전체적으로 불만을 갖고 있는 경우

③ 자신의 느낌을 표현하려고 최대한 노력을 하는데도 말로 잘 표현하기 어려운 경우

④ 클라이언트 자신이 방금 이야기했던 것에 관해서 생각을 계속하고 있는 경우가 있다.

> "제가 질문을 드렸는데, 아무 말씀을 하지 않으셔서 조금 당황스럽네요. 혹 제 질문이 선생님을 곤란스럽게 했는지 걱정이 되네요."

침묵은 나름대로 의미를 갖고 있기 마련이므로 상황에 따라 각기 다른 의미를 파악하는 노력이 필요하다.

2. 개인대상 사회복지실천 개입과정

표 3-1 **단계별 사회복지실천 과정**

구분	단계
초기단계	접수
	자료수집
	사정
중기단계	목표설정
	개입
종결단계	평가
	종결

1) 초기단계

접수를 통해 클라이언트와 기관에서의 계약관계가 형성되면, 개입하기 전에 사정을 위한 자료를 수집하고, 서비스를 제공하기 위한 클라이언트에 대한 정보와 당면한 어려움과 자원 등을 파악한다.

(1) 접수

접수(intake)란 문제를 가진 사람이 사회복지기관을 찾아왔을 때, 사회복지사가 그의 문제와 욕구를 확인하여 그것이 기관의 정책과 서비스에 부합되는지의 여부를 판단하는 과정으로, 접수과정에서 사회복지사의 구체적인 활동과 결정은 클라이언트의 문제와 욕구를 확인하는 것, 원조의 목적을 분명히 하는 것, 원조과정에서 기대하는 바가 무엇인지를 명확히 하는 것, 클라이언트의 욕구가 기관의 자원과 정책에 부합하는지 여부를 판단하는 것이다(오봉욱 외, 2013).

이 단계에서 클라이언트와 사회복지사의 첫 만남이 시작되므로 사회복지사의 태도가 중요하다.

※ 접수단계의 사회복지사의 활동

- 클라이언트와는 종종 전화로 처음 접촉한다. 첫 만남은 좋은 활동 관계(working relationship)의 기초를 다지는 방식으로 접수면접을 수행한다.
- 클라이언트 및 그의 문제·상황에 대한 진실한 관심을 보여준다.
- 원조과정 동안에 클라이언트와 사회복지사가 갖게 될 책임을 설명한다.
- 클라이언트가 사회복지사, 기관 혹은 서비스에 대해 가질 수 있는 두려움 혹은 오해를 확인하고, 위협적이지 않고 편안함을 주는 방식으로 인사하고 클라이언트와 얘기한다.
- 사회복지사와 기관이 클라이언트의 관심사를 다루기 위해 할 수 있는 것과 할 수 없는 것에 대해 설명한다.
- 사회복지사와 대화하고 기관 서비스를 받는 것에 대한 클라이언트의 양가감정을 설명해 주어야 한다.
- 클라이언트의 관심사가 사회복지사와 기관에 의해 다뤄질 수 있는 것인가 아니면 다른 기관에 의뢰가 필요한 것인가를 결정하고 원하는 서비스를 제공할 수 있는 전문가, 기관, 프로그램에 클라이언트를 연결한다.
- 다른 기관과 전문가들이 갖고 있는 기록으로부터 클라이언트에 대한 정보를 구한다.
- 문제 체크리스트로 클라이언트가 자신의 문제 혹은 관심사를 확인하고 설명하도록 돕는다.
- 클라이언트의 욕구 혹은 현존 문제의 긴급함을 사정하고 위기 혹은 비상상황에 주목한다.
- 접수면접과 관련된 기관 서류를 완성한다.
- 문제 혹은 상황을 사정하고 장·단기 목표를 형성하고 가장 효과적일 것 같은 개입유형을 결정하는 데 필요한 정보를 클라이언트가 제공해야 함을 설명한다.
- 비밀정보는 클라이언트의 동의하에 유출할 것을 보장하고 비밀보장원칙을 설명하고, 필요한 경우 기관이 클라이언트의 비밀정보를 공개해야 된다는 서명을 받아야 한다.

- 최소한 몇 번 만나는 것이 필요한가, 가능하다면 최대한 몇 번 만날 것인가에 대해 잠정적인 합의를 한다. 다음 만남의 빈도, 장소, 시간에 대해서도 합의한다(서울대 사회복지실천연구회 역, 2001).

(2) 자료수집

정보를 모으는 일로서, 클라이언트의 문제를 이해, 분석, 해결하는 데 필요한 클라이언트 개인과 그 환경에 관한 객관적 자료를 확보하려는 활동이다. 자료에 기초한 사정만이 유용하기 때문에 정확하고 활용 가능한 자료를 수집하는 방법을 알아야 한다(서울대 사회복지실천연구회 역, 2001). 자료수집 방법에는 한계가 있으므로 한 가지 이상의 방법을 활용해야 한다.

① 자료수집의 내용

가. 현재 상황

- 문제의 직접적 요인 및 상황을 악화시킨 요인
- 해당 문제에 대한 클라이언트의 과거 대처 방식
- 문제와 관련된 중요한 가족이나 주변인물에 대한 정보
- 클라이언트와 영향을 주고받는 환경에 대한 정보
- 사회적 · 경제적 · 심리적 요인이 클라이언트 및 가족에게 미치는 영향

나. 생활력

- 개인력: 인간의 생활주기에 따른 인간관계, 생활사건, 클라이언트의 감정 등
- 가족력: 원가족의 가족관계 및 가족상황, 현재의 가족구성 등
- 클라이언트의 기능: 클라이언트의 신체적 · 정서적 · 지적 · 행동적 기능, 대인관계능력, 문제해결능력 등
- 클라이언트의 자원: 현재 이용하고 있는 서비스, 활용 가능한 자원 등
- 클라이언트의 한계 및 장점: 문제해결에 있어서 클라이언트 개인 혹은 그를 둘러싼 환경 속에서의 한계, 장점, 동기 등

② 자료수집의 정보원

클라이언트의 이야기나 심리검사 결과, 클라이언트에 대한 비언어적 행동관찰, 클라이언트가 직접 작성한 양식, 클라이언트에 대한 사회복지사의 개인적 경험 그리고 가족, 이웃, 친구, 친척, 학교, 다른 기관으로부터 얻게 되는 부수적인 정보들이 있다(이용석, 2016).

③ 자료수집의 방법

- 사회복지사가 일대일 면접과 같이 클라이언트에게 직접적인 질문을 구두로 한다.
- 사회복지사가 클라이언트에게 직접적인 질문을 질문지를 사용하여 한다. 예를 들면 문제체크리스트, 질문지, 문항지 등을 사용한다.
- 사회복지사가 클라이언트에게 간접적 혹은 투사적 질문을 구두로 한다. 예를 들면 이야기 완성하기, 삽화에 관한 논의 등이 포함된다.
- 문장 완성하기와 같이 간접적 혹은 투사적 검사질문지를 사용하여야 한다.
- 가정방문, 학교에서 아동을 관찰하는 것, 가족과 함께 식사하는 것 등을 통한 클라이언트의 자연스러운 환경에서 클라이언트를 관찰한다.
- 실제 생활과 유사한 모의적인 실험상황에서 클라이언트를 관찰한다. 예를 들면, 취업면접에서 역할놀이를 하거나 부모가 아동의 훈련상황을 어떻게 다루는지에 관한 역할놀이 등이 포함된다.
- 클라이언트 자신의 행동과 느낌, 신념에 관한 정보, 기록 혹은 문서화된 기록도구(예: 개인일지, 일기 등) 등을 활용한 클라이언트 스스로의 자기점검과 자기관찰을 한다.
- 기관기록, 신문, 학교기록, 의료기록, 위원회 보고서 등과 같이 보관되어 있는 서류와 기록의 활용 등이다(서울대 사회복지실천연구회 역, 2001).

(3) 사정

클라이언트의 관심과 상황을 이해하고, 이로 인해 활동계획을 개발하기 위한 활동이다.

① 사정의 개념

- 사회복지사와 클라이언트 간에 발생하는 것으로 정보를 수집·분석·종합화하면서 다면적으로 공식화하는 과정이다.
- 과거 전통적인 사회사업에서는 '진단'이라고 했으나, 사회복지실천과정에서는 클라이언트의 역기능 측면뿐만 아니라 그들의 자원, 동기, 장점, 능력 등을 모두 보기 때문에 진단보다는 '사정'이라는 용어를 더 많이 사용한다.
- 사정은 문제에 대한 분명한 진술, 클라이언트 체계에 대한 뚜렷한 기술, 환경적 요소 등 모든 정보의 통합성을 견지한다.
- 사정은 클라이언트와 사회복지사의 지속적인 상호작용과정으로서 사실상 개입의 전 과정 동안 계속된다.
- 수평적 탐색(현재의 기능, 인간관계 등)과 수직적 탐색(과거력, 개인력 등)이 적절히 이루어져야 한다.
- 클라이언트마다 독특한 상황에 처해 있는 개별적인 사례가 있으므로 클라이언트의 문제와 욕구에 따라 개별화하여 클라이언트가 제시한 문제에 중점을 두고 탐색한다.
- 사정과정에서는 수집한 정보에 대한 분석과 함께 사회복지사의 전문적 시각에 의한 판단과정이 수행된다.
- 클라이언트를 사회적·환경적 맥락에서 이해하는 이중초점(Dual Focus)을 가진다(이용석, 2016).

② 사정의 목적

사정의 목적은 사회복지사가 클라이언트가 처한 상황을 이해하고, 개별화하며, 특수한 상황 속에 관련된 요인들을 확인하고 분석하는 데 도움을 받고자 하는 것이다. 고로 사정의 목적을 성공적인 치료전략을 계획하고 수행하는 것이라 보고, 이에 필요한 일련의 질문들을 브라이어(Briar)와 밀러(Miller, 1971)는 다음과 같이 열거하였다(전재일 외, 2015).

- 문제가 무엇인가?
- 문제가 얼마나 심각한가?

• 문제의 역동성은 무엇인가?
• 치료에 관한 클라이언트의 기대는 무엇인가?
• 무엇이 변화될 수 있는가?
• 무엇이 변화되어야 할 것인가?

③ 사정의 내용

가. 욕구와 문제의 발견: 클라이언트와의 첫 만남 당시 클라이언트가 제시한 문제로서, 클라이언트 스스로 가장 시급하다고 느끼는 문제를 말한다. 문제의 정의는 클라이언트의 과업이다. 따라서 사회복지사는 클라이언트로 하여금 문제에 대한 이해를 돕고, 이를 통해 자신의 문제를 정의하도록 원조해야 한다.

나. 정보의 발견: 문제에 관여된 사람에 대한 정보, 문제에 대한 참여자들의 관여방식에 대한 정보, 문제에 대해 클라이언트가 어떤 의미를 부여하는가에 대한 정보, 문제행동이 어디서 나타나는가에 대한 정보, 문제행동이 언제 나타나는가에 대한 정보, 문제행동의 발생빈도에 대한 정보, 문제행동의 시작시점에 대한 정보, 문제와 관련된 욕구불만에 대한 정보, 문제와 관련된 클라이언트의 정서적 반응에 대한 정보, 문제와 관련된 클라이언트의 이전 대처 방식에 대한 정보, 클라이언트의 강점 및 기술에 대한 정보를 발견한다.

다. 문제형성: 사회복지사가 이제까지 얻은 정보를 분석하여 전문적인 시각에 따라 문제를 판단한다. 클라이언트가 호소하는 문제와 욕구, 욕구충족을 방해하는 요인들을 고려하여 문제를 형성하며, 그에 따라 목표를 설정하고 개입계획을 세운다.

④ 사정을 위한 유용한 질문

• 클라이언트는 어떤 사람이며, 그의 욕구는 무엇인가?
• 클라이언트는 자신의 문제에 대해 어떻게 생각하고 있는가?
• 클라이언트의 문제는 언제, 어디서, 어떻게 발생했는가?
• 클라이언트의 문제는 얼마나 지속적으로 진행되어 왔는가?
• 클라이언트는 문제에 대해 어떤 의미를 부여하고 있는가?

• 클라이언트는 문제를 해결하기 위해 어떠한 노력을 해왔으며, 그 노력은 효과가 있었는가?
• 클라이언트에게 문제를 해결하기 위한 의지가 있는가?
• 클라이언트의 문제에 관여된 사람은 누구인가?
• 클라이언트는 자신의 문제와 관련하여 어떤 사람 또는 집단으로부터 영향을 받고 있는가?
• 클라이언트는 자신의 문제와 관련하여 어떤 사람 또는 집단에게 영향을 미치고 있는가?
• 클라이언트의 강점과 약점은 무엇인가?
• 클라이언트가 활용할 수 있는 자원에는 어떤 것들이 있는가?
• 클라이언트의 문제해결을 위해 필요한 자원은 무엇인가?(이용석, 2016)

2) 중기단계

(1) 목표설정

① 개념

사정단계가 끝나고 나면 변화를 위한 목표가 설정되어야 한다. 클라이언트의 문제는 복합적이기 때문에 개입의 목표를 설정하기 위해서는 사정과정에서 드러난 여러 문제들 중에서 가장 중요하고 시급히 해결해야 할 문제를 선정하여 개입의 목표로 설정한다.

이는 사회복지사와 클라이언트가 진행과정을 점검하는 것을 돕고, 특정한 개입과 원조과정의 효과성을 측정하는 성과의 기준이 된다.

② 목표설정의 원칙

수집된 정보를 바탕으로 적절한 목표를 설정하는 것은 능률적인 개입과 개입의 효과를 높이는 데 필수적이어서 다음의 원칙이 있다.

• 클라이언트에게 중요한 것을 목표로 정한다.

- 작고 쉬운 것을 정한다.
- 목표를 구체화한다.
- 현실적이고 성취 가능한 것을 목표로 한다.
- 부정적인 것보다 긍정적인 목표를 정한다.
- 선택의 폭을 넓혀주며, 스스로 선택하게 하고 선택에 대한 책임을 지게 한다.
- 목표가 사회복지사의 중요한 권리나 가치에 위배된다면 동의하지 않아야 한다.
- 목표는 기관의 기능과 일치해야 한다(오봉욱 외, 2013).

③ 목표설정 시 유의해야 할 점

목표를 설정할 때는 명시적이고 측정이 가능해야 하고, 목표달성이 가능한 것이어야 한다. 기관의 기능과 일치하도록 하며 사회복지사의 지식과 기술에 상응하는 것이어야 하고, 반드시 클라이언트가 바라는 바와 연결되어야 한다. 또한 성장을 강조하는 긍정적인 형태이어야 하고, 사회복지사의 중요한 권리나 가치에 부합해야 하고, 본격적인 개입에 들어가기에 앞서 클라이언트와 충분한 토의를 거쳐 합의점을 찾도록 해야 한다(이용석, 2016).

(2) 개입

사회복지사와 클라이언트가 초기단계에서 설정한 목표를 달성하고 문제를 해결하기 위한 구체적인 행동을 실천하는 단계이다. 이 단계는 변화를 일으키기 위한 직접적인 과정이면서 사회복지 실천과정의 핵심적인 단계이다.

개입단계의 기술은 문제해결을 위한 접근이 필요한 실천과정의 기술을 말하는 것으로 문제해결이나 적응, 성장발달을 위한 클라이언트의 능력을 향상시키고 회복시키는 기술, 사회적 기능을 향상시킬 수 있는 자원 · 서비스 · 기회 등을 제공할 수 있는 지역사회체계로 사람들을 연결시키는 기술, 소외된 약자들이 기회를 얻고 되찾을 수 있도록 그들과 함께 효과적 개입을 하는 기술, 자원과 서비스 · 기회 등을 제공할 수 있는 지역사회체계의 효과적인 기능을 향상시키는 기술 등이 포함된다(오봉욱 외, 2013).

구체적인 개입기술은 다음과 같다.

① 정서 및 인지에 개입하는 기술

가. 정서적 안정: 재보증, 일반화, 환기 등

- 재보증(reassurance): 자신의 능력이나 자질에 대해 회의하고 있는 클라이언트에게 사회복지사가 신뢰를 표현해 줌으로써 클라이언트의 자신감을 향상시키는 기법이다.
- 일반화(universalization): 클라이언트의 생각, 감정 또는 행동이 다른 사람들과 비슷하다는 것을 설명한다.
- 환기(ventilation): 남에게 말하지 못한 문제를 감싸 주는 분위기에서 클라이언트가 말할 수 있도록 도와주는 기법이다.

나. 인지구조의 변화: 초점화, 직면 등

- 초점화(focusing): 클라이언트가 자기문제를 언어로 표현할 때 느끼는 혼란과 산만성을 점검해 줌으로써 클라이언트의 말 속에 숨겨진 선입견, 가정, 혼란을 드러내 주어 자신의 사고과정을 명확히 볼 수 있도록 해주는 기법이다.
- 직면(confrontation): 주로 클라이언트가 자신의 문제를 보증하거나 회피하고 합리화하여 변화를 거부할 때 사용하는 기법이다.

다. 상황에의 인식: 정보제공, 조언 등

- 정보제공: 클라이언트의 문제해결능력을 향상시키기 위해 클라이언트에게 의사결정이나 과업수행에 필요한 정보와 지침을 제공하는 것이다.
- 조언: 클라이언트가 해야 할 것을 추천하는 사회복지사의 진술을 의미한다. 즉, 클라이언트가 이렇게 하는 것이 어떻겠느냐고 행동을 제안하는 것이다

② 행동에 개입하는 기술

가. 행동변화 혹은 행동수정: 강화와 처벌, 모방(모델링), 토큰강화, 타임아웃 등

- 강화와 처벌: 스키너의 조작적 행동학습이론을 근거로, 클라이언트에게 적절한 보상이나 소거를 통해 긍정적인 행동을 유도한다.

- 모방: 클라이언트가 바람직한 행동을 하는 대상을 모방하도록 함으로써 클라이언트의 행동변화를 유도한다(모델링, modeling: 대부분의 학습, 특히 사회적·상호작용적 학습은 다른 사람을 관찰하고 그 행동을 모방함으로써 학습되며 이러한 학습과정을 모델링이라고 한다).
- 토큰강화: 체계적인 계획에 의거하여 클라이언트의 바람직한 행동에 대해 보상물(토큰)을 부여한다.
- 타임아웃: 문제행동을 중지시키기 위해 문제가 일어나는 상황으로부터 클라이언트를 일정 시간 분리시킨다.

나. 대인관계의 개선: 행동시연, 역할교환 등

- 행동시연(behavioral rehearsal): 클라이언트가 특정 상황에 더 잘 대처할 수 있는 새로운 행동을 학습하도록 클라이언트를 돕기 위한 기법이다.
- 역할교환: 클라이언트로 하여금 다른 사람의 역할을 재현하게 하여, 타인의 입장을 이해하도록 유도한다.

③ 문제해결기술

문제에 대한 구체적인 언급, 한 번에 한 가지 문제에 초점두기, 긍정적·건설적 방식으로의 문제 공유

④ 사회기술훈련

강화, 과제, 모방(모델링, 역할연습) 등 다양한 기술의 훈련 또는 역할관계에서의 효과적인 기능수행

⑤ 스트레스 관리

긴장완화 훈련, 점진적 이완훈련, 명상 등 불쾌 스트레스(distress)에의 적절한 대처 및 운동, 과제 수행 등 유쾌 스트레스(eustress)에의 적절한 반응(이용석, 2016)

3) 종결단계

(1) 평가

사회복지실천과정에서 개입이 성공적으로 달성되었는지, 그리고 그 변화가 개입에 의한 것인지를 구체적으로 확인하기 위해 효과성과 효율성을 측정하는 과정이다. 여기서 효과성은 목표달성 여부를 말하고, 효율성은 투입된 비용과 산출된 성과 간의 비율을 말하며, 다양한 평가방법을 통해 검토하게 된다.

(2) 종결

목표달성에 따라 혹은 목표달성의 여부와 상관없이 사회복지사와 클라이언트의 전문적 원조관계를 끝내는 과정을 말한다(오봉욱 외, 2013). 일반적으로 종결은 계획된 종결과 계획되지 않은 종결이 있을 수 있는데 모든 목적이 달성되었을 때, 목적이 달성되지 않았거나 더 이상 진전이 없는 것으로 보일 때, 다른 요인들이 개입되어 관계를 끝내야 할 필요가 있을 때 이루어진다(전재일 외, 2015). 개입 전반에 대한 최종평가와 함께 원조관계를 끝내는 것에 대한 클라이언트의 종결에 따른 감정 다루기 및 소감을 공유하는 기술이 중요하며, 종결이 된 후 종결기록을 남기는 것이 필요하기 때문에 기록기술이 요구되고 사후관리계획도 필요하다(구혜영, 2010).

3. 개인대상 사회복지실천 주요 기술

개인을 대상으로 하는 사회복지실천에서 많이 활용되는 기술은 사회복지사 자신의 이해와 실천과정이 원활하게 진행되는 데 필요한 기본적인 기술들이다.

1) 효과적인 의사소통기술

(1) 경청기술

① 경청기술은 면접에서 가장 중요한 기술로, 클라이언트의 어려움에 공감하면서, 질문에 어떻게 반응하는지 듣는 것이다. 클라이언트의 이야기에 간간히 짧고 적절한 의견이나 질문을 던져 주거나 이해의 말을 덧붙이거나 하여 클라이언트의 이야기의 요점을 파악했다는 것을 나타낸다. 특히 클라이언트가 말한 단어의 뜻 자체보다는 클라이언트의 잠재적인 감정에 주목한다(이용석, 2016). 경험이 없는 사회복지사는 질문하고 무엇을 말해야 할 것인지에만 강조를 둔다. 그러나 듣는 기술이 부족하면 면접의 완전한 가치가 실현되지 못한다. 클라이언트가 무엇을 전달하려고 하는지 이해하려고 노력해야 하며, 클라이언트의 감정이 어떻게 표현되는지 주목해야 하고 열린 마음과 수용적인 태도로 임해야 한다. 대화를 중단하고 성급하게 조언(advice)하는 것은 안 된다. 이와 관련된 기본 기술은 다음과 같다(오봉욱 외, 2013).

- 가급적이면 최대한 개방적이고 직관적이며 공감하고 자기인식을 하고 있도록 한다.
- 눈맞춤을 유지한다.
- 개방적이고 주의를 기울이는 몸자세를 취한다.
- 비언어적 형태의 의사소통방법에 주의를 기울이고 이러한 형태의 의사소통이 주는 의미를 파악한다.
- 의사소통의 한 방법으로 침묵을 허용하고 활용할 수 있도록 한다.
- 적절한 신체적 거리를 유지한다(너무 멀지 않게, 너무 가깝지 않게).
- 주요한 단서를 파악하고 이를 확인한다.
- 사회복지사 자신이 보일 수 있는 산만한 행동과 매너리즘에 빠져 있는 행동을 인식한다.
- 모호하고 혼돈스러운 언급을 회피한다.
- 사람들이 자신들의 시대에 맞는 적절한 언어를 활용하는 중요성을 인식한다.
- 면담 장소와 일반적인 물리적 환경의 중요성을 인식한다.
- 간섭되거나 산만해질 가능성을 최소화한다.
- 면담의 전반적인 분위기, 특히 의사소통이 되고 있지 않은 분위기에 민감해진다.
- 면담에서 정서적인 내용을 경청하면서 이에 적절한 질문을 한다.
- 가능할 때마다, 그리고 적절할 때 피드백을 제공한다.
- 민감한 문제나 고통스러운 주제와 관련하여서는 목소리 톤에 주의를 기울인다.
- 예상하거나 편견 혹은 낙인을 찍는 일을 피하며, 조숙한 판단이나 평가를 내리는 것을 피하도록 한다.
- 사회복지사가 돕고자 하는 마음이 앞서기 때문에 클라이언트의 말과 상황을 듣기도 전에 성급한 판단과 조언, 자신의 경험, 감정, 의견 등을 제공하는 실수에 주의하고, 사회복지사는 일체의 판단이나 충고의 충동을 억누른 채 클라이언트의 말을 끝까지 인내심을 갖고 들어야 한다.

② 경청기술은 클라이언트가 하는 말을 주의 깊게 듣는 것뿐만 아니라 클라이언트의 비언어적 제스처나 자세를 관찰하고 클라이언트가 자유로이 표현할 수 있도록 적극 격려하며 사회복지사와 클라이언트 양자 간의 대화 내용을 기억하는 것을 모두 포함한다.

③ 슐만(Shulman, 1994)에 의하면, 경청기술은 크게 세 단계로 구분되는데, 1단계는 주의를 끄는 초대의 단계(inviting)로 신체적 자세와 얼굴표정, 목소리, 어투 등의 준비자세를 의미하며, 2단계는 경청의 단계(listening)로 클라이언트의 말을 듣고, 관찰하고, 격려하고, 기억하는 등의 과정이며, 3단계는 반영의 단계(reflecting)로 클라이언트의 진술에 대해 주기적으로 해석하는 것을 의미한다(이준우 외, 2009).

④ 적극적 경청기술로는 명확화(clarification), 바꿔말하기(paraphrase)와 반영(reflection), 요약(summarization) 그리고 침묵의 탐색(exploring silence)이 있다.

가. 명확화: 클라이언트가 보다 더 명시적으로 말하도록 격려하고 클라이언트가 말한 것에 대해 사회복지사가 이해했음을 입증하기 위해 질문하는 것이다.

> "당신이 아내와 싸웠다고 할 때 난 그 뜻을 정확하게는 잘 모르겠어요. 서로 치고받는 것까지 포함하는 건가요?"
> "당신은 너무 빠르게 말했어요. 난 이해할 수 없었고 혼란스러워요. 한 번에 하나씩 시작해 보죠. 그리고 내가 당신이 말하는 것을 놓치지 않게 좀 천천히 말씀해 주세요."
> "미안해요. 내가 이해하지 못했어요. 미안하지만 한 번만 다시 말해 주세요."

나. 바꿔말하기와 반영: 클라이언트가 한 말의 어의적 뜻뿐만 아니라 그 말과 관련된 정서적 구성요소에도 초점을 둔다. 이를 효과적으로 하기 위하여 자주 사용하는 기술로 반영이 감정이나 메시지의 정서적 요소의 표현인 데 반해 바꿔말하기는 클라이언트가 말한 내용의 어의적 뜻을 다시 말하는 것이다(서울대 사회복지실천연구회 역, 2001).

> 클라이언트: 우리 사무실의 그 직원은 정말 바보 같아요. 그가 사람을 어떻게 다루는지 아세요? 나는 사무실에 갈 때면 갓난애가 되는 것처럼 느껴져요.
> 사회복지사: 당신이 그 사무실에 갔을 때 나쁘게 취급받았다는 이야기로 들리는군요. (바꿔말하기)
> 사회복지사: 당신이 그 사무실에서 당황하고 좌절감을 느꼈다는 것으로 들리는군요. (감정의 반영)

- 내용 반영하기(reflecting contents)는 클라이언트의 메시지나 정보에 대한 이해를 전달하기 위한 감정이입 기술로서, 클라이언트의 말 속에 담긴 생각을 재진술하고 의미를 덧붙이거나 바꾸지 않으며, 앵무새처럼 따라하지 않도록 해야 한다.
- 감정 반영하기(reflecting feelings)는 클라이언트가 표현한 감정을 이해하고 공감하며 이해했다고 반응하는 것이다. 클라이언트의 감정을 반영할 때는 적절한 표현방식으로 클라이언트가 느끼는 감정을 명확하고 간결하게 요약할 것, 혼재된 감정을 반영해줄 것, 클라이언트의 말을 그대로 되풀이하지 않을 것, 현재 감정에 초점을 둘 것, 폭넓은 표현방식을 사용할 것 등이 요구된다.
- 감정과 의미 반영하기(reflecting feeling and meaning)는 감정이입과 적극적 경청의 완벽한 형태로 클라이언트의 감정과 사실 혹은 생각을 반영하는 것을 의미한다(이준우 외, 2009).

다. 요약: 몇 가지 메시지의 내용과 감정적 요소를 한데 모으는 것이다.

> 사회복지사: 당신의 말에서 난 매우 많은 걸 들었어요. 당신은 일자리 찾기에 필사적이었는데 찾지 못해서 분노와 우울을 느꼈지요. 당신은 사무실을 찾아갔지만, 좌절감은 더 커졌지요. 우선 당신이 고등학교를 중퇴해 버린 것에 대해 깊은 회한을 느낀 거죠. 이게 당신이 말한 것의 정확한 요약인가요?

라. 침묵을 탐색하는 기술: 클라이언트가 침묵을 지키고 있을 때 주의를 기울일 것을 필요로 한다. 침묵은 의미를 가진 행위이며 때때로 그 의미를 밝히는 것이 중요하다(서울대 사회복지실천연구회 역, 2001).

> 클라이언트: (생각에 잠겨 침묵)
> 사회복지사: 당신은 무언가를 골똘히 생각하고 있는 것 같군요. 나에게 무엇을 생각하고 있는지 말해 줄 수 있어요?
> 사회복지사: 당신 어머니의 질병에 관해 이야기하는 것이 당신에게 무척 힘들었나 보군요. 대답하기가 너무 힘든 걸 내가 묻고 있나요?

⑤ 나아가 적극적 경청(active listening)은 클라이언트의 이야기를 정확하게 이해하고 받아들이고 있다는 메시지를 전달해 줌으로써 클라이언트 자신이 정확히 이해

하고 있다는 생각을 갖도록 하는 것으로 피드백 과정의 일부를 포함하고 있다고 할 수 있다(오봉욱 외, 2013).

(2) 표현촉진기술

클라이언트의 정보노출을 촉진시키기 위해 계속 말을 하도록 반응을 보이는 기술이다. 클라이언트가 말한 것을 간단히 반복해주거나 혹은 새로운 단어로 바꾸어 재진술하는 방법이 있다. 클라이언트가 표현할 때는 구체적인 표현을 요구하는 것이 좋으며, 면담 중 사회복지사의 표현도 구체적이어야 한다(이종복 외, 2011).

① 짧은 촉진적 반응(minimal prompts)은 짧은 언어적 반응으로 "음", "네~", "그래서요", "와~"와 같은 반응을 말한다. 이는 사회복지사가 주의 깊게 듣고 있다는 것을 전달해 주며 클라이언트가 계속 이야기할 수 있도록 지지한다.

② 반영(reflection)은 클라이언트의 말과 행동에서 표현된 기본적인 감정·생각 및 태도를 사회복지사가 다른 참신한 말로 부언해 주는 것이다(오봉욱 외, 2013).

> 클라이언트: 이번 시험 정말 끝이에요. 다 포기해야 할 것 같아요. 엄마에게 당당하게 이야기하고 싶었는데...
> 사회복지사: 이번에는 시험을 잘 봐서 엄마에게 자랑스럽게 내보이고 싶었는데, 점수가 잘 나오지 않아서 무척 실망스럽고 속상하다는 말이구나 ….

(3) 초점유지기술

클라이언트가 말을 장황하게 하거나 어떤 주제를 회피하려고 할 때 간단한 질문을 하거나 문제를 다시 언급함으로써 초점을 맞춘다. 제한된 시간에 최대의 효과를 가져와야 하는 전문적 관계에 있어서 불필요한 방황과 시간 낭비를 방지하는 효과적인 기술이다(이용석, 2016).

> "오늘 우리가 아드님 문제에 대해서 이야기를 나눠 보고자 했는데, 지금까지 시어머니에 대한 이야기를 나눴습니다. 그럼 아드님의 문제에 대해서 이야기를 나눠볼까요?"

(4) 중재기술

분쟁 당사자들 간의 차이점을 조정하여 합의점에 도달하도록 돕는 기술로 합의점을 찾기 위해서 사회복지사는 중립적인 입장을 취하면서 분쟁 당사자들 간의 공통점을 찾아내도록 해야 한다(오봉욱 외, 2013).

(5) 질문기술

사회복지사는 필요한 정보를 얻기 위해서 그리고 클라이언트의 생각과 느낌을 표현하도록 돕기 위해서 여러 가지의 질문을 사용한다(전재일 외, 2015). 면담과정 중 질문을 하는 것은 질문에 답을 얻기 위한 것이며 또한 질문을 하는 것은 사회복지사가 클라이언트가 말하는 내용이나 생각, 감정에 귀를 기울이고 있고, 이들이 중요함을 질문을 통하여 표현할 수 있다(오봉욱 외, 2013).

폐쇄형: 내가 도와줄까요?
개방형: 내가 무엇을 도와줄까요?

폐쇄형: 그 상담을 끝내지 않았습니까?
개방형: 그 상담을 끝낼 수 없었던 어떤 이유가 있었습니까?

폐쇄형: 내가 전에도 그렇게 말하지 않았나요?
개방형: 당신을 이해시키려면 내가 어떤 식으로 말해야 했을까요?

① 개방적 질문

개방적 질문은 클라이언트에게 선택의 자유를 주고 자신의 생각이나 감정을 자유롭게 표현할 수 있도록 한다. 클라이언트가 하고 싶은 말을 자율적으로, 충분히 하게 함으로써 많은 정보를 수집할 수 있는 장점이 있는 반면, 자신의 생각이나 감정을 언어로 표현하는 데 익숙하지 않는 클라이언트들에게는 오히려 위협이 되거나 불안감을 야기할 수 있다(오봉욱 외, 2013). 따라서 클라이언트들은 답을 해야 한다는 압박감으로 인해 자신의 생각이나 감정을 충분히 언어적으로 표현하지 못할 수도 있다(이준우, 2009).

"댁의 자녀들에 대해 말씀해 주시겠습니까?"
"그 사건으로 인해 남편이 받은 충격 혹은 피해 같은 것은 어떤 것이 있나요?"
"남편은 어떻게 반응하셨나요?"
"당신의 직업에 대해 이야기해 주십시오."
"(기록대장을 보며) 저는 무슨 일이 일어났는지에 대해 조금은 알고 있습니다. 하지만 이에 대해 당신이 저에게 말씀해 주셨으면 좋겠어요."

출처: 오봉욱 외(2013).

② 폐쇄적 질문

폐쇄적 질문은 '예/아니오'로 답할 수 있거나, 분명하고도 간단하게 응답할 수 있는 유형의 질문이다. 클라이언트의 자신감이 결여되어 있거나 타인을 잘 신뢰하지 못하는 경우, 자신의 생각이나 감정을 표현하기 어려운 경우, 클라이언트의 사실이나 자세한 정보를 얻고자 할 때, 그리고 위기적인 상황에서 신속하게 정보를 얻고자 할 때 유용하다(오봉욱 외, 2013). 또는 면담의 방향을 전환시킬 때나 민감한 주제나 감정에 다가서거나 벗어나려고 할 때 그리고 면담의 속도를 줄이고자 할 때도 필요하다.

하지만 이런 폐쇄적 질문은 집중해서 질문하고 답해야 하기 때문에 쉽게 지치고, 문제를 다양하게 탐색해 볼 기회가 줄어든다(이준우, 2009).

"이름이 무엇인지요?"
"나이가 몇 살인가요?"
"자녀가 몇 명입니까?"
"오늘 기분이 좋으신가요?"
"학교 가는 것이 싫은가요?"

출처: 오봉욱 외(2013).

③ '무엇인가'라는 질문

광범위한 이슈나 영속적인 문제에 작용하는 요인들이나 관련이 있는 다른 사람들에 대해 탐색하려고 할 때 매우 적절한 질문이다. 이 질문의 주된 장점은 '무엇'이 암시하는 것이 매우 불특정하지만 면접을 받는 사람이 초점을 두고 싶어 하는 관심사나 이슈를 스스로 자유롭게 정의할 수 있게 하는 점과 과거보다는 현재를 강조하는 점이다.

> "당신이 볼 때 무슨 일이 일어나고 있습니까?"
> "변화하기 위해 제가 무엇을 말할 수 있을까요? 제가 무엇을 할 수 있을까요?"

④ 피해야 할 질문

사회복지사가 질문을 취함에 있어서 다음과 같은 형태의 질문들은 피하는 것이 좋다(전재일 외, 2015).

- 유도하거나 제안하는 형태의 질문
- 지나치게 '예/아니오'를 많이 요구하는 질문
- 모호하거나 명확하지 않은 질문
- 이중적 또는 다중적인 질문
- 지나치게 '왜'라고 하는 질문

가. 유도하는 질문: 사회복지사는 자신이 원하는 대답을 클라이언트가 할 수 있도록 유도하는 질문이다. 이는 클라이언트가 가졌던 생각을 솔직히 드러내도록 돕기보다는 방어적인 입장이나 혹은 사회복지사의 비위를 맞추기 위해 솔직하지 않은 답을 하도록 압박을 가할 수 있으므로 피해야 한다(이준우, 2009).

> "선생님은 찾아뵈었겠지요?"
> "학교에 찾아가지도 않은 것은 부모로서 아들에 대해 너무 무관심했던 것 아닌가요?"

나. 모호한 질문: 클라이언트가 질문의 방향을 분명하게 이해하지 못하거나 받아들이지 못하는 형태의 질문이다. 사회복지사는 클라이언트가 그의 관심사나 상황을 더 구체적으로 묘사하도록 돕는 데 초점을 좁혀야 한다.

> "당신에 대해서 말씀해 주세요." ⇒ "당신의 장단점에 대해서 말씀해 주세요."

다. 다중적인 질문(이중질문 또는 중첩질문): 너무 많은 질문을 한 번에 물어보는 것 또는 대답이 끝나지 않았는데 다른 질문으로 넘어가는 것을 말한다. 이런 형태의 질문을 하는 것은 클라이언트를 당황하게 하므로 한 번에 하나씩 질문을 하는 것이 좋다.

"자, 당신은 입양에 관심이 있습니다. 입양에 대해 얼마나 오랫동안 생각해 왔습니까? 입양한 다른 사람을 알고 있나요? 어떤 아동을 입양하실 생각이십니까? 어떤 유아를 생각합니까? 좀 나이 든 아이나 장애아동에 대해 생각해 보셨습니까?"

라. '왜'라는 질문: '왜'라는 질문은 클라이언트가 자신의 행동을 정당화하도록 요청하는 것이고, 반감이나 불쾌감을 주고 그 상황에 대하여 비난하는 것으로 들려 방어적 태도를 만드는 경향이 있다. 클라이언트의 행동이나 상황에 대해서 '왜'라는 질문 대신에 '무엇, 언제, 어디서, 어떻게'라고 질문하는 것이 바람직하다 (전재일 외, 2015).

2) 치료적 면담을 통한 실천기술

(1) 개인의 변화기술

사회복지실천에서 상담을 통해 추구하는 개인의 변화는 인지영역, 행동적 영역, 정서적 영역으로 나눌 수 있다. 감정의 표현촉진과 자기인식 확장을 통한 개인의 변화, 인지수정을 통한 개인의 변화, 행동체험을 통한 변화를 들 수 있다.

① 감정의 표현촉진과 자기인식 확장을 통한 개인의 변화

우울과 불안, 분노와 적개심, 열등감 및 수치감 등으로 인해 대인관계나 사회적 역할 수행에 어려움을 느끼게 되는 경우 정서가 주된 문제가 된다. 이러한 정서 문제에 개입하려면 감정을 촉진하여 감정의 정화와 함께 자신에 대한 이해를 확장하도록 도움으로써 변화를 가져올 수 있다.

② 인지적 수정을 통한 개인의 변화

인간의 심리적 문제나 대인관계의 문제가 자신이나 세상에 대해 갖고 있는 잘못된 전제나 신념 때문이라고 보고, 클라이언트에게 문제를 일으키는 잘못된 전제나 신념을 밝힘으로써 개인의 변화를 모색하는 것이다. 세부적인 실천기술로는 논박과 인지적 과제, 행동체험을 통한 개인의 변화를 들 수 있다.

가. 논박

- 논리성에 기반을 둔 논박: 클라이언트가 가지고 있는 생각의 비논리적인 면을 지적한다. 클라이언트가 '반드시 ~해야 한다', '파멸적인', '모든', '절대적으로', '완전히', '해야만 한다' 등의 말이 저변에 깔려 있을 때 비논리적임을 논박하는 것이다.
- 현실성에 기반을 둔 논박: 클라이언트가 가지고 있는 생각이 현실적으로 일어날 수 없는 것임을 지적하는 것이다.

> 클라이언트: 만약 이 일이 이루어지지 않으면 하늘이 무너지고 말 거예요.
> 사회복지사: 어떤 일이 우리 뜻대로 되지 않는다고 하늘이 무너진다면 도대체 이 세상은 어떻게 되겠어요?

- 실용성에 기반을 둔 논박: 클라이언트가 염려하는 비합리적인 신념들이 실제로 자신에게 어떤 도움이 되는지를 지적하고자 하는 것이다. 예를 들면, "당신이 절대적으로 남에게 사랑을 받아야만 한다."고 하면 절대적인 바람이 실제적으로는 클라이언트에게 도움이 되지 않고 부담이 되고 있음을 느끼게 해 주는 것이다.

나. 인지적 과제: 클라이언트로 하여금 일상생활에서 자신의 비합리적인 신념을 찾아 목록을 만들어 오도록 하고 그 목록에 있는 내용을 스스로 논박해 보고 합리적인 생각으로 바꾸게 하는 것이다. 그리고 비합리적인 신념 대신 합리적인 신념으로 바꾼 문장을 큰 소리로 읽도록 해보는 것도 좋은 과제이다.

다. 행동체험을 통한 개인의 변화: 인간의 행동들 중에서도 반복적으로 나타나면서 문제를 발생시키는 것을 행동체험을 통해 개인의 변화를 모색해 보는 것이다, 예를 들어, 사람들 앞에 나서서 발표를 하거나 자신의 의견을 제시할 때 자신감이 없어 얼굴을 자주 붉히는 클라이언트가 있다고 가정하면, 사회복지사는 클라이언트와 함께 발표할 자료를 미리 요약해 보고 실제 발표하는 것처럼 연습을 여러 차례 거치고 발표할 때 '잘하고 있다/잘할 수 있다'하면서 자신감을 불어넣어주면 실제로 사람들 앞에서 얼굴을 붉히지 않고 연습 때 했던 것처럼 발표를 잘 마칠 수 있을 것이다(최경화 외, 2010).

(2) 관계의 변화기술

사회복지실천에서 만나게 되는 많은 클라이언트는 관계의 문제 때문에 사회적 욕구가 충족되지 않아 고통을 느끼는 경우가 많다. 이러한 관계의 문제는 주로 가족, 동료, 친구, 직장 등 클라이언트가 속한 체계에서 일어나게 되고, 관계는 상호작용적 요소가 강하기 때문에 개인의 변화만으로는 미흡하고 상호작용이 일어나는 체계가 변화되어야만 관계의 문제해결이 효과적인 경우가 아주 많다. 그러므로 인간관계의 문제를 갖고 찾아오는 클라이언트의 관계변화를 돕기 위해서는 의사소통을 효과적으로 사용할 수 있도록 돕는 것이 필요하다.

① 의사소통의 표현기술: 나-전달법(I-Message)

나-전달법은 상대방의 행동으로 인해 나 자신이 어떻게 느끼고 있는지를 객관적으로 전달하는 것이다. 단순히 상대방의 행동에 대한 나의 느낌을 설명하는 것이므로, 분명하고 직접적인 메시지를 보낼 수 있고 내가 중심이 되어 나의 느낌을 말하는 것이기 때문에 상대방을 탓하지 않는다. 특히 갈등이나 논쟁이 벌어지는 상황에서 토론이 무익한 말싸움이 되지 않도록 하면서 서로 간의 실망이나 분노, 좌절 등의 감정을 적절히 표현할 수 있으므로 매우 유익한 방법이다.

나-전달법을 효과적으로 실행하기 위해서 다음과 같은 공식을 사용한다(전재일 외, 2015).

- 네가 ~하면(행동서술)
- 나는 ~라고 느낀다(느낌서술)
- 왜냐하면 ~(결과서술)

② 의사소통의 수신기술

의사소통을 잘하기 위해서는 상대방의 이야기를 잘 들어주는 것도 하나의 기술이기 때문에 수신기술을 향상하기 위해서는 다음과 같은 반응이 필요하다(최경화 외, 2010).

- 신체적으로 집중한다. 상대방을 쳐다보고 상대방의 말을 수용할 수 있는 몸가짐을 갖고 비언어적인 면에서도 수신할 준비가 되어 있음을 보여준다.
- 상대방의 말을 중간에 끊거나 끼어들지 않으며 말하고자 하는 요점을 이해하고

자 노력한다.

- 상대방이 한 말의 의미를 보다 명확하게 하도록 하기 위해 “한 번 더 말씀해 주시겠어요.” 등의 반응을 한다.
- 상대방이 계속해서 말을 하도록 반응한다, “음/그렇군요/그래요/계속해서 말씀해 보세요” 등의 언어적 반응과 고개를 끄덕이는 등의 비언어적 반응을 보인다.

3) 신체언어활용기술

(1) 제스처(몸짓)

몸짓은 아이디어, 의도 또는 느낌을 전달하는 데 사용되는 몸(또는 몸의 일부분)의 움직임으로, 클라이언트와 면담할 때 사회복지사는 적절한 몸짓(제스처)을 알맞게 잘 사용해야 한다. 단 지나치게 과장되거나 자주 몸짓을 사용하면 산만하다는 느낌, 짜증이 나게 하는 등의 역효과가 날 수 있으므로 주의하여야 한다.

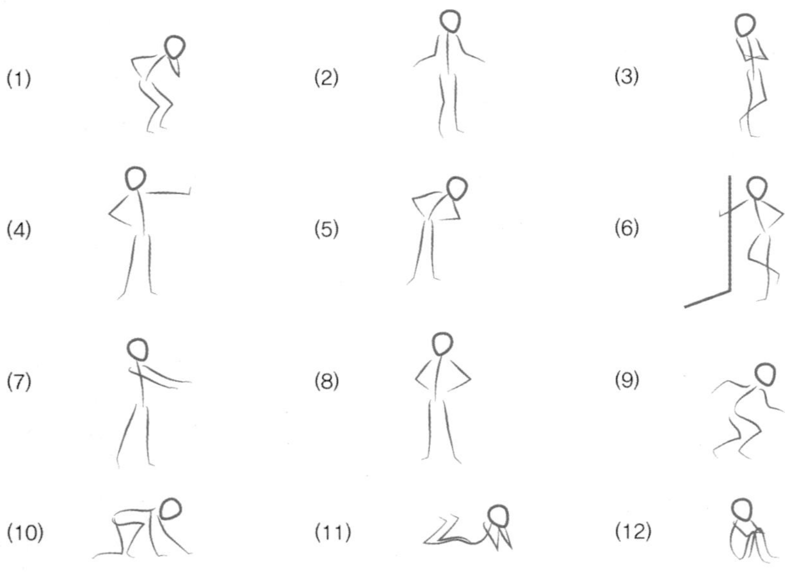

제스처와 자세가 주는 의미: (1) 호기심, (2) 당혹, (3) 무관심, (4) 거부, (5), 관찰, (6) 자족, (7) 환영, (8) 단호함, (9) 은밀함, (10) 찾음, (11), 휴식, (12) 주목, (13) 격노, (14), 흥분, (15) 기지개, (16), 놀람, 의구심, (17) 슬며시, (18) 수줍음, (19) 생각, (20) 감동

출처: 이준우(2009).

그림 3-1 다양한 제스처들과 자세의 모습들

(2) 얼굴표정

우리는 얼굴표정을 통해서 분노나 기쁨, 두려움과 같은 감정을 표현하는 것 외에도 언어적 메시지를 대신하거나 보완하기 위해 동반하여 사용하기도 한다.

다양한 얼굴표정은 사회복지사가 클라이언트와 면담할 때 클라이언트의 심리적 상황을 파악하는 데 큰 도움이 될 수 있을 것으로 본다.

[그림 3-2]와 같이 얼굴은 다양한 표정으로 기호화될 수 있다. 에크먼(Ekman)과 프리즌(Friesen)은 얼굴에 여섯 개의 기본 감정이 어떻게 나타나는지 보여주는 얼굴 도감을 개발하였고, 여섯 가지 기본 감정은 놀람, 두려움, 혐오감, 분노, 행복, 슬픔 등이다.

출처: 이준우(2009).

그림 3-2 다양한 얼굴표정을 상징화한 기호들

표 3-2 **기본적 여섯 감정의 얼굴표정**

위치 감정	윗부분	중간부분	아랫부분
놀람	• 눈썹 올라감 • 이마 주름 형성	• 크게 뜬 눈: 위쪽 눈꺼풀 올라가고 아래쪽 눈꺼풀 내려감	• 턱 내려감 • 입술과 치아 드러냄
두려움	• 눈썹 올라가고 몰림 • 이마 중간에 주름 형성	• 위쪽 눈꺼풀 올라감 • 눈꺼풀 올라가고 팽팽해짐	• 아래쪽 입 벌어짐 • 입술 팽팽해지고 뒤로 약간 잡아당겨짐
혐오감	• 눈썹 내려감	• 코 구겨짐/볼 올라감	• 위쪽 입술 올라감
분노	• 눈썹 내려가고 몰림	• 눈꺼풀 팽팽해짐 • 눈 튀어나옴	• 콧구멍 넓어질 수 있음 • 입술 다물거나 팽팽하고 벌어짐
행복감	• 나타나지 않음	• 볼 올라감 • 아래쪽 눈꺼풀 올라감 • 눈 주위와 밑에 주름 형성	• 입 모서리 뒤로 잡아 당겨짐 • 입 주위에 주름 형성
슬픔	• 안쪽 눈썹 모서리 올라감	• 위쪽 눈꺼풀 모서리 올라감	• 입 모서리 내려감

출처: 이준우(2009).

4) 요약기술

클라이언트가 한 말의 내용과 그 속에 담겨 전해진 감정들을 전체적으로 묶어 정리하는 것을 의미하는 기술로 면담 동안의 내용을 간략하게 요약하여 면담을 진전시킬 수 있고 논의된 내용을 정확하게 상세하게 정리할 수 있다. 이는 클라이언트와의 면담에서 방향을 잃거나 주제를 벗어났을 때 주제를 정리하고 만족스럽게 면담을 마감할 수 있도록 돕는다(이준우, 2009).

사회복지사: 지금까지 어머님의 말씀을 들어보니 남편이 갑작스럽게 돌아가시면서 자녀분들과 어떻게든 살아가야겠는데, 일을 하자니 마땅한 일자리도 없고, 아이도 어려서 맡길 곳도 없고 빚도 갚아야 하고, 더 슬픈 것은 이런 문제를 누구와 상의할 사람이 없다는 점이군요. 지금까지 어머님의 하신 말씀을 정리해 보았는데 제가 잘 이해를 했는지요?

클라이언트: 선생님께서 이렇게 정리해 주시니 제가 요즘 무엇 때문에 고통스러웠는지 알겠네요.

5) 명료화기술

명료화·명확화(clarification)는 클라이언트의 말에 내포되어 있는 뜻을 내담자에게 명확하게 말해주거나 분명하게 말해 달라고 요청하는 것이다(오봉욱 외, 2013).

> "남편과 사이가 좋지 않다고 하셨는데, 무슨 말인지 잘 이해가 가지 않습니다. 구체적으로 이야기해 주실 수 있겠습니까?"
> "죄송합니다. 지금 하신 말씀을 제가 잘 듣지 못했습니다. 다시 한 번 말씀해 주시겠습니까?"
> "지금 하신 말씀은 남편이 돌아가시고 경제적으로 너무 어려워 도움을 받고 싶다는 말씀으로 이해하면 되겠습니까?"

6) 적극적 의사전달기술

사람은 원하든 원하지 않든 계속 자신을 표현한다. 다음 세 가지 의사전달 기술은 사회복지사가 효과적으로 서비스 실천개입을 할 때 필요한 매우 유용한 의사전달 기술이다.

표 3-3 세 가지 의사전달의 비교

구분	수동적 의사전달	주장적 의사전달 (적극적 자기표현)	공격적 의사전달
권리	• 자기 권리 포기/양보, 타인중심적	• 자신과 타인의 권리존중, 자타중심적	• 타인 권리 무시나 침범, 자기중심적
자존감	• 낮은 자존감	• 건강한 자존감	• 낮은 자존감
행동	• 정체, 희생, 사과, 애처로움, 양보, 교묘한 요구, 타협불가	• 평온과 끈기, 기탄없는 의견제시, 욕구충족의 개방성, 합리적인 목표들을 향한 조용하고 지속적인 움직임, 실수와 허점/약점을 인정, 유머감각과 여유, 기꺼이 타협에 응함	• 공격적 비난, 비아냥거림, 냉소, 조롱과 모욕 등의 정서적 폭력, 소리를 지름, 언어적 폭력, 문이나 서랍을 '꽝' 하고 닫음, 파괴적 행동, 위협, 공공연한 요구, 타협불가
감정	• 주로 감정을 누름 – 외적: 행복하게 보임 – 내적: 상처, 분노, 우울	• 평온, 관대, 여유, 수용, 용기, 안정, 온화한 부정적 감정(짜증, 조바심, 곤란, 괴로움, 후회, 슬픔, 걱정)	• 충동적 감정/감정 통제 상실, 분노 –불안, 우울, 두려움, 깊은 수치심과 이따금 죄책감

구분	수동적 의사전달	주장적 의사전달 (적극적 자기표현)	공격적 의사전달
비언어 단서	• 부드러운 목소리, 말을 더듬음, 구부정하거나 위축, 눈길 회피, 불안정한 몸짓과 거동	• 조용하고 확고한 목소리, 적당한 말 속도, 똑바른 자세, 적당한 눈길 접촉, 적합한 몸짓과 거동	• 시끄러운 목소리, 급하고 불 같은 말 속도, '공격적' 자세, 노려봄, 째려봄, '공격적' 몸짓과 거동
생각	• 할 수 없다. • 해서는 안 된다. • 해야 한다. • 남들이 시켜서 한다. • 저들이 옳고 나는 틀리다. • 내가 원하는 것을 가질 수 없다. • 나는 존재 가치가 없다.	• 새롭지만 시도해 보겠다. • 다른 사람들이 인정하지 않아도 괜찮다. 나를 위해서 한다. • 나도 불완전하고 부족한 인간이며 그것도 괜찮다. 우리는 모두 자신의 의견을 가질 수 있다. 의견이나 생각이 상이한 것은 정상이고 괜찮은 것이다. 내가 원하는 것을 얻을 수 있고 아닐 수도 있지만 시도할 것이다.	• 내가 옳고 저들이 틀렸다. • 저들이 문제다. • 나는 괜찮은 사람이고 저들이 인간쓰레기다. • 내가 썩었다고 해도 저들은 더 심각하게 썩었다. 어떻게 해서라도 내가 원하는 것을 가져야 한다. 만일 내가 원하는 것을 손에 넣지 못한다면 견딜 수 없을 것이다.
느낌	• 동정을 일으키는, 의존적인, 비위 맞추는, 우유부단한, 조용한/수줍은, 눈에 안 띄는, 소외된 인간관계	• 경청하는, 마음이 따뜻하고 동정심이 있는, 융통성과 여유가 있는, 수용하는, 문제해결사, 칭찬은 물론이며 비평도 받아들이는, 좋은 인간관계	• 위협적인, 폭군적인, 무례한, 위축되고 방어적으로 만드는, 시끄러운, 속이 뒤집히게 하는, 뻔뻔스러운, 혐오감을 느끼게 하는, 거리 있는 인간관계

출처: 이준우(2009).

4. 개인대상 사회복지실천 사례

1) 아동학대

학대받거나 방임되는 아동을 확인하고 아동이 더 이상 위해를 입을 위험이 있는가 판단한다.

많은 부모가 체벌을 훈육수단으로 믿는다. 따라서 상황을 사정할 때 사회복지사는 일상적인 볼기 치기와 같은 체벌과 육체적 학대를 구별할 수 있어야 한다. 그러한 구별을 위한 세 가지 기준은 다음과 같다(서울대 사회복지실천연구회 역, 2001).

(1) 신체적 학대의 지표

- 원인 모를 상처나 매질자국이 특히 얼굴과 몸, 혹은 등, 둔부 혹은 가슴에 있음
- 치료 단계에서의 또 다른 상처
- 대칭적 형태를 띠거나 도구의 형태를 띠면서 한 곳에 집중된 복합적인 상처(예: 선 자국, 일직선 혹은 평행한 자국, 주먹 자국)
- 주말이나 방문 때마다 정기적으로 상처가 생김
- 목이나 어깨에 손이나 손가락 형태의 상처가 있음(예: 목 졸린 흔적)
- 담배로 인한 것과 같은 설명되지 않는 화상, 특히 손바닥이나 발바닥, 등이나 둔부 등에 있을 경우
- 뜨거운 물에 잠겼던 화상(예: 양말, 장갑을 착용한 채로의 화상, 둔부나 생식기 주변의 도넛 모양의 화상)
- 전기전열기, 난로, 다리미 등으로 인한 화상
- 손목이나 발목에 줄 자국이 있음(예: 끈으로 묶었던 자국)
- 이가 깨지거나 원인 모를 입 안의 상처(억지로 먹임으로 인한)
- 아동의 몸에 사람(특히 성인)이 문 상처가 있음
- 원인 모를 골절, 혹은 두개골 골절, 경뇌막 아래의 혈종과 같은 머리 상처
- 폭력적인 휘두름으로 인해 망막분리, 혹은 목에 채찍 상처가 생김
- 맞음으로써 신체 내부 손상
- 약물, 알코올, 처방된 약, 가정용 화학약품을 먹음으로써 중독 상태
- 옷으로 상처를 감추려 함: 상처에 대해 과도하게 당황하고 수치심을 느끼며 상처에 대한 이야기를 하는 것을 꺼림(학대받지 않은 아동들은 상처를 자랑함)
- 과도한 조심성, 공포, 성인 주변을 경계함: 부모를 포함한 사람들과의 신체적 접촉을 피함(사람의 접촉에 두려움을 느낌)
- 부모의 욕구에 대해 과도하게 순응하는 행동을 자주 보임(예: 부모를 돌보거나 안심시킴으로써 아동은 모든 것을 조용히 유지하고 학대를 불러올 수 있는 상황을 피하고자 함)
- 다른 아동이 울거나 버릇없이 굴 때 불안함(예: 우는 것이 학대를 가져온다는 것을 배움)
- 어린 연령에서 심각한 행동문제가 나타남(예: 가출, 자해, 자살시도, 폭력, 철회)

(2) 방임의 지표

- 구걸, 도벽, 혹은 음식을 축적해 놓음, 체중 미달, 잘 자라지 못함, 머리카락의 탈모
- 학교출석률 저조(방임하는 부모들은 때로 외로움을 느낄 때 부모의 친구 역할을 위해 아동들을 집에 두기도 함. 아동은 때로 동생들을 보살피기 위해 집에 남겨지기도 함)
- 부모가 의료서비스를 받을 수 있고, 아동이 병원진료나 치과진료가 필요한데도 불구하고 치료되지 않음
- 식사나 용변 보는 행동이 사회화되지 못하고 발달되지 못함
- 원인 모를 피로와 무관심: 아무 때나 잠듦
- 학교나 공공장소, 남의 집에 늦게까지 남아 있음
- 위생적이지 못하고, 옷이 더러우며, 계절에 맞지 않은 옷차림
- 아동이 위험한 활동에 대해 지도 감독되지 않거나 보호되지 않음

(3) 성학대의 지표

- 여자아이의 경우 성기부분에 멍, 상처, 찢긴 상처가 있고, 남자아이의 경우 성기부분이 상처 입었거나 부풀어 오름(난폭한 애무나 자위행위로 인한)
- 아동의 속옷에 피가 묻음
- 기저귀를 차지 않은 아동의 성기부분 피부가 빨갛게 되었거나 혹은 발진(잦은 애무로 인한)
- 다리 윗부분이 빨갛게 되거나 찰과상이 있음(아동의 다리 사이에 성인의 성기 마찰로 인한)
- 방광염의 잦은 재발(항문과 성기에 대한 삽입으로 인해 방광에서 성기로 박테리아가 전이)
- 어린아이의 임신 혹은 성병
- 성기, 직장 혹은 입의 정액(삽입 후 3일 이내에는 의학적 검사로 알 수 있음)
- 아동이 부적절하게 충동적 혹은 강박적으로 자위행위를 함
- 인형이나 애완동물과 이상한 성적 놀이를 하거나 성행위를 보여줌
- 아동이 다른 아동(특히 어린 아동)에게 공격적이고 강제적인 성행동을 함
- 어른에 대해 부적절한 성행동을 함

- 성행위에 대한 비정상적인 지식 정도(예: 성적인 움직임, 냄새 맡기, 애무, 감정 등에 대해 묘사할 수 있음)
- 성적인 문제에 대해 몰두하거나, 성적인 것에 대해 비정상적 공포를 느낌
- 샤워, 목욕, 침실에 대해 비정상적인 공포
- 체육시간에 옷을 갈아입으려 하지 않거나 몸을 드러내려고 하지 않음(신체에 대한 극도의 수치심을 느끼기 때문)
- 특정한 성인, 가해자가 변명해 주는 학교결석이 잦거나 일정한 패턴이 있음
- 그림의 주제가 비정상적이고 이상한 성적인 것
- 옷을 겹겹이 겹쳐 입음(몸을 보호하기 위해)
- 메커니즘에 대처하기 위해 심리적 해리(dissociation)가 자주 나타남
- 성인과 비밀스럽고 성적인 의미를 갖고 비정상적인 친밀한 관계를 가짐
- 특정 성인이 아동을 다른 보호자와 이야기하거나 가까이하지 못하도록 하면서 극도로 보호

2) 가정폭력

「가정폭력방지법」에서의 가정폭력이라 함은 가정구성원 사이의 신체적·정신적 또는 재산상 피해를 수반하는 행위를 말하는 것으로, 폭력을 행사하는 가족구성원 간의 관계에 따라 흔히 배우자에 대한 폭력, 자녀에 대한 폭력, 노부모에 대한 폭력으로 크게 구분된다.

아동학대, 배우자학대, 노인학대를 포함하고 학대의 유형으로는 언어폭력, 심리적 폭력, 신체폭력, 성적폭력, 방임 등이 있다.

(1) 가해자와 피해자에 따른 폭력의 유형

앞에서 언급했듯이 가정폭력의 피해 대상은 주로 아내, 아동, 노인 등 사회경제적 약자들인데, 가정폭력을 가해자와 피해자라는 기준으로 보게 되면 다음과 같은 유형으로 나눌 수 있다.

① 부부폭력

남편이 아내에게, 아내가 남편에게 행사하는 폭력으로, 남편이 아내에게 행사하는 아내구타 유형의 부부폭력이 가장 빈번하다. 가정폭력 중에서도 아내에 대한 아내폭력은 가족해체의 직접적인 원인이 되며 다른 가족구성원에게도 장기적이고 심각한 영향을 미친다. 특히 아내폭력은 목을 조른다거나, 옷을 벗기고 마구 때리거나 심지어 칼이나 흉기로 위협하거나 칼이나 흉기로 찌르거나 때리는 등 그 폭행의 정도가 매우 잔인하다. 물론 최근에는 경제력을 잃은 남편들에게 아내가 폭행을 하는 등 매맞는 남편들이 늘어나고 있다.

② 자녀폭력(아동폭력)

부모가 자녀에게 폭력을 행사하는 폭력으로, 부모가 자녀에게 행하는 자녀체벌 등 아동들에게 행해지는 신체적 학대와 성적 학대가 갈수록 심각해지고 있다. 자녀폭력의 경우 힘없고 대항하지 못하는 자녀가 부모의 화풀이로 학대당하는 경우가 많다. 이렇게 학대를 받으며 자라는 아동은 학교에서 왕따를 당하거나 학교폭력의 가해자가 되기도 한다. 또 이들이 성장해 부모가 되어서는 자신의 자녀들을 학대하는 폭력부모가 되기 쉽다. 학대아동의 3분의 1이 정신지체나 뇌손상을 보이고 있다.

③ 노인에 대한 폭력(노인폭력)

노인에 대한 폭력의 경우, 나이가 들고 은퇴를 하면서 경제력이 떨어지고 가정이나 사회에서 은퇴하면서 지위와 권위를 상실하게 된 노인들이 폭력에 희생되는 경우가 많다. 노인들은 여러 형태의 폭력을 당하면서도 수치심 때문에 주위 사람들에게 잘 알리지 않기에 문제가 더 심각해진다.

④ 부모폭력

자녀가 부모에게 폭력을 행사하는 폭력으로, 폭력을 당한 부모들은 그래도 내 자식인데 하는 마음이나 내가 잘못 키워서 자녀가 그렇게 되었다는 마음이나 죄책감에 그 고통을 감추고 감내하는 경우가 많이 있다.

⑤ 형제폭력

형제가 형제에게 행사하는 폭력으로, 특히 남자 형제가 여자 형제에게 행하는 근친상간이 많이 일어나고 있으나, 잘 드러나지 않고 그늘에 가려져 있는 경우가 대부분이다.

이 외에도 고부간에 일어나는 며느리 학대 등이 있다.

(2) 폭력 행위나 행동에 따른 폭력의 유형

저메인(Germain)이라는 학자의 정의에 의하면, "구타(battering)란 신체적인 폭력을 말하는 것인 데 비해, 학대(abuse)란 사회적 고립, 가정에 구속, 경제적 박탈, 언어적 폭언 및 경멸과 같이 신체적 폭력과 언어적, 정신적·심리적 폭력, 성적 폭력 등 구타보다 포괄적인 개념"을 말한다. 쉽게 말하면, 흔히들 가정폭력은 구타(battering)뿐만 아니라 모든 형태의 학대(abuse)를 포함한다. 신체에 향하는 물리적인 폭력(신체학대), 성폭력(성학대), 정서적 학대, 그리고 유기(태만, 의무 불이행) 등 모든 형태의 학대행위가 가정폭력 행위이다. 아래에 가정폭력에 사용되는 구체적인 행위나 행동들을 유형에 따라 나누어 열거한다.

① 신체적 학대

주먹질, 손, 발, 물건, 무기를 사용하여 때리는 행위, 발로 차는 행위, 밀치는 행위, 떼미는 행위, 꼬집는 행위, 빰을 때리는 행위, 사지를 비트는 행위, 머리카락 등을 쥐고 흔드는 행위, 물어뜯는 행위, 마구 두들겨 패는 행위, 목을 조르는 행위, 옷을 벗기고 때리는 행위, 칼이나 흉기로 위협하거나 찌르는 행위, 담뱃불로 지지는 행위 등이다. 이 외에 가재도구나 가구를 집어 던지거나 부수는 행위, 문을 잠가놓고 나가거나 골방 등에 가두어 놓는 행위를 말한다.

② 언어와 정신적 학대

다른 사람이나 사회로부터 격리시키는 행위, 자유의 제한, 위협, 경멸하는 말투로 모욕을 주거나 수치감을 느끼게 하는 행위(예: 모욕, 경멸적인 비인간적인 인종적 또는 성적 명칭을 쓰는 경우), 말로 괴롭히거나 귀찮게 하는 행위, 열등하고 무능력하다고 비난하는 행위, 큰 소리를 지르거나 비난하는 행위, 대화를 거부하는 행위, 희롱하는 행위, 무시하고 업신여기는 행위, 우선권의 남용(남자, 연장자, 강자, 가족관계), 피해자의 의사결정권을 침해하는 행위 등이 많이 행해지는 정신적 폭력의 형태이다. 또 말로 협박이나 위협하는 행위도 많이 일어나는데, 구체적인 예를 든다면, 사랑, 보호, 관심을 부인하는 말, 버리겠다는 위협, 자해하겠다는 위협, 자살위협, 애완동물이나 좋아하는 것을 해치겠다고 협박하는 등의 위협이 자주 행해진다.

③ 경제적 학대

타인의 마음에 상처를 주는 자해의 행위(약물, 음주, 빚, 도박), 훔치거나 가족의 소유물을 손상시키는 행위, 강요된 의존성, 타인의 필요와 원하는 것을 부인하는 행위, 생활비의 지출을 지나치게 간섭하거니 통제하거나 주지 않는 행위 등이 자주 일어나는 경제적 학대의 형태이다.

④ 성적 학대

근친상간, 성적 괴롭힘, 원하지 않은 성행위를 강요하는 행위, 상대방의 몸을 동의 없이 만지고 애무하고 움켜쥐고 꼬집는 등 원치 않는 접촉을 하는 행위, 구강성교, 항문성교 등 기타 유사 성교 행위를 강요하는 행위 등이 자주 일어나는 성적인 폭력의 행동이다.

⑤ 방임

끼니를 주지 않는 행위, 불결한 생활환경에 장시간 놔두는 행위, 교육을 시키지 않는 행위, 아파도 병원에 데려가지 않는 행위, 문을 잠가놓고 나가는 행위 등이다(남양주한마음가족상담소, http://cafe.daum.net/hanmaum).

3) 자살 다루기

클라이언트가 자살할 위험이 있는가에 관한 의견을 결정한다. 클라이언트가 자살을 생각하고 있다고 의심이 된다면 즉시 슈퍼바이저에게 자문을 요청한다. 사회복지사로서 훈련을 잘 받았을지라도 자살의 상황에 대해 혼자서 모든 결정을 내리려고 해서는 안 된다(이윤로 외, 2003).

※ 자살의 징후

- 슬픔, 우울증 혹은 신경증
- 평소와는 다른 단정하지 못한 외모
- 어떤 명백한 이유 없이 흐느낌
- 비관적인 태도의 표현: 미래에 대한 절망감의 표현
- 평소 활동에 대한 관심의 손실
- 자신에 대한 나쁜 감정
- 자기가 없어지면 세상이 좋아질 것이라는 진술 또는 죽는 것이 낫다고 진술함
- 소중히 여겼던 소유물을 버림
- 논쟁하지도 않고 농담에 웃지도 않음
- 자신이 심하게 희생되었다고 느낌

4) 비협력적인(까다로운) 클라이언트 다루기

우리가 만나는 모든 사람이 우리의 도움을 원하거나 혹은 함께 일하기에 용이한 것은 아니다. 사회복지사가 직면하는 어려움 중의 하나는 낯선 사람에게 도움을 요청하는 것을 주저하거나 혹은 제공된 서비스를 받아들이려 하지 않는 사람들이다. 클라이언트들이 우리의 기대대로 행동하지 않을 때, 우리는 그들을 여러 가지로 표현한다. 예를 들어, 분노로 가득 찼다, 부정이 심하다, 게으르다, 저항한다, 고집이 세다, 공격적이다, 비협력적이다, 비자발적이다, 지나친 요구를 한다, 그리고 까다롭다 등이다. 사회복지사는 좌절하기보다는 까다로운 클라이언트 행동의 이면에 숨겨져 있는 것을 알아내는 것이 더 중요하다. 도움을 제공하는 상황에서 "비협력적/까다로운"이라는 말은 무슨 의미인가? 문제, 이슈, 상황이 어려운 것처럼 사람들도 까다로울 수 있다. 그러나 도움을 주는 것이 상호적 관계에서 일어난다는 사실을 감안한다면 관계상의 어려움이 도움을 요청하는 사람의 잘못만은 아니다. 갈등이나 저항이 있는 상황

에서 사회복지사의 역할을 반성해 보는 것이 중요하다. 다음과 같은 질문을 던져 보라. 사회복지사가 클라이언트의 걱정과 근심을 잘못 이해했는가? 라포와 안도감을 충분히 설정하지 못하였는가? 클라이언트가 말하려고 했던 것을 무시하거나 무가치하다고 생각하였는가? 클라이언트에게 특별한 행동절차나 과정을 적절하게 설명하지 못하였는가?

① 관계를 어렵게 하는 클라이언트의 특성과 행동의 예는 다음과 같다.

- 클라이언트가 알코올이나 약물을 사용할 때
- 클라이언트가 매우 분노할 때
- 클라이언트가 사회복지사가 요청하는 것을 하려 하지 않을 때
- 클라이언트가 위험하거나 파괴적이라고 생각하는 행동을 계속 할 때
- 클라이언트가 문제의 심각성을 인식하지 못할 때
- 클라이언트가 문제상황에 관하여 다른 사람에게 이야기하기를 꺼릴 때
- 클라이언트가 의료적 치료를 원치 않거나 혹은 약물 복용을 원치 않을 때
- 클라이언트가 정신장애인일 때

② 도움을 구하는 사람들은 자연히 고통, 수치, 그리고 비난으로부터 자신을 보호하거나 방어하려고 한다. 왜 사람들은 낯선 사람이나 낯선 집단에게 도움을 받으러 가는 것을 주저하는가? 사회복지사의 임무는 클라이언트가 안심할 수 있도록 북돋움으로써 클라이언트가 점차로 변화하는 풍토를 마련하는 것이다.

- 나는 도움이 필요하다는 것은 나약함의 신호라고 생각한다.
- 나의 가족에게 나쁜 일이 일어났다는 것을 수용하기가 힘들다.
- 나는 심판을 받거나 비웃음 당하는 것이 두렵다.
- 나의 행동이나 상황에 대해 남이 호기심을 갖는 것을 원치 않는다.
- 나는 내 자신의 문제를 스스로 해결하기 원한다; 나는 스스로 결정하고자 한다; 나는 독립심에 가치를 둔다.
- 변화에 직면하는 것이 두렵다.
- 나의 사적인 정보를 사회복지사가 비밀유지를 해줄 것인지 알 수 없다.

- 나의 삶을 남이 좌지우지하도록 넘겨주는 것이 두렵다.
- 나는 도움을 원치 않는다; 도움을 필요로 하게 된 데에 분노한다.
- 나는 두려움을 느낀다(질병, 변화, 죽음, 불확실성 혹은 사생활과 존엄의 상실 등에 대해).
- 나는 사회복지사에게 정당함을 인정받았다고 느끼지 않는다.
- 나는 나의 사적인 감정이나 취약성을 낯선 사람과 공개적으로 공유하는 것을 원치 않는다.
- 나는 혼동, 수치, 무력감, 통제력 상실, 근심, 부적절 혹은 당황감을 느낀다.
- 사회복지사가 나를 거부하기 전에 내가 먼저 거부할 것이다.
- 나는 실패자처럼 느껴진다.
- 나는 바보처럼 느껴진다.
- 나는 사회복지사나 기관을 신뢰할 수 없다.
- 나는 슬프고, 희망이 없고 혹은 우울하다.
- 나는 의료 및 사회제도가 내게 비인간적이었다고 느낀다.
- 나는 지쳤고, 또한 진저리가 난다.

③ 비협력적인 클라이언트를 사회복지사는 그 이유를 이해하려고 노력하는 것이 중요하다. 다음은 클라이언트의 적대감을 파악하고 분명히 하기 위한 지침들이다.

- 그 행동이 현재 상황의 어려움 때문인가 아니면 클라이언트 성격의 일부분인가를 확인한다.
- 클라이언트의 적대감이 무엇에 관한 것인가를 탐색한다.
- 다음과 같이 이야기해 본다(이윤로 외, 2003).

> "선생님은 나에게 매우 화가 난 것 같습니다. 무엇이 잘못 되었는지 말씀해 주시겠어요?"
> "저는 여기서 너무 무력감을 느낍니다. 무엇을 해야 할지 모르겠어요. 저를 좀 도와주시겠어요?"
> "제가 무엇을 해도 선생님은 화를 내는 것 같습니다. 저는 선생님을 좌절시키려는 것이 아닌데, 저 역시 좌절감을 느낍니다. 제가 어떻게 해야 하는지 좀 알려주실 수 있나요?"
> "저는 진정으로 선생님께 일어난 일들이 걱정됩니다. 그러나 저나 기관에 대한 분노감 같은 것 때문에 제가 좀 어렵습니다. 어떻게 하면 우리가 더 잘 협력할 수 있을까요?"

〈별지〉

1. 초기상담지(평택복지)

<table>
<tr><td>상담일</td><td>년 월 일</td><td>상담자</td><td></td><td>면접장소</td><td></td></tr>
<tr><td>성명</td><td></td><td>성 별</td><td>□ 남 □ 녀</td><td>생년월일</td><td></td></tr>
<tr><td>전화
번호</td><td>(집)
(손전화)</td><td>/</td><td>주 소</td><td colspan="2"></td></tr>
<tr><td>상담
내역</td><td colspan="5">가구특성 및 상담 시 진술한 대략적 자산 상황</td></tr>
<tr><td>주요
문제
(중복
체크
가능)</td><td colspan="5">□ 가족문제 □ 주거문제 □ 알코올(약물)사용 □ 일상생활 · 활동
□ 자녀문제 □ 경제문제 □ 정신건강 운동(우울 · 분노등) □ 이동/교통수단 문제
□ 고용/직업 □ 의료문제 □ 여가생활
□ 법률문제
□ 기타( )</td></tr>
<tr><td>가
계
도</td><td colspan="2">기본유형(필요한 부분 표시하여 사용)
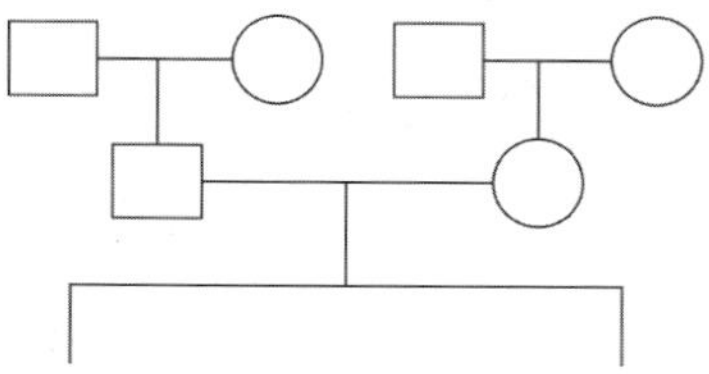</td><td colspan="3">기타 유형(필요한 경우 직접 그리기)</td></tr>
</table>

<table>
<tr><td rowspan="6"></td><td>통합조사의뢰</td><td>□ 기초생활보장 □ 경로연금 □ 모부자가정지원 □ 차상위의료급여
□ 차상위장애수당 □ 기타( )</td></tr>
<tr><td>사업담당조사의뢰</td><td>□ 장애수당 □ 장애인자녀교육비 □ 기타( )</td></tr>
<tr><td>자체조사 및 처리</td><td>□ 보육료 지원 □ □ 기타( )</td></tr>
<tr><td>복지서비스제공</td><td>□ 노인생활지원 □ 장애인생활지원 □ 기타( )</td></tr>
<tr><td>정보제공</td><td>□ □</td></tr>
<tr><td>기타(부적합등)</td><td>□ □</td></tr>
<tr><td colspan="2">잠재적 사례관리대상자 여부</td><td>□ 예 □ 아니오</td></tr>
</table>

2. 접수(한국사회복지사협회)

접수일자	□ 기존 (200 년 2 월 28 일) □ 신규 (년 월 일)		
접수기록자	사회복지사	접수번호	
사례담당자	사회복지사 (소속기관명: 사회복지관)		

Client 성명	(남/여)		연령	만 ( )세	주민등록번호		
주소					연락처 (연락가능시간)		
가족사항	이 름	생년월일 (연령)	직업	클라이언트와 의 관계	동거유무	건강상태	비고
서비스 의뢰자			클라이언트와 의 관계		☏연락처		
주요 문제 및 욕구 (중복표시가능)	1. 생계 · 경제적 문제 ■ 4. 주거문제 □ 7. 기타( )		2. 심리적 문제 ■ 5. 가족관계문제 ■		3. 의료 · 질병문제 ■ 6. 친구관계 · 이성문제 □		
필요서비스 및 내용 (중복표시가능)	1. 가사서비스 ■ 4. 주거제공 □ 7. 시설이용 □ 10. 기타( )		2. 의료서비스 ■ 5. 상담서비스 ■ 8. 시설입소 □		3. 생활비지원 ■ 6. 교육재활서비스 □ 9. 후원서비스 ■		
긴급연락처	이 름				클라이언트와의 관계		
	주 소				전화번호		

CHAPTER 04

집단대상 사회복지실천기술

집단대상 사회복지실천기술은 두 사람 이상으로 구성된 집단을 문제해결 및 원조의 매개체로 활용하여 의도적인 집단 경험을 제공함으로써 집단의 힘을 극대화하여 집단에 속한 개개인의 사회적 기능 향상뿐만 아니라 집단의 사회적 기능을 강화·회복시키는 사회복지실천방법론 중의 하나이다.

집단대상 사회복지실천기술은 전통적으로 집단사회사업(group work, social group work)으로 발전되어 왔으며 '집단지도', '집단사회사업실천', '집단사회복지실천', '집단수준 사회복지실천' 등의 이름으로 불리어지고 있다.

본 장에서는 집단사회사업의 개념, 집단발달단계, 집단대상 사회복지실천의 접근모델 등을 살펴보고자 한다.

1. 집단사회사업의 개념

1) 집단의 개념과 유형

(1) 집단의 개념

집단에 대해서는 학자마다 다양한 견해를 나타내고 있다. 머튼(Merton, 1957)은 상대방과 유형화된 방식으로 상호작용하며 스스로 집단성원으로서의 소속감을 느끼고 타인에 의해서 집단성원으로 간주되는 사람들의 집합이라고 하였다. 피들러(Fiedler,

1967)는 집단이란 공동운명체에 속해 있는 사람들을 의미하는 것으로 개념화하면서 그들은 상호 의존적이므로 한 성원에게 영향을 미치는 사건은 또 다른 성원 모두에게 영향을 미친다고 하였다. 하트포드(Hartford, 1971)는 적어도 2명 이상의 개인이 모인 것을 집단이라고 말하고 있다.

김종옥과 권중돈(2000)은 집단은 반드시 2인 이상의 집합체로서 일정한 성원이 있어야 하고 서로가 동일한 집단에 소속하고 있다는 집단의식이 있어야 하며 공통의 목적이나 관심사가 있어야 한다고 하였다. 또한 집단은 반드시 목적을 성취함에 있어 상호의존적이며 의사소통, 인지, 반응을 통하여 상호작용하고 단일한 행동을 할 수 있는 능력이 있어야 한다. 서강훈(2013)은 동일한 관심을 갖고 모여 일관되고 획일적인 활동을 할 수 있는 사람들의 집합이라고 하였다.

종합해 보면, 집단은 두 사람 이상으로 구성된 집합체로서 인지적·정서적·사회적 상호교환과 같은 공동의 관심사나 목표가 있어야 하고 소속감과 집단결속력을 유지하면서 규범 안에서 다른 성원 모두에게 영향을 미치는 일관되고 획일적인 활동이 존재하여야 한다.

(2) 집단의 유형

집단은 구분의 목적에 따라서 다양하게 유형화되고 있다. 집단의 주요 유형으로 구성원들이 친밀한 관계를 유지하고 광범위한 특징과 상호작용을 공유하는 1차 집단(primary group)과 구성원들이 대면적인 접촉을 드물게 하거나 결코 하지 않으면 비개인적으로 제휴되어 있고 단지 하나 또는 약간의 특징과 공통관심사를 공유하는 2차 집단(secondary group)으로 나눌 수 있다. 그러나 이 장에서는 1차 집단의 다양한 집단이 어떻게 유형화되는지를 살펴봄으로써 집단에 대한 이해를 높이고자 한다.

① 지향하는 목적에 따른 집단의 유형: 교정적 치료집단, 성장집단, 지지집단, 지도집단

교정적 치료집단은 성격질환의 문제, 심각한 수준의 신경증 문제 등을 가진 내담자를 대상으로 보다 깊은 수준의 성격구조의 변화를 목적으로 수개월 혹은 수년간에 걸쳐서 진행된다. 이런 형태의 집단상담은 주로 정신과 의사들이 정신질환자를 치료하기 위해서 진행한다.

성장집단은 대면집단(encounter group), T 집단, 감수성 훈련 집단, 잠재력 개발 집단 등을 말하는 것으로 부적응행동의 감소보다는 감정에 대한 자각증진, 대인관계 의사소통의 향상, 가치의 탐색과 정립, 생활양식의 변화 등을 목표로 하는 집단이다. 성장집단은 사회기관 상담실이나 초・중・고등학교에서 다양한 주제하에 진행되고 있다.

지지집단은 탈북자 집단, 장애아 부모집단, 배우자 사별집단, 이혼여성집단, 알코올 중독자 자녀 집단, AIDS 집단 등을 총칭하는 것으로 사회적으로 소외되어 있거나 적응상의 곤란을 겪고 있는 집단성원이 감정과 사고를 나눔으로써 동질감을 느끼고 서로 위로하고 격려하며 정보를 주고받으며 문제해결을 위한 대처방안을 모색하는 집단이다. 흔히 자조집단이라고도 한다.

지도집단은 자녀양육기술습득을 위한 집단, 취업면접기술향상을 위한 집단, 학습기술향상을 위한 집단 등으로 다양한 영역에서 삶의 기술을 증진하기 위한 정보를 습득하기 위한 집단이다. 주로 집단사회복지사가 관련된 정보를 직접적이고 인지적인 과정을 통해서 제공하는 것이 특징이다.

② 이론적 근거에 따른 집단의 유형

정신역동집단, 개인심리집단, 합리－정서집단, 교류분석집단, 인지행동집단, 경험학습(혹은 인본주의적)집단, 게슈탈트집단, 현실치료집단, 기타 예술적 접근 집단

> **Tip 정신역동 집단상담**
>
> 프로이트(Freud)의 정신분석적 이론을 집단상담에 적용한 것으로서 집단구성원들의 상호작용이나 그들의 직접적인 표출행동의 내용뿐만 아니라 그 이면에 있는 갈등의 성격을 이해시키고 억압된 본능적 충동들에 대한 자아의 통합적 기능을 강화시키는 것을 목적으로 한다. 따라서 여러 사람이 공통적으로 지닌 문제에 대처하는 적응기술을 습득하는 다른 집단상담과는 달리 개개인에게 접근하는 상담이다.

③ 목표달성을 위한 활동과 절차의 조직화 정도에 따른 집단의 유형: 비구조화 집단, 구조화 집단, 반구조화 집단

비구조화 집단은 집단의 목표는 설정되어 있지만 그 목표를 달성하기 위한 활동과

절차를 미리 설정하지 않고 집단성원의 자발적 상호작용과 그것에 대한 탐색과정을 통해서 상담이 진행되는 형태를 말한다. 비구조화 집단상담은 집단성원의 상호작용을 정확하게 명명하고 그 의미를 해석할 수 있고 집단성원의 자발적 상호작용을 적절히 중재할 수 있을 정도로 숙련되고 경험이 많은 집단상담자에 의해서 운영될 수 있다.

구조화 집단은 목표를 달성하기 위해 미리 활동과 절차를 정해 놓고 진행하는 집단을 말한다. 구조화 집단상담의 예로서는 학습기술향상집단, 대인관계기술향상집단, 스트레스관리능력개발집단 등이 있다. 구조화 집단은 해당 주제에 대해서 보다 전문적인 지식과 집단성원의 상호작용에 대한 풍부한 경험을 가진 전문가에 의해서 프로그램화되어 있다. 때문에 집단에 대한 전문지식이 부족한 초심자나 자원봉사자도 기초교육만 받더라도 쉽게 적용할 수 있다.

반구조화 집단은 위에 제시된 두 가지 집단을 절충한 것이다. 반구조화 집단상담은 구조화 집단을 진행하는 도중에 표출된 집단성원의 개인적 주제 혹은 집단성원 간의 상호작용에 대해서 비구조화 집단에서처럼 다루는 형태도 있고 비구조화 집단을 진행하는 도중에 특정 지식이나 기술 습득을 위해 구조화된 집단을 진행하는 형태도 있다.

④ 집단성원의 동질성 여부에 따른 집단의 유형: 동질집단, 이질집단

집단성원의 동질 여부는 집단에서 집단성원의 개방수준, 공감수준, 다루어지는 문제에 대한 관심수준, 학습내용의 다양성 등에 중요한 영향을 미칠 수 있다. 예컨대 이혼 후 적응하기 집단에서 이혼경험이 있는 집단성원끼리는 자신의 상처를 서로 쉽게 공개하고 공감할 수 있다. 하지만 이혼 후 적응하기 집단에서 이혼경험이 없는 집단성원은 다른 집단성원의 감정이나 경험을 쉽게 공감할 수 없으며 이혼경험이 있는 집단성원도 비경험 집단성원에게 자신의 상처를 공개하기가 쉽지 않을 수 있다.

반면 일반적 대인관계 향상을 위한 집단이라면 성별, 나이별, 경험별로 서로 다른 집단성원이 참여함으로써 다양한 인간관계에 대해 학습할 수 있다. 집단을 기획할 때 집단상담의 목적이 무엇인지를 분명히 하고 그 목적을 달성하는 데 있어 동질집단이 적합한지 이질집단이 적합한지를 심사숙고해야 한다.

⑤ 개방성 여부에 따른 집단의 유형: 개방형 집단, 폐쇄형 집단

개방형 집단은 집단상담 도중에 새로운 집단성원이 참여할 수 있고 집단을 통해서 충분한 학습이 이루어진 내담자는 종결할 수 있다. 반면 폐쇄형 집단은 집단을 시작해서 종결할 때까지 새로운 집단성원이 참여할 수 없다. 대체로 개방형 집단은 장기간에 걸쳐 진행되고 폐쇄형 집단은 단기간 동안 진행된다.

개방형 집단은 새로운 집단성원이 참여하게 될 때마다 집단응집성에 변화가 발생할 수 있다. 이는 집단에 따라서 장점이 될 수도 있고 어려움을 초래할 수도 있다. 또한 개방형 집단에서 새로운 집단성원은 이미 집단을 보다 많이 경험한 집단성원으로부터 집단성원의 태도, 행동 등을 습득할 수 있고 집단이 어떻게 도움이 될 수 있는지 등에 대한 경험담을 들을 수 있는 장점이 있다.

폐쇄형 집단은 시작에서 종결까지 집단성원이 변화하지 않기 때문에 집단성원 간에 일정한 형태의 유대감을 경험한다. 집단성원의 집단 경험이 동일하기 때문에 상담진행에 있어서 일관성을 유지할 수 있다. 집단을 구성할 때, 개방형 혹은 폐쇄형을 선택할지는 다양한 변인이 고려되어야 한다.

⑥ 집단상담회기의 집중도에 따른 집단의 유형: 분산형 집단, 집중형 집단, 혼합형 집단

분산형 집단은 집단상담회기와 회기 사이에 간격이 하루에서 일주일 혹은 이주일 정도의 간격이 있고 여러 회기가 진행되는 형태의 집단을 의미한다.

집중형 집단은 회기가 중단되지 않고 12시간 혹은 36시간 정도 지속되는 집단을 의미한다. 분산형 집단은 집단성원이 상담실까지 오는 데 걸리는 시간이 감당할 수 있을 정도의 거리에 살고 있을 경우, 회기와 회기 간에 시간간격을 둠으로써 집단에서 배웠던 학습을 일상생활에 적용해 보는 것이 필요할 경우 주로 활용된다. 각종 삶의 기술을 배우는 집단은 주로 분산형 집단형태를 취한다. 반면 집중적으로 시간을 활용하는 것이 가능하고 집중적으로 특정한 체험이 필요한 주제를 다룰 경우는 집중형 집단형태가 주로 활용된다(서혜석 외, 2014).

(3) 집단의 특성

집단의 효율적인 상호작용을 증가시키고 집단을 통한 개입이 효율적으로 목표를 달성하도록 하기 위해서는 집단의 특성으로 중요하게 다루어지는 집단역동과 지도력, 응집력, 하위집단 등을 이해하고 활용할 필요가 있다(최선화, 2016).

① 집단역동

집단역동(group dynamics)은 집단 내에서 상호작용을 통해서 자연적으로 발생하는 집단적 힘을 말한다. 집단구성원들 간에 마음이 맞아 단결이 잘 되고 서로에 대한 매력이 강하게 되면 의기투합해서 큰 힘을 발휘하게 된다. 그러나 반대로 구성원들이 집단에 대해서 별로 관심이 없으며 소속감이 없고 에너지를 투입하지 않는다면 집단은 무기력해지거나 집단으로서의 존재가 불가능해질 것이다. 그러므로 집단이 형성되면 집단역동이 발휘되어 집단의 목적이 달성될 수 있도록 돕는 것이 필요하다. 집단역동에 영향을 미치는 요소로는 구성원들의 지위와 역할, 응집력, 의사소통구조, 지도력 등이 있다.

지위와 역할은 여러 사람이 모여서 활동하게 되면 자연스럽게 집단 내에서 개인의 지위가 결정되며 그 지위에 따른 역할이 주어지게 된다. 아니면 어떤 역할을 하다보면 자연스럽게 지위가 주어지기도 한다. 그래서 집단구성원들은 모두가 다른 역할과 집단 내에서의 지위를 차지하게 된다. 각자는 자신에게 맞는 지위와 역할을 찾아가지만 집단활동에 영향을 미치는 지위와 역할로는 지도자와 고립자를 들 수 있다. 지도자는 집단을 이끌어 나간다는 점에서, 고립자는 집단의 응집력과 결속에 방해가 된다는 점에서 중요하다. 고립자는 집단에 포함되지 않는 개인으로 집단활동에 방해가 되기도 한다. 그러므로 고립자들을 포함시키고 결속시키기 위한 노력이 요구된다.

② 지도자와 지도력

지도자와 지도력은 집단의 응집성과 집단구성원에게 미치는 영향이 지대하다. 지도력의 유형도 집단의 특성에 따라 달라진다. 집단지도자가 지니는 지도력의 특성은 개인적 특성보다는 상황적 요인으로 설명하는 것이 보편적이다. 즉, 시대가 영웅을 만든다는 말처럼 집단이 처해 있는 상황에 부합하는 지도력과 지도자가 나타나게 된다.

예를 들면, 학습을 위주로 하는 집단에서는 공부 잘하는 사람이 지도자가 되기 쉬우며 등산클럽에서는 산을 잘 타고 산에 대한 경험이 많은 사람이 지도자가 될 것이다. 지도자의 유형과 집단의 성격에 따라 의사소통구조가 달라지며 의사소통구조는 집단의 응집력과 목표달성에 큰 영향을 미친다.

③ 집단응집력

집단의 응집력은 집단에 참여한 구성원들이 집단에 지속적으로 남아서 참여하는 힘을 말한다. 집단응집력은 집단구성원들이 느끼는 소속감과 친밀감으로 응집력이 강하면 집단의 목표를 효율적으로 달성할 수 있게 된다. 집단구성원들이 소속감을 갖고 친밀감을 가지게 되는 근거로는 다른 참여자들에 대한 매력과 다른 참여자들을 좋아하거나 집단활동 자체가 흥미롭고 유익하기 때문에 또는 집단에서의 지위가 갖는 매력 등 여러 가지가 있다. 일반적으로 유사성을 가진 집단으로 구성될 때 응집력이 증가한다고 하며 이러한 유사성에는 연령, 성별, 지위 또는 당면 문제, 문제해결기술, 취미 등이 있다. 따라서 집단구성원들 간의 속성이나 행동이 극단적으로 차이가 나지 않으며 집단에 대한 이해나 활동에 대한 이해에서도 큰 차이를 느끼지 않게 구성하는 것이 좋다.

④ 하위집단

하위집단은 집단의 존립과 상호작용에 중요한 영향을 미친다. 집단이 두 개의 큰 하위집단으로 나누어지는 경우 집단이 쪼개지거나 의견대립으로 힘들어질 수 있다. 하위집단을 잘 활용하게 되면 집단을 이끌어 가는 데 효과적이기도 하다. 하위집단이 여럿인 경우는 각각에게 역할과 지위를 부여하는 방법도 집단의 결속에 도움이 된다.

2) 집단사회사업의 개념

(1) 집단사회사업의 개념

집단사회사업의 개념에 대하여 여러 학자들의 정의를 살펴보면, 코일(Coyle, 1930)은 집단 내 개인의 성장과 발전을 위한 수단으로 집단 내에서 경험하는 사회적 관계를 활용하는 사회복지방법론 중 하나라고 하면서 사회적 책임성을 발달시키고 민주사회를 진보시킬 활동적 시민 양성에 관심을 가지는 특성이 있다고 하였다. 트렉커

(Trecker, 1972)는 집단사회사업은 사회복지의 한 방법론으로 집단에 속한 개인은 프로그램 활동을 통하여 상호작용을 지도하는 전문가의 도움을 받아 그들의 욕구와 능력에 따라 타인과의 관계나 성장의 기회를 경험하며 더 나아가 개인, 집단, 사회의 발전을 도모하고자 노력하게 된다고 하였다. 토스랜드와 리바스(Toseland & Rivas, 1995)는 집단사회사업은 사회 · 정서적인 욕구를 충족시키고 과업달성을 목적으로 하면서 소집단을 대상으로 한 목표지향의 활동으로 규정된다고 개념화하였다(윤현숙, 2005 재인용). 빈터(Vinter, 1974)는 집단사회사업을 클라이언트 간에 바람직한 변화를 유도해 내기 위해서 소규모의 대면집단을 통해 개인에게 서비스를 제공하는 실천방법이라고 하였다.

이상의 학자들의 정의를 종합해 보면, 집단사회사업은 두 사람 이상으로 구성된 집단을 문제해결 및 원조의 매개체로 활용하여 의도적인 집단 경험을 제공함으로써 집단의 힘을 극대화하여 집단에 속한 개개인의 사회적 기능향상뿐만 아니라 집단의 사회적 기능을 강화 · 회복시키는 사회복지실천방법론 중의 하나이다. 즉, 두 사람 이상의 소집단을 동일한 관심의 영역으로 불러 모아 일관되고 획일적인 활동을 통해 자신이 속한 지역사회나 단체의 공동의 목적과 이해관계를 관철시키기 위해서 집단에 참여하고 활동하도록 하는 목표 지향적 활동이며 사회사업방법론 중 하나이다.

집단사회사업은 집단, 집단성원, 집단 환경을 구성요소로 하며 주로 소집단을 활용하여 문제를 가진 집단뿐 아니라 건강한 집단을 대상으로 전문가의 지식과 실천을 기반으로 원조를 제공한다. 집단사회사업의 기본 특징은 면접보다는 여러 사람이 참여한 집단치료회합(multi-person group session)을 개입 또는 서비스의 수단으로 삼는다.

코놉카(Konopka, 1983)는 집단사회사업(social group work), 집단상담(group counselling), 집단치료(group therapy), 집단지도(group work) 등의 개념을 비교하여 다음과 같이 제시하고 있다(서혜석 외, 2014 재인용).

① 집단사회사업

의도적 집단경험을 통해 개인이 사회경험을 할 수 있는 능력을 높여주고 개인, 집단, 지역사회의 여러 문제를 보다 효과적으로 대처할 수 있도록 사회자원을 동원하여 원조하는 사회복지의 한 방법이다. 사회복지기술의 공통초점이 되는 개념으로 개인이 사회환경과 유효한 상호작용을 할 능력, 즉 사회생활능력을 말하며 사회적으로 기능하는 힘이다.

② 집단상담

집단상담은 특별한 문제를 해결하거나 특정 상황을 수정·변경하는 데 중점을 둔다. 성원들은 집단의 초점을 제공하는 일상적 문제를 항상 서로 공유한다. 초점은 일상적인 문제에 집중되어 계속 유지되고 문제는 명확히 규정된다. 그러나 집단 초점 확대에 동의하지 않는 한 다른 문제에 대해서는 거의 관심을 기울이지 않는다. 문제는 실제적이고 구체적인 것으로 부모의 통제를 벗어난 아동이나 새로운 가족을 결성하는 데 어려움을 느끼는 계부모 모임 등을 예로 들 수 있다.

③ 집단치료

전문가의 도움을 받는 특수하고 통제된 집단 상호작용을 통하여 집단성원의 개인적·사회적 기능을 향상시키고 성원의 증상과 고통을 완화하며 기본 성격을 변화시키는 데 목적을 둔다. 즉, 집단활동을 통해 개인적 치료목표를 달성하는 데 중점을 둔다. 낮은 자존감, 목적의식의 결여, 분명하고 명확한 자아정체감의 부족 등과 같은 문제들이 집단치료에서 효과적으로 다루어진다. 주로 불안, 우울, 비효과적 스트레스 처리, 일 처리능력의 부족, 감정통제의 어려움이나 표현능력의 부족, 집단상황에서의 불편함, 인간에 대한 불신, 친밀한 관계유지의 어려움 등의 문제를 가진 성원이 대상이다. 이때 성원에게는 자기탐색을 통해 문제를 해결할 준비를 하고 변화하고자 하는 동기를 가질 것이 요구된다.

치료집단에서도 성원이 집단에 참여하고자 하는 바람은 자발적인 것이어야 하며 외적 압력의 결과여서는 안 된다. 집단은 상당 부분을 언어적 의사소통에 의존하기 때문에 집단 내 성원이 적어도 언어적 기술을 활용할 수 있어야 하고 자신과 다른 사람 사이의 관계와 상호작용에 적합한 심리적 설명을 받아들일 능력이 요구된다. 치료집단은 성원 자신의 특징적 행동에 대한 인식과 집단 내 성원과의 상호 관련 방식에 대한 인식 그리고 집단 내외에서 새로운 방식을 찾을 수 있도록 강화하고 격려함으로써 성원을 변화시키는 데 목적을 둔다.

④ 집단지도

고통을 받고 있는 개인(sick individuals)뿐만 아니라 건강한 개인들로 구성된 집단에 대한 지도까지를 포함하고 있는 개념이다. 집단사회복지사가 개인적 · 사회적 기능상의 문제를 가지고 있는 개인의 집단을 지도할 수 있는 특수한 전문적 훈련과 기술을 사용했을 때는 집단치료가 된다.

(2) 집단사회사업의 이점

집단사회사업에서는 한 사회복지사가 한 클라이언트를 원조하는 것과는 달리 특정 목적을 위해 다양한 관계 및 상호작용을 이해하고 활용하게 된다. 따라서 집단사회복지사는 집단 내에 작용하는 독특한 과정에 관한 지식이 필요하며 목표달성을 위한 지식도 갖춰야 한다. 얄롬(Yalom, 1995)이 집단을 대상으로 한 치료적인 요인을 설명한 것을 중심으로 집단사회사업의 이점을 집단사회사업이 갖는 장점에서 살펴본다(윤현숙 외, 2005; 김혜란 외, 2006; 도광조, 2014).

① 희망의 고취(Instillation of hope): 집단에서 다른 사람들이 좋아지는 것을 보고 자신도 좋아질 수 있는 변화에 대한 희망을 갖게 된다.

② 보편성(Universality): 자신의 문제가 독특한 것이 아니라 다른 집단성원도 갖고 있는 보편적 문제라는 것을 인식함으로써 안도감을 경험하게 되고 활동에 적극적으로 임하게 된다.

③ 정보공유(Imparting information): 집단경험을 통하여 자신의 문제에 대해 보다 명확하게 이해하게 되고 집단성원들로부터도 해결에 도움이 될 수 있는 다양한 정보를 얻게 된다.

④ 이타심(Altruism): 집단성원들은 비슷한 문제를 함께 가지고 있기 때문에 서로가 서로에게 지지, 위로, 제안과 통찰을 제공한다. 자신도 누군가에게 도움을 줄 수 있고 타인에게 중요할 수 있다는 경험은 자신을 가치 있는 인간이라고 느끼게 한다.

⑤ 일차적 가족집단의 교정적 재현(The corrective recapitulation of the primary group): 집단은 여러 면에서 가족과 공통점이 있다. 집단성원은 집단 속에서의 상호작

용을 통해 자신의 행동특성이 이전에 부모·형제들과 상호작용했던 방식임을 명확히 알게 되고 그동안 해결되지 않은 가족갈등에 대해 탐색하고 해결을 시도하게 된다.

⑥ 사회화 기술의 발달(Socializing technique): 성원들은 집단활동을 통해 대인관계에 필요한 사회적 기술을 경험하고 역할훈련을 통해 적응적 행동을 배우게 되어 집단 내에서 사람을 사귀는 일이 자연스러워진다.

⑦ 모방행동(Imitative behavior): 집단사회복지사와 집단성원들은 새로운 행동을 배우는 데 좋은 모델이 될 수 있다. 집단 내에서 다른 성원들의 행동을 모방하면서 보다 발전된 모습을 배울 수 있고 서로에게 바람직한 행동을 하도록 자극하게 된다.

⑧ 대인관계학습(Interpersonal learning): 집단성원 간의 다양한 상호작용 속에서 클라이언트는 자신의 대인관계에 대한 통찰을 얻게 되고 다른 사람과의 관계형성에 대한 기술을 배우게 된다.

⑨ 집단응집력(Group cohesiveness): 집단성원들은 집단 내에서 인정받고 수용된다는 소속감을 느끼며 집단 및 성원들에 대한 신뢰감을 발전시킨다. 집단응집력－집단소속감은 중요한 치료요인으로 작용한다.

⑩ 감정정화(Catharsis): 집단 내에서의 지지적인 분위기 속에서 집단성원들은 그동안 억압된 감정을 자유롭게 발산할 수 있다.

⑪ 실존적 요인들(Existential Factors): 클라이언트는 집단성원들과의 경험 공유를 통하여 다른 사람에게 아무리 많은 지지와 후원을 받는다 할지라도 자신들의 인생에 대한 궁극적인 책임은 스스로에게 있다는 사실을 인식하게 된다.

이와 같이 얄롬(Yalom)이 제시한 집단을 대상으로 한 치료적인 요인들이 분석적인 이유로 분리되어 있지만 실제에서는 각 요인들이 서로 중복되기도 하면서 연관되어 있다. 집단사회복지사는 집단을 통한 사회복지실천의 이점에 기여하는 요인들을 잘 이해하고 그 요인들이 충분히 활용될 수 있도록 심혈을 기울여 나가야 할 것이다.

(3) 집단사회사업의 목적

집단사회사업의 목적은 집단경험을 선택할 수 있는 기분이 들도록 개발하는 것이기도 하고 집단사회복지 서비스가 지향하는 목표점이기도 하다. 그렇다면 사회복지실천에서 집단을 활용하는 목적은 무엇일까?

도광조(2014)가 설명하는 사회복지실천에서 집단을 활용하는 첫 번째 목적은 사회적 관계능력 향상이다. 하트포드(Hartford)는 "집단사회사업의 중요한 목적 가운데 하나는 사람들이 사회관계에서 발생하는 문제를 해결할 수 있도록 돕고 정상적인 사람들은 사회적으로 더욱 성숙하도록 돕는 것"이라 했고, 골드스타인(H. Goldstein)은 "집단은 종종 관계의 부적응적 양상을 교정하는 데 목표를 두고 있다."라고 주장하였다. 집단역동(치료적 요인)은 사회관계에서 발생하는 어려움이나 부족한 면(의존-독립, 형제갈등, 권위를 가진 사람과의 갈등, 폭력, 따돌림, 소외감 및 외로움과 같은 문제를 가진 사람들)을 대처하는 데 이상적인 사회적 상황을 제공해 준다.

두 번째 목적은 사회적 능력의 향상에 있다. 집단은 사회적 기능의 문제를 예방할 목적으로 활용될 수 있고 집단의 목표는 집단성원들이 그들의 사회적 역할을 보다 적절하게 수행할 수 있도록 돕는 것이며 생애주기에 따라 전환해 갈 때 발생하는 역할기대의 변화에 적절하게 대처할 수 있도록 돕는 것이다. 새로운 심리사회적 발단단계나 전환단계에서 변화된 역할을 수행할 때, 적절히 대처할 수 있는 지식과 경험·기술이 부족하여 어려움을 겪는 경우 집단사회복지실천이 효과적일 수 있다. 예를 들어 예비 위탁가정 부모들은 아동이 새로운 발달단계나 교육과정에 진입할 때 어떻게 적절한 결정을 해야 하며 무엇을 고려해야 하는지에 대한 정확한 지식정보가 부족할 수 있다.

세 번째 목적은 생애 전환기, 문화적 차이, 생명을 위협하는 질병, 이혼, 강간, 신체적 폭력 등과 같은 상황으로 인해 발생하는 스트레스에 효과적으로 대처할 수 있는 능력을 개발하기 위한 것이다. 동료로부터의 지지나 자극은 이러한 문제들을 경험한 성원들이 감정을 표현하고 관리할 수 있도록 도울 뿐만 아니라 긴장감을 해소하고 손상된 자긍심을 향상시키며 스트레스 상황과 문제의 현실에 대한 새로운 대처방법을 발견할 수 있도록 돕는다.

Tip 집단사회사업실천의 원칙

① 개별화 원칙: 개별사회사업실천과 공통적이지만 상황설정 장면에서 다르다. 집단 안에서 집단관계를 통한 개인으로서의 입장을 명확히 하고 개인의 욕구에 대응한다는 원칙이다.
② 수용의 원칙: 집단성원 각자가 여러 태도, 행동, 감정을 표현하고 어떤 가치관을 가졌다 하더라도 그 사람을 있는 그대로 인정하고 받아들이는 것을 말한다.
③ 참가의 원칙: 집단사회사업에서 참가의 원칙은 매우 중요하다. 집단성원의 참가가 없다면 집단은 의미가 없다. 집단성원끼리 서로 참가동기를 부여하고 서로를 소중히 여기도록 상호 주체적 관계를 만들어 가는 것이 중요하다.
④ 체험의 원칙: 집단성원은 그때그때 상황을 잘 파악하고 적절한 시기에 각자의 문제 및 과제를 스스로 해결할 수 있다는 느낌을 체험할 수 있어야 한다.
⑤ 갈등해결의 원칙: 집단 내 갈등이 생겼을 때 갈등으로부터 도피하지 않고 직면하여 문제를 해결하기 위해 노력하는 과정을 중시하는 것이 갈등해결의 원칙이다.
⑥ 규범의 원칙: 집단성원은 집단활동과정에서 최소한의 규칙, 규범, 기본적 태도 등에 대한 준수가 필수적이다.
⑦ 계속평가의 원칙: 집단의 목적이 달성될 수 있도록 계속적 · 연속적으로 집단과정을 분석, 평가하고 그 평가에 기초하여 다음 단계로 이행하는 것을 말한다.

출처: 윤현숙 외(2005)

2. 집단발달단계

집단의 특성과 성격에 따라 다소의 차이는 있지만 대부분의 집단은 일정한 형태로 발달하게 된다. 집단활동에서 집단성원들은 각 단계마다 이루어야 할 과업이 달라짐에 따라 집단활동을 돕기 위한 집단사회복지사의 역할도 달라지게 마련이다. 집단사회복지사가 바람직한 역할을 수행하기 위해서는 집단과정(process)에 대한 이해가 필수적이다. 집단과정은 집단성원 사이의 상호작용을 통해 이루어지며 개별 성원뿐 아니라 전체로서의 집단에 영향을 미친다.

이 책에서는 집단의 각 과정별 실천기술을 중심으로 서혜석 등(2014)의 내용을 요약하여 살펴보았다.

1) 시작단계: 집단의 형성 및 탐색

(1) 집단성원의 선정과 집단구성

시작단계에서는 집단성원을 모집하기 위한 계획을 세운 후 성원을 모집한다. 게시판이나 기관지에 광고를 내거나 지역주민이 많이 모이는 장소에 리플릿 등을 만들어 배포하거나 SNS(Social Network Service) 등으로 모집하는 방법도 있다. 모집내용에는 집단의 목적과 성원의 선택기준을 기술한다. 집단성원에는 자발적 성원과 비자발적 성원이 있다. 자발적 성원은 개인이 의도적으로 어떤 집단에 소속하기를 희망하고 선택하는 경우로 동호회나 운동모임을 들 수 있다. 비자발적 성원은 학교, 교도소, 정신병원, 거주시설, 공동생활가정, 음주운전으로 인한 사회봉사 프로그램 등에 참여하는 성원들로 집단참가에 흥미를 느끼지 못하고 오히려 적대감이나 파괴적 생각을 갖는 성원들이 대부분이다.

(2) 첫 모임 전의 준비과제

① 집단계획

첫 모임을 계획할 때 집단사회복지사가 신입성원의 입장을 배려하는 것은 많은 도움이 된다. 신입성원은 집단의 목표, 집단 참가이유, 집단에 참여하게 된 개인적 목적, 집단에 대한 느낌, 다른 성원에 의한 수용여부, 다른 성원의 흥미와 관심도의 차이, 집단이 마음에 들지 않았을 때 출석하지 않을 수 있는지 여부, 자신의 의견에 대한 존중 여부 등에 대한 질문을 주로 한다.

가. 집단목표의 설정

- 집단목표의 개념: 목표는 집단과 집단성원에게 방향을 제공하는 지침역할을 하며 집단 프로그램과 집단 노력의 방향을 제시하는 역할을 한다. 목표는 개인이나 집단의 도달점으로 성원, 집단사회복지사, 기관 목적의 상호작용에 의해 수립된다. 집단사회복지사와 성원 상호 간의 초기 동의는 집단이 나아갈 방향을 설정하는 것으로 초기목표는 항상 일정한 형태로 고정된 것이 아니라 변화하는 성향을 지니게 되는데 이것이 바로 중요한 역동인 것이다.

- 개인적 목표와 집단적 목표: 개인적 목표는 사람들이 가치를 두는 이상적이고 바람직한 최종점으로 성원에 의해 성취되는 목표이고, 집단목표는 목표성취를 위해 함께 작업하겠다고 가입한 성원들에 의해 수행되는 목표이다. 성원의 개인적 목표와 집단목표 사이의 일치도가 크면 클수록 성원의 집단에 대한 매력은 증대되고 집단목표를 성취하기 위해 그들이 가지고 있는 자원이나 에너지를 기꺼이 제공하게 된다. 또한 집단목표가 개인적 목표와 같을수록 집단성원은 집단목표 달성을 위해 함께 일하려 하며 집단목표에 찬성하기 쉽고 집단에서 더욱 행복감을 느끼게 된다. 반면 성원이 복합적인 개인적 목표를 가지게 되면 집단 내에 숨겨진 의제가 발달하게 된다. 숨겨진 의제는 집단에 심각한 해를 줄 수 있기 때문에 집단사회복지사는 이를 최소화하기 위해 집단성원의 개인적 목표와 집단목표를 조화·수립할 수 있는 방안을 모색하는 것이 중요하다.
- 목표수립: 문제해결과정에서 목표수립은 한 번에 이루어지는 것이 아니다. 문제가 규명되면 곧 임시목표를 설정하고 자료수집에 들어가는데 임시목표는 수집될 자료의 범위를 결정하는 데 매우 중요한 역할을 한다. 목표는 정보가 축적됨에 따라 수정되고 구체화되며 수집된 자료 및 정보에 기초하여 개발된 새로운 목표로 인해 초기목표는 때로 완전히 파기되는 경우도 있다. 목표수립의 구체적 절차는 집단사회복지사와 성원들이 집단이 성취해야 하는 목표에 대한 의견을 나누고 집단의 특별한 문제와 관련한 탐색과 협상과정을 거쳐 형성된다.

나. 집단성원의 특성 및 개인적 욕구의 다양성에 대한 이해

집단사회복지사가 첫 모임 전 집단성원의 특성과 욕구 및 기대에 관해 규명하는 것은 필수 요건이다. 따라서 집단사회복지사는 첫 모임 전이나 첫 모임을 통해 성원이 집단에서 얻고자 하는 것, 집단에 대한 기대, 성원의 나이, 사회경제적 지위, 성별, 민족적·교육적·전문가적 배경, 집단에서 다루게 될 주제에 대한 성원의 인지 정도와 정보, 개별목적 및 집단목적과의 부합 정도, 집단목적수행에 대한 동기와 자발성, 성원의 기본적 가치체계 등에 관해 질문하거나 탐색한다.

다. 물리적 환경의 설정(적당한 장소, 의자배열 등)

- 집단크기: 집단의 크기에 대한 정답이나 규칙은 없다. 그러나 적당한 성원의 수는 집단목적・유형과 더불어 집단성원의 만족감, 상호작용, 성원 개인당 산출결과 및 집단의 생산성과 효율성에 영향을 준다. 큰 집단은 활용할 수 있는 자원인 성원의 수가 많기 때문에 과제의 성공적 수행에는 도움이 되지만 스트레스를 더 많이 느끼게 하며 대화를 어렵게 한다. 큰 집단에서 성원들은 말하는 것이 금지된 듯한 느낌을 가지며 말하기를 주저하게 되어 의사소통의 기회가 줄어든다. 그러므로 집단이 작을수록 집단에 대한 호감도는 높아진다(Hare, 1962).

  슬레이터(Slater, 1958)는 집단의 최저 성원 수는 다섯 사람으로 이때 집단성원은 가장 큰 만족감을 느끼게 된다고 하였다. 다섯 사람보다 더 적은 집단의 경우 서로 이간질당할지도 모른다는 두려움으로 각자의 생각을 표현하는 데 장애를 느끼게 되면 결국 집단을 파괴하게 되고 이와 반대로 다섯 사람 이상일 경우 집단성원들은 참여에 제한을 느끼게 된다는 것이다. 밀러(Miller, 1986)는 마술적 숫자인 7에 더하기 빼기 2명의 숫자를 이상적 집단구성으로 제안하였다. 7은 인간이 어떤 순간이든 인식하기 쉽고 집중할 수 있는 숫자로 성원의 수는 5~9명으로 한정하는 것이 좋다는 것이다. 또한 집단성원의 수가 짝수인 경우는 적대감과 불일치가 나타나기 쉬운 데 반해 홀수인 경우는 조화와 협동으로 특징지어지는 경향이 있다(Snyder, 1975). 인간은 무의식적으로 집단 내 반대파벌(파당) 사이에 평형을 지켜 줄 홀수 성원 누군가를 기대하기 때문이라는 것이다. 너무 큰 집단(예: 20명 정도)은 모든 성원을 챙겨야 하는 마음의 짐 때문에 효과적인 과제수행이 어렵고 너무 작은 집단(4명 미만)은 일을 수행하기에 집단 내 자원이 충분치 않다. 그러므로 목적에 적합한 집단 크기를 결정하는 것이 바람직하다.

- 좌석배열 및 집단환경: 집단 내 좌석배열은 누가 누구에게 말을 하고 누가 지도적 역할을 수행할 수 있는지에 영향을 미칠 수 있으며 집단응집과 사기에도 중요한 영향을 미친다. 집단성원이 서로 눈을 마주 볼 수 있다는 것은

매우 중요하다. 시선은 성원들이 생각하고 느끼는 것에 대한 비언어적 피드백을 확보하는 데 중요한 수단이 된다.

원형 배열은 각 성원이 동등한 위치에 있다는 느낌을 북돋우고 집단의 개방감과 응집력을 증진시키며 토론하는 데 이상적이다. 반면 전통학급식 좌석배치는 지도자를 권위적 위치에 세우는 효과가 있으며 성원이 극히 한정된 사람하고만 시선을 주고받게 되어 의사소통을 금지시키는 경향이 있다.

집단이 만나는 장소나 영역에서의 배열도 매우 중요하다. 집단 내에서 책상을 배치할 경우 성원이 책상에 앉아 있으면서 서로가 서로를 볼 수 있는 범위가 한정적이어서 대화가 보이는 사람 위주로 흘러가기 쉽고 사람 사이의 장벽으로 운동을 제한한다. 반면 다른 사람과의 관계에 익숙지 않거나 수줍음을 많이 타는 성원에게는 책상이 안전지대 역할을 한다. 이렇듯 책상은 어떤 상황에서 성원에게 글을 써야 할 사물이 되기도 하고 재료를 놓는 장소를 제공하기도 하고 심리적 의지가 되기도 한다.

너무 덥거나 추운 방, 너무 넓거나 좁은 방 등과 같은 물리적 환경요인도 공간 배열에 영향을 준다. 이러한 요인이 성원들로 하여금 언어적 또는 비언어적 방식으로 서로 의사소통하면서 서로를 인식하는 방식을 결정하게 하며 이들 상호작용을 통해 지도력, 상호관계, 행동에 의한 영향력, 일치, 합의 등이 형성된다.

- 집단모임의 길이, 회기 수, 빈도, 시간: 모임의 빈도는 성원과의 친밀감과 동일시, 집단총체성의 형성에 도움을 주기 때문에 집단유지단계에서보다는 초기단계에서 더 자주 만날 필요가 있다. 집단시간의 결정은 원조과정의 구조에도 영향을 줄 뿐만 아니라 집단성원의 집단경험에 대한 수행 및 실행수준에도 영향을 준다. 제한된 시간 안에 목표를 달성해야 한다는 압박감은 일의 능률을 올리게 한다(Reid, 1995).

라. 첫 모임에서의 의제

첫 모임을 계획함에 있어 집단의 전반적 목표를 충분히 인식하는 것이 기본이다. 특히 목표는 각 모임을 위해 있다는 것을 확실히 하는 것도 중요하다. 집단사회복지사는 각 모임에서 성원이 성취하고자 하는 것이 무엇인지를 정확히 알고 의제 목록을 선정하여야 한다.

- 의제선정: 모임을 위해 의제는 항상 준비되어야 하며 모든 집단성원이 의제항목을 제안할 기회를 가질 수 있어야 한다. 가능하다면 의제는 집단 모임 며칠 전 성원에게 보내져 성원이 그 의제에 대해 생각하고 준비할 시간을 가질 수 있게 하는 것이 좋다. 집단을 시작할 때 첫 목록을 심의하기 전에 의제목록이 간략하게 제시되어야 한다. 이들 의제목록에 대한 제시 및 설명은 각 성원에게 그 의제에 대해 생각하고 준비할 시간을 가질 수 있는 기회를 제공한다.
- 의제선정 시 실천기술: 의제를 선정함에 있어서는 첫째, 집단목표뿐 아니라 참가자의 관심이나 흥미와 관련된 것을 선정해야 한다. 둘째, 사례를 활용하는 것이 좋다. 사례는 주요 개념을 예증하는 데 도움을 주며 참가자의 흥미를 자극하는 데도 도움을 준다. 사람들은 통계치보다 훨씬 더 사례를 잘 기억하는 경향이 있다. 셋째, 논리적 순서에 따라 의제를 요약하여 표현하도록 한다. 넷째, 시간에 대한 계획을 세운다. 회기를 정확히 측정하면 할당된 시간 내에 적절한 의제 수를 결정하는 데 도움을 준다. 다섯째, 의제는 융통성 있게 준비한다. 대인갈등의 출현 등과 같은 예기치 않은 일로 의제를 변화시키는 것이 바람직할 수 있기 때문이다. 여섯째, 장시간 강의나 토론은 사람을 따분하게 한다. 그러므로 가끔 진행속도나 간격을 변화시키고 다양한 변화방식을 활용하도록 한다.

마. 집단사회복지사의 역할에 대한 명확화

집단사회복지사는 자신의 역할이 무엇인지에 대해 명확하게 인식하고 있더라도 집단성원은 그의 역할에 대해 혼란스러워할 수도 있고 다른 기대를 할 수도 있다. 그러므로 집단사회복지사는 자신의 역할이 무엇인지에 대해 자신이 인지하고 있는 것을 설명해 줄 수 있어야 한다. 이때 자신이 지닌 기술과 자원에 대해 겸손하게 말해 주고 자신을 모든 문제를 해결하는 권위적 인물이기보다는 많은 정보를 지닌 인물로 설명하여야 한다. 집단사회복지사는 항상 자신이 행한 일에 대해 그 이유를 설명할 준비가 되어 있어야 한다.

② 첫 모임 전 집단사회복지사의 과제

첫 모임 전 집단사회복지사의 과제는 집단을 지도하기 위한 지침 마련하기, 집단개시에 대해 통지하기, 첫 모임 전에 마음을 편안하게 하기, 모임 장소에 도착하기 등이다.

오리엔테이션 단계에서 새 집단성원은 참여에 대한 망설임, 의미에 대한 탐색·의존, 구조와 목표에 대한 탐색, 지도자에 대한 높은 의존, 집단의 경계에 대한 높은 관심 등으로 특징지어진다. 이 단계에서 그들은 두 가지 과제를 결정하게 된다. 첫째, 1차적 과제에 도달하는 방법을 결정해야 한다. 둘째, 1차적 과제달성에 필요한 안정감을 제공하고 성원들의 순수한 쾌락으로부터 부가적 만족을 얻을 수 있는 활동범위를 창조하기 위해 집단 내 사회적 관계에 참여해야 한다.

초기모임에서 성원들의 관심은 여러 가지이며 동시적으로 발생한다. 처음에는 치료에서의 집단목표와 집단활동의 관계에 대해 혼동할 수 있다. 초기모임에서는 이러한 혼란을 반영하는 질문들을 퍼붓게 되며 이로 인해 의사소통 내용과 형태는 비교적 고정적이고 제한적이다. 대부분의 칵테일파티나 사교모임에서의 의사소통이 비슷하듯이 초기 치료집단에서 자신의 증상에 대한 묘사는 환자들이 가장 자주 사용하는 화젯거리이다. 유사성 찾기, 충고 주고받기, 치료의 의미 또한 자주 등장한다. 초기에 성원들은 서로 집단을 평가한다. 치료집단성원은 치료를 위해 치료집단에 참여하지만 그들 또한 초기단계에서는 사회적 힘을 의식하여 승인, 수용, 존경, 지배를 찾아 에너지의 대부분을 투자한다.

2) 초기단계: 갈등 · 지배 · 저항 다루기

초기단계는 선정된 성원들이 최초로 모임에 출석하여 성원끼리 대면함으로써 집단이 시작됨과 동시에 집단에 대한 집단사회복지사의 직접적 개입이 시작되는 단계다. 초기단계에는 이전부터 서로 알고 지내 온 성원을 제외하고는 집단사회복지사에게 의사소통이 집중되기 쉽고 사회복지사로부터 성원에게 말을 거는 일방통행적 의사소통이 되기 쉬우며 성원 사이의 대화는 한정적이기 쉽다. 집단사회복지사는 가능한 한 빨리 사회복지사 중심에서 성원중심의 의사소통으로 이끌어 갈 수 있어야 한다. 성원 사이의 의사소통에 있어서도 2~3명의 성원이 주로 말을 독점하고 지배하는지, 말이 없어 집단 안에서 성원의 존재가 있는지 없는지도 모를 정도인 성원은 없는지, 누가 누구와 언제 이야기하고, 하위집단이 몇 개인지 알아야 한다.

(1) 집단의 특징

① 접근・회피의 공존

보통 처음 집회에 출석하면 여러 가지 의문과 알지 못하는 것에 대한 감정 등으로 머리가 복잡하다. 특히 문제해결을 목적으로 들어온 성원은 과거 집단에 속했을 때의 괴로웠던 경험 또는 집단사회복지사와의 싫은 경험을 떠올릴지도 모른다. 첫 모임은 집단성원의 새로운 집단에 대한 희망, 기대, 미지의 세계에 대한 불안감, 거기서 벗어나고 싶은 기분 등이 혼합되어 있다. 성원들의 새로운 경험에 대한 반응도 여러 가지로 나타난다. 이전의 풍부한 집단경험 때문에 첫 모임 때 이야기를 잘하고 사람들의 주의를 끌려고 하는 성원이 있는가 하면 다른 성원이나 주변에 신경을 지나치게 쓰고 신중한 태도를 유지하며 다른 사람이 말을 걸지 않는 한 솔선해서 이야기를 하지 않는 성원이 많다. 성원들에게 흥미의 중심은 집단사회복지사에게 집중되기 쉽고 집단사회복지사를 평가하고 시험하려 한다. 이러한 성원들의 신중한 행동은 초기단계에 나타나는 독특한 행동이다.

② 성원끼리의 평가・서열화・투쟁

집단 개시 후 얼마 되지 않아 집단성원은 자신이 이야기하기 쉬운 사람을 하나둘 발견한다. 다른 성원의 집단 참가 이유, 개별적 사정이나 입장 등을 알게 되고 공통점을 발견하면 집단에 대한 경계심도 약화되고 서로에 대한 관심이 높아져서 집단 내에서 자신의 역할을 찾으려 한다. 이때 힘 있는 성원에 의한 성원 사이의 서열화가 시작된다. 이로 인해 몇 개의 하위집단이 형성되고 힘에 의한 집단구성도 볼 수 있다.

③ 하위집단의 등장 형성

하위집단(sub-grouping)은 집단과 개인의 힘이 원인이 되어 집단성원의 일부가 정서적 결속이나 흥미동행을 맺음으로써 형성된다. 하위집단은 모든 집단에서 나타나며 유형별로 2인군(dyad), 3인군(triad), 파벌(clique)과 특수한 형태의 하위집단인 고립자(isolate), 희생양(scapegoat) 등을 들 수 있다.

(2) 집단사회복지사의 역할

초기단계 집단사회복지사는 지도자로서 중심위치에 있고 집단내용도 집단사회복지사가 계획한 내용을 중심으로 진행한다. 따라서 집단사회복지사는 강력한 권위를 지니지만 집단성원과 평등하고 대등하게 만난다. 1회 모임에서의 집단성원은 뿔뿔이 흩어져 있던 개개인이 모인 상태로 아직 이들의 연결은 형성되지 않은 상태이기 때문에 집단사회복지사는 개개인을 재빨리 연결시켜 하나의 집단으로 만들기 위해 다음과 같은 일을 한다.

① 첫 모임에서 집단사회복지사의 역할

성원을 맞이할 준비를 하고 자기소개를 하며 기관에 대해 이야기한다. 집단의 목적을 명확히 하고 집단성원과 계약한다.

② 라포를 형성하기 위한 실천기술

자발적 집단에서는 사회복지사가 일상적이고 부담이 적은 상태에서 직접적인 접근으로 초기접촉을 시작할 수 있다. 집단사회복지사는 성원에게 날씨, 주차문제, 야구, 화젯거리 등과 같은 일상적 내용을 소재로 이야기를 시작한다. 일상적 대화는 성원들로 하여금 사회복지사와 친밀감을 느끼게 한다. 또한 자신에 대한 소개와 집단목적에 대한 공식적 입장을 밝힘으로써 집단을 시작한다. 집단사회복지사는 자신이 집단성원을 위해 노력하고자 하고 도움을 줄 수 있는 지식이 풍부하고 이해력 있는 사람이라고 자신을 알릴 수 있어야 한다. 성원에게도 자신에 대해 소개하도록 요구하기도 한다. 사실적 정보를 제공하면서 모임을 시작하는 것이 도움이 되기도 한다. 집단사회복지사가 직접 간략하게 설명하거나 짧은 영상을 보여주는 방법을 동원할 수도 있다.

비자발적 집단에서는 집단 자체의 공약과 동기가 자발적 집단보다 작기 때문에 집단성원 스스로에게 맡겨진 책임이 작다. 비자발적 집단에서 집단사회복지사는 자신이 성원들의 행동을 통제할 수 없다는 것을 제시하고 행동 대안에 대한 선택은 각 성원에게 달려 있다는 것을 알려야 한다.

집단사회복지사는 집단성원이 집단 내에서 문제를 충분히 의사소통하기에 안전하고 수용적이라고 느낄 수 있도록 비위협적 집단분위기를 수립하기 위해 노력해야 한다. 집단사회복지사의 목소리는 집단성원의 감정에 관심을 가지고 있으며 이해하고 있다는 메시지를 전달할 수 있어야 한다. 집단사회복지사는 성원이 문제에 대해 개방적으로 토로하기 시작할 때 놀라움을 표현하거나 결코 웃어서는 안 되며 안정적 상태를 보여주어야 한다. 이 같은 정서적 표출은 집단사회복지사가 그들의 문제를 수용하지 않는다고 믿게 하여 논의를 그만두게 하는 요인이 될 수 있기 때문이다.

집단사회복지사는 집단성원을 평등한 관계에서 보아야 한다. 이때 신임 집단사회복지사는 심각한 비밀을 나누는 자신이 매우 중요하며 클라이언트와 비교하여 우월한 입장에 있다고 잘못 생각할 수 있다. 성원이 열등한 사람으로 취급되고 있다고 느끼면 자신의 개인적 문제에 대해 이야기하고자 하는 동기가 줄어든다는 것을 기억해야 한다.

집단사회복지사는 집단성원과 공유된 어휘를 사용해야 한다. 이는 집단성원과 똑같은 속어나 같은 억양을 가져야 한다는 것을 의미하는 것이 아니다. 집단사회복지사가 자신들의 말투를 모방하고 있다고 인식하면 그들은 오히려 심각하게 공격할지도 모른다. 그러므로 성원들과 효과적으로 대화하기 위해 집단사회복지사는 그들이 이해할 수 있고 그들의 자존심을 침해하지 않는 언어를 사용해야 한다.

집단모임에서 집단성원의 이름을 가능한 한 빨리 기억하는 것도 라포형성에 도움을 준다. 이는 집단사회복지사의 성원에 대한 각별한 관심의 표현으로 성원에 대한 존중감을 전달하는 데도 도움을 준다. 성원들은 자신의 이름이 불리는 것에 대해 고마움을 느낀다.

집단사회복지사는 또한 집단성원이 한 말의 비밀을 유지해야 한다. 많은 사람은 다른 사람들과 달콤한 비밀을 나누는 데 거의 비저항적이다. 그러나 비밀보장이 지켜지지 않았다는 것을 알면 집단 내 성원의 신뢰는 쉽게 무너진다. 그러므로 "집단 내에서 들은 이야기는 집단 안에 남겨 두라"는 말의 중요성을 설명하는 것도 중요하다.

(3) 집단사회복지사의 사정

집단사회복지사는 초기단계에서 종결단계에 이르기까지 집단성원 개개인, 집단 그리고 집단환경의 세 가지 각도에서 집단에 대해 사정(assessment)한다.

① 집단성원 개개인에 대한 사정

집단성원 개인별 특성은 물론 대인관계 및 환경 등을 사정한다.

가. 집단성원의 특성에 대한 사정: 성원의 성장발달과정에서 일어난 일, 현재의 건강상태, 심리상태, 정신위생, 교육, 직업, 수익, 취미, 신념, 기대, 동기 등에 대한 사정으로 의사, 집단사회복지사, 기타 전문가의 평가와 관찰 그리고 성원 자신의 자기보고 등에 대한 정보를 기반으로 하여 사정이 이루어진다. 특정 문제를 가진 사람들의 치료집단이나 지지집단에서는 표준화된 척도나 질문지를 사용하여 집단 초기단계의 사정 자료와 종결 후 성원의 상태나 진보를 측정하는 평가 자료로 활용하기도 한다.

나. 대인관계와 집단성원 간 상호작용: 가족과의 관계, 친구, 어떤 문제가 발생했을 때 이야기를 들어주고 정신적으로 의지할 수 있는 인간관계의 유무 등에 관해 사정한다. 집단이 시작되면 각 성원과 다른 성원과의 교류유형, 성원의 교제능력, 집단 안에서의 역할, 예를 들어 중재 역, 듣는 역, 처음 말을 꺼내는 역, 희생양 역, 집단 안에서 점하는 위치, 지도력, 그리고 집단 안에서 보이기 쉬운 성원의 행동, 태도, 약점, 각 성원의 장점, 집단에 대한 공헌 등에 대해서도 사정한다.

다. 집단성원의 환경에 대한 사정: 집단사회복지사는 성원의 환경이 각자의 목표와 집단목표 달성을 지지하는 환경인지 아닌지를 평가할 필요가 있다. 이때 집단사회복지사는 반드시 한 번 이상은 성원의 가정을 방문하여 실제 정보를 확인할 필요가 있다.

② 집단에 대한 사정

집단사회복지사가 집단에 대해 사정하고자 할 때 집단역동(group dynamics)에 대한 지식과 실천기술을 활용하면 많은 도움을 얻을 수 있다. 많은 집단사회복지사가 집단역동에 대한 지식과 기술에 의존하여 자신의 개입 및 역할을 계획하는 경향이 있기 때문이다(이화여대 사회사업학과 편, 1997). 집단은 집단과정을 통해 개별성원뿐 아니라 전체로서의 집단에 영향을 미치는 독특한 힘을 만들어 낸다. 집단과정에서 만들어진 이러한 힘을 집단역동이라 하며 집단역동을 활용하는 것은 집단사회복지사의 중요한 과업 중에 하나이다. 집단역동을 이해하는 데 있어 필수적인 영역으로는 첫째, 집단구조, 둘째, 의사소통과 상호작용 유형, 셋째, 집단에 대한 매력과 응집력, 넷째, 집단의 사회적 통제, 다섯째, 집단문화에 대한 지식 등을 들 수 있다.

가. 집단구조

집단구조는 집단의 서로 다른 부분 가운데 존재하는 관계의 유형이며 집단성원의 과업을 결정하고 해결하는 데 도움을 주는 방법으로 집단을 유지하는 데 큰 영향을 미친다(Garvin, Reid, & Epstein, 1976).

나. 의사소통과 상호작용유형

상호작용유형을 이해하고 개입하는 데 있어서의 첫 단계는 집단성원이 모여서 의사소통을 하는 것을 인식하는 것이다. 의사소통을 통한 집단성원의 상호작용은 집단 내 상호작용유형을 결정하는 중요한 요인이다. 집단 내 의사소통에는 언어에 의한 의사전달과 몸짓 등에 의한 비언어적 전달이 있지만 집단이 시작되면 어떤 형태로든 바로 의사소통이 시작된다. 의사소통유형에는 바퀴형(Wheel pattern), 선형, Y-형(Y-pattern), 원형(circle pattern), 사통팔달형(all channel pattern) 등이 있으며 의사소통유형에 따라 집단역동도 변화한다.

집단의 기본 구성은 성원 사이의 상호작용이기도 하다. 그러므로 집단 내 상호작용을 좀 더 잘 이해하기 위해서는 집단과정에서 접하는 성원 간의 신호나 강화물, 정서적 결속, 힘과 지위, 집단의 크기와 물리적 환경, 하위집단 등을 이해하고 이용할 줄 알아야 한다(Toseland & Rivas, 1995). 첫째, 신호와 강화물은 유익한 상호작용을 촉진하고 상호작용유형의 변화를 촉진하기 위해 활용된다. 둘째, 정서적 결속의 경우 대인적 끌림과 같은 긍정적 결속은 성원 간의 상호작용을 증진시키지만 부정적 결속은 성원 간 결속을 감소시키고 성원 간 상호작용을 줄어들게 한다. 셋째, 성원들의 힘과 지위는 집단 초기단계에서는 지역사회나 기관 내에서의 자신의 힘과 지위, 신체적 특성 등에 의해 결정되지만 점차 집단과정이 진행됨에 따라 성원 자신이 집단 내에서 수행하는 기능 정도에 따라 더 많은 영향을 받는다. 넷째, 집단의 크기와 물리적 환경 또한 상호작용에 영향을 미친다. 집단 크기가 크면 성원 간의 관계형성 가능성은 증가하지만 성원끼리 의사소통할 기회와 시간은 줄어들어 관계유지가 어려워진다.

다. 집단에 대한 매력과 응집력

성원이 집단에 대해 매력을 느끼고 집단 내 응집력이 높아지면 집단성원 사이의 상호작용은 활발해지며 경쟁적이지 않고 협력적이며 성원의 집단에 대한 만족도가 높고 성원 사이에 상호 원조가 잘 이루어진다. 따라서 집단사회복지사는 응집력 있는 집단을 만들기 위해 노력해야 한다. 집단성원의 상호작용과 응집력을 측정하는 방법에는 모레노(J. Moreno)가 개발한 사회측정도(sociogram)가 널리 사용되고 있다.

집단매력이란 성원들이 집단에 남아 있도록 작용하는 모든 힘의 결과를 말한다. 집단성원은 다양한 이유에서 집단에 끌리고 매력을 느낀다. 집단에 매력을 느끼는 성원은 다른 집단보다 자신의 집단이 더욱 따뜻하고 상호 인간적 관계를 가졌다고 느끼고 그에 알맞은 행동을 한다. 집단성원은 그들을 안전하게 지켜 줄 수 있을 것이라는 기대가 충족될 때 안정감을 얻는다.

응집력(cohesion)은 집단성원이 우리 것이라는 말을 사용할 때, 성원 서로가 서로를 잘 알고 인식하며 서로를 위해 중요하다고 생각할 때 인식된다. 응집력은 집단 내에서 각자의 개성을 표현할 수 있고 충분한 친밀감을 허용하는 서로 간의 유대이다. 응집력은 또한 성원들의 서로에 대한 매력, 집단이 함께하게 하는 외적 압력의 결과일 수도 있다. 응집력은 그 근원이 무엇이든 성원 간의 상호작용, 서로를 위하는 느낌, 서로에 대한 동일시, 경험 나누기를 통해 내적으로 형성된다. 응집력은 집단의 목표성취와 집단 내 변화를 가져오게 하는 사회적 영향력으로서 매우 중요한 기능을 한다.

라. 사회통제수단

집단 내에서의 사회통제란 전체로서의 집단이 가능하게 하기 위해 성원을 순응·

복종하게 하는 과정을 말한다. 집단 내 통제는 집단의 규범, 집단 내에서 집단성원이 맡는 지위 및 역할, 지도력 등 다양한 요인이 상호작용하는 과정에서 만들어진다. 집단에 따라 사정기준도 달라진다. 성원들은 여러 집단에 속해 있기 때문에 각 집단에서 각기 다른 규범하에 있고 서로 다른 위치에 놓여 있을 수 있다. 따라서 집단 내 규범, 역할, 지위는 밀접하게 관련되고 집단통제의 수단으로서 각 성원의 행동에 매우 큰 영향을 미친다. 사회통제수단이 지나치게 엄격하면 자유가 없어지고 판단력과 의지의 활용이 좁아지기 때문에 집단사회복지사는 집단이 공평한 집단규범하에 지나치게 서열계층이 경직되지 않으면서 서로 원조하는 집단이 될 수 있도록 집단구조를 끊임없이 사정해 가야 한다.

마. 집단문화

집단문화(group culture)란 집단성원이 공통적으로 가지고 있는 가치관, 규범, 신념 그리고 활동 등으로 그 집단이 다른 집단과 구별되는 그 집단만의 독특성을 말한다(Hartford, 1972). 집단문화는 집단성원의 규범에 일치하는 행동으로부터 형성되며 서로가 의사소통을 통해 이해하고 그 과정에서 공통성을 찾아내어 집단문화를 형성한다. 그 집단만의 독특성은 제복의 통일, 특정 언어의 사용, 특이한 행동방식 등을 통해 표현되기도 하며 이 독특성이 어떻게 표현되든 성원이 '그들'에 대한 '우리'라는 인식을 갖게 하는 데 기여한다. 그들만의 스타일은 그들을 독특하게 유지하게 하는 집단문화이다. 사회복지기관의 신념, 방침, 지역사회의 관습, 전통, 가치관 등도 집단문화에 영향을 미치며 집단이 속해 있는 환경으로부터도 영향을 받는다. 집단문화는 또한 응집력과 연계되며 응집력의 척도로도 간주된다. 응집력은 개념적으로 집단성원이 집단 자체, 집단행동, 집단성원 서로가 집단을 좋아하고 영향을 미치는 정도의 합이라 정의되며(Cartwright & Zander, 1960) 집단문화는 이들 영향력 중 하나이다. 집단문화는 회합을 거듭할수록 더욱 공고해지고 집단생활 전체 과정을 통하여 진화해 간다. 집단문화는 성원의 가치관에서 영향을 미치므로 집단사회복지사를 개방적이고 공평하게 서로 다른 의견을 존중하고 자기결단 등 건설적 가치관을 가진 집단문화를 만들어 가도록 지도해야 한다.

③ 집단환경에 대한 사정

집단사회복지사가 소속된 기관이나 시설을 비롯하여 이들 시설 간 환경 및 지역사회환경에 관해 사정한다. 집단환경에 대한 사정은 집단목표의 달성 가능성과 목표도달에 효율적인 방법의 탐색 그리고 필요한 자원의 유무 및 동원 가능성 등을 탐색하는 작업과 연계하여 이루어진다.

가. 복지기관 · 시설의 환경에 대한 사정

복지기관 · 시설 내에 집단을 형성할 경우 집단목적이 복지기관 · 시설의 목적에 부합되는지, 집단활동을 할 장소는 있는지, 복지기관 · 시설이 집단에 필요한 자원을 제공할 수 있는지, 다른 직원이 새로이 집단을 시작하는 것에 대해 협력적인지, 집단이 다루고자 하는 접근방법이 기관이나 시설의 방침에 적합한지 등을 사정한다.

나. 복지기관 · 시설 간 환경에 대한 사정

다른 복지기관 · 시설에서 새로운 프로그램이나 실천방법에 대한 연구 등의 특별사업이 행해지고 있는지, 새로이 계획된 집단과 동일한 집단이 다른 복지기관에서도 시작되어 프로그램이 중복되거나 필요성이 낮아지는 것은 아닌지 등 다른 기관에서 계획하고 있는 사업과 행해지고 있는 사업 등에 대한 정보를 수집하여 시설 간 환경에 대한 사정을 해야 한다.

다. 지역사회환경에 대한 사정

지역에는 어떤 사람들이 살고 있는지, 어떤 직업이나 종교를 가지고 있는지, 수입은 어떤지, 지역 내에는 어떠한 공공자원이 있으며 부족한 자원은 무엇인지, 지역사회 관심사는 무엇인지 등에 대해서 사정한다. 이때 다른 지역사회 지도자나 다른 분야 지도자들과 만나 정확한 욕구 및 과제 사정방법 등에 대해 배우고 여러 조직의 활용 가능한 자원에 대해 지식과 정보를 확보하는 것은 집단계획은 물론, 집단개입을 위해서도 매우 중요하다.

(4) 집단사회복지사의 개입기술

첫째, 전체로서의 집단의 움직임을 알아채는 기술이 요구된다. 이를 위해 집단에 대한 지식이 필요하다. 집단지식에는 집단의 역할, 규범, 구성, 상호관계, 지도력, 동질성, 응집력, 발달단계, 집단크기, 개방형 집단, 폐쇄형 집단의 개념이 집단에 미치는 영향 등이 포함된다.

둘째, 성원 전체를 상대로 하여 말하는 기술을 들 수 있다. 집단사회복지사가 한 사람이나 두 사람에게만 집중하여 이야기하는 것이 아니라 성원 전체를 대상으로 자연스럽게 눈과 눈을 마주 보면서 이야기하는 기술이다. 성원 전체를 차별하지 않고 관심을 가지며 주의를 기울이는 사람이라는 것을 강하게 느끼게 하는 이 기술은 성원과의 신뢰관계를 구축하는 데 도움이 된다.

셋째, 집단응집력을 촉진시킨다. 집단사회복지사 자신이 사용할 언어에 대한 신중한 고려를 통해 응집력을 증진시킨다. 가능한 한 '나'라는 말 대신 '우리'라는 표현을 쓰는 등의 배려가 필요하다. 집단성원 전체의 공통관심사를 가지고 집단에서 서로 경험을 나누는 상호 원조의 중요성을 강조한다. 그리고 집단성원에게 집단을 통해 이룩한 것, 발전한 것, 집단에 공헌한 것 등에 대해 아낌없이 칭찬해 준다. 집단이 건전하고 순조롭게 목표를 달성하기 위해서는 집단과제뿐 아니라 집단의 사회적·정서적인 면을 좋은 상태로 유지해야 하며 이를 위해 필요한 행동규범을 제시해야 한다. 또한 프로그램을 활용하는 것도 좋다. 프로그램은 집단활동을 진행할 때 이용하는 소재로서 집단 초기단계에 성원을 기쁘게 맞이하기 위해 조용한 배경음악을 틀어 준다거나 각자 자기소개를 할 때 게임방식을 활용하는 등 자연스럽게 프로그램을 활용하면 분위기가 좋아지고 성원 상호 간 말문을 트게 하는 데 도움을 줄 수 있다.

3) 중기단계: 집단응집력과 생산성

집단응집력은 치료집단에서 치료경험에 도움을 주는 가장 중요한 양식이다. 자기인지된 치료결과는 집단에 대한 매력과 긍정적 상관관계를 갖는다. 응집력이 강한 집단은 전반적으로 높은 치료효과 및 결과를 보인다. 긍정적 결과를 보이는 개인은 다른 사람과의 상호관계에 훨씬 더 만족하며 응집력이 강한 집단일수록 자기노출 수준은 더욱 커진다.

집단응집력은 높은 출석, 적극적 참여율, 성원에 대한 높은 영향력 등의 효과를 가져 온다. 행동에 있어서는 자존감, 집단존중감, 치료적 변화, 타인에 대한 수용감, 자기수용, 성원 사이의 이해, 집단성원의 유지, 적대감의 표현, 모험 무릅쓰기, 집중적 상호작용과도 긍정적 상관관계를 갖는다.

응집력 있는 집단성원은 그렇지 않은 성원과 비교하여 첫째, 다른 집단성원에게 영향을 주기 위해 노력한다. 둘째, 다른 성원으로부터의 영향에 개방적이다. 셋째, 다른 사람의 말을 경청하고 수용한다. 넷째, 집단 내에서 안정감을 느끼며 긴장하지 않는다. 다섯째, 모임에 준비성 있게 참여 한다. 여섯째, 자기노출을 더 많이 한다. 일곱째, 집단규범을 잘 지키고 규범에 어긋난 성원에 대한 압력을 감추지 않고 표현한다. 여덟째, 집단종결 시 집단분열에 영향을 덜 받는다(Yalom, 1985).

초기단계에서 중기단계로의 이행은 집단사회복지사와 집단성원끼리 상호작용하는 과정에서 자연스럽게 일어난다. 중기단계는 집단이 목표를 달성하기 위해 여러 과제를 수행해 가는 단계로 집단목적에 따라 과제는 달라진다. 중기단계의 특징은 초기단계와 거의 비슷하게 이어지고 집단사회복지사의 역할이나 기술도 거의 같다.

(1) 중기단계의 특징

중기단계는 성원의 투쟁과 집단에 대한 저항의 존속, 집단의 신뢰감과 응집력의 강화, 집단과 개별 문제의 관련성, 상호 원조 등이다.

(2) 집단사회복지사의 역할

중기단계에서 집단사회복지사는 융통성 있는 자세를 취하고 성원들에게 책임을 지게 하며 집단계획이나 내용을 성원과 함께 재검토한다. 또한 성원들이 감정을 표현할 수 있도록 장려하는 역할을 한다.

(3) 집단사회복지사의 개입기술

① 집단을 이끄는 기술

집단을 이끄는 기술은 집단을 통제・관리하는 기술뿐 아니라 충고, 조언, 상담하는 기술 등으로 이루어진다. 집단목표에 도달하기 위해 집단이 목표 이외의 방향으로 나아가고 있는지 또 정체하고 있는지 등의 집단의 움직임을 관찰하고 변화를 알아채야 한다. 집단성원의 주목을 집단사회복지사로부터 집단으로 이행해 가도록 끊임없이 격려하고 집단토의가 소수 성원에 의해 이루어지고 있다면 참가자 전원이 참여할 수 있도록 지도해야 한다. 집단 내에서 결정을 할 때도 결정하기 전에 다른 의견이 있다면 이를 집단 내에서 검토한 후 다수결로 결정하도록 원조한다.

② 지지기술

집단사회복지사는 집단 스스로가 집단을 유지할 수 있도록 지지하고 가능한 한 성원들에게 지도력을 발휘할 수 있는 기회를 많이 주도록 노력해야 한다. 이를 위해 초기단계의 중심적 위치에서 벗어나 집단을 지지하고 필요에 따라 자신의 위치를 바꾸어가야 한다. 중기단계가 끝날 무렵 집단사회복지사는 후방에서 집단을 지지한다. 집단성원의 집단에 대한 공헌이나 성과를 집단에서 표명하는 것 등의 칭찬뿐만 아니라 집단의 문제나 장애물에 대한 지적도 집단을 지지하는 기술에 포함된다.

③ 집단유지에 도움이 되는 프로그램 사용기술

중기단계 집단유지를 위한 프로그램은 집단일치의 결정을 지지하고, 규범에 따라 행동을 촉진시키며, 서로 다른 역할을 지지하고, 성원들이 집단에 소속되어 있다는 기분과 안정감을 강화시킬 수 있는 것이어야 한다. 중기단계가 끝날 무렵에는 집단으로부터 성원들이 독립하기 시작하는 과정을 지지할 수 있는 것이어야 한다. 활동 프로그램을 결정함에 있어서는 집단사회복지사가 아니라 집단이 이를 선택하도록 한다. 집단사회복지사는 각 프로그램 활동이 집단의 목표성취를 어느 정도 촉진시키며 얼마만큼 도움을 주는지, 성원 모두가 참가할 수 있는지, 시간 내에 마칠 수 있는지, 활동을 위해 어느 정도 비용이 드는지 등을 성원들과 함께 검토한 후 집단에서 결정하도록 원조해야 한다.

4) 종결단계: 통합과 종결

종결단계는 집단의 목적을 달성하고 끝을 맺는 단계이다. 그러나 종결은 치료과정

중 통합적 부분으로 끝남이라는 의미 이상을 지닌다. 제대로 이해되고 잘 운영된다면 변화를 유발하는 데 중요한 영향력을 미친다. 종결단계는 문제에 대한 대처 방식을 배우고 자신감을 얻고 시야를 넓히는 등의 목적을 성취한다. 집단이 성공하면 할수록 집단사회복지사와 집단성원은 헤어지는 것에 대해 강렬한 감정을 갖게 된다. 이로 인해 집단사회복지사와 성원 사이의 집단역동이 고조되기 때문에 종결단계 집단사회복지사의 역할은 매우 어렵다.

(1) 집단종결의 유형

집단종결의 유형에는 성공적 집단종결, 미완결 상태에서의 집단종결, 중도탈락, 다른 기관이나 전문가에 의뢰, 집단사회복지사의 근무지 이전에 의한 종결 등이 있다.

① 성공적 집단종결

공식적 종결은 마지막 모임 전 모임에서부터 시작하는 것이 필수이다. 최후 모임은 미리 성원들에게 알려져서 동의되고 토론되어야 하며 집단을 끝마치기 위해 충분한 시간이 할당되어야 한다. 즉, 집단의 과제나 목표성취 및 성원들의 측정할 수 있는 진보, 남아 있는 문제에 대한 성원들의 지속적 작업계획, 최후 논제와 해결되지 않은 작업, 종결을 처리하는 성원들의 정서적 반응, 집단종결에 대한 특별한 사회적 행사계획 등에 대해 논의하기 위해 충분한 시간이 필요하기 때문이다. 종결은 때로 슬픈 반면 집단성원이 주고받은 것, 성장한 방식, 학습한 기술, 집단의 성취를 강조함으로써 부정적 감정이 전복될 수 있다.

② 미완결 상태에서의 집단종결

집단목표가 충족되지 않은 상태에서 끝을 맺는 경우이다. 진보 부족에 대한 집단반응은 매우 다양해서 분노, 좌절, 실망, 절망, 죄책감(비생산적 노력, 노력의 결핍), 희생양, 비난, 동정 등이 표출되기도 한다. 미완결집단의 종결은 혼돈스럽고 위험하기도 하다. 미완결집단의 종결은 완결집단의 종결만큼 중요하다. 여기서도 집단성원은 종결에 대한 계획을 미리 세울 수 있어야 한다. 마지막 모임일이 토론에 의해 결정되고 미해결 과제에 대해 논의할 충분한 시간이 주어져야 한다. 진보 부족 이유에 대한 분석·평가, 집단성원에 의해 토의된 목표와 대안, 종결에 대한 성원들의 정서적 반응을 다루고 미해결된 마지막 논제를 수행할 시간을 가질 수 있어야 하며, 집단종결 시 특수한 사회적 행사를 갖고자 하는지에 관해 토론할 시간을 가져야 한다.

③ 중도탈락

집단이 계속되고 있는데 집단성원이 중도탈락하면 집단성원의 입장에서 볼 때 종결이 이루어진다. 집단성원의 중도탈락 요인에는 집단이 설정한 목표를 수행하지 못할 것이라는 생각, 집단성원 본인이 집단을 잘 받아들이지 못할 것이라는 생각, 다른 집단성원에 대한 불쾌감, 불일치 등 여러 가지가 있다. 집단성원의 중도탈락에 대한 정보나 이유를 알지 못할 때 집단사회복지사는 종결이유를 알기 위해 집단성원과 만나야 한다. 다른 성원과의 갈등 때문이라면 이 갈등이 풀리면 다시 돌아올 수 있을 것이며 다른 이유에서라면 어떤 행동이 그 성원을 돌아오게 할 수도 있기 때문이다. 치료집단, 감수성훈련집단, 교육집단 등에서 미해결된 개인적 관심이 있음에도 불구하고 집단성원이 중도 탈락할 경우는 다른 집단이나 전문가에게 의뢰하는 것이 바람직하다. 집단성원이 중도탈락할 때마다 집단사회복지사는 그 성원의 집단에 대한 긍정적 기여를 집단성원에게 알려 줄 필요가 있다. 중도탈락은 개인적 실패로 비추어질 수 있기 때문에 긍정적 기여에 대한 감사는 개인적 실패감을 느끼지 않도록 도와주는 것이다.

④ 다른 기관이나 전문가에게 의뢰

집단사회복지사는 집단성원을 다른 집단이나 치료사에게 의뢰해야 할 경우도 있다. 집단성원이 공감할 수 없다고 느끼는 경우, 집단성원이 치료사가 진력이 날 정도의 대안만을 선택함으로써 이를 받아들이기가 극도로 어려운 경우, 치료사가 치료적 도움을 제공할 수 없다고 느끼는 성격적 문제를 가진 경우, 좋은 관계가 수립되기 어려운 경우, 집단성원이 문제를 건설적으로 해결하는 것을 막는 집단 내 파괴적 힘을 가진 성원의 경우 등이 이에 해당된다.

⑤ 집단사회복지사의 근무지 이전에 의한 종결

집단사회복지사에 의한 종결은 직무의 변화, 일신상의 이유, 가족과의 문제 등으로 발생할 수 있다. 이때의 종결은 집단사회복지사와 성원 모두에게 어려운 과정이다. 종결을 둘러싸고 정서적 반응이 강렬해질 수 있고 이러한 반응을 통한 적당한 작업 시기가 유용하게 활용되지 못할 수 있다. 성원이나 사회복지사에게 의존적인 성원은 황폐감을 느끼게 된다. 집단사회복지사는 사회복지사가 다른 곳에 직장을 찾아 집단을 떠날 경우 집단성원이 자연스럽게 새로운 사회복지사를 맞이할 수 있도록 도와주어야 한다. 인간의 삶은 항상 만남과 헤어짐의 연속이며 이는 태어나면서부터 계속되어 왔다는 것에 대해 이야기를 나누는 것도 도움이 된다. 성원들은 이러한 전환을 삶의 건설적 전환으로 삼을 것인지 파괴적 계기로 삼을 것인지에 대한 결정과 선택을 할 것이다.

Tip 종결단계 집단의 특징

① 부정: 집단종결이 가까워지면 집단에서의 경험을 부정할 수 있다. 집단사회복지사가 집단을 끝내는 주를 잊어버리는 것도 집단종결에 대한 일종의 부정이라고 할 수 있다.
② 직접적 · 간접적 분노의 표현: 과거 고통스러운 이별경험을 많이 가지고 있는 성원은 집단종결을 자신을 거부하는 것으로 받아들일 수 있다. 어떤 성원은 겨우 자신의 문제를 집단에서 이야기할 수 있게 될 무렵 집단이 끝나게 되어 아직도 집단이 필요하다고 항의하는 경우도 있다.
③ 상실감: 지금까지 이야기하기 어려웠던 문제나 감정을 집단에서 서로 나누고 원조하고 원조 받으면서 형성된 유대가 강하게 남아 있는데 상호 원조체계가 무너진다는 것은 매우 슬픈 일이며 이로 인해 상실감을 느낀다.
④ 이별파티 현상: 기쁜 마음으로 종결을 하는 것은 좋지만 집단에서의 최후 경험은 즐거운 집단경험만으로 끝나지 않기 때문에 집단에서의 긍정적 · 부정적 경험 모두를 솔직하게 평가하고 이 같은 경험을 앞으로의 생활에 어떻게 살려 나갈 것인가를 고려해야 한다.
⑤ 탈출: 집단종료에 대한 슬픔을 자제하기 위해 집단이 끝나기 전에 집단을 떠나 버리거나 적의를 보이기도 한다.

출처: 서혜석(2014)

(2) 집단사회복지사의 역할

종결단계에서 집단사회복지사는 초기단계와 똑같이 중심적 위치로 돌아가 주된 역할을 수행한다. 종결단계는 집단사회복지사와 성원 간에 감정의 흐름이 가장 강렬해지는 시기이다. 집단성원을 친절하게 위로하면서 원조, 지도해 온 집단사회복지사에게는 집단성원이 깊은 감동으로 응답하게 된다. 종결단계에 집단사회복지사는 잠재적 감정을 인정하고 개인적 반응을 서로 나누며 집단경험을 평가한다.

(3) 집단사회복지사의 개입기술

종결단계에서 집단사회복지사는 집단에서 학습한 주된 내용을 분명히 하고 집단종결 이후에도 계속해서 각 성원의 노력이 필요하다는 것을 분명히 한다. 새로운 경험과 지지체계로 이행할 수 있도록 원조한다. 집단성원이 다른 집단을 계속 필요로 할 경우 집단사회복지사는 새로운 집단으로 원활히 이행할 수 있도록 원조해야 한다.

3. 집단대상 사회복지실천의 접근 모델

집단대상 사회복지실천의 접근 모델은 집단활동의 초점과 사회복지사의 역할이 집단의 목적과 기능에 따라 차이가 나타날 수 있는 상황에서 어떻게 효과적이면서 효율적으로 집단 전체의 목적과 집단 내 개인들의 목표를 달성할 수 있도록 할 것인가와 관련되어 있다. 즉, 집단에 어떻게 접근하고 개입할 것인가에 관한 것이다. 집단대상 사회복지실천의 접근모델을 발전시키려는 노력은 여러 학자들에 의해 연구되었지만 대표적인 접근 모델로 파펠과 로스만(Papell & Rothman, 1980)이 제시한 사회적목표모델(social goals model), 치료모델(remedial model), 상호작용모델(reciprocal model) 등의 세 가지가 있다.

1) 사회적목표모델

사회적목표모델은 초기 집단사회사업 목표 성취의 기본적인 모델이다. 이 모델의 중심 개념은 사회적 의식과 사회적 책임감을 강조하여 각 개인을 지역주민으로 참여토록하고 민주적인 과정을 습득하도록 추구하므로 민주주의와 지역사회의 정의를 유지하고 발달시키는 데 목적을 두고 있다. 즉, 이웃이나 지역주민을 대상으로 개인의 성숙과 민주 시민의 역량 개발에 초점을 둔다.

집단성원들의 중요한 과업은 사회적 의식과 사회적 책임을 발전시키는 것이다. 주로 지역사회 내의 빈곤, 범죄와 같은 문제에 개입하기 위해 지역사회복지관이나 시민단체 등에서 활용된다. 이때 집단사회복지사는 집단 내의 사회의식을 개발하는 데 영향력을 발휘한다. 사회적 책임의 가치를 심어 주고 책임 있는 시민으로서 적절한 행동을 행할 수 있도록 자극하고 격려하는 역할이다.

사회적목표모델은 민주적인 집단과정을 중요시하므로 소집단 내에서 민주주의적 참여를 통한 학습이 가능하도록 집단 내의 민주적 절차를 개발하고 유지하도록 하는 사회복지사의 역할을 중시한다. 지역사회복지관의 지역환경 지킴이 활동이나 아파트 단지에서 조직된 자율방범대 활동 등을 예로 들 수 있다.

2) 치료모델

치료모델은 치료를 위한 도구로 집단을 활용하는 모델로서 사회적 기능에 뚜렷한 문제가 있거나 문제발생의 위험이 높은 개인에 대한 원조를 강조하는 임상모델이다. 이 모델의 초점은 집단을 활용하여 개인을 치료하는 것으로 집단은 개인의 목적 달성을 위한 도구나 상황이 되며 신체적·정신적으로 장애를 가진 사람, 교화를 목적으로 한 범죄대상자 등의 집단에서 주로 활용된다.

집단성원은 전문가의 치료계획에 따라 진단을 통해 구성되며 사전에 집단사회복지사는 집단성원 개개인의 욕구와 집단의 욕구를 구체적인 목표달성과 관련시켜 개입전략을 결정해야 한다. 이때 집단사회복지사는 과거의 경험, 이론적 지식, 관찰 등의 방법을 사용하되 집단을 적절히 통제하고 폐쇄집단의 형태로 운영한다.

치료모델은 집단활동을 개인의 치료를 위한 수단으로 활용되므로 정신건강증진센터에서의 알코올중독 회복집단과 정신치료집단 등이 해당한다. 알코올중독 회복집단과 정신치료집단 등에서는 집단과정을 통한 변화 자체가 목표가 아니라 집단 내 개인의 치료와 재활을 위한 수단이 된다.

3) 상호작용모델

상호작용모델은 사회적목표모델과 치료모델의 조합된 형태로 집단성원과 사회 간에 공생적인 관계를 통해 집단성원들의 요구와 문제를 해결하기 위한 상호 원조체계의 개발에 초점을 둔다.

이 모델은 중간모델 또는 인본주의모델로도 불리며 집단활동을 시작하기 전에 목표를 설정하지 않고 사회복지사와 집단성원 간의 상호관계 속에서 목표가 설정된다. 일반적으로 지지집단이라 불리는 집단이 상호작용모델의 개념에 속하며 이 모델에서 집단사회복지사의 역할은 개인과 집단이 상호원조체계가 되도록 중재하는 역할을 한다. 집단사회복지사는 성원들과 권력을 공유하고 집단에 대한 통제권을 공유하도록 요구되며 관심을 가지고 모인 집단성원을 대상으로 성원 간의 자조(self-help)와 상호원조체계 형성 및 대인관계 향상을 목표로 집단을 운영한다.

상호작용모델은 개별성원과 집단 간의 상호관계에 초점을 두고 있으므로 가정폭력피해자집단이나 약물중독환자집단 등에서 개인 기능과 사회 기능을 향상시키기 위한 치료프로그램이 상호작용모델에 해당한다.

표 4-1 집단대상 사회복지실천 접근 모델 비교

특징	사회적목표모델	치료모델	상호작용모델
주 과제	• 비공식적 정치 및 사회행동에 필요한 자원제공과 사회적 붕괴 예방	• 집단 매개체를 통한 치료로 사회적 사고 및 위험으로부터의 회복과 재활	• 앞의 두 모델의 조합(문제해결을 위한 상호원조체계의 개발)
장기적 목적	• 보다 나은 민주사회 건설	• 개개인의 사회적응 향상	• 개인과 사회의 조화
구체적 목표	• 소속감의 증대, 민주적 참여에 대한 훈련 • 처음에는 전문가에 의해 집단목표가 결정되나 점차 그 책임은 집단에게 이양	• 집단상호작용을 활용하여 역기능 행동을 하는 성원의 치료와 재활 • 세부적인 집단목표를 전문가가 사전에 결정	• 적정수준의 적응과 사회화를 성취하기 위해 성원 간의 상호원조체계 형성, 대인관계 향상 • 집단목표의 결정을 전문가와 회원이 공유
개입장소 및 기관	• 회원이 있는 가정, 인근지역, 인보관, 지역사회복지관	• 임상기관, 사회복지기관 및 시설	• 임상기관, 사회복지관 (집단목표에 따라 다양)
초점	• 개인의 성숙과 민주시민의 역량 개발	• 개인적인 역기능 변화	• 성원 간의 자조, 상호원조체계 개발

특징	사회적목표모델	치료모델	상호작용모델
지도자 역할	• '영향력을 끼치는 자(influence person)'의 역할: 바람직한 역할 모델을 제시	• 전문적인 '변화 매개인(change agent)'의 역할	• '중재자(mediator)'의 역할
대상	• 시민, 이웃, 지역주민	• 역기능 또는 문제해결을 위해 도움을 필요로 하는 자	• 공동관심사의 성취를 위해 협력하는 구성원
집단 활동	• 토론, 참여, 합의, 집단과제의 개발 및 실행, 지역사회조직화, 성원의 사회행동 기술 습득	• 성원의 행동변화를 일으키기 위해 구조화된 개입을 하거나 직접, 간접적 영향력을 발휘	• 관심사를 토론, 상호원조 형성, 상호이익이 되는 결속된 사회체계의 형성
집단 크기	• 3~25명 정도	• 7~10명 정도	• 상황에 따라 유동적
신입회원 가입문제	• 개방적이며 누구나 친구가 될 수 있다.	• 전문가의 통제	• 전문가와 회원의 동의에 의한 자유로운 가입
회합 기간	• 지도력 유형에 따라 유동적	• 정기적이며 시간사용 계획을 사전설정	• 유동적, 지도자와 성원이 합의
대표 학자	• Ryland, Wilson, Coyle, Klein	• Vinter, Sarri, Glasser, Redl	• Schwartz, Bion, Lewin, Tropp

출처: 남세진 · 조흥식(2001); 김혜란 외(2006); 도광조(2014) 재인용.

CHAPTER 05

가족대상 사회복지실천기술

1. 가족대상 사회복지실천 개념 및 이해

1) 가족대상 사회복지실천 개념

(1) 가족의 개념 및 변화

“가족”이란 혼인과 혈연을 중심으로 성립된 체계로 성인남녀와 그 자녀로 구성된 전통적 핵가족 개념으로, 경제적 협력과 서로에 대한 의무를 가지며, 함께 거주하는 사람들로 구성된 사회집단으로 규정하여 이해한다.

현대사회에서는 비혈연가구, 혼합가족, 독신가족 등 다양한 가족형태가 증가하고 있어 가족 개념의 재정립이 필요하다. 오늘날 가족의 다양한 유형은 문화적 배경에 따라서도 다양하며, 핵가족, 확대가족, 노인가족, 한부모가족, 양부모가족, 혼합가족, 위탁가족, 다문화가족 등 다양하다. 가족의 개념은 가족의 공간성과 역사성, 그리고 체계론적 관점으로 접근해야 할 것이다.

가족의 기본 속성을 골든버그(Goldenberg, 1991)는 여덟 가지로 설명하였다(금기윤 외, 2013).

① 가족은 특정한 목적달성을 위해 인위적으로 형성된 일반집단이 아니라 자연스럽게 형성된 사회집단이다.

② 가족은 생활해가는 가운데 일련의 생활유형 또는 규칙을 발전시키게 된다.

③ 가족의 각 성원에게는 나름대로 할당되고 부여된 역할이 있다.

④ 가족은 나름대로의 권력구조를 가지고 있다.
⑤ 가족은 공공연하거나 은밀하면서 복잡한 의사소통형태를 갖고 있다.
⑥ 가족은 나름대로 문제를 해결하고 타협, 협상하는 방법을 갖고 있다.
⑦ 가족은 역사, 세상에 대한 관점, 목적의식 등을 공유하고 있다
⑧ 한번 성원은 영원한 성원으로 남아 있다.

(2) 가족의 일반적 특성

가족의 다양한 변화나 위기, 복잡한 문제들을 이해하고 개입하는 사회복지실천을 위해서 먼저 가족을 하나의 사회단위로 이해해야 한다(금기윤 외, 2013). 가족에 대한 사회복지 기능을 가족구성원 개개인에게 초점이 맞추어지는 것이 아니라 '한 단위(unit)로서의 가족 전체'(Kanmerman & Kahn, 1978)에 주목하면서, 가족에 대한 사회복지 실천은 가족생활을 보호, 보장, 강화하고, 가족구성원 개개인의 사회적 기능 수행을 높이기 위하여 시행되는 제반 서비스 활동을 의미한다고 하겠다(이영호, 2014). 가족문제는 가족이 가족체계 내의 갈등뿐 아니라 외부의 사회변동에 대응할 수 없게 되었을 때 발생하는 제반 문제로서, 이로 인해 가족 내의 욕구가 충족되지 못하고 자신의 역할을 적절히 수행할 수 없게 됨으로써 가족 기능, 가족관계가 원만하지 못하고 가족해체현상이 나타나게 되는 모든 현상이라고 볼 수 있다(조휘일 외, 2005).

(3) 가족의 기능

가족이 수행하는 역할, 행위를 뜻하는 것으로 가족 간의 애정도모, 역할분담, 안정감 부여와 수용, 만족감과 목적의식 부여, 문제해결, 지속적인 소속감 유지, 사회적 지위 부여와 사회화, 통제력과 정의감의 확립을 위한 가족구성원이나 사회의 지속적인 작용방식 또는 작용관계를 포함한다(구혜영, 2010).

① 기능적 가족

가족성원들 간의 분명한 경계와 자율성이 있고 서로 염려하고 깊이 신뢰하는 분위기가 형성된다, 또한 의사소통이 공감적이고 개방적이며 가족의 규칙은 가족 발달에 맞고 유연성이 있다.

② 역기능적 가족

폐쇄적이고 가족의 규칙에 융통성이 없고 위협적이며 서로에게 집착하는 정도가 심하거나, 지나치게 무관심하여 적절한 가족의 기능을 수행하지 못하게 된다(최경화 외, 2010).

표 5-1 기능적 가족과 역기능적 가족의 특징

기능적 가족 특징	역기능적 가족 특징
가족의 규칙이나 역할이 융통성 있음	가족의 규칙과 역할이 너무 경직됨
세대 간의 분명한 경계가 있음	세대 간의 경계가 불분명함
열린 의사소통이 있고 협동적임	폐쇄적이고 모호한 의사소통임
분명하지만 융통성 있는 가족역할이 있음	가족구성원 간 과도한 집착 또는 무관심
자율적인 책임강조와 깊은 신뢰감 있음	강한 통제나 강한 의존성
부모의 연합된 권력획득이 있음	한 사람이 희생양
가족체계가 개방적임	가족체계가 폐쇄적임(외부와 폐쇄적임)
상호 간의 협상과 조정이 가능함	상호 간의 협상과 조정이 어려움
가족들이 현실적인 기대나 욕구가 있음	가족들이 비현실적이며 이성적인 기대나 욕구
가족의 자원이 풍부하고 사회관계망적임	가족의 자원이 결핍, 고립

출처: 구혜영(2010).

③ 가족의 역기능의 종류

가. 이중구속 메시지와 위장

- '이중구속'은 한 사람이 다른 사람에게 메시지를 보낼 때 적어도 두 가지 또는 그 이상의 상반된 메시지나 요구를 동시에 보냄으로 인해 메시지를 받는 사람은 어떻게 반응하든지 간에 실패하게 되는 것을 의미한다.

> 오랜만에 만나는 아이가 뛰어와 안길 때 어머니는 "다 큰 아이가 어린아이처럼 행동한다"고 한 후 시무룩한 아이에게 "오랜만에 만났는데 너는 반갑지도 않니?" 하며 서운해 한다.

- '위장(mystification)'은 자기 행동을 통해 분명 상대방으로 하여금 어떤 생각을

품게 했으면서도 그 생각을 말로 표현하면서 자기 행동을 부인하는 것을 의미한다.

> 퇴근하여 돌아온 남편이 엉망인 집안을 보고 화가 나 문을 쾅 닫으며 신경질적인 반응을 보인다. 부인이 "집이 엉망이어서 화가 났느냐?"라는 물음에 남편이 "내가 언제 화를 냈느냐"며 말로서 위장하여 갈등을 피하려고 한다.

나. 대칭적 · 보완적 관계

- 대칭적(symmetrical) 관계는 한사람의 행동이 상대방의 행동에 영향을 주고 다시 또 그 행동에 영향을 받아 서로 계속 상승작용하는 것을 의미한다.

> 한쪽이 비난하면 다른 쪽은 더 심하게 비난하고 이를 받아 다시 더 심하게 비난하여 결국 걷잡을 수 없이 관계가 악화되는 의사소통방식

- 보완적(complementary) 관계는 대칭적 관계와 같이 극한 대립은 없지만 불평등과 차이가 극대화되어 한 사람은 매우 지배적이고 또 한 사람은 매우 복종적인 관계를 맺는 것을 의미한다.

다. 밀착 · 유리된 가족

- 밀착(enmeshment)된 가족은 가족들 간의 상호작용이 너무 지나쳐 과잉염려가 있는 가족으로 가족 중 한 사람의 일이 다른 사람에게 미치는 영향이 매우 크다. 예를 들어, 아이의 성적이 떨어졌다고 어머니가 죽고 싶다고 이야기할 정도로 가족원들이 정신－신체적(psycho-somatic) 증상을 보일 수 있다.
- 유리(disengagement)된 가족은 지나치게 자주적이어서 가족에 대한 충성심이 많이 부족한 것을 의미한다. 대체로 이러한 가족의 성원들은 밖에서도 다른 사람과 관계를 잘 맺지 못해 소외된 감정을 경험하게 된다.

라. 속죄양

가족 중 환자로 지적된 사람(identified patient: IP)이 가족의 균형을 유지하기 위해 병리적인 문제를 짊어지고 있으므로 속죄양(scapegoating)으로 표현된다. 가족들은 가족의 역기능을 그 개인의 문제로 전가시켜 균형을 유지하려 하고 그 사람 역시 자신을

희생하여 가족의 조화로운 관계를 유지하려고 한다.

> 가족 모두가 "이 사람만 아니면 우리 가족에게는 아무런 문제가 없다."라고 할 경우 바로 그 사람이 속죄양이 되는 것이다.

마. 가정폭력

가정은 밀접한 상호작용을 하고 있어 서로에 대한 기대가 높고 이러한 기대가 만족하지 않을 때 폭력으로 나오는 경향이 있다

바. 알코올 및 물질남용

가족원 중 한 사람이 알코올 및 물질남용을 하게 되면 역기능적인 가족이 된다. 일반적으로 물질남용을 보이는 가족의 경우, 지나치게 과잉보호하며 허용적인 어머니와, 유리되고 나약하며 때로는 알코올 문제를 가지는 아버지가 전형적이다. 취한 상태에서 물질을 남용하는 사람은 공격성을 표현하고 가족 내에서 금지된 행동을 하게 된다.

사. 지속적인 가족신화

잘못된 가족신화는 무비판적으로 가족성원들에게 받아들여져서 그 신화에 따라 서로에게 기대를 하게 된다. 겉으로는 서로 잘 이해하고 긍정적으로 상호작용하는 것 같지만 실제로는 상당한 거리감을 두고 있어, 서로의 의견이 다르면 관계가 파괴된다는 잘못된 가족신화 때문에 개인적인 정체감을 희생해 가면서까지 형식적인 동의와 충성을 보이게 된다.

> "싸우지 않는 가족은 행복한 가정이다."
> "화합하는 가족은 모두 의견이 같아야 한다."
> "부부는 서로 말을 하지 않아도 통한다."
> "우리 가정은 남자가 더 우월하다." 등

(4) 가족생활주기

결혼, 임신, 출산, 육아, 자녀교육, 자녀독립, 은퇴 후 노후생활 등 가족생활의 변화

과정을 가족생활주기(family life cycle)라고 하는데, 가족생활주기는 전형적인 가족이 일생 동안 거치게 되는 중요한 단계들로 시간적 연속으로 나타낸 것이다. 대표적으로 듀발(Duvall)과 밀러(Miller, 1985)는 2세대 핵가족을 중심으로 가족생활주기를 8단계로 설명하고 있다(최경화 외, 2010).

표 5-2 듀발의 가족생애주기 단계

단계	발달적 과업
1. 가족형성기 (신혼가족, 자녀가 없는 부부)	• 상호 만족스러운 결혼생활의 확립 • 임신과 부모 역할에 대한 적응 • 친족망과 조화 • 미래 부모역할 결정하기
2. 출산가족/자녀가 없는 가족 (첫 자녀의 출생부터 30개월까지)	• 의사소통 효율화하기 • 유아의 발달에 적응, 격려 • 부모와 유아가 만족하는 가정의 확립
3. 학령전 아동가족 (첫 자녀가 2세 반부터 6세까지)	• 취학 전 자녀의 주요 욕구와 관심을 격려하고 성장을 증진하도록 적응 • 에너지 고갈과 프라이버시 부족에 대처 • 가족구성원과 의사소통 유형에 적응하기
4. 학동기 아동가족 (첫 자녀가 6세부터 13세까지)	• 학령기 가족의 지역사회와의 조화 • 자녀의 교육 성취에 대한 격려 • 재정적 지급능력 유지하기
5. 십대 자녀 가족(청소년가족) (첫 자녀가 13세부터 20세까지)	• 자유와 책임의 조화 • 부모역할을 마친 후의 관심과 진로 확립 • 청소년과 성인 사이의 의소소통 중재하기
6. 성인자녀를 가진 가족 (첫 자녀의 독립부터 막내 자녀의 독립까지)	• 적절한 의례와 지원으로 초기 성인 독립 • 지지적 가정기반의 유지 • 자녀가 가정을 떠날 때 책임 재할당하기
7. 중년기 가족 (빈 둥지부터 은퇴까지)	• 텅빈 보금자리 적응하기 • 결혼관계의 재확립 • 노인세대, 젊은 세대와의 친족관계 유지
8. 노년기 가족 (은퇴부터 양쪽 배우자의 사망까지)	• 사별과 혼자 사는 것에 대한 대처 • 노년에 대한 적응 • 은퇴에 대한 적응 • 배우자의 죽음에 적응하기

출처: 최경화 외(2010).

2) 가족대상 사회복지실천의 이해

가족을 대상으로 사회복지실천을 하기 위해 사회복지사는 가족을 하나의 사회체계로 이해하는 공간의 관점과 세대 간 전승을 이해하는 시간의 관점에서 가족을 이해해야 한다(최경화 외, 2010).

(1) 가족생태학(family ecology)

가족은 주변 사회환경과 끊임없이 상호작용하며, 사회환경과의 상호작용을 통해 가족의 기본욕구를 충족하기 위한 필수 자원과 지지를 확보한다. 대부분의 가족은 주변 환경과 상호작용하는 가운데 적응적 균형(adaptive balance)을 이루지만, 적응적 균형을 이루지 못하는 가족은 결핍되거나 혹은 고립되거나 지나친 환경적 스트레스로 인해 지치게 된다.

가족은 주변 환경과 상호작용하는 가운데 환경체계들과 구분되는 경계(boundary)를 가진다. 기능적인 가족은 환경체계들과 분명히 구분되는 동시에 개방적이고 융통적이며 적응적인 경계를 가진다. 하지만, 가족이 환경체계들과 지나치게 밀착되거나 혹은 지나치게 유리된 경계를 가지는 경우 가족의 기능에 문제가 생길 수 있다.

예를 들어,
- 확대가족체계와의 경계가 불분명하고 일부 가족성원이 확대가족과 지나치게 밀착되어 있는 경우
- 남편이 자신의 어머니와 지나치게 밀착되어 아내를 배제하는 경우에 남편과 아내의 부부로서의 기능뿐 아니라 자녀들의 부모로서 기능에도 문제가 있을 수 있다.

(2) 순환적 인과성(circular causality)

가족 내 한 성원의 변화는 다른 성원들과 가족 전체에 영향을 미치며, 이런 영향은 다시 변화를 가져온 성원에게 순환적으로 영향을 미친다. 따라서 가족성원의 행동을 단선적(linear)이 아닌 순환적 반응으로 이해해야 하며, 작용(action)이 아닌 반작용(reaction)으로 이해해야 한다. 순환적 인과성에 따르면, 가족이 가진 문제를 해결하기 위해서는 문제의 원인 혹은 근원보다는 문제를 유지하는 가족의 상호작용에 초점을 둘 필요가 있다. 또한 가족의 변화를 위해 반드시 문제의 근원이 되는 성원이 변화하

기보다는 다른 성원들이 변화함에 따라 문제의 근원이 되는 성원과 가족 전체가 변화할 수 있다.

(3) 환류 고리(feedback loop)

가족은 가족 내 규범을 규정하고 강화함으로써 항상성(homeostasis)을 유지하려는 속성을 가지고 있다. 가족성원들은 환류고리에 따라 규범을 서로 강화하고, 규범으로부터 지나치게 벗어나려는 행동을 부정적(negative) 환류과정을 통해 저지함으로써 항상적 균형에 기여한다.

또한 가족체계는 항상성을 유지하는 동시에 형태 발생성(morphogenesis)에 따라 체계 내외의 변화에 적응하려 하며, 가족성원들은 긍정적(positive) 환류과정을 통해 변화에 대한 적응에 기여한다(김혜란 외, 2001).

(4) 가족구조

가족체계는 구조, 즉 가족성원들이 상호작용하는 조직화된 유형을 가진다. 가족은 개별성원들뿐 아니라 세대, 성(gender), 관심 등으로 구분되는 다양한 하위체계를 가진다(이영호, 2004).

대표적으로 2세대의 부모와 자녀로 구성된 핵가족의 경우 가족은 상위체계로서 4개의 하위체계가 존재한다.

- 부부 하위체계: 부부간 상호협동 및 존중, 독립적이면서 의존적인 상호의존성, 부부 사이의 경계의 특성
- 부모 하위체계: 자녀의 양육에 있어 자녀의 성장·발달에 따른 역할전이의 유연성
- 부모자녀 하위체계: 자녀에 대한 엄격함과 허용성의 정도, 부모－자녀 간의 관계양식
- 형제자매 하위체계: 어른들로부터 자신을 보호할 필요가 있을 때 쉽게 연합을 형성

(5) 의사소통

가족성원의 모든 행동은 언어적 혹은 비언어적 의사소통으로 볼 수 있고, 의사소통

은 내용(content)기능과 관계(relationship)기능을 가지고 있다.

내용기능은 사실적인 정보, 의견, 감정을 전달하고, 관계기능은 정보가 전달되는 과정에서 관계의 속성을 규정한다.

예를 들어, 편모가 맏딸에게 방과 후 동생들을 돌보도록 요청한다면, 요청하는 내용 자체는 내용적 기능이지만, 편모가 맏딸에게 의존하고 있는 정도를 나타내는 메시지는 관계적인 기능이다.

의사소통은 개방적이며 직접적으로 분명하고 정확하게 이루어지는 것이 바람직하다.

(6) 가족발달과 세대 간 변천

가족은 가족의 생애주기(family life cycle)에 따라 발달하며, 각 생애주기의 단계에서 수행해야 하는 발달적 과업과 요구를 갖는다. 가족의 생애주기는 가족의 유형(다세대 가족, 한부모가족, 재혼가족 등)에 따라 혹은 사회문화적 차이에 따라 달라질 수 있다(김혜란 외, 2002).

2. 가족대상 사회복지실천 개입과정

가족대상 사회복지를 실천하는 사회복지사는 한 사람 이상의 가족을 동시에 상대해야 하는데 문제의 원인과 해결방안에 대한 가족원 개개인의 의견이 서로 다를 수 있기 때문에 가족 모두의 이야기를 들을 필요가 있다(오봉욱 외, 2013).

1) 가족복지실천의 원칙

① 가족을 돕는 가장 좋은 장소는 그 가족의 집이다

② 가족이 스스로의 문제를 해결하도록 가족의 역량을 강화시킨다.

③ 가족개입은 개별화되어야 한다. 특정 가족의 사회, 심리, 문화, 교육, 경제, 신체적 특성에 대한 사정에 토대를 두어야 한다.

④ 가족의 즉각적인 욕구에 우선적으로 반응하고 장기적인 목표를 추구하여야 한다.
⑤ 가족은 하나의 사회체계이다. 그러므로 한 가족원에 대한 개입노력은 전체 가족에게 영향을 줄 수 있다.
⑥ 사회복지사와 가족 간에는 협력적인 원조관계가 이루어져야 한다.
⑦ 가족을 위한 사회복지실천의 목표는 인종, 이념, 국가와 상관없이 모든 집단을 위한 사회정의를 증진하는 것이다(이영호, 2014).

2) 초기단계

초기단계는 가족치료를 실시하는 첫 상담이 이루어지기 위해서 약속을 맺는 일부터, 서너 번의 상담을 통하여 진단과 목표설정이 이루어지기까지의 과정을 말한다. 상담접수, 치료적 관계 형성, 문제의 탐색과 가족사정, 문제의 명료화와 상담 목표의 합의, 상담계약과 상담의 구조화 등이 이루어진다.

(1) 초기 불안의 완화

초기단계의 목적은 가족원을 인정하고, 활동 전에 가족이 편안하게 느끼도록 하는 것이다. 사회복지사의 따뜻하고 진심에서 우러나온 인사와 소개는 가족체계와의 관계를 시작하는 좋은 방법이다.

사회복지사는 어느 정도의 담소로 부드럽고 편안한 분위기를 조성하고 가족이 만남을 즐겁게 느낄 수 있는 방법에 관해 말한다.

(2) 가족단위 개입 필요성 여부 판단

사회복지사는 전화나 방문 등으로 의뢰하여 온 문제가 가족상담의 대상인가를 판단하는 것이 중요하다. 문제가 가족 모두에게 영향을 미치고, 가족원이 그 문제의 유지에 영향을 주고 있다고 판단되는 경우, 개입이 고려될 수 있다.

(3) 개입 가능성 여부 판단

도움을 요청한 문제로 인해 가족원 모두가 영향을 받고 있다고 판단되면, 사회복지사는 자신과 자신이 속한 기관이 문제를 진단하고 개입할 수 있는 지식과 경험을 갖고 있는지 판단하여 슈퍼바이저와 의논하여 직접 또는 적절한 곳으로 의뢰할 것을 결정한다.

약물중독, 알코올중독 등과 같은 문제, 공포증 등 정신적인 문제, 가정폭력 문제 등은 가족원 전체에 영향을 주는 복합적인 문제로 한 기관이나 사회복지사가 단독으로 가족상담만으로 해결하기는 어렵다.

(4) 가족원 모두의 참여 유도

가족단위의 개입이 요구되는 문제라고 확인된 경우, 다음을 확인한다.

- 가족원 중 누가 현재의 가족문제와 직접적으로 관련하여 있는지 파악한다.
- 문제와 직접 관련된 사람이 가족상담을 받기 위해 기관으로 올 수 있는지 여부와 치료동기를 확인한다.
- 가족원 중 누가 치료에 도움이 되고, 도움이 되지 않는지, 그 이유는 무엇인지 파악한다.
- 문제와 직접 관련한 사람을 중심으로 시작하되, 참여 못한 다른 가족에 대하여 상담 참여요청을 할 것임을 밝힌다.
- 가족원 모두의 관심과 노력이 있어야 함을 확인시켜 준다.

(5) 문제에 대한 대처상황의 파악

문제해결을 위해 가족이 가족 안에서 어떤 노력을 기울여 왔는가, 다른 곳에서의 상담이나 치료경험, 지금 가족상담을 받고자 하는 이유 등 문제와 관련된 기본적인 정보와 적절한 사항에 대한 대화에 집중하여 파악한다. 이 단계에서 적극적 경청의 기술이 요구되고, 충고나 문제해결방안에 대하여 성급하게 제시되지 않도록 주의한다.

(6) 문제상황에 대한 잠정적 가설을 설정

지금까지 파악된 정보를 바탕으로 문제의 원인과 진행과정에 대한 잠정적 가설을 세우고, 이는 후속 질문의 방향 및 내용을 안내하는 역할을 하게 된다.

(7) 기타 행정적인 측면 언급

① 가족단위와의 첫 면담 전에 상담료, 상담횟수, 1회 상담시간의 길이, 상담약속의 방법, 약속의 준수 및 취소에 대한 원칙을 언급한다.

② 첫 가족상담을 위한 준비

- 물리적인 공간의 준비: 가족원 모두가 함께 참석할 수 있는 상담 장소의 마련
- 가족 영접 준비
- 질문 내용의 준비: 가족과 마주 대하고 앉아 무슨 이야기를 먼저 시작해야 할 것인가를 생각한다. 간단한 질문 요령으로 문제에 대한 각 가족원의 이야기를 듣고 전반적인 문제상황의 재정리와 그 문제에 대한 가족원 각자의 인식, 그 문제가 가족원 각자에게 미치는 영향 등을 포괄적으로 파악해야 한다.

> "어떤 부분에 대해 도움을 받길 원하십니까?"
> "무엇이 가족을 가장 어렵게 만들고 있습니까?"
> "그 일은 ○○자신에게 어떤 영향을 미치고 있습니까?"

사회복지사는 가족원 각자가 자세하게 설명하려는 경향을 '지금－여기'에 초점을 두어 가족의 과거의 사건이나 상황으로 회귀하는 경향을 최대한 통제하는 것이 좋다. 그리고 지금까지 가족이 문제를 어떻게 다루어 왔는가를 가족 전체의 시각(가족문제의 원인에 대한 관점, 가족이 동원한 자원, 가족이 치른 희생의 내용, 문제해결 노력과정에서 나타난 가족의 장점 및 단점, 지금까지의 문제해결 시도가 실패한 이유 등)에서 다시 파악한다.

3) 개입단계: 개입에 관련된 기술

개입단계는 가족치료에 있어 중간단계로 변화를 위한 주된 작업이 행해지는 단계이다. 사회복지사는 변화를 촉진하는 역할을 담당하고, 클라이언트가 가족의 기능과 문제점에 긍정적 변화를 자각하며, 자율적인 문제해결능력을 습득하도록 돕는다.

(1) 문제의 재정의

어떤 가족의 특정 행동과 성격 특성을 재명명화를 통하여 스스로 재조명해 볼 수 있게 한다. 이는 부정적이기보다는 긍정적인 용어로 문제를 보는 시각을 바꿈으로써 새로운 해결책을 찾아내려고 하는 것이다.

(2) 칭찬

칭찬은 가족을 변화시키는 데 도움이 된다. 이들의 자존감을 높이고, 더 나아가 변화하고자 하는 동기를 자극하게 되므로 사회복지사는 칭찬 등의 보상을 아끼지 말아야 한다.

(3) 경험적 기법을 사용한 상담

경험적 상담을 할 때는 사회복지사가 직접 시범을 보여주면 가족은 쉽게 알 수 있으니 다음의 규칙을 기억해야 한다.

- 역할극을 하는 상담 초기에 미리 가족에게 알려야 한다.
- 가족이 자연스럽게 역할극의 역할을 할 수 있도록 유도한다.
- 역할극에서 하게 될 역할을 자세하게 설명함으로써 가족 자신이 무엇을 해야 하는지 정확하게 파악할 수 있어야 한다.

(4) 직면

직면은 가족을 변화시키는 가장 효과적인 공헌을 할 수 있기도 하며, 때로는 정반대로 상담을 파국으로 이끌 가능성도 있다.

(5) 과제

사회복지사는 가족에게 과제를 수행하도록 요구하고 과제를 수행하는 방법에 대해 구체적으로 설명해 주어 다음을 확인한다. 이는 상담을 보다 용이하게 하고 과제의 중요성을 강조하고 사회복지사와 신뢰를 유지하는 데 도움이 된다.

① 가족이 그 과제를 수행할 수 있는지의 여부

② 과제의 중요성과 과제를 수행함으로써 얻을 수 있는 것은 무엇인지
③ 예상하지 못한 문제를 처리하기

가. 가족이 상담 장소를 떠날 때: 때때로 가족 중 한 명이 격양된 감정을 표현하다 갑자기 면담장소에서 나가 버리는 경우 사회복지사는 놀라지 말고 오히려 가족의 조직을 관찰하는 데 새로운 자료로 사용할 수 있다.

나. 상담동기의 저하: 사회복지사는 낙관적인 태도를 보이면서 상담을 성공리에 마치면 사태가 어떻게 될 것인가를 설명하거나 그러한 상황을 확신하는 언어를 상담 중에 언급하는 것이 효과적이다.

4) 종결단계

가족이 상담에 의존한 것에서 벗어나 사회의 네트워크 속으로 상호 의존관계를 향하도록 유도한다.

(1) 종결에 대한 계약

가족상담의 빈도는 가족에게 변화가 일어나 문제의 강도가 소멸됨에 따라서 감소되므로 계약은 유연성을 가져야 한다.

① 한정된 계약을 한 경우: 가족은 처음부터 상담이 언제 끝날 것인가를 알고 종결에 대한 준비를 한다.
② 한정이 없는 계약을 한 경우: 어느 시점에서 종결이란 주제를 다루어 그것에 관련된 문제를 서로 말할 수 있도록 한다.

(2) 상담을 종결시키는 지표

가족상담의 종결은 사회복지사가 추진할 수도, 가족이 종결하고 싶다는 의향을 알리기도 하지만 다음의 경우 종결을 결정하는 것이 바람직하다.

① 상담 초기에 설정한 목표가 달성되었을 경우
② 최초에 설정한 특정한 목표는 충분히 달성되지 않았지만 상담이 더 이상 필요하지 않다고 판단될 정도로 가족기능에 변화가 있는 경우

③ 외부로부터의 자원이 더 이상 필요하지 않다고 판단되는 경우
④ 여러 노력을 해 왔음에도 상담의 효과가 없다는 것을 알았을 때
⑤ 가족이 상담에 대한 동기를 상실했거나 결여되었을 때

(3) 종결 개입 과정

① 가족으로 하여금 종결에 대한 감정에 대처할 수 있도록 한다.
② 목표달성 및 미래에 대한 준비를 위한 작업: 치료 동안 실행한 작업에 대해 재검토하여 사회복지사와 가족 모두에게 성취감을 부여하고 가족이 앞으로 나아가야 할 방향을 제시한다.
③ 종결 후의 사후관리: 치료 면담 약속이나 전화 연락을 이용한다(오봉욱 외, 2013).

3. 가족대상 사회복지실천 주요 기술

1) 가족의 외부환경적 개입 기술 – 가족옹호

(1) 가족옹호의 개념

가족옹호(family advocacy)를 “가족이 정당한 권리가 있음에도 불구하고 권리보장이 이루어지지 않거나, 서비스가 확대되어야 할 필요가 있는 경우 가족의 권리를 대변하고 서비스를 확충하도록 노력하는 것”으로 정의하였다(조흥식 외, 2011).

가족의 문제는 외부환경에서 비롯된 불충분한 소득, 실업, 열악한 주거환경, 레크리에이션을 위한 장소의 문제, 교통수단의 열악함, 충분치 않은 취업 기회, 열악한 건강상태, 학교, 위험한 이웃들 등의 문제들에서 기인할 수 있다(조휘일 외, 2005).

사회복지사는 가족의 사회환경을 변화시키기 위해 경미하게 작용하는 자원들과 지지를 제공하는 옹호자의 역할을 수행할 윤리적 책임을 진다(김혜란 외, 2001).

(2) 가족옹호의 목표

가족에 대하여 직접적으로 영향을 미치는 체계나 제도가 가족을 위하여 일을 할 수 있게 하는 것이 가족옹호의 목표이다. 그러기 위하여 가족옹호는 현존하는 공적·자발적 서비스와 전달체계의 향상뿐만 아니라 새로운 혹은 변화된 형태의 사회적 서비스의 개발을 지향한다.

(3) 가족옹호자의 기술

① 인터뷰

옹호단계는 문제를 제시하고, 정보를 수집하고, 법적인 대책을 연구하고, 내담자에게 해석과 피드백을 제공하고, 적극적인 협상과 옹호, 소송 등을 하는 것으로 이루어지는데, 두 번째 단계인 정보수집과 네 번째 단계인 내담자에게 해석과 피드백을 제공하는 두 단계에서 인터뷰 기술이 많이 사용된다. 이때 옹호자는 옹호하는 데 필요한 전략에 대한 판단을 내리고 내담자에게 조언하는 데 필요한 정보를 획득한다. 인터뷰 동안에 옹호자가 사용해야 할 기술은 다음과 같다.

가. 경청: 적절한 경청은 필수적이다. 그러나 주위에는 효과적 경청을 방해하는 다양한 요인이 존재한다. 외적인 방해요인으로는 인터뷰를 하는 방이 너무 시끄럽거나, 사전 약속에 없는 내담자나 직장상사의 방문 등 여러 가지를 들 수 있다. 인터뷰를 방해하는 내적 요인으로는 전문가가 피곤하다고 느끼거나, 편견이 있거나, 지루하다고 느끼는 것 등을 들 수 있다.

나. 질문: 적절한 시기에 좋은 질문을 하는 것은 효과적인 인터뷰와 옹호에 필수적이다. 옹호자와 내담자 간에 발생할 수 있는 힘겨루기에 민감해야 하는데, 옹호자는 그들이 생각하는 것보다 내담자의 삶에 직접적인 영향을 미치며, 힘을 가질 수 있다. 옹호자의 힘과 영향이 실제로 작용하지는 않더라도 내담자는 그것을 부정적 경험으로 인식할 수 있으므로 질문의 첫 번째 규칙은 옹호자가 내담자에게 왜 질문을 하는지 설명하는 것이 되어야 한다. 두 번째 규칙은 질문을 간접적으로 하는 방법을 사용하는 것이다. 세 번째 규칙은 적시에 적절한 유형의 질문을 하는 것이다.

다. 비언어적 언어에 대한 이해: 인터뷰에서 염두에 두어야 할 비언어적 단서로는 옹호자와 내담자 간의 거리, 눈맞춤, 침묵 등이 있다.

라. 기록: 기록은 사실적이어야 한다. 기록은 어떤 일이 일어났고, 어떤 일이 일단락되었으며, 어떤 일이 이루어져야 하는지 등을 다른 사람이 알아볼 수 있을 만큼 충분하면서도 부담이 되지 않을 정도로 간단해야 한다.

마. 문화적 민감성: 문화적 이슈는 다양한 방법으로 일어날 수 있다. 언어적・비언어적 의사소통과 이슈에 대한 태도, 옹호자가 내담자에게 미치는 영향을 얼마만큼 통제하는지, 내담자가 옹호자에게 얼마만큼 개방적인지, 어떤 개선책이 추구되고 있는지 등에 따라 문화적 이슈는 언제든지 등장할 수 있다.

바. 피드백: 피드백은 내담자와 함께 결론을 공유하거나 사건의 진행에서 반영하고자 하는 단계에 도달하였을 때 중요하게 작용한다.

② 주장과 힘

적절한 법적 관련 서류를 구비하고, 내담자에게 가장 많은 이익과 해택이 돌아갈 수 있도록 주장하며, 내담자의 사례를 지지하기 위하여 궁극적인 목적을 위한 행동을 수행해야 한다. 또한 설득을 더욱 강력하게 함으로써 이루어지는 강제적 과정 역시 필요한 힘의 기술이다.

③ 협상

질문을 통하여 정보를 얻고, 문제와 사람을 분리시켜 자신과 다른 생각에 대해서도 경청을 하며, 내담자에게 미치는 영향에서 문제를 기술하고, 내담자의 목적과 관심을 설명하고, 공유된 관심과 목적을 확인하며, 과거의 불만보단 현재와 미래의 관심에 초점을 두어야 할 기술이다.

④ 자기관리

효과적인 옹호자는 잘 조직화되어 있으며, 체계적이어야 하며, 옹호자는 매우 한정적인 자원을 가지고 일을 하게 되는데 자기관리는 내담자가 최선의 서비스를 받을 수 있게 하는 가장 중요한 방식이기에 옹호에서 자기관리는 그 무엇보다도 중요하다

할 것이다. 따라서 시간관리, 보고서 작성, 창의적 사고, 의사결정, 스트레스 관리 등을 매일매일 관리, 기술, 결정, 정리, 응용하는 기술을 연마해야 할 것이다.

⑤ **법적 지식과 연구**

법적 지식은 가장 효과적인 논쟁을 가능하게 해 주고, 내담자의 편에서 논쟁을 이끌어 내고 강화시키며, 최선의 법 해석을 할 수 있도록 돕는다(조흥식 외, 2011).

2) 가족 내부의 변화를 위한 개입 기술

표 5-3 가족치료 모델별 주요 개입 기술

가족치료 모델	대표적 개입 기법
구조적 가족치료(Minuchin)	합류와 적응/경계 만들기/강점/균형 깨뜨리기/실연/재구조화
다세대적 가족치료(Bowen)	탈삼각화
경험적 가족치료(Satir)	가족조각/역할극, 역할연습/가족그림/가족중재/직면
해결중심적 가족치료 (Steve de Shazer & Insoo Kim Berg)	예외질문/기적질문/척도질문/대처-극복질문
전략적 가족치료(Haley)	역설적 지시/순환적 질문/문제의 외재화/행동시연

출처: 구혜영(2010).

(1) 구조적 가족치료

① **합류와 적응**(joining and accommodation)

구조적 가족치료 개입 기법 중의 하나로서 사회복지사가 개입장면에서 가족의 분위기를 파악하여 그에 맞추어 행동을 하거나 감정표현을 하는 것이다. 즉, 사회복지사가 있는 그대로의 가족을 이해하고 인정하면서 가족에게 동조하고 적응하여 신뢰단계를 형성하는 것이다.

어떤 가족이 매우 기뻐한다면 사회복지사도 같이 기뻐한다.

② 경계 만들기

기능적 가족은 가족성원들 사이에 분명한 경계와 자율성이 있다. 따라서 가족 내 하위체계 간 경계선이 모호하거나 너무 경직되어 있는 경우 이를 수정하는 개입이 필요하다.

가. 개념: 가족성원 각자가 체계 내에서 적절한 위치에 있도록 가족 내 세대 간 경계를 분명히 유지하게 원조한다.

나. 부부연합을 강화하는 방법: 부모연합이 약한 가족인 경우, 사회복지사는 부부관계를 강화할 수 있도록 돕고 아이들과 상호작용으로 연합전선을 형성할 수 있도록 도와야 한다. 부부연합을 강화하는 전략은 다음과 같다.

- 부부, 가족 전체, 아이들과 따로따로 만난다.
- 아이들을 빼고 부부만 밖에 나가서 할 수 있는 활동을 하게 한다.
- 어떤 결정을 내리거나 행동할 때 부모-자녀 사이에 연합전선을 형성할 것에 부부가 동의한다.

다. 가족관계의 경계를 명확히 하고 가족갈등을 줄이기 위한 지침

- 가능한 한 아이 문제를 비밀로 다룬다. 아이들의 사생활을 보호하고 부모-자녀 관계의 통합성도 보호한다.
- 아동에게 크게 해를 미치는 것이 아니라면 부부는 각자 다른 사람의 간섭 없이 직접 아이들 문제를 다룰 수 있도록 한다. 만약 그 방식에 너무 차이가 많이 나면 부부가 따로 논의하여 조정할 수 있을 것이다.
- 부모로서 각자의 문제를 다룰 수 있을 것이라고 믿는다.
- 이름 부르기, 꼬리표 달기, 소리 지르거나 그 외 다른 정서적 · 신체적 학대를 하지 않는다.

③ 강점(strength)

가족들의 긍정적인 자원들을 찾아내고 활용하는 실천가의 활동이다. 가족들의 상호작용 속에서 기능 부분만을 보고 변화시키려는 노력을 할 뿐만 아니라 가족들이 가지고 있는 자원을 충분히 지적하고 이를 가족들에게 인식시킴으로써 가족들이 새로운 현실을 만들어 내고 새로운 상호작용을 하도록 돕는 역할을 해야 한다(조휘일 외, 2005).

④ 균형 깨트리기(unbalancing)

가족체계 내에서 지위나 권력구조를 변화시키기 위한 활동으로 하위체계 간의 관계를 재배치하거나 낮은 지위에 있는 성원에게 힘을 부여함으로써 가족을 재구조화할 수 있도록 돕는다(이영호, 2014).

⑤ 실연(enactment)

가족들로 하여금 문제상황을 사회복지사 앞에서 실제로 행동을 통해 연기해보도록 하는 기법으로 구체적인 정보와 가족구조를 이해하는 데 효과적이다(구혜영, 2010).

⑥ 재구조화

상황이나 사건의 본래의 의미를 변화시키는 기법으로, 가족의 병리현상을 깨닫게 하고 규칙변화와 재정립을 통해 바람직한 가족구조로 설정하는 것을 말한다. 과거의 관계상황과 장소에서 새로운 관계상황으로 옮기는 것이다. 예를 들면 산만하고 부주의한 과잉행동 아동을 적극적이고 도전적인 아동으로, 약에 의존하는 것 대신 에너지를 소모할 수 있도록, 자녀의 야뇨증이 부부의 갈등에 기인함을 인식하게 하는 것 등 문제원인에 대한 새로운 시각을 제공하게 하는 것이다(구혜영, 2010).

(2) 다세대적 가족치료

※ 탈삼각화(detriangulation)

가족성원의 분화가 이루어지지 않은 가족일수록 두 성원 간 불안 수준이 높아지면 다른 성원을 끌어들여 삼각관계를 형성하려 하는데, 가족 내 두 성원의 감정영역에서 제3의 성원을 분리시켜 삼각관계를 분리시키는 것이다(이영호, 2014).

> 부부갈등 시 부부 중 한명이 자녀가 자기의 편을 들어 자신의 정당성을 확보하려는 태도를 취할 때, 자녀를 우회하지 않고 부부가 직접 문제를 해결할 수 있게 하여 자녀가 부부갈등에서 벗어나게 하는 것이다.

(3) 경험적 가족치료

① **가족조각**(family sculpting)

- 가족구성원 중에 한 사람이 조각자가 되어 자신이 지각하고 있는 상황을 각 구성원에게 표현하도록 각자의 위치와 신체적 표현을 정해준다. 나머지 구성원들은 조각자가 표현하고 싶은 것이 모두 표현될 때까지 그 자세를 유지한다.
- 가족성원에게 그들 가족을 "조각"해 보라는 요청(Satir & Baldwin, 1983)은 방안에 있는 가족원들로 하여금 가족관계에 대한 성원의 인식을 파악하는 기법이다.
- 서로 관계하는 가족구성원들을 가족원이 차례대로 돌아가면서 자세를 배치하게 하여 표현된 가족성원의 위치, 몸짓, 자세를 통해 가족관계에 대한 가족성원의 인식을 알아보고, 참여한 성원이 각자의 느낌을 이야기하거나 질문하도록 하여 가족관계에 대한 성원의 생각이나 느낌을 서로 이해하도록 한다.
- 언어를 사용하지 않기 때문에 과도한 말이나 방어적 태도나 비난을 통한 투사 등을 차단할 수 있는 장점이 있는 개입기술로 가족에게 주는 응집력 효과를 볼 수 있으며, 가족이 바라는 가족관계를 조각으로 표현해 보게 함으로써 가족관계 변화의 목표를 설정하는 데도 활용할 수 있다.

> 예를 들면, 아버지는 소파에서 신문을 읽고 있는 모습을, 어머니는 주방에서 설거지하는 행동을 그리고, 형에게는 방에서 나오지 않고 공부하는 모습을 직접 행동(조각)하게 하는 방법이다. 이것을 가지고 문제와 상황을 파악하는 기술방법이다. 이렇게 되면 아버지는 소파에서 신문을 읽는 가부장적인 아버지, 어머니는 주방에서 설거지하는 전형적인 주부, 형은 공부하는 학생이다.

- 가정이나 가족구성원에게 문제가 있을 경우 쓰는 기법 중에 하나로 문제점이나 비용문제는 거의 들지 않는 방법이며, 문제를 파악하는 데에 아주 도움이 되며 일반 가정에서도 쓸 수 있는 기법이다(구혜영, 2010; 이영호, 2014).

② **역할극, 역할연습**(role playing)

실제생활에서 겪을 수 있는 위험 부담 없이 새로운 행동을 연습하게 하여 복잡한 생활 장면 문제들에 대한 대응방식을 자연스럽고도 전체적으로 학습시키고 또 교정하는 방법이라고 할 수 있다.

- 사회복지사가 한 가족구성원에게 다른 구성원의 역할을 수행해 보도록 요청하며, 다른 구성원의 역할수행을 통해 그 구성원의 내면에 대한 이해를 높일 수 있다.

> 아버지와 십대 딸이 서로의 역할을 바꾸어 연기함으로써 서로에 대해 공감하고, 문제상황에 대해 이해하며, 이전에는 생각하지 못했던 대안들을 생각할 수 있다.

- 사회복지사가 가족성원에게 자신의 역할을 수행하지만 이전과는 다르게 행동해 보도록 요청함으로써 실제생활에서 겪을 수 있는 위험에 대한 부담이 없는 상황에서 새로운 행동을 학습하도록 돕는다.

> 아내의 말을 듣지 않거나 무시하는 남편에 대해 아내는 수동적인 태도와는 달리 자신의 의견을 주장하는 연습을 할 수 있다.

- 클라이언트는 가족의 다른 구성원의 역할연습 행동을 보면서 여러 생활 장면에서의 타인들의 행동 및 감정 경향, 신념의 차이를 이해하게 된다(김혜란 외, 2001).

③ 가족그림(family drawing)

가족성원들에게 자신이 느끼는 대로 자유롭게 가족에 대해 그림을 그리도록 하는 기법으로 그림을 통해 성원들 자신이 가족에 대해 어떻게 느끼는지 이해할 수 있을 뿐 아니라 다른 성원들이 서로에 대해 어떻게 느끼는지 가족관계에 어떤 문제가 있는지 등을 이해할 수 있다(김혜란 외, 2001).

④ 가족중재

사회복지사가 가족에게 깊이 관여하기보다 중립자적 입장에서 단순히 구조화된 과정을 안내하는 것이다. 부모와 자녀 간 갈등이 심한 경우, 사회복지사는 부모의 권위를 존중하는 한편, 자녀의 주장도 존중되고 수용되도록 지원한다(구혜영, 2010).

⑤ 직면(confrontation)

가. 개념

- 직면은 다른 노력을 통해서 변화되지 않는 클라이언트의 반복적인 문제행동

에 적절하다.

- 클라이언트가 가족 내에서 역기능을 일으키는 기본적인 이슈에 대해서 회피하려고 할 때 사회복지사는 가족원들의 자기 파괴적이거나 자기 패배적인 행동을 인식하도록 직면을 사용한다(구혜영, 2010).

나. 직면의 단계

- 1단계(클라이언트에게 넘기기)
- 2단계(꾸짖음)
- 3단계(비효과적인 행동 설명하기)
- 4단계(행동에 대한 부정적인 결과 확인하기)
- 5단계(3단계와 4단계의 변화에 헌신하도록 권유하기)(구혜영, 2010)

(4) 해결중심적 가족치료

① 예외질문(exception question)

가족이 해결하기 원하는 그 문제가 나타나지 않은 예외상황을 찾고 그 예외를 확장시키기 위해 가족이 무엇을 할 수 있을지에 대한 단서를 찾게 하는 질문이다(이영호, 2014).

> "지금까지 생활하는 동안 문제가 일어나지 않거나 덜 심각한 때는 언제입니까?"
> "문제가 발생하지 않을 때는 무엇을 합니까? 다른 가족은 무엇을 합니까?"

② 기적질문(miracle question)

가족의 문제가 모두 해결되었다면 어떤 일이 일어나겠는지를 상상하게 하여 변화 이후 일어날 현실을 구체화하는 질문이다. 이는 바뀐 현실을 꿈꾸고 희망을 가질 수 있게 할 뿐 아니라 희망을 현실 속에서 수행할 수 있도록 구체적인 상황에 대한 정보를 얻을 수 있게 한다(이영호, 2014).

> "밤에 자는 동안에 기적이 일어나 지금 해결하고자 하는 문제가 모두 해결되었다고 합시다. 그러나 잠자는 동안 무슨 일이 있었는지는 아무도 모릅니다. 아침에 일어나 눈을 떴을 때 무엇을 보면 지난 밤 동안에 기적이 일어났다고 생각할 수 있겠습니까?"
> "당신에게 변화가 일어난 것을 다른 가족은 무엇을 보고 알 수 있겠습니까?"
> "기적이 일어난 것같이 하려면 무엇부터 시작해야 할까요?"

③ 척도질문(scaling question)

현재의 문제, 관계, 동기 등의 수준을 수치로 표현해 보게 하거나 변화하기 원하는 상태의 정도를 수치로 표현해 보게 함으로써 현재 상황이나 변화하기 원하는 상태의 정도에 대한 탐색과 구체화를 돕는 질문이다(이영호, 2014).

> "문제가 가장 심각한 상태를 1점이라고 하고 문제가 다 해결된 상태를 10점이라고 한다면, 오늘은 몇 점에 해당된다고 할 수 있을까요?"
> "3점이 4점이 되려면 무엇이 달라져야 할까요?"

④ 대처-극복질문

문제상황에 있는 클라이언트에게 경험을 활용하도록 하고 새로운 힘을 갖게 하며, 자신의 자원과 강점을 발견하도록 하는 데 도움이 되는 질문으로 클라이언트의 노력에 대해 더 나빠지지 않고 위기를 견디어 낼 수 있는 것을 강조하고 격려함으로써 힘을 주는 기법이다(구혜영, 2010).

> "무척 견디기 힘든 상황이었을 텐데 어떻게 더 나빠지지 않고 현재의 상태를 유지할 수 있었나요?"

(5) 전략적 가족치료

① 역설적 개입, 역설적 지시(paradoxical directions)

사회복지사는 문제를 유지하는 행동을 변화시키기 위해 가족이 역설적이라고 생각하는 방법을 지시하거나 혹은 증상을 처방한다. 가족원에게 문제행동을 유지하거나 혹은 강화하는 행동을 '역설적 개입'이라 부른다. 역설적인 개입기술은 다음과 같다(구혜영, 2010).

가. 증상처방: 가족이 불평하는 행동을 계속하거나 더 많이 하도록 하는 방법으로 예를 들면, 부부가 계속 싸우는 것이 문제가 되는 경우 매일 시간을 정해놓고 계속 싸우도록 하는 것이다.

나. 제지기법: 문제의 완화를 위한 변화의 속도가 빠르다고 지적하고, 가족원에게 천천히 진행하라고 경고하거나 변화 속도를 늦추도록 주문하는 것이다.

다. 시련기법: 클라이언트가 가진 증상보다 더 많이 힘든 일을 시키는 기법으로, 예를 들면 불면증이 있는 클라이언트에게 밤새워 책을 읽으라고 하는 것, 손을 지나치게 강박적으로 씻는 클라이언트에게 시간을 정해주고 시간에 맞춰 손을 씻으라고 하는 것 등이 있다.

② **순환적 질문**(circular questioning)

가족성원이 문제에 대해 제한적이고 단선적인 시각에서 벗어나 문제의 순환성을 깨닫도록 돕기 위한 질문을 연속적으로 하는 기법이다(이영호, 2014).

"영수가 우울해서 누가 가장 힘들지?"
"아버지가 영수를 야단치면 그 다음에 어떤 일이 일어나지?"

③ **문제의 외재화**(externalizaion)

이야기치료에서 주로 사용하는 기법으로 표출대화(externalizing conversation)라고도 한다. 개별구성원 혹은 가족을 가족문제로 보지 않고 가족을 괴롭히는 하나의 문제 자체로 별개의 존재로 보게 하는 기법이다(이영호, 2014).

"우리 아들이 난폭해서 걱정이에요"(문제의 내재화)
"난폭이라는 놈이 아들을 휘어잡고 있어서 걱정이네요"(문제의 외재화)

④ **행동시연**(rehearsal)

클라이언트가 습득한 행동기술을 현실세계에서 직접 실행해 보기 전에 면담 중에 혹은 사회복지사 앞에서 반복하여 연습하도록 하는 것이다. 가족의 갈등을 외부에서 지금-여기(here-and-now)로 가져와 치료 장면 이외에서 일어났던 사건을 치료 장면에서 해보도록 하는 것이다(구혜영, 2010).

4. 가족대상 사회복지실천 사정도구

1) 가계도(genogram)

(1) 가계도의 개념과 의의

① 보웬(Bowen)의 다세대 가족체계이론에 기초하여 3세대 이상의 가족을 도표로 나타냄으로써 클라이언트에 대한 정보를 기록하고 가족 간의 관계를 기술함으로써 가족을 평가하는 과정에서 문제의 근원을 조사하는 일종의 그림 기법으로 가족을 평가하는 과정에서 가장 먼저 이루어지는 작업이다.

② 클라이언트와 사회복지사는 대개 가계도를 함께 구성한다.

③ 가계도는 사회복지사와 가족성원들이 세대 간 맥락에서 정서적, 행동상의 문제 행동 패턴을 검토하는 데 유용하다.

④ 가족 내에서 반복되는 정서적·행동적 패턴을 확인하고 이해할 수 있다.

(2) 가계도를 통해 알 수 있는 정보

① 가족구성원에 대한 상세 정보(성별, 나이, 출생 및 사망 시기, 직업, 교육수준, 결혼관계, 동거, 병력, 종교 등)

② 인종집단, 사회계층, 종교와 같은 사회적 정보

③ 각 구성원과의 관계(단절 또는 융합, 밀착)

④ 가족관계(자연적 혈연 또는 인위적 혈연)

⑤ 가족의 역할 및 유형

⑥ 정서적 혹은 행동상의 문제 행동 패턴

(3) 가계도 작성방법

① 가족구성원은 성에 따라 여성은 원, 남성은 네모로 표시한다.

② 네모나 원 밖의 이중 테두리는 개인 클라이언트를 표시한다.

③ 동일 세대의 가족구성원은 수평선으로 그린다. 즉, 수평선은 결혼이나 사실혼 등 관습법적 관계를 표시한다.

④ 결혼하여 생긴 자녀는 부모의 수평선 바로 밑에 수직선으로 연결한다.

⑤ 아동은 연장자로부터 연소자로, 나이 순서에 따라서 왼쪽에서 오른쪽으로 서열한다.

⑥ 각 개인은 현재 그 가정에서 살고 있는지 생존자인지와는 무관하게 가계도상에서 명확히 필요한 지점에 표시되어야 한다.

⑦ 가족구성원의 이름과 연령은 네모나 원 안에 표기하고, 그 바깥쪽에 중요한 정보(예: '잦은 이동', 혹은 '학교 중퇴')들을 기록한다.

⑧ 가족구성원이 사망하였다면 사망 연도, 사망 연령과 사망 원인을 기록한다(구혜영, 2010).

(4) 가계도 사용 시 유의점

① 첫 면담이나 두 번째 면담을 통해 작성하는 것이 보통이다.

② 가계도가 그려지는 방법 등에 대해 클라이언트에게 충분히 설명하고 나서 양해를 구한 뒤 그리기 작업에 들어가는 것이 좋다.

③ 가계도를 그리며 나타나는 가족의 역사는 현재의 상황을 이해하는 데 도움을 줄 뿐 변화에는 큰 도움을 주지 못할 수 있다(이영호, 2014).

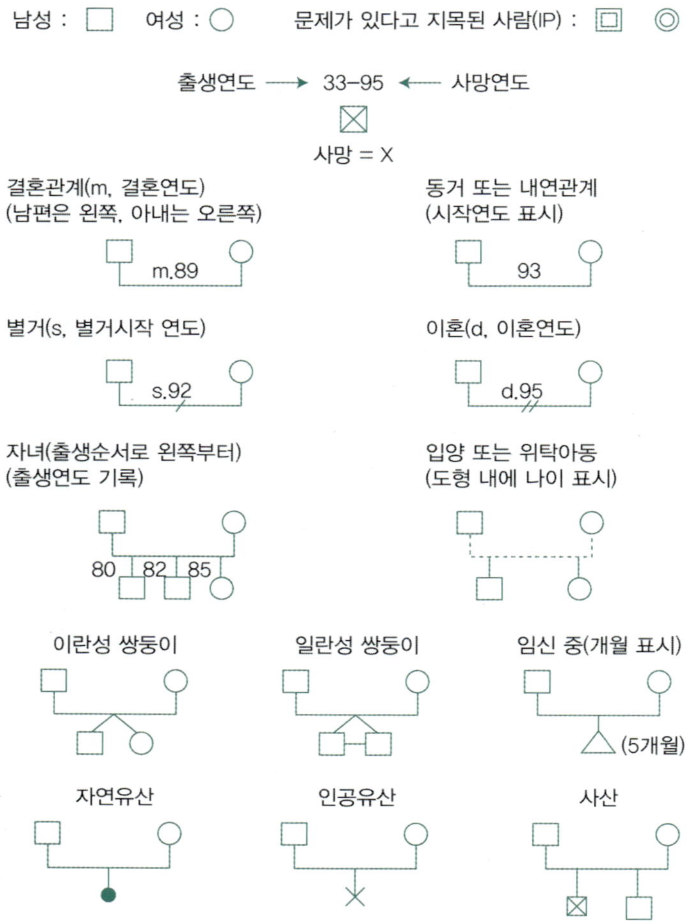

출처: 이영호(2014).

그림 5-1 **가족관계 기호**

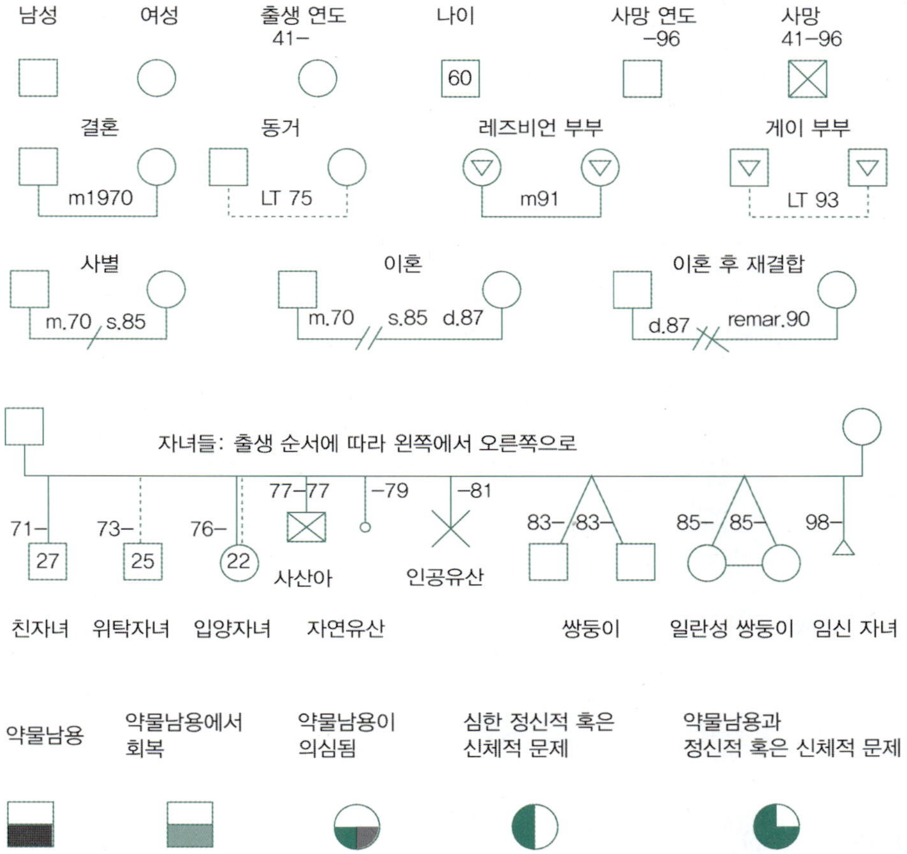

출처: 구혜영(2010).

그림 5-2 가족관계 기호

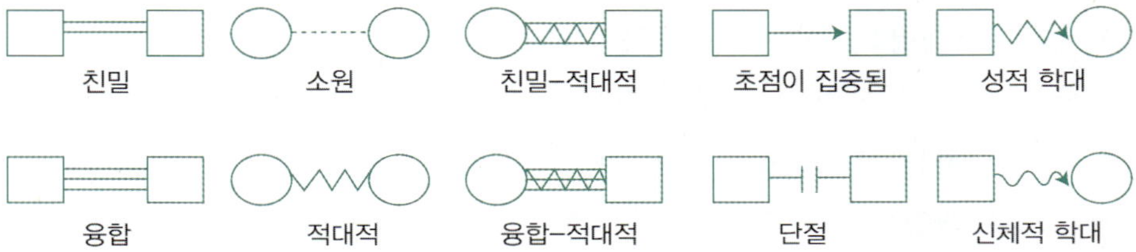

출처: 구혜영(2010).

그림 5-3 가족 상호작용 유형을 나타내는 상징들

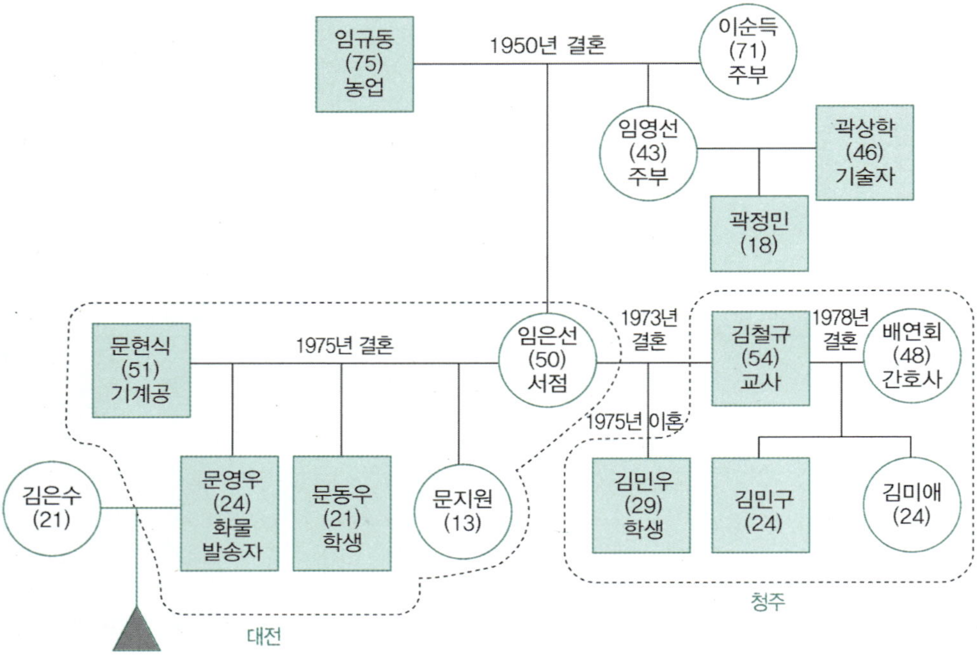

출처: 이준우(2009).

그림 5-4 가계도의 예

2) 생태도(ecomap)

(1) 생태도의 개념과 의의

① 앤 하트만(Ann Hartman)에 의하여 1975년에 고안된 가족관계에 대한 도식(그림)이다.

② 클라이언트 및 클라이언트와 관련된 사람, 관련된 사회복지기관과 환경의 영향과 그 상호작용의 변화를 묘사하기 위해 전문가가 사용한다.

③ 생태도는 '환경 속의 인간'에 초점을 두기 때문에 클라이언트를 생태학적 관점에서 이해하는 데 도움이 된다.

④ 생태도는 개입 초기에 가족을 사정하는 도구로 활용할 뿐 아니라 변화를 확인하는 도구로 반복해서 사용할 수 있다. 이를 연속생태지도라고 하고, 생태도를 분석해서 개입의 방향을 결정할 수 있다.

(2) 생태도의 기능

① 가족생활 및 가족이 집단과 단체, 조직, 다른 가족, 개인들과 맺는 관계의 본질에 대한 전체적인 시작 또는 생태학적 시각을 가지도록 돕는다.

② 생태도는 결혼 및 가족상담, 입양과 위탁가정 연구 등의 다양한 상황에도 활용된다.

③ 생태도는 기본적인 사회적 정보를 간편하게 기록하는 방법이므로 전통적인 사회력과 사례기록을 보완하는 역할을 한다.

(3) 생태도 작성 방법

① 가족을 표현하는 원을 중앙에 그려 클라이언트와 그 가족을 표시한다.

② 가족이 일상적으로 상호작용하는 관련된 주변 환경체계(직장, 병원, 학교, 친구, 사회복지, 오락, 확대가족원, 보호관찰소 등)는 중심원 주변에 각각의 원으로 표시한다.

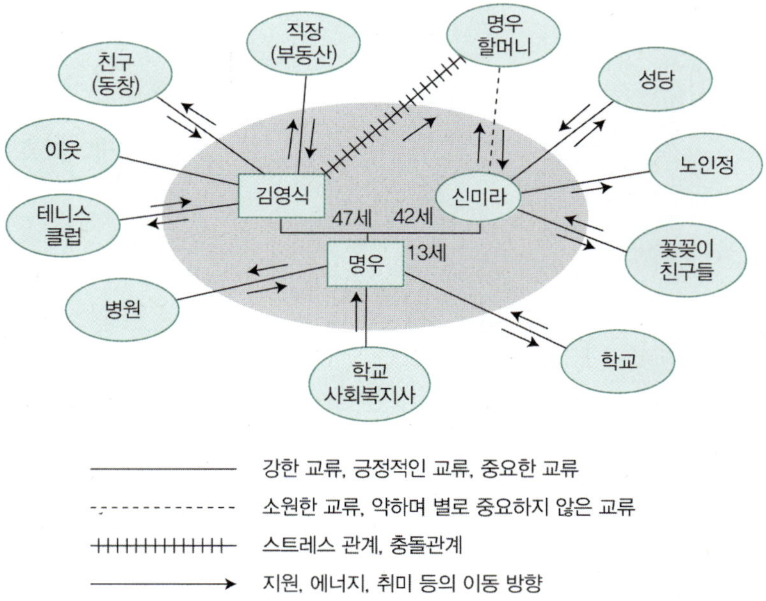

출처: 이영호(2014).

그림 5-5 생태도의 예

③ 생태도 사용자는 나름의 약어와 기호를 만들어낼 수 있다.

④ 가족과 환경체계와의 관계를 다양한 선으로 표현한다.

⑤ 가족, 그리고 관련된 체계 사이의 자원 및 의사소통 교환인 에너지의 직접적인 흐름은 화살표로 나타낸다.

⑥ 직선(——)은 강한 관계, 점선(-----)은 미약한 관계, 그리고 사선(┼┼┼┼)은 긴장이 많거나 갈등적인 관계를 보여준다(구혜영, 2010).

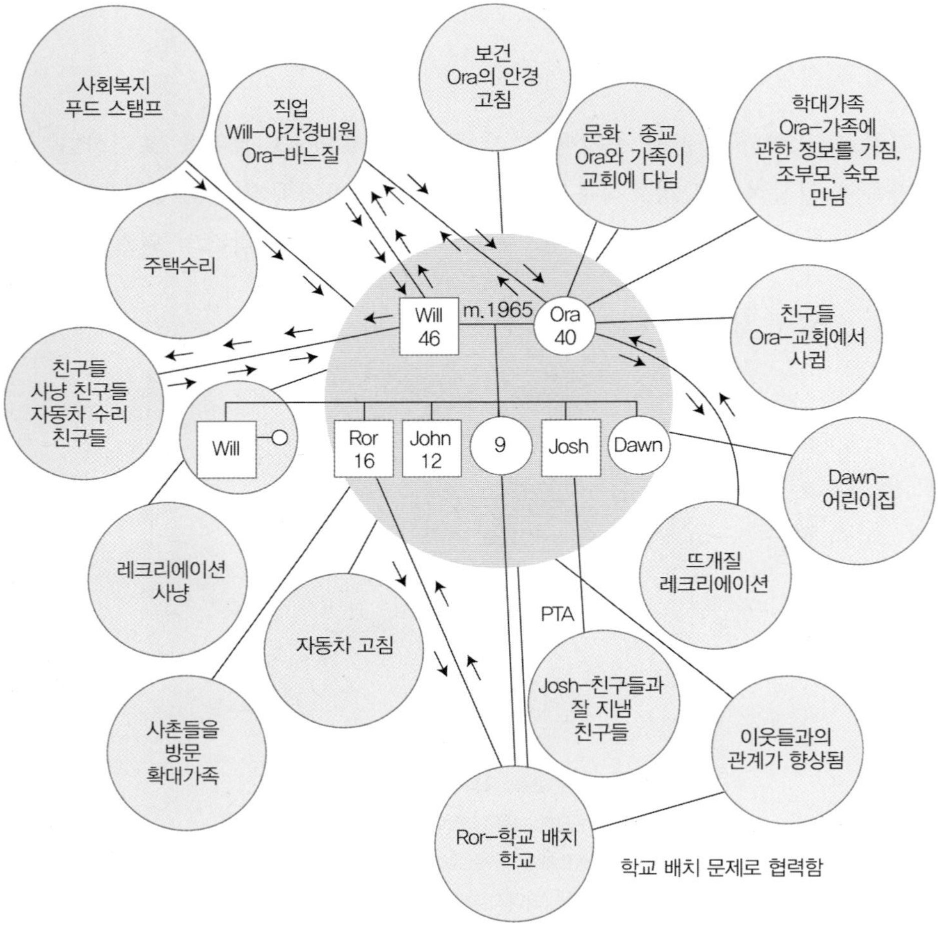

출처: 구혜영(2010).

그림 5-6 생태도의 예

3) 사회적 관계망

(1) 사회적 관계망의 개념과 의의

① 사회적 지지란 '사회적으로 친밀한 사람이나 친밀한 존재로 생각되는 사람들이 제공하는 언어적 · 비언어적 정보나 충고, 가시적인 도움이나 행동, 수혜자에게 정서적으로나 행동적으로 바람직한 효과를 제공하는 것'으로 사회적 관계망은 이러한 사회적 지지를 제공하는 관계의 망을 의미한다.

② 사회적 관계망 지도는 트레이시와 휘테커(Tracy & Whitaker, 1990)에 의해 개발된 것으로 클라이언트의 사회적 지지 자원을 사정하는 도구로 활용된다(배은숙 외, 2013).

③ 여기에는 동거가족, 확대가족과 친척, 친구, 직장 또는 학교 등에서 형성된 유대, 클럽 · 조직체 · 종교집단을 통해 맺은 유대, 이웃, 기관 또는 공식적 서비스 제공자의 7개 영역에서 지지망을 구성한다.

④ 클라이언트가 사회복지기관에 도움을 요청할 때 사회복지사는 클라이언트가 자신의 문제상황을 해결하기 위해 어떠한 노력을 하였으며, 어떠한 자원을 활용 혹은 동원하였는가 사정한다. 이때 사정에서 유용한 도구가 사회적 지지(social support) 혹은 사회적 관계망(social network)이다.

(2) 사회적 지지의 유형과 지지원

① 사회적 지지원

- 공식적인 지지: 사회복지서비스와 같이 공적 혹은 민간적으로 학교, 종교단체, 비영리단체, 정부 등에서 제공하는 서비스
- 비공식적 지지: 가족, 친구, 이웃 등

② 사회적 지지의 유형

- 정서적 지지: 위로의 말, 칭찬, 돌봄 등
- 물질적/도구적 지지: 물건이나 물품을 빌려주는 것
- 정보적/평가적 지지: 조언이나 환류(feedback) 등

(3) 사회적 지지의 구조적 측면

사회적 지지의 구조에는 사회적 지지의 방향성, 빈도, 기간, 지리적 거리, 밀집도 등이 포함된다. 사회적 지지의 방향성은 지지를 주고받는 방향이 일방향인지 쌍방향인지를 나타내며, 빈도와 기간은 이러한 지지가 얼마나 자주 오랫동안 지속되는지를 나타낸다. 또한 사회적 지지의 밀집도는 일정 공간 내에 얼마나 많이 몰려 있는가를 파악하는 것이다(이영호, 2014).

(4) 사회적 관계망 표의 기능

① 사회적 관계망 표에서는 개인에게 제공하는 사회적 지지(구체적 지지, 정서적 지지, 정보 · 조언적 지지), 비판, 원조의 방향, 친밀 정도, 접촉 빈도, 관계 지속기간 등을 기록한다(배은숙 외, 2013).

② 가족이 현재 지지받고 있는 구체적인 영역과 정도에 대한 통찰을 제공한다.

③ 가족이 향후 개선하고 개발할 필요가 있는 사회적 지지의 영역은 무엇인지 발견하고 대안을 모색한다.

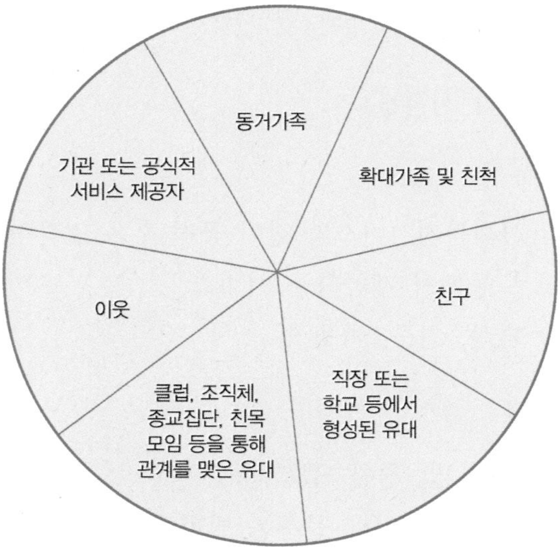

출처: 배은숙 외(2013).

그림 5-7 사회적 관계망 지도

표 5-4 사회적 관계망 표

성명		생활 영역	물질적 지지	정서적 지지	정보/조언	비판	원조방향	친밀도	접촉 빈도	알고 지낸 기간
이름	번호	1. 가구원 2. 다른가족 3. 직장/학교 4. 조직 5. 다른친구 6. 이웃 7. 전문가 8. 기타	1. 거의없다 2. 가끔씩 3. 거의항상	좌동	좌동	좌동	1. 양방향 2. 그들에게만 3. 그들이 당신에게만	1. 거의 친하지 않다 2. 가까운 정도 3. 매우 가까움	1. 보지 않음 2. 1년에 몇 번 3. 한 달에 몇 번 4. 주마다 몇 번 5. 매일	1. 1년 미만 2. 1~5년 3. 5년 이상
	01									
	02									
	03									
	04									
	05									
	06									
	07									
	10									

출처: 이영호(2014).

4) 생활력도표(family history chart)

(1) 생활력도표의 개념과 의의

① 가족 사정도구의 하나로 여러 시기에 가족이 경험한 것이나 가족이나 가족구성원에게 발생한 중요한 사건이나 시기를 조사하여 그 자료를 연대기적으로 조직화한 것으로 표로 제시한다.

② 이 도표로는 현재 문제나 기능수행에 어려움이 특정 시기의 경험과 어떤 관계가 있는지 이해할 수 있다.

③ 특히 아동과 청소년 대상의 활동에서 유용하게 사용된다.

(2) 생활력도표의 작성방법

가족의 다양한 시기의 자료를 조직화하여 표현하고, 이 가족구성원의 삶의 중요한 사건을 시계열적으로 나열한다(구혜영, 2010).

표 5-5 생활력도표의 예

연도	나이	소재지	건강	가족	학교	활동	문제	기타
1985	1	광주	정상	부 30 모 25				자연분만
1986	2	경주로 이사		할머니와 동거			고부갈등	
1987	3	서울로 이사	발육이 늦음	할머니 입원			할머니 간호로 가족의 부담	병원비 문제로 친척과 갈등
1988	4		감기를 자주 앓음	할머니 사망			경제적 이유로 부모님의 잦은 싸움	고모가 주로 양육
1989	5			부모의 이혼	유치원 적응의 어려움	피아노 시작	또래와의 부적응	엄마가 양육

출처: 오봉욱 외(2013).

5) 생활주기표(life cycle matrix)

가족 내 모든 구성원의 발달단계를 그래프로 나타낸다. 가족성원들이 생활주기상 서로 다른 발달단계에 있기 때문에 가족과의 활동에서 중요하고, 표를 사용하는 것은 사회복지사가 가족성원과 특정 생활단계와 관련되어 신체적, 심리적, 사회적 그리고 영적 욕구에 관련된 생각을 조직화하는 데 도움을 줄 수 있다. 또는 가족 내에서 각 구성원은 각기 다른 발달단계에 있기 때문에 서로 다른 발달과업 및 위기를 경험하게 되는데, 생활주기표는 이들의 현재 발달단계와 과업, 위기를 일목요연하게 한눈에 볼 수 있도록 돕는다(서울대 사회복지실천연구회 역, 2001).

표 5-6 **생활주기표 예**

가족 성원	발달단계								
	0-1	2-4	5-7	8-12	13-17	18-22	23-34	35-60	61+
조모									×
아버지								×	
어머니								×	
자녀1					×				
자녀2			×						
자녀3		×							

출처: 서울대 사회복지실천연구회 역(2001).

6) 그 밖의 가족 사정도구

① 원가족 척도: 클라이언트가 자기가 출생한 가족, 즉 어린 시절을 함께 보낸 가족원과 가족의 측정, 개인의 원가족에 대한 만족도 및 영향도를 이해하는 데 도움을 준다.

② 부부의 개인 및 관계평가척도(PREPARE): 미혼 남녀나 결혼 초기 부부를 위하여 각자의 이해와 서로의 차이를 이해하는 데 도움이 된다.

③ 비버스-팀버론 가족평가척도(Beavers-Timberlawn family evaluation scale): 가족의 자신감과 구조 및 융통성을 사정한다.

④ 맥마스터 모델의 가족사정척도(FAD: Family Assessment Device): 가족의 기초 과업, 발달 과업, 힘든 과업을 포함하여 현재의 가족기능을 검사하는 사정도구이다(구혜영, 2010).

5. 가족대상 사회복지실천 사례

1) 가정폭력

가족의 문제로 사회복지사를 찾은 가족에 대해서 사회복지사는 가족구성원 간 폭력이 발생되고 있는지를 살펴볼 필요가 있다. 개입대상 가족에서 가정폭력이 발생한다는 징후가 발견될 경우 사회복지사는 가족상담 중 또는 상담 이후에 발생할지도 모를 가정 내 폭력에 대해 세심한 주의를 기울여, 가정 내 폭력이 발생할 경우 여성긴급전화 1366을 통해 도움을 요청하는 방법이나 폭력현장에서 즉시 대피할 수 있는 방안을 마련토록 도움을 제공해야 할 것이다.

아동상담소나 가정폭력피해상담소 및 보호시설 등에 근무하는 사회복지사는 상담을 통해 가정폭력범죄를 알게 된 경우, 이 외에도 어떤 경로를 거치든 누구든지 가정폭력범죄를 알게 된 때에는 이를 수사기관에 신고할 수 있다는 점을 고려하여 피해자의 보호자입장에서 사회복지사로서 취해야 할 행동을 취해야 할 것이다.

2) 가족이 갖는 문제

가족대상 사회복지실천에서는 문제를 드러내거나 호소하는 클라이언트가 가족을 대표해서 가족이 안고 있는 문제의 증상을 앓고 있는 것이기 때문에 가족 전체를 대상으로 개입이 이루어져야 한다는 기본 전제를 가진다.

(1) 배우자 문제

부부는 자녀양육과 관련된 의견불일치, 가정폭력, 성적문제, 경제적인 것과 관련한 갈등과 여가시간 활용방법, 배우자의 부정 등 갈등 관련 이슈들을 많이 가지고 있다. 배우자 문제 중에서는 의사소통 문제와 갈등해결 방법이 가장 주된 관심사이다.

사회복지사는 말하는 사람이 진정으로 의도하는 것을 더욱 명확하게 나타내는 단어들을 사용하는 방법을 제시해줌으로써 더욱 효과적으로 의사소통을 하도록, 동시에 중립적 입장에서 교육과 설명을 통한 상호이해를 도와줄 수 있다(이영호, 2014).

(2) 부모－자녀관계 문제

가정 내 갈등 중 빈번한 것이 부모－자녀 간의 갈등이다. 부모－자녀 간 갈등은 부모가 자녀의 행동을 통제하려 하고 자녀가 이에 대해 반응하는 과정에서 발생할 수 있다. 부모－자녀 간 갈등을 방치하면, 자녀에 대한 부모의 학대가 발생할 수 있고, 이와 반대로 자녀가 부모로부터 벗어나기 위해 문제행동을 일으킬 수도 있다(배은숙 외, 2013).

(3) 가족성원의 개인문제

가족은 간혹 한 가족성원이 문제가 있는 것을 확인하고 도움을 구하려고 찾아오게 될 것이다. 한 가족성원이 전체 가족체계 안에서 잘 기능하지 못하는 희생양이 되는 경우가 종종 있다. 사회복지사는 가족의 문제를 개인적이기보다는 가족 전체의 체계 문제로 받아들이도록 한다. 이때는 주로 다양한 가족관계의 재구조화를 활동목표로 설정해야 한다.

(4) 외부환경요인의 문제

가족에게서 흔히 볼 수 있는 외부환경요인과 관련된 문제에는 저임금, 실업, 형편없는 주거실태와 교통 등이 포함된다. 이 외에도 건강문제, 열악한 학교환경 그리고 좋지 않은 지역사회 환경 등이 있다. 이러한 문제들을 다루는 사회복지사는 클라이언트들이 이용할 수 있는 서비스가 무엇인지 알고 이러한 서비스를 가족에게 연결할 수 있는 방법을 알아야만 하는 등의 다양한 중재기술을 가지고 있어야 한다. 사회복지사는 클라이언트를 대변해야 할 필요가 있고 다양한 지역자원을 잘 파악하여 가족과 연결하는 연계기능을 수행할 필요가 있다.

3) 알코올 남용

알코올중독자 가족은 가족 중 한 명이 알코올중독자인 경우를 말한다. 알코올중독자 가족은 중독자의 문제를 숨기기 위해 사회적 고립상태에 빠질 수 있으며, 경제적 어려움, 폭력, 위협 등에 노출될 가능성이 높다. 술을 많이 마시면 자신에 대한 제어 기능이 약화되어 공격적 · 충동적이 되기 쉽고 둔화된 판단력으로 인해 여러 가지 폭력이나 범죄에 관련될 위험도 높다.

알코올중독 여부의 판별이나 중독문제의 치료를 위해서는 전문가에게 의뢰를 하거나 사회복지사가 유용한 정보를 제공할 수 있다. 가장 간편한 방법 중의 하나인 유잉(Ewing, 1984)이 개발한 CAGE 질문이 유용하게 사용될 수 있다. 이 질문으로 가족구성원 중 누군가가 알코올 문제를 갖고 있다고 판명된 경우, 알코올 의존자의 치료가 우선되어야 하고, 일정 기간 자조모임 등을 통한 치료적 생활경험을 통해 신체 · 심리적 회복이 어느 정도 된 후에 가족관계상의 갈등을 다루는 것이 좋다.

※ CAGE(Cutting down: 술을 줄임, Annoying: 성가심, Guilt: 죄의식, Eye-opener: 눈뜨기-감기)의 질문구성

• 술을 줄여야 한다고 생각한 적이 있습니까?
• 술 문제로 다른 사람들이 당신을 나무라면서 자극한 적이 있습니까?
• 당신의 음주 문제에 대해 미안함 또는 죄의식을 느낀적이 있습니까?
• 눈 뜨자마자 술을 찾은 적이 있습니까?
⇨ 2개 이상에 대해 '예'라고 응답할 경우 문제성 있는 음주자로 분류될 수 있을 것이다.

출처: 이영호(2014).

〈별지〉

가족대상 사회복지실천 관련 서식

1. 인테이크 기록지

접수년월일: 20 년 월 일

작 성 자 :

1) 가족 및 구성원

<table>
<tr><td>대상자명</td><td colspan="2"></td><td>종교</td><td></td><td colspan="2">주민번호</td><td></td></tr>
<tr><td rowspan="3">대상자 분류</td><td colspan="7">□독거노인 □노인 □장애인 □소년소녀 □한부모 □기타( )</td></tr>
<tr><td colspan="7">□일반수급자 □조건부수급자 □자활특례 □지역봉사자 □일반</td></tr>
<tr><td>의료보장</td><td colspan="6">□의료보호1종 □의료보호2종 □직장의료보험 □지역의료보험 □미가입</td></tr>
<tr><td>주소</td><td colspan="7"></td></tr>
<tr><td>전화번호</td><td colspan="3"></td><td>의뢰경위</td><td colspan="3"></td></tr>
<tr><td rowspan="5">가
족
사
항</td><td>관계</td><td>성명</td><td>생년월일</td><td>직업</td><td>종교</td><td>동거여부</td><td>비고</td></tr>
<tr><td></td><td></td><td></td><td></td><td></td><td></td><td></td></tr>
<tr><td></td><td></td><td></td><td></td><td></td><td></td><td></td></tr>
<tr><td></td><td></td><td></td><td></td><td></td><td></td><td></td></tr>
<tr><td></td><td></td><td></td><td></td><td></td><td></td><td></td></tr>
</table>

2) 개인력가족

(1) 개인력

(2) 가족력

2. 서비스 의뢰서(서울복지재단)

○ 접수번호:

의뢰일시	년 월 일 (요일), 00:00		
의뢰기관 / 부서		담당자	

클라이언트 일반적 사항					
클라이언트		성별		연령	만 ______세
학력		직업			
주소					
연락처	집) 핸드폰) 기타 연락처)				
클라이언트의 참여의지					
주 클라이언트	□자녀 (홍길동) □홍길동 □노인 ( ) □가족				
의뢰서비스 구분	□개별상담 □가족상담 □집단상담 □위기개입 □기타				
의뢰 소견	클라이언트의 문제 및 특이사항 기록				
타 기관 서비스 연계내용					

3. 가족서비스 신청서(서울복지재단)

○ 신청일: 20 년 월 일 NO.

<table>
<tr><td>성명</td><td colspan="2"></td><td>성별</td><td colspan="2"></td><td>주민등록번호</td><td></td></tr>
<tr><td>주소</td><td colspan="7"></td></tr>
<tr><td>전화번호</td><td colspan="3">H)
HP)</td><td>학력</td><td></td><td>종교</td><td></td></tr>
<tr><td>참여경로</td><td colspan="7"></td></tr>
<tr><td colspan="8">가 족 사 항</td></tr>
<tr><td>관계</td><td colspan="2">성명</td><td>연령</td><td>동거여부</td><td colspan="3">특이사항(건강, 장애, 성격, 특징 등)</td></tr>
<tr><td></td><td colspan="2"></td><td></td><td></td><td colspan="3"></td></tr>
<tr><td></td><td colspan="2"></td><td></td><td></td><td colspan="3"></td></tr>
<tr><td></td><td colspan="2"></td><td></td><td></td><td colspan="3"></td></tr>
<tr><td></td><td colspan="2"></td><td></td><td></td><td colspan="3"></td></tr>
<tr><td></td><td colspan="2"></td><td></td><td></td><td colspan="3"></td></tr>
<tr><td></td><td colspan="2"></td><td></td><td></td><td colspan="3"></td></tr>
<tr><td rowspan="3">생활상태</td><td>보호구분</td><td colspan="6">□수급자 □조건부 수급자 □저소득 □일반</td></tr>
<tr><td>경제상황</td><td colspan="6">• 월수입금액(만원) • 주 수입원(원)
(정부보조금: 만원)</td></tr>
<tr><td>주거상황</td><td colspan="6">□자가 □전세(만원) □월세(/) □기타( )
(방 개)</td></tr>
<tr><td>도움받고
싶은
내용</td><td colspan="7"></td></tr>
<tr><td colspan="8">• 사례관리자 (인) • supervisor (인)</td></tr>
</table>

4. 가족사정보고서(구혜영, 2010)

가족사정보고서

• 클라이언트 성명: ○○○ (남/여)
• 나이 :
• 주소 :
• 정보제공자 :
• 면담일시 / 장소 :
• 면담 목적: 가족사정
• 면담 시 태도 및 정보의 신뢰도 :

1. 기본 정보
① 주거상황
② 직업 상황
③ 사회경제적 지위
④ 종교

2. 가족정보
① 부계 확대가족
② 모계 확대가족
③ 클라이언트 가족

3. 가족관계
① 확대가족과의 관계
② 부부관계
③ 부모자녀관계
④ 형제자매관계

4. 가계도와 생태도

5. 종합적 가족사정

CHAPTER

06 지역사회대상 사회복지실천기술

지역사회대상 사회복지실천기술은 사회복지사가 지역사회를 클라이언트체계로 보고 지역사회의 욕구, 문제, 위험 등을 지역사회수준에서 개입하여 지역주민의 조직화를 통해 해결하도록 원조하는 사회복지실천방법론 중의 하나이다.

지역사회대상 사회복지실천기술은 전통적으로 지역사회사업(community social work)으로 발전되어 왔으며 '지역사회복지사업', '지역사회실천', '지역사회복지실천', '지역사회 지향적인 사회사업', '지역사회복지' 등의 이름으로 불리어지고 있다.

본 장에서는 지역사회의 개념과 기능, 지역사회를 바라보는 관점, 지역사회대상 사회복지실천기술의 개념과 특징, 지역사회대상 사회복지실천의 과정 및 활동유형, 지역사회를 대상으로 하는 사회복지사의 역할, 지역사회복지실천의 분야 등을 살펴보고자 한다.

1. 지역사회의 개념과 기능

1) 지역사회의 개념

지역사회대상 사회복지실천기술을 살펴보기 위해서는 우선적으로 지역사회를 살펴보는 것이 바람직하다. 일반적으로 지역사회란 영어의 Community로서 'Common' 또는 'Communal'과 같은 어원을 가지고 있고, '공동의 사회', '공동체' 등의 뜻을 지니고 있다. 또한 Community는 라틴어의 'communis'에서 유래된 것으로 com(함께)과

munis(봉사하는 일)의 합성어이다. communis는 친목, 정서적 지역사회를 의미하여 문화나 예술 같은 인간적 측면이 포함되고 공동의 관심을 가지는 공동체라는 의미로 이해되었으며 Community는 communine(친하게 교제한다)의 의미에 ~ity를 붙여 공동체, 공동사회라는 뜻을 가진 명사가 되었다. 우리나라에서는 일반적으로 지역사회, 공동체, 공동사회의 의미로 사용되고 있다.

지역사회는 학자에 따라 그 용어의 해석이 다양하지만 일반적으로는 "일정한 지역 안에 성립되어 있는 생활공동체로 일정한 지리적 범위 내의 사람들이 공동의 이해관계나 소속감을 위해 형성된 상호작용하고 있는 집단의 단위"라고 정의할 수 있다.

사회복지학에 있어서 지역사회의 개념은 일반적으로 두 가지의 주요한 특징을 지니고 있다. 첫째, 단일성 또는 분리성 측면에서 이해하려는 물리적 · 지리적 · 지방적 경계선을 의미한다. 둘째, 사회적 · 문화적 동질성, 합의, 자조 또는 다른 공동행위와 상호작용 관계성의 형태를 의미한다. 따라서 지역사회의 개념을 지역집단 및 이해집단과 동일시하고 있다.

지역사회는 특성에 따라 지리적 지역사회(geographic community)와 기능적 지역사회(functional community)로 구분한다.

(1) 지리적 지역사회

지역사회의 개념 중에서 가장 대표적인 것으로서 파크와 버제스(Park & Burgess, 1921)가 제시하였다. 이들에 따르면 지역사회는 한 지역을 구성하는 사람과 조직(institutions)의 지리적 분포에서 고려된다고 하였다. 지리적 지역사회는 공간적 의미의 지역사회를 말하며 장소를 기반으로 하고 있다. 지역이라는 특정한 공간에 중심을 두고 있기 때문에 크기, 영역, 조밀도 등에 따라 변할 수 있으며 대표적 예로는 행정단위인 특별시, 광역시 · 도, 시 · 군 · 구 등을 들 수 있다.

(2) 기능적 지역사회

기능적이라는 의미는 지역주민 간의 공통의 관심과 가치, 이해관계로 형성된 동질성의 공동체를 뜻한다. 즉, 기능적 지역사회란 비장소적 지역사회로 다른 지역과 구별되는 그 지역사회 주민의 이념, 학연, 지연, 종교, 취미 등 공동의 연대의식에 의해 형성된 공동생활권이 영위되는 지역사회를 의미한다. 대표적 예로는 예술인 마을, 출판 · 영상단지 등이 있다.

2) 지역사회의 기능

모든 지역사회가 공통으로 수행하는 주요 기능에 대해 길버트(Gilbert)와 스펙트(Specht)는 경제제도로서 생산 · 분배 · 소비의 기능과 가족제도로서 사회화의 기능, 정치제도로서 사회통제의 기능, 종교제도로서 사회통합의 기능, 사회복지제도로서 상부상조의 기능 등 다섯 가지를 설명하였다(최일섭 외, 2002).

(1) 생산 · 분배 · 소비의 기능

지역사회는 생산 · 분배 · 소비가 이루어지는 경제적 공간으로 지역주민이 일상생활을 영위해 나가는 데 필요한 기본욕구를 충족하기 위한 재화(goods) 및 서비스의 생산 · 분배 · 소비활동이 이루어지는 환경을 제공한다.

(2) 사회화의 기능

사회화(socialization)는 지역사회가 공유하는 일반적인 지식, 사회적 가치, 행동양태 등을 지역주민들에게 전달하는 과정을 의미하는데 지역사회는 지역주민들에게 그것을 전달하는 환경을 제공한다. 사회화 과정을 통해 지역주민들은 다른 사회구성원과 구별되는 생활양식을 터득하게 된다. 지역사회는 지역주민들이 살아가는 데 필요한 정보를 여러 경로를 통해 직 · 간접적으로 전달하며 사회구성원으로서 일생 동안 지속적으로 이루어진다.

(3) 사회통제의 기능

지역사회는 사회통제(social control)라는 영향력을 행사함으로써 유지되고 발전한다. 다시 말해, 지역사회가 지역주민들에게 사회의 규범에 순응하게 하는 기능이다. 지역사회는 지역주민들이 지켜야 할 법, 도덕, 규칙 등을 제정함으로써 질서를 유지하고 사회해체를 막는 기능을 수행하는데 지역사회는 이러한 것들을 준수하도록 하는 강제력이 있다.

(4) 사회통합의 기능

지역사회는 지역사회체계가 정상적인 기능을 수행하도록 어느 정도의 결속력(solidarity)과 사기(morale)를 전제로 하는 사회통합의 기능이 있다. 사회통합의 기능은 사회구성원 간 그리고 사회 내 여러 집단, 단체, 기관 등 여러 조직 사이의 관계와 관련된 기능으로 스스로 규범을 준수하며 바람직한 행동을 하도록 하는 것이다. 와렌(Warren, 1978)은 사회통합이라는 용어 대신 사회참여(social participation)라는 용어를 사용하여 지역사회가 제공하는 활동에 대해 지역주민들의 자발적인 참여가 중요함을 강조하고 있다.

(5) 상부상조의 기능

지역사회는 기존 사회제도에 의해 기본욕구를 충족할 수 없을 경우 상부상조(mutual aid)라는 사회적 기능을 제공한다. 지역주민이 기본적 사회제도 안에서 자신의 욕구에 충족할 수 없을 경우 상부상조의 기능을 통해 그들의 안녕(well-being)을 위해 도움을 받는다. 전통적으로 가족과 친척, 이웃, 자선단체 등과 같은 일차적인 집단이 그 역할을 수행하였지만 사회가 복잡하고 다양해지면서 점차 공식·비공식조직 등에서 이루어진다.

Tip 지역사회의 기능을 측정하는 기준

① 지역사회의 자치성: 다른 타 지역과 어느 정도 자립성과 의존성을 가지는가에 대한 척도
② 서비스영역의 일치성: 상점, 학교, 공공시설, 교회 등의 서비스영역이 어느 정도 동일지역 내에서 이루어지고 있는가에 관한 것
③ 주민들의 심리적 동일시: 지역주민들이 자기 영역을 어느 정도로 중요한 준거집단으로 생각하며 어느 정도 소속감을 갖는가에 관한 것
④ 수평적 유형: 지역사회 내에 있는 상이한 단위조직(개인, 사회조직)들이 구조적으로나 기능적으로 얼마나 강한 관련을 갖고 있는가에 관한 것

출처: Warren(1963); 김광희(2016) 재인용.

2. 지역사회를 바라보는 관점

지역사회를 어떻게 바라보는지에 대한 문제는 바라보는 시각에 따라 지역사회를 분석하고 실천방법을 결정하며 사회복지사가 수행해야 하는 역할 등이 결정되기 때문에 중요한 의미를 지닌다. 지역사회를 바라보는 관점은 사회학 이론의 주요 유형인 기능주의, 갈등주의 및 통합주의 이론을 일반적으로 지역사회분석에 적용하고 있어 지역사회에 관한 이해가 불충분하게 취급되고 있는 형편이다. 이러한 관점에 대해 이영철(2014)이 설명하는 내용을 중심으로 살펴보고자 한다.

1) 기능주의 관점

기능주의 관점은 일반적으로 사회가 여러 부분으로 구성되어 있고 각 부분은 합의된 가치와 규범에 따라 변화되며 균형 또는 안정을 추구한다는 것을 강조한다. 즉, 기능주의 관점하에서 지역사회는 다수의 상호의존적 체계로 구성되어 있으며 각 부분은 전체가 성공적 기능을 하도록 협동한다. 지역사회에 적용되는 기능주의 관점의 내용을 다음과 같이 요약할 수 있다.

첫째, 지역사회는 다양한 사회제도로 구성되어 있는 하나의 체계이며 중요한 제도적 체계들은 하위체계들로서 정부, 경제, 사회, 종교, 가족 등이 있다.

둘째, 하위체계 내의 성원 간에 그리고 하위체계 간에 상호 관련성이 있으며 이들 체계 간에는 다양한 사회적 또는 결사체적 집단으로 구성되어 있다.

셋째, 지역사회를 포함한 모든 사회체계는 균형상태를 향해서 움직인다. 따라서 한 사회체계의 다양한 부분 간에는 조절, 조정, 통합이 이루어지면서 균형상태를 유지한다.

넷째, 지역사회를 구성하는 여러 가지 하위체계 간에는 상당한 정도의 상호 관련성, 상호작용, 협동이 존재한다는 사실이 광범위하게 받아들여지고 있다.

다섯째, 각각의 하위체계는 상호 관련성이 있지만 하나의 분리된 실체를 이루고 있으며 모든 사회체계 구성원은 의식적 · 무의식적으로 다양한 경제유지활동에 종사한다.

결론적으로 지역사회를 바라보는 기능주의 관점은 지역사회의 유지와 균형, 조화에 주로 관심을 가지고 있기 때문에 지역사회의 변화나 지역사회에서의 자원, 권력을 둘러싼 집단 간 갈등을 설명하는 데에는 다소 취약한 것으로 평가되고 있으나 지역사회는 상호 관련된 집단 및 제도들로 이루어져 있으며 이러한 상호 관련성은 모든 사회체계가 내적·외적 유형을 가지고 있기 때문에 생겨난다는 사실을 규명하고 있다.

2) 갈등주의 관점

갈등주의 관점은 기본적으로 갈등이라는 현상을 사회적 과정의 본질로 간주하고 있다. 갈등주의자는 사회가 이해관계에 의하여 형성되어 있고 이러한 이익 또는 자원의 차이는 갈등을 일으킨다고 보고 있다.

지역사회를 바라보는 갈등주의 관점에서는 지역사회에 존재하는 갈등현상에 주목한다. 즉, 지역사회 내의 사회성원이 재산, 권력, 권위, 욕구, 기회, 이익 등이 불평등한 배분관계에 의해 갈등이 발생하고 이러한 갈등관계를 통해서 지역사회의 변동을 초래한다고 본다. 지역사회갈등에 관한 콜만(Coleman)의 관점을 살펴보면 다음과 같다.

첫째, 지역사회갈등은 경제적 문제로 인한 갈등, 권력이나 권위로 인한 갈등, 문화적 가치와 신념의 차이로 인한 갈등 등에서 비롯된다.

둘째, 지역사회갈등의 역동성 측면에서 보면 특정한 쟁점에서 일반적 쟁점으로 옮겨 가는 경향이 있다.

셋째, 지역사회구조에 대한 갈등의 영향은 지역사회에 존재하는 사회조직 간의 변동에서 일어난다.

넷째, 일단 지역사회갈등이 지속되면 색다른 쟁점이 출현하는 경향이 있다.

다섯째, 영향력 있는 지역사회 지도자 및 지역사회조직은 갈등에 많은 영향을 미칠 수 있다.

결론적으로 지역사회를 바라보는 갈등주의 관점은 지역사회문제나 주민의 욕구를 해결하기 위해서는 지역사회갈등의 주요소인 권력, 권위, 경제적 자원의 재분배를 요구하게 되고 이러한 결과 사회행동으로 표출된다는 점을 강조하고 갈등을 사회발전의 요인과 사회통합이라는 관점에서 다루고 있다. 사회복지에 있어 갈등주의 관점은 종래의 전통적 · 심리적 요법을 비판하고 오히려 사회행동이나 급진적 관점에 의존하려 하고 있다.

3) 통합주의 관점

통합주의 관점은 일명 신갈등주의라고도 불리며 이는 기능적 갈등주의 또는 갈등적 기능주의 입장을 취하고 있다. 통합주의자는 갈등을 사회화의 한 형태로 보고 있으므로 갈등이 사회를 분열시키는 것이 아니라 재통합시킨다고 보고 있다. 뿐만 아니라 이들은 이익의 대립성만을 주장하지 않고 이익의 조화성을 주장하며 이해관계도 생산관계에서만 나오는 것이 아니라 분배관계 또는 다양한 자원의 불평등한 배분에서 찾고 있는 것이 특징이다.

지역사회를 바라보는 통합주의 관점에서는 지역사회에 존재하는 갈등현상에 주목하면서 갈등이 사회를 재통합시킨다고 본다. 즉, 입법과 정책수립을 통해 지역사회 내의 갈등을 수용하려 한다. 사회복지영역에서의 지역사회조직사업이 여기에 해당한다.

3. 지역사회대상 사회복지실천기술의 개념과 특징

1) 지역사회대상 사회복지실천기술의 개념

지역사회대상 사회복지실천기술은 사회복지사가 지역사회를 클라이언트체계로 보고 지역사회의 욕구(needs), 문제(problem), 위험(risk) 등을 지역사회수준에서 개입하여 지역주민의 조직화를 통해 해결하도록 원조하는 사회복지실천방법론 중의 하나이다. 즉, 지역사회대상 사회복지실천기술은 지역주민 또는 집단의 욕구와 문제를 해결함으로써 지역주민의 삶의 질을 향상시키려는 모든 노력을 포함하는 전문적 활동이다.

지역사회대상 사회복지실천기술의 초점은 지역사회를 사회복지실천기술의 클라이언트로 간주하는 것이며 사회복지사의 개입 목표는 지역사회가 지니는 욕구나 문제의 예방 및 해결에 있다. 따라서 반드시 사회복지실천의 전문 지식과 기술을 토대로 이루어져야 한다.

지역사회대상 사회복지실천기술의 개념에 대해 하드캐슬(Hardcastle, 1997)은 지역사회 내의 집단, 조직, 제도 그리고 사람들 관계의 행동적 유형과 이들 간의 상호작용을 바꾸기 위해서 실천기술을 적용하는 활동으로 정의하였다. 지역사회대상 사회복지실천에 대한 학자들의 정의를 살펴보면, 먼저 웨일과 갬블(Weil & Gamble, 1995)은 약해져 있는 사람들과 지역(vulnerable populations and communities)을 위한 삶의 질을 개선시키는 것이라고 하였고, 트웰브트리스(Twelvetrees, 2002)는 집합적 행동을 취함으로써 지역을 개선시키기 위해 그 지역 사람들을 원조하는 과정이라고 하였다. 네팅과 케트너 그리고 맥머트리(Netting & Kettner, & McMurtry, 1993)는 지역복지대상 사회복지실천을 거시사회복지 분야로 인식했으며 거시사회복지실천 분야를 조직이나 지역에서 계획된 변화를 가져오기 위해 설계된 전문직 개입방법이라고 하였다(이미선 외, 2015).

최일섭과 류진석(2002)은 지역사회대상 사회복지실천을 전문 혹은 비전문 인력이 지역사회 수준에 개입하여 지역사회에 존재하는 각종 제도에 영향을 주고 지역사회의 문제를 예방하고 해결하고자 하는 일체의 사회적 노력이라고 설명하였다.

위의 내용을 종합해 볼 때, 지역사회대상 사회복지실천기술은 사회복지사가 지역사회를 클라이언트체계로 보고 지역주민의 조직화를 통해 그 지역의 역량강화를 통하여 삶의 질을 개선하고 지역의 문제를 효과적으로 대처하고 해결하기 위한 사회복지의 전문적 개입방법이다.

2) 지역사회대상 사회복지실천기술의 특징(이미선 외, 2015)

(1) 목적과 목표

지역사회를 대상으로 하는 사회복지실천기술의 목적과 목표는 각 성원들의 복지를 향상시키기 위해 가능한 한 최고의 환경을 제공하는 것이다. 지역사회를 대상으로 하는 사회복지실천기술의 목적과 목표는 다음과 같다.

지역사회대상 사회복지실천기술은 다음의 목적들을 실현하는 것에 초점을 맞춰야 한다.

첫째, 지역사회 문제를 경감시키고 예방하고 과업을 성취하며, 지역사회 자원을 활용하도록 개인, 집단, 가족, 조직, 지역을 도움으로써 그들의 사회적 기능을 고취, 증진, 유지, 그리고 보존시킨다.

둘째, 사회복지 재화와 서비스의 개발과 확대를 통해서 지역주민들의 삶의 질을 증가(the quality of life)시킨다. 그리고 지역사회의 힘과 자원의 평등하고 공평하고 적절하고 효율적인 분배의 조화를 통해서 사회정의를 실현한다.

지역사회대상 사회복지실천기술의 목표(objectives)를 살펴보면 다음과 같다.

첫째, 지역주민들이나 집단들이 조직화할 수 있는 능력과 기술을 발전시킨다.

둘째, 지역사회 내에서 자원이나 서비스가 더욱 쉽게 접근 가능하도록 하며 지역사회 안의 자원과 서비스들이 포함될 수 있도록 하는 사회계획을 수행한다.

셋째, 풀뿌리 집단들에 사회적·경제적 투자를 연계시킨다.

넷째, 지역사회문제를 해결하기 위해 광범위한 제휴나 연합을 지지한다.

다섯째, 사회정의에 대한 관심을 가지고 지역개발, 사회행동, 그리고 사회계획과정을 고취시킨다.

(2) 지역사회대상 사회복지실천기술의 특징

지역사회대상 사회복지실천기술체계는 주로 서비스 이용자(user) 또는 클라이언트(client) 상황의 사회적 측면에 초점을 두고 적용된다. 즉, 기술체계는 서비스 이용자들을 새롭고 보다 기능적인 상태로 움직이기 위해 변화되어야 할 필요가 있는 지역사회 및 환경적 요소들을 주된 표적으로 하여 적용되어야 한다(Hasenfeld, 1972). 따라서 지역사회 주민 개개인의 행복에 초점을 두기 위한 사회복지실천기술체계의 특징을 살펴볼 필요가 있다.

첫째, 지역주민의 공통 욕구와 문제이다. 사회복지사는 전체 지역주민이 갖는 공통된 욕구와 문제, 즉 지역주민의 공동 관심사를 해결하기 위해 개입한다. 그러므로 사회복지사는 지역사회의 여러 욕구와 문제와 동원 가능한 자원을 파악하여 욕구와 문제의 우선순위에 따라 개입 계획을 세워 활동한다.

둘째, 지역주민의 조직화이다. 지역사회의 욕구와 문제는 대체로 초기에 사회복지사가, 이후에는 지역주민이 주도하는 지역주민 조직화에 의해 해결된다. 이는 지역사회의 욕구를 지역주민 스스로의 힘으로 해결하도록 사회복지사가 돕는다는 것을 의미한다.

셋째, 지역사회의 자원이다. 개인 및 집단을 대상으로 하는 사회복지실천기술에서도 지역사회의 자원을 동원하여 활용하지만 특히 지역사회를 대상으로 하는 사회복지실천기술체계는 대규모의 지역사회 자원을 동원해야 한다. 대표적인 지역사회 자원으로 사회복지 관련 기관, 언론기관, 학교, 병원, 시민단체 등을 들 수 있다. 이들 지역사회 자원은 되도록 지역사회 내에서나 바로 인접한 지역사회에서 동원하는 것이 바람직하다.

4. 지역사회대상 사회복지실천의 과정 및 활동유형

1) 지역사회대상 사회복지실천의 과정

지역사회대상 사회복지실천과정은 지역사회문제의 해결과정 혹은 지역사회조직의 단계로 해석할 수 있다. 그 과정은 지역사회 자체의 당면문제와 욕구를 찾아내어 해결방안을 마련하고 실천하는 과정이다. 즉, 지역사회 전체를 클라이언트체계로 보고 지역주민들의 삶을 보다 바람직하게 변화시키면서 더 효과적으로 지역사회의 발전을 추진해 가는 과정이다.

지역사회대상 사회복지실천과정은 지역사회를 단위로 한다는 특징 이외에 다른 수준의 사회복지의 실천과정과 큰 차이가 없다. 다른 수준의 실천과정과 마찬가지로 지역사회수준의 실천과정도 직선적 진행이 아니라 한 단계를 반복하거나 전 단계로 되돌아가거나 피드백을 통해서 전 과정을 수정하는 등의 순환적 과정으로 이해해야 한다.

이 책에서는 지역사회의 사정 단계, 지역사회의 욕구파악 단계, 실천계획의 수립 단계, 실천계획의 실시 단계, 평가 단계 등의 다섯 단계로 살펴보고자 한다.

(1) 지역사회의 사정 단계

지역사회대상 사회복지실천과정의 전제는 그 대상인 지역사회의 특성을 파악하는 것이다. 그 지역사회에 대한 문제를 파악하고 정확하게 대응해 가기 위해서는 지역사회에 대한 사정이 필요하다. 지역사회 사정(Community Assessment)을 통해서 지역주민이 자신의 지역사회문제를 어떻게 경험하고 어떻게 인식하고 있는지 등을 사회복지사는 파악할 수 있다.

Tip 지역사회의 특성을 파악하기 위한 기본 요소

① 지역사회의 역사와 문화
② 지역사회의 물리적인 환경상의 특징
③ 지역주민에 관한 정보(인구동태, 주민의식, 지역의 네트워크, 주민의 가치관과 행동양식 등)
④ 주민조직이나 단체의 활동상황 및 지역문제에 대응하기 위한 기능 분석
⑤ 지역사회 내에서 정보가 전달되는 정도 및 의사결정에 중요한 영향을 미치는 사람이나 조직의 의사소통 방향성
⑥ 지역사회의 권력구조
⑦ 지역사회의 사회자원 활용상황 및 문제점

출처: 남일재 외(2015)

(2) 지역사회의 욕구파악 단계

지역사회의 사정을 마치고 나면 지역사회의 문제를 해결하기 위한 본격적인 과정이 시작된다. 지역사회에서 발생하고 있지만 충족되지 않는 욕구나 해결을 필요로 하는 문제를 파악하는 것은 지역사회대상 사회복지실천의 계획과 목표를 설정하기 위한 중요한 단계다. 욕구파악은 지역사회의 전체적 상황에 대해서 개괄적으로 파악하는 방법과 구체적 이슈에 초점을 맞추어 그 문제가 되는 이슈의 본질에 좀 더 심층적으로 다가가는 방법을 동시에 활용해야 한다. 욕구를 파악하는 방법으로는 기관이나 단체의 기초자료 같은 기존 자료에 의해 파악하는 방법, 실제 해당 지역에 나가 직접 파악하는 방법, 상담이나 주민모임 등으로 파악하는 방법, 설문지를 통한 방법 등 다양한 방법이 사용될 수 있다(서혜석 외, 2014).

지역사회의 욕구나 해결을 필요로 하는 문제를 파악하고 나면 해결방안을 마련하고 실천에 옮길 수 있도록 집약시키고 문제의 핵심을 분명하게 규명하는 분석 작업으로 이어진다. 이 분석은 문제해결 전 과정에 큰 영향을 미치게 된다. 문제의 핵심을 어떻게 규정하느냐에 따라 실천계획 수립을 위한 구상이 달라지고 그에 따른 구체적 해결방안과 전략이 달라지기 때문이다.

(3) 실천계획의 수립 단계

문제의 핵심을 분명하게 규명하고 조작적으로 정의하고 나면 지역사회복지실천계획을 수립하게 된다. 지역사회복지실천계획의 수립이란 지역사회에서 파악된 다양한 욕구나 문제를 해결하기 위한 목표를 설정함과 함께 어떤 방법으로 혹은 어떤 자원을 이용하여 실천할 것인지를 구체적으로 설정하는 것이다. 즉, 욕구나 문제를 해결하기 위해 취하고자 하는 조치와 프로그램의 방향을 결정하는 것으로 다양한 해결대안 중에서 가장 효과적이고 효율적인 방안을 선택하는 일이다.

지역사회의 다양한 욕구나 문제를 동시에 해결하는 것은 어렵기 때문에 다른 수준의 사회복지실천과 마찬가지로 어떤 문제부터 우선 개입할 것인지를 결정하는 것이 중요하다. 실천계획의 수립에 있어서는 이념(ideology), 실현 가능성(feasibility), 합리성(rationality)을 고려해야 하며 실천계획을 수립한 후에는 실천에 옮길 수 있는 프로그램을 개발하여야 한다.

지역사회복지실천계획 수립 시 최대한 구체적 실천방법을 고려해야 한다. 언제, 누가,

Tip 지역사회복지실천의 우선순위 결정을 위해 고려해야 할 요소

① 긴급성이나 사태의 심각성이 높고 서둘러 다루어야 하는 문제 혹은 문제에 대한 지역주민의 욕구가 높은 사안
② 지역사회 내의 전문가와 비전문가 또는 단체 등이 문제를 해결할 수 있는 능력이 있는 사안
③ 소수이거나 지역의 일부에 관련된 문제이지만 지역 수준에서 접근하거나 배려가 요구되는 문제

출처: 서혜석 외(2014)

어디서, 무엇을, 어떻게, 어떤 방법을 통해, 어느 정도의 비용을 가지고, 누구와 함께, 얼마나 자주 실시할 것인가 등의 내용을 명확하고 구체적으로 설정하여야 한다. 또한 실천을 할 때 맡은 역할이나 책임의 영역까지 분명하게 해 두는 것이 필요하다.

(4) 실천계획의 실시 단계

지역사회복지실천계획의 수립단계에서 설정한 목표나 실시계획에 근거하여 구체적으로 실행하는 단계이다. 즉, 설정한 목표를 달성하기 위해서 행하게 되는 일련의 활동을 말한다. 그 활동에는 '체제유지 혹은 과정중심적 활동'과 '과업중심적 활동'이 있다(최일섭 외, 2014). 체제유지 혹은 과정중심적 활동[1]은 클라이언트 집단이 문제를 스스로 해결할 수 있도록 능력을 배양해 주는 활동으로 실태조사, 교육 · 훈련, 세미나 등의 방법이 있다. 반면에 과업중심적 활동[2]은 클라이언트 집단이 필요로 하는 서비스를 직접적으로 제공해 주는 활동으로 각종 캠페인, 이동식 식당, 의료봉사 등이 해당한다.

실천계획의 실시 단계에서는 지역사회의 문제해결, 주민참가에 의한 자체적 문제해결능력 함양, 지역사회 내부의 다양한 연계망이나 협력망 강화 등이 중점이 되어 실시된다(서혜석 외, 2014). 실시 단계에서는 무엇보다 홍보활동이 우선적으로 고려되어야 한다. 지역사회복지실천계획에 대한 인식을 최대한 넓히는 것이 필요하기 때문이다. 홍보를 통해 문제해결의 중요성과 해결을 위한 수단에 대해서 주민의 이해를 구해야 하고 주민의 참여와 협력을 구해야 한다. 홍보활동의 방법으로는 신문, 방송, 소셜 네트워크 서비스(Social Network Service) 등 매스컴이나 주민간담회, 반상회, 각종 모임 등의 의사소통을 이용할 수 있다.

---

1) 지역주민의 참여, 자조, 협동능력을 개발, 강화, 유지하도록 도와 그들이 문제에 보다 효과적으로 대처할 수 있도록 하고 더불어 지역주민이 문제를 해결할 수 있는 능력을 갖도록 하는 데 역점을 둔다. 지역사회대상 사회복지실천모델 중 지역사회개발모델이 주민의 광범위한 변화와 참여를 추구한다는 측면에서 과정중심의 모델이다(Dunham, 1970).

2) 지역사회의 광범위한 욕구를 충족시키고 욕구와 자원 간의 조정과 균형을 도모한다. 또한 지역사회의 특정 욕구를 충족시키거나 특정 문제를 해결하기 위해서 구체적 과업완수에 역점을 둔다. 지역사회대상 사회복지실천모델 중 사회계획모델이 특정 사회문제해결에 역점을 둔다는 측면에서 과업중심의 모델이다(Dunham, 1970).

지역사회대상 사회복지실천에서는 지역주민의 참여가 가장 기본적이며 핵심적인 요소이다. 지역사회실천의 주체로서 지역주민이 필요한 욕구나 문제를 스스로 찾고 해결해 나가는 추진기간이 길다 보면 실천행동이 미약해진다거나 새로운 변화가 발생할 가능성이 있다. 사회복지사는 계획 단계에서부터 변화를 예측할 수 있는 통찰력이 있어야 하며 변화가 발생하더라도 지역주민의 참여를 자극하고 즉각적으로 대처해 나갈 수 있는 능력과 기술을 갖춰야 한다.

(5) 평가 단계

지역사회대상 사회복지실천과정의 마지막 단계는 평가이다. 평가는 사회복지실천의 전 과정에서 계속적으로 일어나는 일로서 사회복지실천의 목적과 목표의 달성 정도의 효과성을 나타내며 동시에 목적과 목표를 성취하기 위해 사용된 수단의 적합성을 심사하는 과학적 방법을 적용하는 과정이기도 하다.

최종단계에서의 평가는 두 가지 목적을 염두에 두어야 한다. 그 하나는 프로그램 실천과정에서 수집된 정보를 모니터링하고 그 결과를 반영하여 실천의 궤도를 수정하는 경우이다. 다른 하나는 문제해결의 전 과정이 이룩한 결과와 최종 산물을 평가하는 경우이다(최일섭 외, 2014). 전자를 형성평가 또는 중간평가라고 하며 후자를 총괄평가라고 한다. 평가는 목표의 달성 정도나 효과는 어느 정도였는지 등을 파악하여 향후 지역사회복지실천에서 그 결과를 반영하는 일련의 과정이기 때문에 실천의 최종단계이면서 계속적인 순환과정이라고 보는 것이 타당하다.

평가 단계에서 사회복지사는 지역사회복지실천과정에서 지역주민이 스스로 문제를 주체적으로 해결하려는 의욕이나 문제해결 역량은 어느 정도 향상되었는지, 실천을 통해 지역의 문제는 어느 정도 해결되었는지, 지역주민의 욕구는 어느 정도 충족되었으며 그들의 삶의 질은 향상되었는지 등의 지역사회복지실천계획에서 설정한 목표를 평가하여야 한다.

2) 지역사회대상 사회복지실천의 유형

지역사회대상 사회복지실천은 지역사회조직화 이론에서 출발한다. 로스만(Rothman,

1995)은 이전의 로스(Ross, 1955)가 제시한 지역사회조직화 이론의 한계를 지적하면서 지역사회조직사업을 추구하는 다양한 목적이나 추진기관, 수단, 가치관의 차이 등을 고려해서 이를 한 가지 방법론으로 생각하기보다는 여러 가지 방법론을 내포하는 개념으로 설명하였다. 각각의 방법론은 상호 배타적인 것이 아니며 통합적 활용을 제안하고 있다. 또한 지역사회조직의 실천을 로스가 제안한 지역사회조직화를 계승한 지역사회개발모델(Model A), 사회계획모델(Model B), 사회행동모델(Model C)의 세 가지로 유형화하여 제시하였다(서혜석 외, 2014).

이 세 가지 유형을 사회복지실천 활동으로 대입하면 Model A는 주로 과정중심적 활동, Model B는 과업중심적 활동, Model C는 과정과 과업을 모두 수행하는 활동으로 볼 수 있다.

(1) 지역사회개발모델(Community development/Model A)

지역사회의 문제나 욕구를 다룰 때 지역주민의 자조(self-help) 정신을 강조하는 모델로서 지역사회를 대상으로 지역주민들의 목표설정과 광범위한 지역주민의 참여를 통해 지역의 변화를 효과적으로 시도하는 데 중점을 둔 모델이다. 지역사회개발모델에서는 지역사회가 전통을 고수하고 소수의 전통적 지도자에 의해 지배되며 지역주민은 무지하여 민주적 과정에 대한 이해와 문제해결능력과 기술이 결핍되어 있다고 전제하며 지역주민이 문제를 스스로 해결할 수 있는 능력을 강화시키는 데 지역사회복지실천의 역점이 있다. 그러므로 문제의 파악 및 해결과정에 있어서 지역주민의 광범위한 참여를 장려하고 사회복지사는 조력자와 격려자의 역할로서 민주적 절차와 자발적 협동, 토착적 지도자의 개발과 교육에 역점을 둔다. 또한 사회복지사는 지역사회개발을 위해 중개자 및 조정자, 교육자, 변화를 일으키는 매개자 등의 역할을 하게 된다.

지역사회개발사업의 예로는 도시지역에서 전개되는 사회복지관(community welfare center, settlement house)의 지역개발사업(neighborhood work programs), 평화봉사단(peace corps), 성인교육분야의 지역활동 등을 들 수 있다.

(2) 사회계획모델(Social planning/Model B)

지역사회문제를 해결하는 데 있어 합리적 계획수립과 통제된 변화를 강조하는 모델로 전문가에 의한 사회환경의 변화를 강조하는 모델이다. 사회계획모델에서는 지역사회가 비행, 주택, 고용, 실업, 빈곤, 정신건강 등과 같은 사회적 문제를 해결하기 위한 전문적·기술적(technical) 과정을 강조한다. 전문가가 개입하여 지역사회 진단, 조사, 평가 등 지역사회사업의 과정을 주도해 나가고 욕구가 있는 지역주민에게 물자와 서비스를 제공함으로써 지역주민은 수혜자나 소비자의 역할에 머무르게 된다. 사회계획모델에서는 사회문제를 해결하는 데 고도의 기술을 행사할 수 있는 전문가(expert)를 중요시하며 지역사회개발모델과 같이 지역사회의 문제해결능력을 배양한다거나 사회행동모델처럼 근본적 사회변혁을 증진시키는 것은 중요하지 않다.

사회계획에서 사회복지사는 지역사회 내부 하위체계들 간의 이해와 갈등보다는 문제에 대한 전문적 지식과 기술의 활용에 중점을 두어야 하고 지역사회 문제에 대해 조직이나 집단에 소속되어 그들의 태도와 입장을 대변할 수 있어야 한다. 소속될 수 있는 집단이나 단체들은 정부부처, 여성개발원, 가족계획협회 등이 있다.

(3) 사회행동모델(Social action/Model C)

지역사회 내의 억압받고 소외된 지역주민이 사회정의와 민주주의적 방법에 입각하여 보다 많은 자원과 향상된 처우를 그 지역사회에 요구하는 행동모델로 사회적으로 소외받는 특정 집단을 위한 모델이다.

사회행동모델에서는 지역주민이 정부나 대기업 등의 기존 사회체제와 기득권층의 부조리와 착취에 의해 억압받고 박탈당하고 무시당하고 있다고 전제한다. 따라서 변화의 노력에 관련된 지역주민들이 가능한 한 많이 참여하는 것이 강조되며 지역사회의 기존제도나 현실에 대한 근본적 변화와 권력이나 자원의 재분배를 추구한다.

사회행동에서 사회복지사는 지역사회의 기존제도와 현실에 대한 근본적인 변화, 지역사회 정책결정, 권력이나 자원의 재분배 등에 역점을 두면서 옹호자, 선동자, 매개자, 중재자, 지지자 등의 역할을 수행해야 한다. 이때 항의나 시위, 협상 등과 같은 문제해결수단을 사용한다.

사회행동모델의 예로는 소수인종집단(racial and ethnic minorities), 학생운동, 여성해방운동, 복지권운동(welfare right movement), 소비자보호운동, 환경보호운동 등이 있다.

Tip 사회행동을 실행하는 효과적 전략

① 대상 집단을 이기기 위해 힘을 갖기 위한 전략
② 사회행동 캠페인의 합법성을 확보하는 전략
③ 지역사회의 타 조직과 협력하는 전략
④ 협상 준비 전략

출처: 최일섭 · 류진석(2002)

표 6-1 로스만의 지역사회복지실천 모델 비교

구분	지역사회개발모델	사회계획모델	사회행동모델
지역사회조직 목표	• 자조 • 지역사회 활동능력 배양 • 전체적 조화 (과정지향적 목표)	• 지역사회 제 문제 해결 (과제지향적 목표)	• 권력관계의 변화, 자원의 이동 • 기본적인 제도의 변혁 (과정 또는 과제지향적 목표)
지역사회구조와 문제상황에 대한 가설	• 지역사회 상실, 아노미 • 사회적 관계나 문제해결 능력 결여 • 정적인 전통적 지역사회	• 지역사회의 다양한 제반 문제 • 정신적 · 신체적 건강문제, 주택 문제, 여가문제	• 불리한 상황에 놓인 지역 주민 • 사회적 불평등, 박탈
변화를 위한 기본 전략	• 함께 모여서 자신의 욕구를 결정짓고 해결해 나감 • 광범위한 지역주민 참여 • 지역사회 자주성 중시	• 문제에 대한 사실 발견 • 가장 합리적이고 가능한 행동방향 결정	• 결정적인 쟁점과 적대적인 표적에 대한 행동화를 위한 지역주민 조직화
변화를 위한 전술과 기법	• 합의 • 지역사회 여러 집단이나 이익집단 간의 집단토의	• 합의 또는 갈등	• 갈등 또는 투쟁 • 대결, 직접 행동, 협상
실천가 역할	• 조력자 • 조정자 • 교육자 • 능력부여자	• 수집가 • 분석가 • 사업수행자 • 촉진자 • 기획가	• 대변(옹호)자 • 선동가 • 중개자 • 협상자 • 지지자
변화 매개체	• 과제지향적인 소집단의 조직과 지도	• 자료수집과 분석, 공식조직의 조정	• 대중조직과 정치적인 과정의 조정

구분	지역사회개발모델	사회계획모델	사회행동모델
권력구조에 대한 견해	• 공동사업의 협력자	• 전문가의 고용자 또는 후원자	• 행동의 외적 표적, 억압 세력
클라이언트 집단이나 클라이언트의 범위	• 지리적 지역사회 전체	• 전체 지역사회 또는 지역사회 일부 (기능적 지역사회 포함)	• 지역사회 일부 (억압받는 주민)
지역사회 내 하위 집단들 간의 이해 관계에 대한 가설	• 공통적인 이익 또는 의견차이의 조정 가능성	• 조정 가능한 이해관계 또는 갈등적인 관계	• 쉽게 조정될 수 없는 갈등적인 이익관계
공공이익의 개념	• 합리주의: 목적과 의사결정 주체의 단일성	• 이상주의: 목적과 의사결정 주체의 단일성	• 현실주의: 목적과 의사결정 주체의 다양성
클라이언트 역할에 대한 견해	• 문제해결과정의 참여자	• 소비자, 수혜자	• 희생자, 고용자
임파워먼트의 활용	• 지역사회의 능력을 키움 (지역주민들의 역량 증진)	• 지역주민들의 욕구를 소비자로부터 찾음(서비스 선택 정보를 소비자에게 제공)	• 수혜체계에 객관적인 권력을 부여함(참여자의 역량 증진)

출처: Rothman(1974); 남일재 외(2015) 재인용.

5. 지역사회를 대상으로 하는 사회복지사의 역할

지역사회를 대상으로 하는 사회복지실천기술에서 사회복지사가 해야 될 역할은 매우 많고 광범위하며 다양하다. 사회복지사는 하나의 체계로서 지역사회를 이해하고 '변화 가능성'과 '변화에 대한 저항'에 관한 지식을 토대로 지역사회 내에서 사회복지사의 역할을 수행한다. 당면한 지역사회문제의 해결을 위해 사회복지사가 수행하게 되는 역할은 여러 가지 사회적 여건에 의해 영향을 받는다.

사회복지사가 수행하는 역할[3]은 〈표 6-2〉에서 예시된 것처럼 사업의 유형에 따

3) 고수현(2015)은 지역대상 사회복지사의 역할을 '지역사회조직가'로서의 역할과 '지역사회개발가'로서의 역할로 구분하여 설명하고 있다. 지역사회조직은 윗부분에서 설명한 바와 같이 로스만이 제시한 지역사회개발모델, 사회계획모델, 사회행동모델이 대표적인 유형으로서 〈표 6-2〉에서 보는 바와 같이 지역사회조직가는 각각의 모델에 따라 각기 요구되는 역할이 다를 수 있으며 일정 부문에 있어서는 중첩되는 역할을 수행할 수도 있다. 반면에 지역사회개발가의 역할은 지역사회조직가로서의 역할에서 새롭게 분파된 것으로, 지역사회는 이제 지역주민과 지도자들이 지역

라 각양각색이며 한 유형 안에서도 구체적인 사업의 성격이나 진행과정에 따라 여러 가지로 규정된다. 이 책에서는 로스(Ross), 샌더스(Sanders), 그로서(Grosser)의 견해를 중심으로 살펴보고자 한다.

표 6-2 지역사회대상 사회복지실천 유형에 따른 사회복지사의 역할

지역사회개발		사회계획		사회행동	
로스 (Ross, 1967)	리피트 (Lippitt, 1958)	모리스 · 빈스톡 (Morris & Binstock, 1966)	샌더스 (Sanders, 1969)	그로서 (Grosser, 1965)	그로스만 (Grossman, 1969)
안내자 (guider) 조력자 (enabler) 전문가 (expert) 치료자 (therapist)	촉매자 (catalyst) 전문가 (expert) 실천가 (implementer) 조사자 (researcher)	계획가 (planner)	분석가 (analyst) 계획가 (planner) 조직가 (organizer) 프로그램 행정가 (program administrator)	조력자 (enabler) 중개자 (broker) 대변자 (advocate) 행동가 (activist)	행동조직가 (organizer)

출처: 최일섭 외(2014).

1) 지역사회개발모델에서의 사회복지사 역할

로스(Ross, 1967)는 지역주민의 자조(self-help) 정신을 강조하는 지역사회개발모델에서 사회복지사가 담당해야 할 역할로 안내자(guider), 조력자(enabler), 전문가(expert), 치료자(therapist)로 구분하여 설명하였다.

(1) 안내자로서의 역할

지역사회개발 실천에서 사회복지사로서 안내자의 역할은 지역사회주민이나 지역사

사회의 문제에 참여하는 환경에서 지역사회의 결정이 분야별 · 사업별 · 프로그램별로 세분화되는 환경으로 변화함에 따라 지역사회개발가의 역할은 기본적으로 달라지고 있다고 설명하고 있다. 켈리 등(Kelley, Balderrabano, & Briseno, 1986)은 다양성을 보이는 지역사회개발가의 역할로 상담가, 연구자, 정책분석가, 촉진자(조력자), 계획가, 프로그램 개발자, 조직자, 재활가, 지지자, 조정자, 교육가, 중재자 등의 12가지를 제시하였다.

회 내에 있는 특정 집단들로 하여금 자기들의 문제를 발견·인식하고 문제해결의 목표를 설정하고 이를 해결하는 방안을 강구하도록 정보를 제공하는 일이다. 또한 문제를 복합적으로 가지고 있는 다(多)문제 가족이나 개인들, 그리고 잠재적인 클라이언트를 찾아 접근하고 변화의 동기를 심어주는 선도적인 역할을 한다. 이때 문제해결을 위한 방향과 방법을 선택하는 것은 지역사회 자체의 노력이어야 하며 사회복지사는 안내자임을 강조하여 지역주민들의 행동에 방임적인 태도를 취해서는 안 된다.

안내자로서 사회복지사가 가져야 할 원칙으로, ① 지역사회로 하여금 문제해결에 따른 목표(goals)를 설정하고 이를 해결하는 방안을 마련하도록 도와주고, ② 자신이 객관적인 입장(objectivity)을 견지하고, ③ 자신을 지역사회 전체와 동일시(identification)하고, ④ 문제해결과정에서 주도권(initiative)을 발휘하고, ⑤ 자기 행동을 자제하며 맡은 바 임무를 수행할 수 있는 능력을 키우고, ⑥ 자신의 역할을 지역사회에 설명하기 등이 있다.

(2) 조력자로서의 역할

지역사회개발 실천에서 사회복지사로서 조력자의 역할은 지역사회조직의 과정을 용이하게 하는 것이다. 지역사회의 불만을 집약하고 이를 바탕으로 조직화를 지지, 격려, 제안함으로써 지역사회체계가 과업의 완수 또는 문제해결을 보다 쉽고 성공적으로 달성할 수 있도록 하는 것이다. 또한 지역주민 상호 간의 좋은 대인관계를 육성하고 공동목표를 강조하는 활동을 하게 된다.

사회복지사가 조력자의 역할을 적절하게 수행하기 위해서는 ① 불만을 집약하고, ② 조직화를 격려하고, ③ 좋은 대인관계를 육성하고, ④ 공동목표를 강조하는 일련의 단계를 거치게 된다.

(3) 전문가로서의 역할

지역사회개발 실천에서 사회복지사로서 전문가의 역할은 자신이 권위를 가지고 지역사회가 필요로 하는 객관적인 자료나 정보를 제공하며 직접적인 충고를 하는 것이다. 즉, 지역사회조직체가 사업을 수행하는 데 필요로 하는 조사자료, 기술상의 경험, 자원에 관한 자료, 방법상의 충고 등을 제공한 것으로 여기에는 지역사회진단(community diagnosis), 조사기술(research skill), 타 지역사회에 관한 정보, 방법에 관한 정보, 기술상의 정보(technical information), 평가(evaluation) 등의 내용들을 포함한다.

(4) 치료자로서의 역할

지역사회개발 실천에서 사회복지사로서 치료자의 역할은 지역사회 수준에서 적절한 진단과 치료를 행하는 일이다. 즉, 적절한 진단을 통해 규명된 성격과 특성을 지역주민에게 제시하여 그들의 이해를 돕도록 하여 긴장을 해소하게 하며 협력적 작업을 방해하는 요인을 제거하는 것이다. 이때 사회복지사가 적절한 진단을 하기 위해서 확인할 것은 ① 지역사회 전체 혹은 그 일부의 기원과 역사, ② 현재의 믿음이나 관습에 관한 사회적 근원, 믿음, 실제와의 관계, ③ 지역사회의 권력구조 및 지역사회 내의 역할들 간의 관계 등이 있다.

2) 사회계획모델에서의 사회복지사 역할

샌더스(Sanders, 1969)는 지역사회문제를 해결하는 데 있어 합리적 계획수립과 통제된 변화를 강조하는 사회계획모델에서 사회복지사가 담당해야 할 역할을 분석가(analyst), 계획가(planner), 조직가(organizer), 프로그램 행정가(program administrator)로 구분하여 설명하였다.

(1) 분석가로서의 역할

사회계획 실천에서 사회복지사로서 분석가의 역할은 지역사회문제와 그 문제에 영향을 미치는 요인의 발견 및 사회변화를 위한 프로그램의 분석, 평가 등을 행하는 일이다. 이때 사회복지사는 사회조사와 관련한 이론 및 실천기법을 사용하여 다양한 수준의 지역사회사정(community assessment)의 방법을 활용한다.

사회복지사가 조사와 분석을 적절하게 수행하기 위해서는 ① 사회문제와 영향을 미치는 요인들에 관한 조사, ② 사회변화를 위한 프로그램의 과정에 대한 분석, ③ 계획을 수립하는 과정에 대한 분석, ④ 유도된 변화에 대한 평가 등이 요구된다.

(2) 계획가로서의 역할

사회계획 실천에서 사회복지사로서 계획가의 역할은 사실발견과 분석, 평가의 결과를 바탕으로 지역사회문제의 변화를 목표로 하는 계획을 수립하는 것이다. 이때 사회복지사는 계획수립에 있어 목표를 달성하기 위한 공간, 재정, 인력, 법, 건축 등의 제반 여건을 고려해야 한다. 또한 모든 면에서 인간적인 측면에 관심을 두어야 한다.

모든 사업계획은 목표를 설정하되 이 목표는 지역사회복지를 증진시키기 위한 목표이어야 하며 장차 사업의 추진에 있어서의 성패를 평가하는 근거가 된다.

(3) 조직가로서의 역할

사회계획 실천에서 사회복지사로서 조직가의 역할은 계획의 수립과 실천과정에 지역사회에 있는 행동체계들을 적절하게 참여시키는 것이다. 즉, 지역주민이나 지역사회의 단체를 지역사회행동체계에 참여시키고 그들의 역할을 분명히 하며 그 역할을 효과적으로 수행할 수 있도록 훈련시킨다. 또한 지역주민의 참여의식을 고취시켜 스스로 추진할 수 있도록 사기를 진작시키고 능력을 북돋아 주는 일이다.

(4) 프로그램 행정가로서의 역할

사회계획 실천에서 사회복지사로서 행정가의 역할은 프로그램이 실제 운영되고 지역주민들이 프로그램에 반응을 보이는 단계에서 발휘되는 것으로 프로그램 계획에서 설정한 목표가 효과적·효율적으로 달성될 수 있도록 인적·물적 자원을 적절히 관리하는 일이다. 이때 프로그램 운영과정에서 예상하지 못했던 행정문제가 발생할 때 능동적으로 대처할 수 있는 통찰력과 기술을 높여가야 한다. 지나치게 형식적인 면을 강조하지 말고 융통성을 발휘하는 것도 중요하다.

3) 사회행동모델에서의 사회복지사 역할

그로서(Grosser, 1965)는 지역사회 내의 억압받고 소외된 지역주민에게 많은 자원과 향상된 처우를 그 지역사회에 요구하는 사회행동모델에서 사회복지사가 담당해야 할 역할로 조력자(enabler), 중개자(broker), 대변자(advocate), 행동가(activist)로 구분하여 설명하였다.

(1) 조력자로서의 역할

사회행동 실천에서 사회복지사로서 조력자의 역할은 지역주민 자체가 욕구분석을 토대로 스스로 설정한 목표에 도달할 수 있게끔 조직화가 용이하도록 지원하고 그들을 격려하는 것이다. 이때 사회복지사는 수혜자 입장보다 제공자의 입장에서 일하는 경향을 비판하고 사회적 약자의 복지를 증진시키기 위해 그들 편에 서서 활동을 전개한다. 조력자의 역할은 사회행동의 다른 역할보다는 중립적인 입장과 소극적인 면이 있다.

(2) 중개자로서의 역할

사회행동 실천에서 사회복지사로서 중개자의 역할은 지역주민이 필요로 하는 자원에 대해 연계하고 이에 접근할 수 있도록 적극적인 개입을 하는 것이다. 즉, 지역주민들이 스스로 필요로 하는 자원이 어디에 있는지 가르쳐 줌으로써 이에 접근할 수 있도록 도와주는 것으로 지역사회의 다양한 부분들이 상호적 이해를 강화하기 위해 상호 접촉할 수 있도록 지원하는 것이다. 중개자의 역할은 지역사회 내에서 자원을 획득하는 것이 핵심이다.

(3) 대변자로서의 역할

사회행동 실천에서 사회복지사로서 대변자(옹호자)의 역할은 필요한 정보를 수집하고 지역주민의 입장에서 정당성을 주장하고 지도력과 자원을 제공하는 것으로 전문적 역량을 오로지 클라이언트의 이익을 위해서만 사용한다. 자신의 문제나 권리를 표현하고 주장하지 못하는 지역사회 집단을 발견하고 그들의 문제와 권리주장을 대변하는 역할이다. 또한 클라이언트에게 불리한 영향을 주고 있는 현재 운영 중인 정책, 절차 또는 실천을 수정하고 필요한 자원의 확보나 서비스 제공이 이뤄질 수 있도록 새로운 입법 또는 정책을 추진하는 것이다. 대변자의 역할은 클라이언트가 자신이 필요한 것을 얻는 데 필요한 권력이나 힘이 없을 때 매우 유용하다.

Tip 대변자(옹호자)의 사용 기술

① 설득(persuasion)
② 대변(representation)
③ 고충처리(grievances) 및 이의신청(complaints)
④ 변화의 표적 궁지에 몰기(embarrassing the target)
⑤ 정치적 압력(political pressure)
⑥ 청원(petitioning)

(4) 행동가로서의 역할

사회행동 실천에서 사회복지사로서 행동가의 역할은 지역사회에서 불이익을 당하는 지역주민들을 위해 주민조직과 함께 지역사회 환경을 개선하고 서비스의 확대를 요구하기 위한 집단행동에 리더십을 발휘하여 행동에 동참하는 것이다. 이와 같은 역할에서 사회복지사는 지역사회와 지역주민들을 클라이언트로 보지 않고 사회변화를 위해 함께 나아가야 할 동지로 본다. 그렇기 때문에 갈등상황에서 중립적 · 수동적 자세를 거부하고 행동을 조직화한다. 사회행동 실천의 역할 중에서 가장 적극적이고 급진적인 역할이다.

6. 지역사회복지실천의 분야

지역사회대상 사회복지실천을 위해서는 다양한 방법과 실천분야가 필요하다. 특히 지역사회 차원에서 전문직으로 종사하는 사회복지사는 본연의 지식과 사회복지실천 기술을 바탕으로 클라이언트를 직 · 간접으로 처우하는 일이 주된 업무이기는 하지만 지역사회자원을 동원하고 관리하여 자신이 거주하는 지역사회 내에서 서비스를 받을 수 있도록 하는 업무가 상당 부분을 차지한다. 또한 시설보호에서 지역사회보호로 그 관점이 바뀌고 있는 사회복지환경에서 지역사회대상 사회복지실천의 중요성은 더 한층 높아지고 있는 시점이다. 박태영(2014)은 지역사회복지실천분야를 다음 몇 가지로 구분하였다.

1) 사회복지협의회

민간사회복지기관의 대표조직으로 지역사회 전체의 복지향상을 위한 계획수립과 추진, 지역 내 사회복지기관의 연락·조정·협의, 조사·연구, 연수·교육 등의 기능을 수행함과 동시에 민·관 파트너십을 형성하기 위한 민간의 대표성을 지닌 조직으로서의 역할도 함께 해 나가야 하는 기관이다.

2) 사회복지공동모금회

지역 내의 민간자원을 개발하여 적절하게 배분하는 기관이다. 공동모금회는 단순히 민간자금을 모으는 것뿐만 아니라 지역주민 자신이 생활하고 있는 지역사회에서 발생하는 생활문제를 자신들이 참여하여 이를 해결하기 위해 모금에 참여하도록 하는 주민참여의 의미도 함께 가지고 있다.

3) 자원봉사센터

지역사회의 인적자원인 자원봉사자의 양성과 활성화를 도모하는 기관이다. 자원봉사센터는 지역주민에게 체험적 복지교육을 통하여 지역주민의 복지의식을 변화시켜 나감과 동시에 지역 내에서 필요로 하는 자원봉사활동거리의 개발과 자원봉사활동의 지속화를 위한 지원 등을 함으로써 지역주민의 지역사회에 대한 관심과 참여를 조성해 나가야 한다.

4) 사회복지관

일정한 지역사회에 복지서비스를 종합적으로 제공하는 기관으로서 여기에는 클라이언트뿐만 아니라 지역주민도 함께 참여하여 필요한 서비스의 이용과 제공이 동시에 이루어지는 조직체이다. 아직은 클라이언트중심의 서비스가 주류를 이루고 있지만 점차 주민 조직화와 복지계획의 책정 등을 통하여 지역주민 전체의 복지센터로서의 역할을 해야 한다.

5) 사회복지시설의 사회화

시설이 시설다워지기 위한 일련의 노력 가운데 하나이다. 사회적 보호의 연속체 개념에서 볼 때 시설은 지역사회와 밀접한 관계를 가질 수밖에 없다. 시설이 지역사회복지실천의 중요한 현장으로서의 역할을 수행하는 방법이 시설의 개방, 열린 시설, 시설과 지역사회의 교류 등으로 표현되는 시설의 사회화이다.

CHAPTER

07

의사소통기술

1. 의사소통의 개념 및 요소

1) 의사소통의 개념 정의와 의미

사회복지를 실천하는 데 있어서 사람과의 관계는 매우 중요한 부분 가운데 하나이다. 이러한 주요한 관계를 다루는 데 있어서 보다 효과적이고 바람직한 관계형성과 유지 등을 위해서는 효과적인 의사소통이 필수적이라 할 수 있을 것이다.

의사소통이란, 가장 중요한 대인관계 과정으로 관계 속에서 서로의 감정, 생각, 느낌, 태도 등의 메시지를 언어적·비언어적 소통방식으로 전달하고 수신해서 서로의 공통된 의미를 수집하고, 나아가 서로의 행동에 영향을 미치는 상호작용을 말한다(이형득, 1982). 한편, 비앙브뉘와 맥클라인(Bienvenu & McClain, 1971)은 의사소통이란, 사람들이 서로를 이해하고 다른 사람의 관점에서 문제를 보려고 하고 또한 다른 사람과의 관점 차이를 알기 위하여 자신의 느낌과 의미를 상대와 교환하는 방법이라고 하였으며, 그로스와 크놀(Gross & Knoll, 1980)은 의사소통은 사람들 간에 감정, 태도, 사실, 믿음, 생각 등을 전달하는 과정으로 상호 대화(interpersonal communication)를 통해 서로에게 영향을 주고 서로 이해하는 모든 수단을 포함한다고 하였다.

도광조(2014)에 따르면 의사소통은 '나누다', '전달하다', '참여하게 하다', '관여·공유하다'라는 뜻의 라틴어 ommunicare에서 유래했고, 사람의 의사나 감정의 소통 등을 말하는 것으로 흔히 커뮤니케이션(human communication)이라고도 한다. 즉, 의사소통은 두 사람 이상의 사이에서 언어적·비언어적 수단을 통해 감정, 태도, 사실이나 정보, 생각 그리고 행위 등을 전달하는 과정을 말한다고 정의하고 있다.

사회에서 다른 사람들과 관계형성을 하며 살아가는 것이 인간이다. 이런 인간의 기본 속성 과정에서 의사소통은 필수적일 수밖에 없다. 기본적으로 의사소통은 한 개인이 다른 사람에게 의도적 또는 비의도적으로 정보를 전달하는 과정이다. 이것은 한 사람이 다른 사람의 언어적·비언어적 행위에 의미를 부여할 때 일어난다.

이러한 의사소통이 순기능적으로 이루어지지 않으면 사람들 관계에 문제가 발생할 수 있다. 이러한 역기능적 의사소통은 자신이 생각과 마음속에 있는 것을 바탕으로 추측하거나 가정하여 행동하기 때문에 오해하기 쉽고, 상대방에게 전하고자 하는 메시지가 정확하게 전달되지 않아 자신이 의도한 목적이나 결과를 얻기가 어려울 수도 있다.

따라서 바람직한 대인관계를 원만히 형성하기 위해서는 개인의 의도, 생각, 감정을 상대방에게 전달하고 그러한 내용을 전달받는 과정으로서의 기술, 즉 의사소통기술이 중요한 역할을 한다고 볼 수 있다(Satir, 1983). 보다 효과적인 의사소통을 위해서는 의사확인과 관심을 기울일 줄 알기와 공감, 경청, 긍정적 사고와 능동적 자세, 주장하기와 거절 등에 대한 의사소통 기초기술 등을 습득할 필요가 있다.

2) 의사소통의 기본 요소

사람들의 의사소통 과정에서 나타나는 감정과 태도는 말보다는 억양과 몸짓에서 더 많이 나타난다. 이처럼 의사소통은 행동의 한 형태이지만 모든 행동이 다 의사소통은 아니다. 즉, 누군가가 다른 사람의 언어나 행동에 담긴 메시지를 인식하는가에 달려 있다. 다시 말해, 무엇을 전달하고자 하는 것과 상관없이 그 말이나 몸짓이 가지는 의미에 대한 부여는 수신자의 몫이므로 의사소통은 주로 수신자에게 초점을 두는 현상이라 할 수 있다.

의사소통은 두 가지 요인에 의해 좌우된다고 셰퍼 등(Scheafor, et al., 서울대 사회복지실천연구회 역, 1998)은 제시하고 있다. 첫 번째 요인은 시각, 청각, 촉각과 같은 감각의 적절한 기능이다. 두 번째 요인은 두뇌의 인지활동으로서 주의집중, 지각, 기억, 언어, 의사결정 등을 말한다. 이러한 인지과정들은 서로 연관되어 있고 중첩되어 있다. 한편, 메러비언(Mehrabian, 1972, 1981)에 의하면 얼굴을 마주보면서 하는 의사소통의 기본 요소로 세 가지를 제시하고 있다. 그 세 가지는 말(Verbal: Words), 억양(Vocal: Tone of voice), 몸짓(Visual: Body language)의 3V를 들고 있다.

[그림 7-1]에서 보는 것처럼, 대화를 나눌 때 듣는 사람은 말하는 사람의 몸짓에서 55%, 음성에서 38%를 참고하여 총 93%를 대화내용(7%) 이외의 몸짓과 음성으로부터 참고한다고 하는데, 말하는 사람의 얼굴표정이나 몸짓이 가장 큰 영향을 주고, 목소리는 그 다음이며, 말의 내용이 전달하는 영향력은 미비하다고 할 수 있다(서혜석 외, 2013). 즉, 말의 내용은 단지 심벌(symbol)일 뿐이다. 사람마다 인종, 가치관이나 신념 체계, 언어, 상상력 등에 따라 다른 사람에게는 다소 다른 의미로 다가갈 수 있다. 의사소통 시, 보여지는 여러 심벌은 외연적인 측면과 내포적인 측면 모두를 가지며, 따라서 말이나 몸짓의 의미는 누가, 언제, 어디서, 어떻게 전달하는가에 따라 달라질 수 있다.

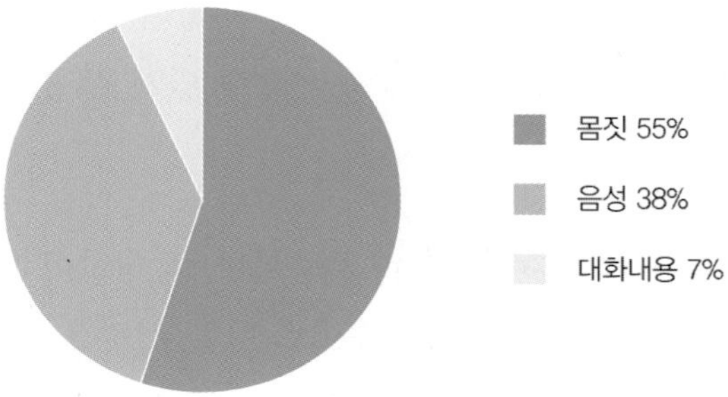

그림 7-1 의사소통에서 차지하는 비중

데이비드 번즈(David D. Burns, 2015)는 좋은 의사소통은 세 가지 요소, 즉 EAR로 이루어진다고 제시하고 있다. 잘 귀담아듣기(공감), 효과적인 자기표현(주장), 존중하기의 세 가지 영어약자, 즉 E는 Empathy(공감), A는 Assertiveness(주장), R은 Respect(존중)이다. 한편, 나쁜 의사소통은 귀담아듣지 않기, 자기감정 나타내지 않기, 배려나 존중심을 보이지 않기 등을 말하고 있다. 좋은 의사소통의 세 가지 요소인 EAR을 구체적으로 살펴보면 다음과 같이 정리해 볼 수 있다.

① Empathy(공감)

공감이야말로 좋은 의사소통의 첫 번째 특징이다. 공감이란 다른 사람의 눈으로 세상일을 듣고 보려는 태도를 의미한다. 대부분의 사람들은 귀담아듣는 일을 제대로 하지 못한다. 대부분의 사람들은 일단 화가 나면 상대방의 말과 감정을 인정하지 않을 뿐 아니라 상대방의 말에 일말의 진실이 있는지 들여다보려 하지 않는다. 그 대신 상대방이 틀렸다고 우기며 자기 자신을 방어한다. 이런 상황에서 상대방의 비판이 부당하고 상대방의 관점이 자신과 다를지언정, 그 사람의 말에서 일말의 진실을 찾아내는 것이다. 또 상대방의 말에 입각해서, 그 사람의 생각과 감정을 인정해주는 것이 필요하다.

② Assertiveness(주장, 자기표현)

좋은 의사소통의 두 번째 특징이 자기주장(표현)이다. "내 기분은 ~해."라는 말로, 즉 "나는 지금 조금 마음이 우울해." 혹은 "답답해"라는 말로써, 자신의 감정을 직접 솔직하게 표현하는 것이다. 자기를 표현할 때는 다른 사람이 무시당한다거나 위축되거나 면박당하는 느낌이 들지 않도록, 자신의 감정을 요령 있게 잘 전달하는 것이 중요하다.

③ Respect(존중)

마지막 좋은 의사소통의 세 번째 특징은 존중이다. 상대방이 조금 힘들고 답답하며 어렵게 다가와도 친절과 보살핌, 존중의 자세로 다른 사람을 대해주는 것이다. 이와 반대로 나쁜 의사소통은 마치 상대방을 싸워 이겨 모멸감을 주려는 양 생색을 내거나 적대적이며 경쟁적인 태도로 대하는 것이다.

앞서 살펴보았듯이, 언어적 전달보다 비언어적 전달이 주는 영향력은 더 크며, 그 비언어적 메시지는 비의도적 내지는 본능적으로 이루어지는 경우가 많기 때문에 내면의 의미를 잘 드러내 준다고 할 수 있다. 또한 의사소통을 하는 데 있어 공감, 주장, 존중은 가장 중요한 요소라 할 수 있는데 이를 실천하는 것은 쉬운 일이 아니다. 사회복지사와 클라이언트가 비의도적으로 전달하는 비언어적 메시지는 두 사람 간의 의사소통 및 관계형성에 중대한 영향을 미친다는 점을 인식하면서 공감하고 존중하는 자세로 의사소통할 필요가 있다.

2. 의사소통의 기본 기술

두 사람 이상이 의미를 주고받으며 상호작용하는 과정인 의사소통은 사회복지실천에서 핵심적인 것이다. 여기에서는 의사소통의 기본적인 기술로서 기본적 의사소통기술, 언어적 의사소통기술, 비언어적 의사소통기술의 세 가지 측면에서 정리하여 살펴보았다.

1) 기본적 의사소통기술

사회복지실천현장에서 사회복지사가 자주 사용하는 의사소통은 주로 두 가지로 구분할 수 있다. 첫째는 사람 간의 원조를 촉진하기 위한 것, 둘째는 기관 내 또는 기관 간, 전문분야 간의 정보 교환을 촉진하기 위한 것이다. 사회복지사가 다른 성원들과의 의사소통 시, 자주 사용되는 기술들, 즉 사회복지사가 다른 사회복지사, 다른 전문직(의사, 변호사, 판사 등), 기관의 슈퍼바이저, 행정가, 위원회의 성원이나 다른 과제집단의 성원 등과 의사소통할 때 자주 사용되는 기술들에 대하여 다음에서 살펴보고자 한다.

우선 좋은 의사소통의 기초가 되는 태도와 메시지 수신 및 전달 시의 규칙들에 대하여 정리해 보면 〈표 7-1〉과 같다.

표 7-1 의사소통의 기초적 태도와 메시지 수신, 전달 시 규칙

구분	내용
좋은 의사소통의 기초가 되는 태도	• 모든 인간은 독특하고, 그 결과 누구나 독특한 방법으로 시간을 인식하고, 경험하고, 상호교환한다는 것을 이해한다. 그러므로 어느 정도의 오해는 예상해야 하고 이 문제를 줄여 나가려는 자세가 필요하다. • 남들이 이해하기 쉬운 방법으로 사고를 조직하고 메시지를 전달하려는 의지 • 남들이 말하는 것을 들을 수 있도록 자신의 방어를 줄이는 의지 • 말하고 있는 사람에게 주의를 기울여 듣고자 하는 의지 • 자기 자신의 사고와 감정, 행동에 책임을 지려는 의지 • 잘 이해하고 이해되기 위해서 의사소통에 필요한 시간을 가지려는 의지

구분	내용
메시지 수신할 때의 규칙	• 말하는 것을 멈춘다. 말하는 동안에는 들을 수가 없다. • 메시지 전달자를 편안하게 해주고 전달자의 불안을 줄이기 위해 할 수 있는 노력을 기울인다. • 말이나 행동으로 당신이 듣고 싶어 한다는 것을 보여야 한다(주의집중). • 말하는 사람을 참을성 있게 대하고 말을 끊지 않는다. • 당신이 더 잘 이해하기 위해서 혹은 전달자가 자신의 메시지를 명확히 하도록 하기 위해서라면 질문을 한다. • 감정을 통제한다. 더 이상의 의사소통에 장애를 일으킬 수 있으므로 비판하거나 논쟁하지 않는다.
메시지 전달할 때의 규칙	• 명확하고 단순한 말을 사용한다. 분명하고 너무 빠르지 않게 말한다. • 당신의 몸짓에 주의한다. 몸짓은 당신의 메시지 내용과 일치해야 한다. 적절한 눈의 접촉과 몸짓을 사용한다. • 너무 많은 정보로 수신자를 압도하지 않는다. 길고 복잡한 메시지는 몇 개의 부분으로 나누어 보다 쉽게 이해되고 다루어질 수 있게 한다. • 수신자가 잘 이해했는가를 알 수 있도록 질문이나 코멘트 등 피드백을 요구한다.

출처: 서울대 사회복지실천연구회 역(1998).

한편, 사회복지사가 의사소통할 때 더 효과적으로 의사소통하도록 도움을 주는 기술들에 대해서 셰퍼 등(Scheafor, et al., 서울대 사회복지실천연구회 역, 1998)이 제시한 9가지 내용을 중심으로 살펴보면 다음과 같다.

① 메시지를 계획(planning a message)하는 기술

사회복지사가 의사소통할 이야기에 대해 생각하고 몇 가지 질문들을 통해 메시지에 대한 계획을 세우는 것이다. 질문의 예를 들면, 내 메시지의 핵심적인 내용은 무엇인가?, 수신자에게 잘 이해되고 받아들일 수 있도록 내 메시지를 어떻게 조직할 것인가? 등이다.

② 자신을 밝히는(identifying self) 기술

이 기술은 의미 있는 의사소통의 중요한 첫 단계로서 자신이 누구이고, 원하는 메시지나 정보의 교환에서 당신의 역할이나 책임이 무엇인지 간단하게 묘사하는 것을 말한다.

③ 의사소통의 목적을 설명(explaining the purpose of the communication)하는 기술

전달자가 메시지의 이유를 언급하는 것이다. 이를 통해 수신자가 메시지를 적절한 맥락에서 파악할 수 있고 이런 기술이 보다 효과적인 의사소통의 방법으로 제시될 수 있다.

④ **비언어적 의사소통을 염두에 두는**(following up on nonverbal communication) **기술**

종종 수신자가 메시지에 대해서 동의하지 않거나 혼란스러워하면서 이를 나타내는 비언어적 의사소통을 보이기도 하는데 이에 적절히 반응하는 시도를 말한다. 예를 들어, 클라이언트에게 "새로운 기관의 절차에 대해 설명할 때 당신이 좀 혼란스러워 보였어요. 궁금한 점 있으면 지금 편안하게 질문 하세요."라고 반응하는 시도를 보일 필요가 있다.

⑤ **메시지 수신을 검토**(checking for message reception)**하는 기술**

이 기술은 남들이 당신의 메시지를 완전히 그리고 정확하게 받아들였는지 확인하기 위해서 다양한 질문과 탐색을 하는 것이다.

⑥ **자신의 메시지 수신을 확인**(checking one's receipt of a message)**하는 기술**

이는 자신이 메시를 받았고 전달자가 의도한 것을 오해하지 않았다는 것을 입증하기 위해 여러 가지의 탐색과 질문을 사용하는 것이다.

⑦ **초점화된 질문하기**(asking a focused question) **기술**

명확하고 간결한 방식으로 답변이 나올 수 있도록 질문하는 것은 매우 어렵다. 우리는 자주 질문의 초점을 흐릴 수 있는 불필요한 말이나 관계없는 주제들을 첨가하곤 한다. 명확한 답변을 얻기 위해서는 질문이 매우 정확하고 초점이 잡혀 있어야 하는데 이것을 초점화된 질문하기 기술이라 한다.

⑧ **질문에 답변**(answering a question)**하는 기술**

질문에 대해 직접 부합하는 말을 확정적으로 하는 것을 말한다. 이것은 단순해 보이지만 사람들은 종종 질문을 제대로 듣지 못하는 경우가 있다. 질문에 답할 때, 대답하는 사람은 질문자가 물어보는 것의 의미를 예측하거나, 혹은 질문자가 어떤 것을 물어보려는 것이 틀림없다고 추측해서는 안 된다. 질문을 주의 깊게 듣고 필요 없는 부가사항을 첨가함 없이 질문에 대답해야 한다.

⑨ 단어의 의미를 확인(checking for word meaning)하는 기술

이 기술은 의사소통하는 사람들이 주요 단어들을 같은 의미로 생각하고 있는가에 대해 확인하기 위한 질문을 말한다.

이처럼 사회복지사가 의사소통을 할 때 좀 더 효과적으로 의사소통하는 데 도움이 되는 기술들에 대해 살펴보았는데, 의사소통이 정보를 제공하는 송신자와 정보를 받는 수신자 간에 정확한 전달을 통해 원활한 관계형성과 유지를 촉진하는 역할이라고 볼 때, 특별히 전문적 업무를 다루는 사회복지사들에게는 앞서 살펴본 태도와 규칙 및 기술들에 대한 내용을 최대한 습득하고 활용해야 할 것이다.

2) 언어적 의사소통기술

현대를 살아가는 사회구성원들에게 의사소통을 보다 효과적으로 증진시키기 위한 언어적 기술은 필요한 학습내용이 될 수 있다. 특히, 전문적 관계로 형성되는 사회복지사와 클라이언트 간에 바람직한 의사소통을 위한 기술습득은 매우 필요한 내용이라 할 것이다. 이에 많은 학자들이 사회복지사와 클라이언트 사이에 의사소통을 할 때 사용해야 할 바람직한 언어적 기법에 대하여 제시한 바 있는데, 여기에서는 키스트-애쉬맨과 헐(Kirst-Ashman & Hull, 1993), 김융일 외(2000), 엄명용 외(2005), 이종복 외(2006), 전남련 외(2011) 등에서 제시된 기술들을 중심으로 정리해서 살펴보았다.

① 언어의 재구성

클라이언트가 말한 것을 다른 단어를 사용해 다시 구성하는 것을 클라이언트 언어의 재구성이라 한다. 클라이언트 언어의 재구성은 사회복지사가 클라이언트의 말을 잘 경청하고 있다는 것을 보여 주기 위한 목적으로 사용되는데 예를 들면, 클라이언트의 의도를 제대로 파악했는지 알아보거나 또는 클라이언트에게 자신이 한 말에 대해서 다시 생각해 볼 상황을 만들어 주기 위한 것 등이다.

② 감정 이입적 반응

이 기법은 감정 이입적 의사소통에 매우 효과적인 기법으로 활용된다. 클라이언트가 자신의 감정을 충분히 이해하지 못하거나 표현력 부족 등의 이유로 자신의 감정을 표현하려다가 중단하는 상황들이 발생하는데 이때, 사회복지사는 클라이언트의 감정을 제대로 읽어서 언어로 표현해 주는 역할을 수행하여야 한다. 이는 사회복지사와 클라이언트와의 관계가 진정한 감정의 대화가 가능할 수 있는 관계로의 진전을 가져올 수 있는 기회가 된다. 예를 들어, "부모님의 이혼으로 인해 매우 상심해 있군요." 등으로 감정을 표현하는 것이다.

③ 지지적 언어반응

긍정적인 언어반응으로 클라이언트가 한 말에 대하여 "아/네/아하/예/그렇군요" 등의 간단하면서도 긍정적인 반응으로 적극적인 호응을 해 주는 것을 말한다. 이를 통하여 클라이언트로 하여금 사회복지사가 자신의 말에 관심을 갖고 적극적으로 경청하고 있음을 알려주는 지지적 방법으로서 보다 효과적인 의사소통을 실현할 수 있다.

④ 인식의 명료화

인식의 명료화란 클라이언트가 말하는 것을 확실하게 이해하기 위해 사용되는 기법이다. 사회복지사 자신이 이해를 분명하게 하기 위한 목적과 동시에 클라이언트에게 사회복지사가 말한 것을 좀 더 분명하게 인식시키고자 사용하는 기법이다. 예를 들면 클라이언트가 사회복지사에게 "나는 이혼을 했어요. 모든 것이 암담해요. 어떻게 하면 좋죠?"라고 말을 했다면 사회복지사는 "이혼으로 인해 자녀양육문제, 위자료문제 등을 어떻게 해결해야 될지 모르겠다는 말씀인가요?"라고 반응을 명료화하는 것이다.

⑤ 간접적 표현에 대한 언어화

원조와 변화에 대한 양가감정과 방어적 차원에서 예를 들어, 클라이언트의 문제가 사회적 금기인 경우, 사회복지사의 권위에 대한 두려움 등의 이유로 클라이언트는 의

사표현을 은유와 비유를 사용하여 간접적으로 표현하는 경우가 있다. 이럴 때 사회복지사는 자신의 판단과 추측으로 간접적으로 반응하여 클라이언트가 의미하는 바를 명확하게 언어화하는 기술이 필요하다. 이런 기술을 통해 클라이언트와 사회복지사는 원조관계를 호전시킬 수 있는 대화의 영역을 열어 갈 수 있다.

⑥ 해석

앞서 설명한 명료화보다 한 단계 더 진전하여 클라이언트가 말한 것에서 결론을 이끌어내고 말 자체보다 그 의미를 도출해 내는 기법을 해석이라 한다. 클라이언트가 말한 것을 해석함으로써 클라이언트가 자신과 자신의 문제를 심층적으로 이해할 수 있도록 돕고, 상황에 대한 인식력을 높여준다.

⑦ 정보제공

클라이언트와 사회복지사가 의사소통을 할 때, 왜 사회복지사에게 클라이언트 자신의 이야기를 털어 놓아야 하는지, 필요한 자원을 어디서 얻을 수 있는지 등에 대해 클라이언트가 때로는 구체적인 사항에 대해 직접적으로 물어 올 때가 있다. 이런 질문들이 발생하면 이에 대해 사회복지사는 회피하거나 대충 넘어가려 하지 말고, 정확한 설명이나 안내 등을 제공하는 것을 말한다.

⑧ 장점 강조

사회복지현장에서 만나게 되는 대부분의 클라이언트는 여러 가지 문제를 지니고 있는 것이 사실이다. 그런 이유로 삶에 대하여 비관적이며 부정적이고 희망을 잃어버리는 경우가 많다. 따라서 이러한 클라이언트의 장점을 찾아 강조해 주면 클라이언트는 자신에 대한 자존심과 가치를 회복시킬 수 있고, 자신의 문제에 대해 희망적이게 되며, 동시에 장점을 활용한 문제해결의 가능성을 모색할 수 있게 된다.

⑨ 자기노출

클라이언트와의 관계형성을 증진시키는 방법으로 사회복지사가 어느 정도 자기노출(self-disclosure)을 하는 것이 필요하다고 볼 수 있다. 자기노출(自己露出)이란, 자기 자신의 신상에 관한 기술이나 감정 혹은 생각을 남에게 전달하는 언어기법이다. 반면에, 지나친 자기노출은 클라이언트로 하여금 신뢰감을 갖지 못하게 하기 때문에, 사회복지사를 위한 것이 아니라 클라이언트에게 도움이 되어야 한다는 점과, 클라이언트의 상황에 적합해야 한다는 원칙, 그리고 짧고 간결해야 한다는 판단지침 등에 의해 사회복지사가 자기노출을 적절히 해야 할 것이다.

⑩ 요약

클라이언트에게 면접의 중요 사안을 이해시키며 동시에 면접의 방향을 정위치로 잡는 데 도움이 되는 기법으로 면접의 내용을 요점만 간추려서 간결하고 분명하게 재구성하는 것을 요약이라 한다. 요약하기 위해서 사회복지사는 가장 중요한 사실, 쟁점, 주제를 지적할 줄 아는 능력을 갖추어야 한다.

3) 비언어적 의사소통기술

대화를 나눌 때 듣는 사람은 말하는 사람의 대화내용에서 7% 정도만을 참고하며, 나머지 93%는 대부분 몸짓과 음성을 통해 참고한다는 연구결과(서혜석 외, 2013)에서 보았듯이 비언어적 의사소통기술은 의사소통에 있어서 중요한 부분임을 알 수 있다. 즉, 비언어적 의사소통은 언어로 전하는 것보다 훨씬 더 많은 메시지를 전달하게 된다. 비언어적 의사소통기술의 구체적인 기법에 대하여 여러 학자들의 내용을 재정리해 보면 다음과 같다(Kirst-Ashman & Hull, 1993). 김융일 외(2000), 이종복 외(2006), 전남련 외(2011), 도광조(2014) 등에서 제시된 기술들을 중심으로 정리해서 살펴보았다.

① 얼굴표정

얼굴표정에 온화함과 관심을 반영하며, 적당하게 다양하고 생기 있는 얼굴표정을 지으며 편안한 입모양을 보인다. 예를 들어, 미소를 짓는 등의 표정은 말로써 전달하고자 하는 의미를 더욱 분명하게 하는 효과적인 의사소통수단이나 주의할 점은, 말과 표정의 두 가지 의사소통수단이 서로 다른 메시지를 전달하는 일이 없도록 해야 한다.

② 자세

클라이언트와 사회복지사 상호 간에 비춰지는 자세는 비언어적 의사소통에서 중요한 요소 중에 하나라 할 수 있다. 딱딱하거나 어수선한 자세보다는 단정하고 겸손한 자세가 관계형성에 보다 효과적으로 작용할 수 있고, 전체적으로 편안하고 적절한 몸짓과 그에 따른 바른 자세는 바람직한 의사소통으로 이어질 수 있다. 클라이언트에게 약간 기울인 듯한 자세는 관심과 수용의 자세를 표현하는 좋은 자세라 할 수 있다.

③ 신체적 근접성

클라이언트와 사회복지사 상호 간에 마주하는 각도는 90도 각도, 즉 대각선 방향으로 대하는 것이 상호 간에 보다 편안하고 개방성과 안정감을 주는 위치라 할 수 있다. 책상을 가운데 두고 클라이언트를 정면으로 마주보는 것은 공격적으로 보이기 쉽고 클라이언트로 하여금 폐쇄적으로 대처하게 하는 제공원인이 될 수도 있다. 이런 신체적 근접성 형태는 친밀성에 방해되기 쉽고 사회복지사의 우월성으로 비춰지기도 하기 때문에 관계형성에 부정적인 영향을 미칠 수 있다. 의자 사이는 1~1.5m 정도의 거리를 두는 것이 바람직하며, 클라이언트에게 약간 기울인 듯한 자세는 관심과 수용의 자세를 표현하는 좋은 자세라 할 수 있다.

④ 몸동작

손과 팔, 다리의 움직임은 의사소통 수단 중에 중요한 부분이다. 다리를 꼬거나 팔짱을 끼는 것은 방어적인 태도를 보이고, 양옆으로 내려뜨리거나 앞으로 뻗친 팔은 다른 사람에게 개방적인 태도를 보인다. 주먹 쥔 손은 분노나 불안을 의미하기도 하고 손가락과 발을 많이 움직이는 것은 초조하거나 인내할 수 없는 상황에서 많이 보이는 동작이다. 팔과 손은 적절한 움직임으로 겸손하게 표현하고 편하게 동작한다.

⑤ 목소리

목소리(어조)는 감정을 즉각적으로 드러낸다. 크고 강한 어조의 목소리는 적극성,

통제력, 강함을 드러내며 온순하고 겨우 들릴 듯한 목소리는 위축감, 두려움, 약함을 표현한다. 단조로운 어조는 무관심과 흥미 없음을 의미하기도 한다. 목소리는 들을 수 있지만 크지 않게 따뜻한 어조의 목소리로 클라이언트의 메시지 뉘앙스와 감정적 어조를 반영하는 목소리가 바람직하다고 할 수 있다. 이와 같이 목소리가 전달하는 의미는 매우 다양하므로 사회복지사는 자신의 어조를 잘 활용할 줄 알아야 한다.

⑥ 시선

문화적으로 금지될 때를 제외하고 직접적인 시선접촉을 하는 것이 바람직하다. 시선(눈맞춤)은 중요한 의사소통 방법 가운데 하나이다. 클라이언트와 직접적인 시선접촉을 통해 사회복지사가 클라이언트에게 관심을 갖고 경청하고 있으며 대화에 적극적으로 임한다는 메시지를 전달함으로써 클라이언트의 관계 수립에 도움이 된다.

⑦ 옷차림과 외양

입는 옷과 머리스타일 등도 중요한 비언어적 의사소통수단 중의 하나이다. 사회복지사의 옷차림과 외양은 인상을 결정짓고 이 인상이 사회복지서비스 결과에도 영향을 미치기 때문이다. 이에 대한 일정한 기준이 있는 것은 아니지만 단정하고 조금은 점잖은 스타일이 어느 기관이나 클라이언트에게도 무난한 복장이라 할 수 있다.

3. 의사소통의 방해 및 대응방안

1) 의사소통의 방해 요인

(1) 의사소통을 방해하는 언어적 행동

의사소통에 장애가 되는 사회복지사의 언어적 반응을 주요 연구문헌과 자료(Hepworth & Larsen, 1990; 김융일 외, 2000; 이종복 외, 2006; 전남련 외, 2011)를 참고하여 다음과 같이 정리해 보았다.

① 사회복지사의 과도한 자기노출

클라이언트와의 의사소통에서 사회복지사중심의 지나친 자기 자신에 대한 이야기를 하는 것은 클라이언트의 신뢰감을 얻지 못하고 원조관계에도 도움이 되지 않는다.

② 비판(비난)적 반응과 태도

사회복지사는 클라이언트와의 의사소통에서 "~한 것은 당신이 잘못했습니다.", "~일을 한 것은 잘못된 판단이지요?"와 같은 비판적 반응이나 부정적 태도는 사회복지실천의 기본 가치인 수용과 자기결정권에 위배되는 것이며 원조과정에서도 매우 치명적인 것이다. 이러한 태도는 클라이언트의 저항과 공격을 유발시킨다.

③ 허례적 확신, 위로, 동정

근거가 없는 허례적 확신이나 동정, 위로 등은 클라이언트의 절망, 자포자기, 무기력 등과 같은 감정을 외면하는 결과를 낳게 된다. 이보다는 클라이언트의 고통스러운 감정을 밝혀내어 현실적 인식을 하도록 돕는 것이 바람직하다.

④ 위협, 경고, 역공격적 반응

클라이언트에게 사회복지사가 매우 위협적이고 경고성 반응으로 예를 들어, "~하는 것이 좋을 겁니다. 그렇지 않으면 후회하게 될 겁니다." 등의 반응은 클라이언트의 즉각적인 저항이나 공격, 적개심을 유발시켜 원조관계를 위협한다.

⑤ 규범적 태도

사회복지사의 도덕적이며 규범적인 반응은 클라이언트의 자기방어를 강화시킨다. "~하는 것은 도덕적으로 바람직하지 못한 태도입니다.", "당신은 아기를 낳기에는 너무 어리지 않습니까?" 등과 같은 규범적 반응은 바람직한 의사소통을 저해한다.

⑥ 소극적 태도

소극적인 태도와 비활동성은 사회복지사와 클라이언트의 신뢰감을 떨어뜨리게 된다. 왜냐하면, 사회복지사는 제한된 시간을 최대한 활용하여 적극적인 반응을 통한 원조의 목적을 달성해야 하는 책임을 지기 때문이다.

⑦ 성급한 조언

클라이언트와의 원조관계에서 너무 성급한 조언과 지시나 섣부른 해결책을 제시하게 되면 좀 더 나은 해결방안에 대한 모색의 기회를 잃게 되거나 잘못된 결정을 하게 되어 클라이언트의 원조에 실패하게 될 수 있다.

⑧ 지나친 태도와 유머

다소 빈정거리는 듯한 태도는 클라이언트에게 적개심을 갖게 하고, 농담적 반응은 클라이언트의 긴장을 완화하는 데 효과적이지만 지나치면 피상적으로 접근하게 만든다.

⑨ 이성적 분석과 판단

클라이언트를 상대로 논리적인 설득과 논쟁, 그리고 지적인 분석을 하는 것은 바람직하지 않다. "알코올 중독 문제해결을 위해 당신도 책임을 가지고 함께 생각해 봅시다."와 같은 이성적 분석과 전문적 판단을 요구하는 접근은 클라이언트로부터 자기방어의 강화와 논쟁을 유발시킨다.

⑩ 지나친 명명과 해석

투사, 전이 등과 같은 전문적 용어를 사용한 명명(labeling)도 클라이언트를 당황시키거나 혹은 자신을 '병적'이라고 받아들이게 만든다. 사회복지사 입장에서는 전문적 용어를 사용한 성급한 진단은 문제상황을 포괄적으로 이해하기보다는 지나치게 단순화시켜 클라이언트를 개별적이기보다 정형화하는 오류를 낳게 된다. 또한 해석은 중요한 기술이지만 이것은 클라이언트의 인식수준을 넘거나 시점에 적절치 않으면 클라이언트의 저항을 유발시켜 실패하게 된다.

⑪ 부적절한 질문

클라이언트에게 질문을 할 때, 폐쇄형 질문을 남용한다든지 중첩형 질문이나 유도형 질문 등의 적절하지 않은 질문들은 삼가는 것이 좋다.

⑫ 부적절한 개입

클라이언트가 말하는 중간에 사회복지사가 적절하게 개입하는 것은 명백하며 초점 있는 대화를 위해 필요한 반응이나, 적절하지 않은 시점에서 너무 자주 행해지면 클라이언트가 자신의 문제를 자유스럽게 표출하는 것을 방해하게 된다.

⑬ 초점분산적 사교적 대화

초점이 분명한 전문적 의사소통을 필요로 하는 원조관계에서 날씨나 취미 등 주제가 가볍고 분산된 사교적 대화는 바람직한 의사소통에 해로울 수 있기 때문에 삼가야 한다. 단, 클라이언트의 저항을 낮추고 자신을 개방하도록 유도하거나, 원조관계의 초기단계에서 관계를 자연스럽게 유도하기 위한 수단으로 적용할 때는 예외이다.

⑭ 진부한 문구의 남용

반드시 필요하지 않은 문구는 되도록 사용하지 말고 정확하고 간결한 문장을 사용하는 것이 바람직하다. 사회복지사는 클라이언트가 말한 내용을 새로운 용어로 재구성하여 클라이언트의 이해나 상황 인식력을 높이는 기술이 있어야 한다.

⑮ 과거나 미래의 집착

사회복지사는 클라이언트와의 의사소통에 있어서 과거나 미래보다는 현재에 초점을 맞추어 대화를 진행하는 것이 바람직하다. 왜냐하면 변화시킬 수 있는 것은 클라이언트의 현재의 문제, 상황, 행동, 기분이기 때문이다.

(2) 의사소통에 영향을 미치는 요소

사람들의 의사소통에 영향을 미치는 요소는 다양한데, 개인의 감각적 기능이나 인지능력, 감정상태 등에 따라 어느 정도 제한될 수 있다. 사회복지실천에서 의사소통은 매우 주요한 핵심사항 중에 하나임에 틀림없다. 이런 주요한 의사소통이 가족이나 조직 · 사회적 체계들 사이에서 발생하는 여러 문제들로 인해 정확하고 보다 명확하게 이루어지지 않는 것이 공통적 원인이라 할 수 있다. 좀 더 구체적으로 어떤 때에 의사소통의 문제가 일반적으로 발생하는지 셰퍼 등(Scheafor et al., 서울대 사회복지실천연구회 역, 1998)이 제시한 내용을 중심으로 살펴보면 다음과 같다.

① 다른 사람이 스스로 말하게 두지 않고, 우리가 대신 말해 줄 때

② 듣고 말하는 것에 편견이나 선입견이 영향을 미치도록 방치할 때
③ 다른 사람이 말하려는 것을 듣고 이해할 시간을 가지지 않을 때
④ 믿고 느끼는 것을 남들이 거부할 것 같아 말하지 않고 혼자 담아둘 때
⑤ 느끼고 생각하는 것을 남들이 이미 알고 있는 것 같아서 이야기하려 하지 않을 때
⑥ 남들과 솔직하고 개방적으로 이야기하는 데 필요한 용기가 없고 두려워할 때
⑦ 지시나 위협, 설교, 판단, 비난, 비웃음 등으로 의사소통을 억누를 때
⑧ 스스로에 대한 부정적인 느낌(낮은 자존감) 때문에 내가 남들에게 할 말도 없고 남들도 내 이야기를 들으려 하지 않을 것이라고 생각할 때

이상에서 살펴보았듯이 의사소통의 문제는 감정상태나 기대 등에 의해 발생할 수 있다. 일반적으로 우리는 듣고 싶은 것이나 관심이 있는 것에 대해선 잘 듣는 경향이 있고 나쁜 소식이나 듣고 싶은 맘이 없을 때에는 잘 들리지 않는 경향이 있기 때문에, 즉 정서적 욕구를 충족하고 불편함을 피하기 위해 메시지를 종종 왜곡한다는 것이다.

2) 방어적 태도를 완화하는 의사소통기술

사회복지사와 원조관계에 있는 클라이언트는 대부분 저항감과 양가감정을 가지고 있기에 사회복지사와의 의사소통과정에서 대부분 방어적 자세를 가지게 된다. 의사소통을 방해하는 사회복지사의 언어적·비언어적 행동 모두가 클라이언트의 저항과 자기방어를 촉발시키거나 강화시키는 태도이기 때문에 사회복지사는 클라이언트의 방어적 태도를 완화시키는 데 노력해야 한다. 클라이언트의 방어를 완화시키는 데 효과적인 지침은 다음과 같다(Sheafor et al., 1991; 김경호, 2010; 이재선 외, 2016 재인용).

① 클라이언트가 방어적 태도를 보이는 것은 예상되는 위험으로부터 자신을 보호하려는 본능에서부터 기인한다. 사회복지사와의 관계에서 클라이언트를 위협하는 요소는 도움을 청한 것에 대한 수치감과 모욕감, 자신에 대한 통제력 상실, 개인생활의 침해, 기대하는 서비스에 대한 회의 등이다. 따라서 사회복지사는 저항적 태도 자체에 관심을 가질 것이 아니라 클라이언트의 저항적 태도를 유

발시키는 위협요소를 찾아내어 그것에 집중적인 관심을 갖고 경청하며 저항을 불러오는 감정들을 표출할 수 있도록 도와주는 것이 필요하다.

② 클라이언트의 방어적 태도가 사회복지사와의 상호작용에만 국한된 일시적인 것이 아니라 심한 고통으로부터 자신을 보호하기 위해 오랜 기간 발전시킨 행동양식일 수 있다. 이런 경우 사회복지사는 방어적 태도가 클라이언트를 보호하는 방식에 대해 주목하고, 클라이언트의 태도를 유발시키는 사회복지사 자신의 감정과 태도가 무엇인지 살펴보아야 한다.

③ 거울기법(mirroring)을 사용한다. 이는 클라이언트의 방어적 태도 자체에 대한 직접적 반응으로 클라이언트와는 정반대 혹은 똑같은 태도를 취하는 것이다. 즉, 클라이언트의 방어적 자세와 목소리에 대해서는 개방적 자세와 편안한 어조로 대응하고 빠른 목소리에는 느리면서 부드러운 어조로 대하거나, 반대로 클라이언트의 비언어적 행동에 그대로 맞추어 움직이는 것인데 이 기법은 클라이언트의 방어적 태도를 완화시키는 데 효과가 있다.

④ 자신의 삶에 대한 클라이언트 자신의 결정권과 통제력을 인정하고 존중하는 태도를 보여주는 것 또한 방어적 태도를 완화시키는 데 바람직한 방법이다.

⑤ 저항에 동참하는 기법을 사용한다. 예를 들면 "그런 일이 있었다니 정말 짜증날 만도 하겠군요. 그런 상황이 되면 나도 짜증이 날 겁니다."와 같이 클라이언트의 감정에 대한 동조는 클라이언트의 감정으로 표출되기 때문에 효과적이다.

⑥ 클라이언트를 낙인하거나 범주화하지 말아야 한다. 클라이언트를 어떤 집단으로 명명하거나 분류하는 일은 클라이언트의 즉각적인 방어태도를 가져오므로 삼가야 한다.

⑦ 사회복지사의 개입을 차단하려는 클라이언트의 태도는 매우 다양하기 때문에 침묵으로 일관하거나 아동학대처럼 사회적 규범과 관련된 문제에 대해서는 단호하고 좀 더 직접적인 태도로 개입해야 한다.

⑧ 일부 클라이언트는 사회복지사의 말에 무조건 수긍하며 적극적으로 동조함으로써 자신에 대한 사회복지사의 접근과 논의를 방어하는 경우가 있다. 이럴 경우에는 클라이언트가 동의하는 것에 대한 확약을 통해 방어적 태도에 제동을

걸 수 있다.

⑨ 문제를 회피하는 클라이언트의 경우 만나는 목적을 직접 밝히며 의사소통해야 한다. 또한 문제의 본질에 대해서도 적극적으로 논의하는 등 직접적 의사소통을 한다. 사회복지사를 신체적으로나 언어로 위협하며 대화를 기피하는 경우에는 공권력을 동원할 수 있음에 대해 분명히 이야기하는 것이 필요하다.

⑩ 무조건적으로 사회복지사를 계속하여 말로 공격하는 클라이언트에게는 안개기법(fogginess)을 사용하는 것이 효과적이다. 안개기법이란, 클라이언트의 공격에 분노나 방어 등 어떠한 감정적 반응을 보이지 않으면서 클라이언트의 말이 일리가 있다는 듯이 인정해 주는 방법으로 클라이언트는 자신의 공격이 아무런 효과가 없음을 깨닫고 공격을 철회하게 하는 기법이다.

4. 의사소통의 효과적 기술

1) '나', '너' 전달법(I-Message, You-Message)

의사소통의 효과성 증진을 위한 메시지 구조의 유형으로 '나－전달법(I-Message)'과 '너－전달법(You-Message)'이 있다. '나－전달법'이란 내 자신이 중심이 되어 나를 주어로 하는 표현으로서 상대방의 구체적 행동과 그 영향을 비난적이지 않은 방법으로 전달하는 메시지의 구조형태를 말한다. 한편 '너－전달법'이란 다른 사람의 필요한 행동변화를 요구하는 것을 목적으로 하며, 다른 사람을 탓하고 비난하는 것으로서, 내가 아닌 다른 사람에게 잘못이 있다고 말하는 것이며, 언어적으로 공격하는 것이다. 이 전달법은 대부분 변화에 대한 부가적인 저항으로 끝나는 경우가 많다.

(1) 나－전달법(I-Message)

'나－전달법'에는 어조와 표정(비언어적 요소)이 아주 중요하며, 반드시 상대를 평가하지 않는 태도가 필요하다. 화를 내면서 전달하는 '나－전달법'은 적대감을 나타내는 '너－전달법'이 된다. '나－전달법'은 상대방의 자존심을 상하게 하지 않으면서, 비난적이지 않은 방법으로 나의 감정을 전달하는 효과적인 방법이다.

'나－전달법'은 세 부분으로 구성이 되는데 첫째, 특정 행동에 대한 간결하지만 분명한 묘사 둘째, 그 특정 행동으로 인해 경험된 감정 그리고 셋째, 그 행동으로 인한 명백한 영향의 묘사로 구성된다(Sheafor et al., 서울대 사회복지실천연구회 역, 1998). 이런 세 가지 구성으로 된 예를 들어보면 다음과 같다.

※ 사회복지사가 클라이언트에게 '나－전달법'을 사용하는 사례

"사회복지사가 '당신이 우리의 예정된 약속에 나타나지 않았을 때(구체적인 행동), 나는 놀라고 당황했습니다(감정), 왜냐하면 난 기다려야만 하는 것을 좋아하지도 않고 내 작업 스케줄을 어렵게 만들어 버렸거든요(명백한 영향)."

'나－전달법'을 사용하는 적절한 시기로, 첫 번째 내가 문제를 소유할 때에만 효과적이다. 정중한 요구를 하여 상대방의 행동을 변화시킬 수 없을 때에 '나－전달법'을 사용한다. 만약 '나－전달법'을 사용한 뒤에도 여전히 문제가 해결되지 않은 채로 남아 있으면, 그 다음 단계로 나의 주장을 논리적으로 설명하는 방법이 있다. 두 번째 '나－전달법'은 조용하나 단호한 목소리로 표현할 때에 가장 효과적이다. 그러므로 내가 화가 났을 때에는 '나－전달법'을 피하도록 한다. 화가 난 상태에서 상대방에게 '나－전달법'을 사용하면 상대방의 반항심을 불러일으킨다.

'나－전달법'을 활용할 때 주의할 점으로는 부정적 정서를 강조하지 않으며, 상대방에게 교훈을 주는 데 열중하여 나의 본심을 상대방에게 전달할 기회를 잃지 않는 것이 필요하다. 또한 "～라고 생각한다"와 같은 표현을 통해 부정적인 '너－전달법'을 살짝 가림으로써 내가 무엇을 생각하고 있는지를 가린다. 그리고 폭발적으로 감정을 전하지 않는 것이 중요하며, 반드시 상대를 평가하지 않는 태도가 필요하다(언어와 표정도 중요). '나－전달법'은 일관성을 가지고 사용하여 상대방이 이를 무시할 수 없게 하는 것이 바람직하다.

'나－전달법'의 구체적인 방법과 예를 들어보면, 자녀가 실내에서 뛰다가 엄마의 옆구리를 쳐서 엄마가 아플 때, "조용히 앉아서 놀아/너 왜 이러니/집 안에서 뛰면 안 된다고 말했잖아?/넌 왜 이렇게 조심성이 없니?/제발 밖에서 놀아라" 등으로 말

한다면 이것은 '너－전달법'인데 이를 '나－전달법'으로 말하려면, "아야. 엄마 옆구리가 아프구나/엄마가 깜짝 놀랬어" 등이 된다. 이러한 말들은 의미상의 주어가 나(자신)이다.

또 다른 사례로서 "나는 당신이 나의 의견을 묻지 않으면 무시당한 기분이 들어요."라고 말했다면 "미안해요. 나는 당신이 그런 감정을 느끼고 있는지 전혀 몰랐어요."라고 했을 것이다.

이처럼 '나'로 시작하는 말은 관심과 돌봄의 마음을 이끌어낼 가능성이 높다. '나－전달법'은 상대방의 행동을 비난하지 않고 말하는 사람의 진실한 마음과 감정을 드러내기 때문에 상대방에게 방어적인 태도를 취하게 하지 않고 이해가 되고 효과적인 의사소통이 되게 한다. '나－전달법'은 매우 널리 적용할 수 있는 기본적 의사소통 기술이다. 전형적인 사회복지사는 이것을 클라이언트나 다른 전문직과의 대화에 매일 아주 많이 사용한다. 또한 이것은 부모와 자식 간 혹은 부부간과 같은 일반적인 대인관계의 문제를 클라이언트가 다룰 수 있도록 원조하는 기법으로서 클라이언트에게 가르칠 수도 있는 것이다.

(2) 너－전달법(You-Message)

사람들은 보통 일상생활에서 의사소통하면서 '나－전달법'보다는 '너－전달법'을 많이 사용하고 있다. 일상적으로 널리 사용되는 '너－전달법'은 '나－전달법'과는 달리 상대방의 기분을 상하게 하거나 방어적 기재를 사용하게 만든다. 예를 들어 "넌 좀 솔직해질 필요가 있어/야! (너) 제발 말 좀 들어라/넌 도대체 왜 그러니?/너 약속시간 꼭 지켜라/조용히 좀 해라" 등의 상대방에게 지시나 명령, 판단, 평가, 충고, 무시, 비난이나 낙인식의 이름을 붙이는 것("너는 마치 아이처럼 구는구나.") 등의 뜻을 포함한 메시지를 많이 주고받는다. 이런 '너－전달법' 메시지는 잘 전달되더라도 듣는 쪽의 사람이 기분 상하게 하는 이유가 된다. '너－전달법'은 다른 사람의 필요한 행동변화를 요구하는 것을 목적으로 하지만 그 변화보다는 저항으로 끝나는 경우가 많다. '너－전달법'은 상대방에게 문제의 책임을 지우면서 부정적인 감정을 느끼게 하는 메시지를 전하는 것이기 때문에 생산적이고 효과적인 의사소통과 인간관계에 있어서 방해가 되는 의사전달법이다.

구체적인 의사소통 실천기술 학습차원에서 '너－전달법'을 '나－전달법'으로 바꾸어 본 사례를 〈표 7－2〉에서 살펴보았다(도광조, 2014).

표 7-2 '너-전달법'을 '나-전달법'으로 전환 사례

구분	너-전달법	전환	나-전달법
사례1	"너는 형편없구나."	➡	"네가 그런 식으로 행동을 하니(행동/상황) 여러 사람들에게 욕을 먹게 될 것 같아(결과) 내가 속이 상하는구나(감정/반응)."
사례2	"당신 일이나 신경 쓰세요."	➡	"당신이 나의 일에 일일이 참견을 하니(행동/상황) 내가 일을 하는 데 방해가 되고, 또 나를 무시하는 것 같아(결과) 기분 나쁘고 화가 납니다(감정/반응)."
사례3	"왜 커피를 쏟아!"	➡	"네가 부주의해서 커피를 내 옷에 쏟았을 때(행동에 대한 묘사), 나는 놀라고 당황했다(그로 인해 경험한 감정). 왜냐하면 이건 새 옷이고 또 바로 면접을 보러 가야 하는데 면접을 포기해야 할 것 같아 난감했기 때문이다(그로 인한 영향에 대한 묘사)."
사례4	"왜 약속을 안 지켜?"	➡	"당신이 우리의 예정된 약속에 나타나지 않았을 때(구체적 행동), 나는 놀라고 당황했습니다(감정). 왜냐하면 난 기다려야만 하는 것을 좋아하지도 않고 내 작업 스케줄을 어렵게 만들어 버렸거든요(명백한 영향)."

2) 효과적인 의사소통기술

효과적인 의사소통기술에 대해 학자들마다 다르게 기술하고 다양한 제시들을 하고 있는데, 여기서는 셰퍼 등(Sheafor et al., 서울대 사회복지실천연구회 역, 1998; 도광조, 2014 재인용)이 제시한 내용과 전남련 외(2011)의 내용을 중심으로 효과적인 의사소통기술에 대하여 메시지를 계획하는 기술, 자신을 소개하는 기술, 의사소통 목적을 설명하는 기술, 관찰기술, 경청기술, 해석기술, 질문기술, 표현촉진기술, 초점화된 질문하기 기술, 직면기술, 정보제공기술, 라포형성과 관계형성기술, 메시지 수신을 확인하는 기술, 요약기술, 종결기술로 나누어 살펴본다.

(1) 메시지를 계획하는 기술

사회복지사는 메시지 전달에 사용할 수 있는 시간, 전달할 핵심내용, 오해 소지가 있는 부분, 메시지의 구성과 메시지를 받는 사람이 관심 있어 할 부분, 메시지 전달의 신뢰성 등에 대해 사전에 충분히 생각할 필요가 있다. 다음과 같은 몇 가지 질문을 통해 사회복지사는 개인 및 집단 등을 대상으로 의사소통할 내용에 대해 메시지에 대한 계획(planning a message)을 세우는 것이다.

① 어느 정도의 시간을 메시지 전달에 사용할 수 있는가?
② 내가 전달하고자 하는 메시지의 핵심적인 내용은 무엇인가?
③ 내 메시지의 어느 부분에 오해의 소지가 있고 혼란스러운가?
④ 나의 메시지를 상대방이 잘 이해하고 받아들일 수 있도록 어떻게 구성할 것인가?
⑤ 나의 메시지를 받는 사람이 언제 어디에서 관심과 주의를 가장 잘 기울일 것인가?
⑥ 나는 이 메시지를 전달할 신뢰성과 지위를 가지고 있는가? 혹은 다른 사람이 이 것을 전달하는 것이 더 효과적일 것인가?

통상 메시지의 가운데 부분이 수신자에 의해 왜곡될 가능성이 높다. 그러므로 메시지의 가장 중요한 부분은 전체의 앞이나 끝 부분에 두어야 한다.

(2) 자신을 소개하는 기술

의미 있는 의사소통의 중요한 첫 단계는 사회복지사가 자신을 소개하는 것이다. 자신이 누구이고, 원하는 메시지나 정보의 교환에서 자신의 역할이나 책임이 무엇인지 간단하게 묘사할 필요가 있다.

(3) 의사소통 목적을 설명하는 기술

의사소통 목적을 설명하는 기술은 전달자가 메시지를 전달하는 이유를 설명하거나 다시 한 번 언급하는 것이다. 이런 이유에 대한 설명이나 재언급 등을 통해 수신자가 메시지를 적절한 맥락 안에서 보다 명확하게 파악할 수 있기 때문이다.

(4) 관찰 기술

관찰기술은 클라이언트가 말하고 행동하는 것에 주의를 기울여 그를 이해하는 것이다. 관찰은 초기면담 이전에 클라이언트가 대기실에서 기다리고 있는 상황에서부터 시작된다. 낯선 대기실에서 앞으로 일어날 일에 대한 초조함, 불안, 두려움 그리고 비자발적 클라이언트의 경우 분노, 원망 등의 비언어적 행동들이 나타날 것이다. 대기실에서의 이러한 태도는 클라이언트의 개입에 대한 태도와 평소 불안함과 두려움을 어떻게 다루어왔는지를 알 수 있게 한다. 면담 중에는 역시 클라이언트의 언어적 표현뿐 아니라 비언어적 표현에도 민감해야 한다. 여기에는 표정, 손놀림, 눈맞춤, 얼굴 붉힘 등이 포함된다. 이러한 비언어적 표현이 언어적 표현과 일치하는가 하는 것은 클라이언트의 감정과 표현의 차이를 밝히는 데 매우 중요하므로 관찰기술은 효과적인 의사소통의 중요한 기술이라 할 수 있다.

(5) 경청기술

경청기술은 의사소통에서 가장 중요한 기술이라 할 수 있다. 클라이언트가 무엇을 말하는지, 면담자의 질문에 어떻게 반응하는지를 듣는 것이다. 이때 경청은 클라이언트의 어려움에 공감하고 그에게 필요한 반응을 해가면서 적극적으로 잘 듣는 것이다. 경험이 없는 사회복지사가 하기 쉬운 실수는 클라이언트에게 도움을 주고자 하는 급한 마음에 여러 가지 충고와 제안을 하거나 클라이언트의 말이 끝나기도 전에 다른 주제를 바꾸어 질문하는 것이다. 이러한 태도는 전문적 관계형성을 방해할 뿐 아니라 클라이언트로 하여금 사회복지사를 신뢰할 수 없게 한다.

경청기술은 그냥 클라이언트의 말을 듣는 것이 아니라 그가 지금 무엇을 표현하고 있는지, 그의 감정과 사고는 어떤 것인지 이해하고 파악해 가면서 듣는 것이다. 공감적 태도 속에서의 경청은 그것만으로도 클라이언트로 하여금 감정의 정화(catharsis)를 경험하고 마음의 안정을 찾게 하는 효과를 가져올 수 있다. 특히 감정이 격해 있거나 부정적인 감정을 표현하여 해소하고자 하는 클라이언트에게 경청은 그 자체가 변화를 위한 적극적 개입일 수 있다(양옥경 외, 2005). 경험이 없는 사회복지사들은 질문하고 무엇을 말해야 할 것인가에만 강조를 둔다. 그러나 듣는 기술이 부족하면 면접의 완전한 가치가 실현되지 못한다.

경청기술은 ① 클라이언트가 하는 말을 주의 깊게 듣는 것뿐만 아니라, ② 클라이언트의 비언어적 제스처나 자세를 관찰하고, ③ 클라이언트가 자유로이 표현할 수 있도록 적극 격려하고, ④ 사회복지사와 클라이언트 양자 간의 대화 내용을 기억하는 것을 모두 포함한다(Cournoyer, 김인숙 · 김용석 역, 2002; 엄명용 외, 2005).

트레비틱(Trevithick, 2000; 엄명용 외, 2005)은 보다 자세하게 경청기술과 관련된 기본 기술을 다음과 같이 제시하고 있다.

① 가급적이면 최대한 개방적이고, 직관적이며, 공감하고, 자기인식을 하고 있도록 한다.
② 눈맞춤을 유지한다.
③ 개방적이고 주의를 기울이는 몸자세를 취한다.
④ 비언어적 형태의 의사소통방법에 주의를 기울이고 이러한 형태의 의사소통이 주는 의미를 파악한다.
⑤ 의사소통의 한 방법으로 침묵을 허용하고 활용할 수 있도록 한다.
⑥ 적절한 신체적 거리를 유지한다.
⑦ 주요한 단서를 파악하고 이를 확인한다.
⑧ 사회복지사 자신이 보일 수 있는 산만한 행동과 매너리즘에 빠져 있는 행동을 인식한다.
⑨ 모호하고 혼돈스러운 언급을 회피한다.
⑩ 사람들이 자신들의 시대에 맞는 적절한 언어를 활용하는 중요성을 인식한다.
⑪ 면담장소와 일반적인 물리적 환경의 중요성을 인식한다.
⑫ 간섭받거나 산만해질 가능성을 최소화한다.
⑬ 면담의 전반적인 분위기, 특히 의사소통이 되고 있지 않는 분위기에 민감해진다.
⑭ 면담에서 정서적인 내용을 경청하면서 이에 적절한 질문을 한다.
⑮ 가능할 때마다 그리고 적절할 때 피드백을 제공한다.
⑯ 적시성의 중요성을 인식하는데, 특히 강렬한 감정이 표현될 때 더욱 그렇다.
⑰ 민감한 문제나 고통스러운 주제와 관련하여 목소리 톤에 주의를 기울인다.
⑱ 예상하거나, 편견 혹은 낙인을 찍는 일을 피하며 조숙한 판단이나 평가를 내리는 것을 피하도록 한다.
⑲ 도움이 될 만한 이론들을 상기하고, 적절한 시점에서 이해를 돕기 위해 이론을 이해 가능한 언어로 하도록 한다.

⑳ 가급적 최대한 자연스럽고, 자발적이며, 편안한 자세를 취한다.

(6) 해석기술

해석은 클라이언트의 표현과 행동 상황 저변의 단서를 발견하고 그 결정적인 요인들을 이해하며 그것을 클라이언트가 깨달을 수 있도록 도와주는 방법이다(양옥경 외, 2005).

해석이란 다양한 클라이언트들 사이의 의미, 관계에 대한 설명이나 가정을 하는 것이며 해석의 목적은 다음과 같다(이윤로, 2007).

① 클라이언트의 함축적인 메시지와 행동 사이의 관계를 파악하기 위해서이다.
② 클라이언트가 다른 견해를 가지고 자신의 행동을 검토해보도록 하기 위해서이다.
③ 클라이언트가 자기 패배적 또는 비효과적인 행동을 더욱 기능적 행동으로 대치하도록 동기화하기 위해서이다.

헵워스와 라센(Hepworth & Larsen, 1990; 양옥경 외, 2005 재인용)은 해석기술을 사용할 때 주의해야 할 점으로 첫째, 클라이언트가 사회복지사의 동기를 오해하여 방어적인 반응을 할 수 있으므로 어느 정도의 신뢰관계가 형성되어 사회복지사의 좋은 의도를 믿을 수 있을 때까지 기다려서 사용한다. 일반적으로 해석은 사회복지사와 클라이언트 간의 신뢰관계가 돈독해진 경우에 해야 한다. 둘째, 클라이언트가 자기탐색을 할 준비가 되어 있어야 하고 사회복지사도 정보를 충분히 확보한 다음에 해석기술을 사용한다. 충분한 정보가 없이 너무 빨리 해석을 하면 해석이 틀릴 수도 있기 때문에 이럴 경우에는 해석을 하지 않는 것보다 못한 효과를 가져 올 수 있다. 셋째, 연속적인 해석은 오히려 클라이언트를 혼란스럽게 할 수 있으므로 해석 후 충분히 생각할 시간을 주는 것이 필요하다. 넷째, 해석은 어디까지나 사회복지사의 추론에 의한 것이므로 틀릴 수 있음을 항상 염두에 두어야 한다. 다섯째, 클라이언트가 해석에 불쾌해 하거나 부정적으로 반응하면, 실수가 있을 수 있음을 인정하고 클라이언트의 반응에 공감하며 주제를 보다 상세히 탐색하고자 하는 논의를 계속해야 한다.

(7) 질문기술

질문기술은 클라이언트로부터 필요한 정보를 이끌어 내기 위해 가장 많이 사용하는 기술이다. 질문에는 개방형 질문과 폐쇄형 질문이 있다(Hepworth & Larsen, 1990).

먼저, 개방형 질문은 클라이언트가 자신의 생각대로 질문에 대답하도록 하는 것이고 폐쇄형 질문은 Yes나 No 등의 구체적인 대답을 구하는 것이다. 개방형 질문은 클라이언트가 자신의 감정을 표현할 기회를 제공해 주기 위해 사용하지만 폐쇄형 질문은 사실적·구체적 정보를 얻기 위해 사용한다. 개방형 질문은 클라이언트가 자신의 문제에 대해 설명할 수 있을 정도로 지적·정서적으로 준비가 되어 있을 때, 가능한 다양한 정보를 필요로 할 때 사용할 수 있는 기술이며, 폐쇄형 질문은 시간이 제약된 상황에서 사실이나 자세한 정보를 얻고자 할 때, 위기적인 상황에서 사실이나 정보를 얻고자 할 때 클라이언트가 혼란되어 자신의 문제에 대해 조리 있게 설명할 수 없어서 대화의 초점이 필요할 때 사용할 수 있는 기술이다(김융일·조흥식·김연옥, 2000).

질문기술에서 주의할 점은, ① 폐쇄형 질문의 사용, ② 유도질문의 사용, ③ '왜'라는 질문의 사용, ④ 이중 혹은 삼중질문의 사용, ⑤ 모호한 질문의 사용, ⑥ 단순한 호기심에서 나온 질문 등이 있다(Benjamin, 1969; 이윤로, 2007; Kadushin, 1990; 엄명용 외, 2005).

각각 질문을 피해야 하는 내용을 구체적으로 살펴보면 다음과 같다.

① 폐쇄형 질문을 사용하면 집중해서 질문하고 답해야 하기 때문에 쉽게 지치고, 문제를 다양하게 탐색해 볼 기회가 줄어든다.

② 유도질문은 사회복지사가 일정한 방향으로 응답을 유도하기 위해 질문하는 것으로 사회복지사가 생각하는 대로 말하도록 암시하게 된다. 이러한 유형의 질문은 주어진 상황에서 클라이언트가 가졌던 감정이나 생각을 솔직히 드러내도록 돕기보다는 방어적인 입장에서 솔직하지 않게 답을 하도록 압박을 가할 수 있기 때문에 피해야 한다.

③ '왜'라는 질문을 사용하면 책임을 추궁하거나 몰아세우는 인상을 주며, 모르는 상황에 대해서 답변을 강요할 수 있기 때문에 가급적 피해야 한다. 그러므로 '왜'라는 용어보다는 '어떻게(how)'라는 용어를 사용하는 것이 클라이언트의 방어적인 자세를 예방하고 자연스러운 답변을 얻을 수 있다.

④ 이중 혹은 삼중질문의 사용은 한 질문 문장 속에 여러 가지 내용의 질문이 섞여 있기 때문에 클라이언트가 이러한 질문에 순서대로 조리 있게 대답하기보다는 클라이언트가 대답하기 편한 질문에 우선적으로 대답하게 된다. 이 질문은 사회복지사가 원하는 답 가운데 일부분만 얻는 것이 되므로 피해야 한다.

⑤ 모호한 질문은 대명사를 많이 사용하거나 상황에서 벗어난 질문을 할 때 발생하게 된다. 그러므로 이러한 문제를 피하기 위해서 질문은 구체적으로 해야 한다. 예를 들면 "그 아이의 그러한 행동에 대해 말씀해 주세요."라고 하는 것보다는 "영희의 가출에 대해 말씀해 주세요."라고 표현하는 것이 좋다.

⑥ 단순한 호기심에서 나온 질문은 피해야 한다. 질문은 항상 목적이 있어야 하고 양자에게 합당한 이유가 있어야 한다. 질문은 항상 타당하고 면접을 진행하는 데 도움이 되어야 한다.

(8) 표현촉진기술

양옥경 외(2005)에서는 정보를 끌어내기 위한 클라이언트의 표현을 촉진하는 기술로 첫째, 사회복지사가 클라이언트의 정보노출을 촉진시키기 위해 계속 말을 하도록 반응을 보이는 것이다. 예를 들면, 고개를 끄떡이거나 "그래요", "그렇군요" 등의 반응을 보이면서 클라이언트를 이해하고 있음을 느끼게 해 주는 것이다. 둘째, 클라이언트가 말한 것을 간단하게 반복해 주거나 또는 새로운 단어로 바꾸어 재진술하는 것이다. 예를 들면 클라이언트가 "제가 얼마나 마음이 아프겠어요."라고 하소연하면 클라이언트의 말을 반복하여 "정말 마음이 아프시겠어요."라고 하는 것이다. 새로운 단어로 바꾸어 말하는 것은 "어떻게 살아야 될지 정말 막막해요."라고 클라이언트가 말을 하면 사회복지사는 "정말 절망적인 것 같군요."라고 표현할 수 있다. 이러한 사회복지사의 반응은 클라이언트로 하여금 공감을 전달하여 보다 많은 자신의 이야기를 하도록 촉진시킨다. 셋째, 클라이언트의 표현을 촉진할 때는 오해나 실수를 최소화하기 위해 가급적이면 구체적으로 표현하도록 요구해야 한다. 클라이언트의 표현이 애매모호하거나 복잡할 때 다양한 의미를 가진 애매모호한 단어를 명확히 하는 것이 좋다. 예를 들면 "그 사람이 너무 냉정하다는 것은 구체적으로 어떻게 대한다는 것을 뜻하는 것입니까? 예를 들어서 설명해 주시죠." 또는 "그러니까 남편이 바람을 피울까

봐 두렵다고 말씀하시는 거죠? 맞습니까?"라고 하는 것이다.

촉진기술은 ① 클라이언트가 말을 시작하거나 계속하도록 할 때 활용하는 것으로 추가로 설명할 것을 권유하는 방법, ② 한 가지 진술내용과 다른 진술내용을 연결시킴으로써 계속해서 말을 할 수 있도록 하는 방법, ③ 중단된 문장이나 말을 끝맺도록 하는 방법 등이 있다(Trevithick, 2000; 엄명용 외, 2005). 그러나 중단된 문장이나 말을 끝맺도록 촉구하는 것이 때로는 강압적인 것이 될 수 있으므로 주의해서 사용해야 한다.

(9) 초점화된 질문하기 기술

명확하고 간결한 방식으로 답변이 나올 수 있도록 초점화된 질문을 한다는 것은 매우 어렵다. 우리는 자주 질문의 초점을 흐릴 수 있는 불필요한 말이나 관계없는 주제들을 첨가하곤 한다. 명확한 답변을 얻기 위해서는 질문이 매우 정확하고 초점이 잡혀 있어야 한다.

초점을 제공하고 유지하는 기술은 제한된 시간에 최대의 효과를 가져와야 하는 전문적 관계에서 불필요한 방황과 시간낭비를 막아주는 효과적인 기법이다. 이 기술은 과묵하거나 혼돈된 클라이언트를 위해서 매우 유용하게 사용할 수 있는 기술이다.

질문하기에만 초점화가 필요한 것이 아니라 의사소통과정 전반에서 어떤 부분을 강조하거나 집중적으로 다룰 부분에 대화의 초점을 맞추어야 한다(초점 맞추기). 또한 초점을 맞춘 영역이 복잡하고 클 경우 범위를 좁혀 좀 더 집중적으로 다룰 필요가 있다(세분화).

(10) 직면기술

직면은 문제를 지속시키는 클라이언트의 감정, 행동, 사고를 직접 지적하여 주는 것으로 해석과 마찬가지로 조심스럽게 사용되어야 한다. 직면은 클라이언트의 감정, 행동, 사고의 모순적인 면을 지적하는 것이므로 이것을 받아들이기 어려운 클라이언트는 방어적인 반응을 일으킬 수 있기 때문에 직면에 앞서 깊은 이해를 바탕으로 하는 공감적인 대화가 전제되어야 한다.

문제의 위험성이 절박하다면 모순된 사고, 감정, 행동을 단정적으로 전달하는 보다 적극적인 직면기술이 필요하다. 이러한 지적은 클라이언트가 비판이나 거부로 받아들일 수 있으므로 적절한 시간을 선택하여 사회복지사의 의도를 충분히 전달하는 형태로 직면을 사용해야 한다. 직면을 사용할 때 다음의 4가지 요소를 포함해야 하는데, ① 관심의 표현, ② 클라이언트가 의도하는 목표, 신념, ③ 목표나 신념에 맞지 않는 모순된 행동, ④ 모순된 행동으로 인한 부정적 결과 등이다(Hepworth & Larsen, 1990).

직면이 필요할 경우에는 다음과 같은 사항들이 고려되어야 한다(이윤로, 2007).

① 관계형성이 완전히 확립되었을 경우에만 직면을 사용한다.

② 인간에 대한 직면이 아니라 그 사람의 행동에 대해서 직면한다.

③ 특별한 행동이나 사건에 대해 구체적으로 한다.

④ 사용언어와 방법을 예의 바르게 한다.

⑤ 부드럽고 지적으로 한다.

⑥ 정직하고 진실되게 한다.

⑦ 긍정적이고 건설적이어야 한다.

⑧ 비난하지 않는다.

⑨ '당신'보다는 '나'라는 단어로 시작한다.

(11) 정보제공기술

정보를 제공한다는 것은 어떤 사건이나 경험, 문제, 사람들에 대한 자료나 사실을 제공하는 것이다. 정보제공의 목적은 첫째, 어떤 문제에 대해 클라이언트가 가능한 대안을 찾도록 돕기 위한 것이며 둘째, 어떤 특별한 계획에 대한 결과를 잘 모를 때 그 계획에 대한 평가를 도와주기 위한 것이며 셋째, 잘못된 통념을 제거하고, 현재 피하고 있는 문제나 이슈를 검토하도록 동기화시키기 위한 것이다.

클라이언트에게 정보를 줄 때 이윤로(2007)는 다음과 같은 지침을 제시하였다.

① 클라이언트에게 필요한 정보가 무엇이며 가장 중요한 정보가 무엇인가를 파악한다.

② 클라이언트에게 주려는 정보가 타당한 것인지, 충분한지, 근거가 있는 것인지

평가한다.

③ 성급히 정보를 주는 것은 비효과적으로 클라이언트가 정보를 받아들일 준비가 될 때까지 기다린다.

④ 어떻게 정보를 주어야 클라이언트가 잘 이해할 수 있을지 생각해본다.

⑤ 정보를 제공할 때 어느 정보부터 주어야 하는지 순서를 정한다.

⑥ 어떤 상황에 대해 모든 타당한 사실을 모두 제시해준다. 클라이언트가 마음이 상할까봐 부정적인 정보는 숨기는 경우가 있는데, 부정적일지라도 제공해주어야 한다.

⑦ 한 번에 너무 많은 정보를 주어서는 안 된다. 한 번에 주어야 할 정보의 양을 정한다.

⑧ 정보에 대해 클라이언트가 어떻게 생각하는지 물어본다.

⑨ 핵심정보에 대해서는 기록하여 강조해준다.

(12) 라포형성과 관계형성기술

사회복지사와 클라이언트 간에 형성되는 전문적 관계와 라포는 상호 간의 존경과 신뢰를 바탕으로 이루어진다(Gambrill, 1997). 사회복지에서 라포는 조화로운 상태, 호환성 및 공감대를 의미하는 것으로 클라이언트와 사회복지사의 상호 간의 이해와 전문적 관계를 형성할 수 있도록 해 준다(Barker, 1995). 그리고 라포는 보다 자발적인 상호작용을 의미하되 상호 간의 이해를 근거로 하고 있으며, 특정 시점에서 특정한 상호작용의 질을 설명하는 것이다. 라포형성은 클라이언트가 사회복지사의 개인성 및 전문성에 신뢰감을 갖는 것에서 출발한다. 따라서 라포형성이 잘 되면 클라이언트는 자신의 문제점이나 어려움, 장단점을 표현할 수 있게 되어 구체적이고 실질적인 문제해결 계획을 설정할 수 있게 된다. 그리고 라포가 형성되기 위해서는 사회복지사나 클라이언트 모두 적극적으로 참여해야 한다(엄명용 외, 2005).

카두신(Kadushin, 1997)은 라포와 관계형성을 위해 다음과 같은 기술을 제안하고 있다.

① 클라이언트의 자기결정권 문제에 대해 관심을 보인다.

② 클라이언트의 문제에 관심을 보이고, 따뜻함을 전하며, 신뢰분위기를 조성한다.

③ 클라이언트의 개별성에 대해 존경심을 보인다.
④ 클라이언트 개인에 대한 수용의 태도를 보인다.
⑤ 공감적인 이해를 보인다.
⑥ 진실성과 믿음을 보인다.
⑦ 어떤 정보를 비밀로 보장할 것인지 그렇지 않은지에 대한 전문적인 판단능력을 보인다.

존슨 등(Johnson, Van Hasselt, & Hersen, 1997)은 라포형성을 위해 다음 사항을 고려할 것을 제안하고 있다.

① 사회복지사와 클라이언트가 편안한 환경을 조성하도록 한다. 특히 면담에 오는 클라이언트는 도움 요청에 대해 두려움과 불안감을 갖고 있고 무엇을 해야 할지 모르는 경우가 많으므로 사회복지사는 클라이언트가 편안한 상태가 될 수 있도록 도와야 할 필요가 있다.
② 클라이언트의 문제를 사정하고 공감적인 반응을 보인다. 클라이언트는 종종 문제해결에 대한 저항감을 가질 수 있으므로 클라이언트가 신뢰를 갖고 자신의 문제상황을 말할 수 있도록 돕는다.
③ 클라이언트의 통찰력 수준을 파악하고 동맹관계(alliance)를 형성하도록 한다. 클라이언트는 자신의 문제에 대한 통찰력이 없을 수 있는데, 사회복지사가 이를 정확하게 파악하고 있지 못하면 라포형성이 어렵거나 이전에 형성되었던 라포도 감소하게 된다.
④ 클라이언트의 역할을 이해할 수 있도록 돕는다. 이전에 사회복지서비스를 이용한 경험이 있는 클라이언트에게도 사회복지사가 일하고 있는 기관의 절차와 규정과 원조과정을 설명하고, 클라이언트가 갖고 있는 질문에 답함으로써 상호간의 이해와 기대를 향상시킬 수 있다.

(13) 메시지 수신을 확인하는 기술

이 기술은 명료화 기술이라고도 하는데, 클라이언트가 표현을 분명하게 할 수 있도록 격려함과 동시에 클라이언트가 말한 내용을 사회복지사가 잘 이해하고 있는가를 확인하기 위한 질문을 말한다. 이 기술은 주로 모호하거나 혼돈스러운 내용을 정리하면서 사회복지사가 들은 바를 정확하게 이해했는지 확인하기 위해 사용하는 것이다(도광조, 2014).

따라서 이 기술은 클라이언트가 한 말을 사회복지사가 보다 이해하기 쉬운 말과 생각으로 정리를 하는 것으로, 특히 클라이언트가 겪고 있는 가장 중요한 문제나 어려움을 파악하고, 확인하고, 순위를 정할 때 사용된다. 사회복지사는 클라이언트가 여러 문제를 복합적으로 가지고 있으면서 클라이언트에게 가장 심각한 영향을 미치는 문제에 초점을 둘 수 있도록 돕기 위해 이 기술을 활용할 수 있다. 이 기술에서는 클라이언트가 사용한 단어를 사회복지사가 그대로 사용하기 때문에 의미나 생각을 같은 내용으로 확인하는 부연설명기술과는 차이가 있다. 이 기술은 또한 사회복지사나 클라이언트 각자가 가지고 있는 기대와 전제조건들을 확인하기 위해서 활용되기도 한다.

이 기술의 장점은 사회복지사가 클라이언트의 이야기를 주의 깊게 경청하고 있으며 한편으로는 이야기에 중요성을 부여하고 있음을 보여주는 것이다. 특히 자신의 이야기를 누가 들어주고 확인해 주는 것을 경험하지 못한 클라이언트는 사회복지사의 주의 깊은 경청을 통해 자신의 생각이나 감정을 확인받을 수 있는 기회를 갖게 되어 자신감을 가질 수 있다(엄명용 외, 2005).

(14) 요약기술

요약기술은 지금까지 클라이언트가 한 말의 내용과 그 속에 담겨 전해진 감정들을 전체적으로 묶어 정리하는 것을 의미한다.

요약하기(summarizing)는 다음과 같은 방식으로 사용될 수 있다(전재일 · 이성희, 2004).

첫째, 사회복지사가 새로운 세션을 시작할 때 이전의 세션에서 다룬 요점을 끌어내거나 요약할 때 둘째, 지금까지 다루어온 것에 관해 정확하고, 간결한 부분이나 자세한 내용을 제공하고자 할 때 셋째, 특히 세션이 방향을 잃게 되거나 방향 없이 시작할 때이다.

카두신은 요약은 사회복지사가 그동안 실천과정에서 서로 주고받았던 많은 내용들을 반영하는 것으로 그것은 단순히 말하는 내용이나 감정을 반영하는 단순한 공감적 기술이 사용되기도 하지만, 종종 결합한 형태의 반영을 취한다고 하였다(Kadushin, 1995).

요약의 예를 들면 "당신은 오늘 여기서 많은 중요한 이야기를 함께 나누었습니다. 제가 당신이 말한 것을 한 번 요약해 보겠습니다."와 같은 방법으로 말을 시작할 수 있다. 요약은 클라이언트가 탐색하고자 하는 관심사, 문제, 주제를 확인하도록 도와줄 수 있다.

요약기술을 활용하면 다음과 같은 유용한 점이 있다(Trevithick, 2000).

① 사회복지사는 지난 면담시간의 내용을 간략하게 요약함으로써 새로운 면담시간을 시작할 수 있다.

② 이 기술은 이제까지 논의된 핵심적인 내용을 간략하고 정확하게 부분적으로 혹은 상세하게 정리해 준다.

③ 클라이언트와의 면담에서 방향을 잃었을 때 혹은 주제에서 벗어났을 때 한 주제를 정리하고 새로운 주제로 옮겨갈 수 있도록 해 준다.

④ 이 기술은 면담시간을 만족스럽게 마감할 수 있도록 돕는다.

(15) 종결기술

시작과 중간과정에서의 사회복지사와 클라이언트의 의사소통 및 원조관계 기술도 중요한 사항이지만 종료하는 데도 상당한 기술이 필요하다. 사회복지사가 사용하는 기술은 여러 가지 요인들, 즉 클라이언트가 목표를 성취하여 종료하는 것인지, 목표를 성취하지 못하여 서비스에 대한 비판적인 생각을 가지고 있는 경우인지, 사회복지사가 기관을 떠나게 되는 경우인지, 서비스의 예정된 시간이 끝나게 되는 경우인지 등에 따라 다를 수 있으나 사회복지사는 다음 과제를 수행해야 한다(이윤로, 2007).

① 사회복지사는 클라이언트가 원조과정에서 경험을 평가하도록 돕는다.

② 종결에 대한 감정처리를 돕는다.

③ 종결 후에도 유익한 변화를 계속 유지하도록 돕는다.

④ 필요하다면 새로운 서비스를 모색하도록 돕는다.

훌륭한 종결을 하는 것은 클라이언트가 떠나게 되는 것처럼 느끼거나 떠나게 됨으로써 그 개인에게는 혼자서 생활해 나갈 기회와 좋은 경험을 할 기회를 동시에 제공한다. 그렇지만, 어떤 개인은 '실망'과 실패한 경험을 가지고 있기 때문에 종결을 매우 어렵게 여기기도 한다. 그 결과 종결은 변화를 가져왔지만 특히 상실감을 느낄 수가 있다. 이러한 이유 때문에 종결이 기대하지 않은 감정을 일으킬 수 있다는 것을 기억해야 한다. 종결 시에 클라이언트들은 당황, 무력함, 혼자라는 공포와 두려움, 자포자기 그리고 거부감 등을 느낄 수 있다(전재일 · 이성희, 2004).

클라이언트가 종결에 대해 느끼는 감정은 목적을 이루게 된 것에 대한 기쁨과 사회복지사와 헤어지게 되는 슬픔, 또는 목적을 이루지 못한 것에 대한 분노, 앞으로 클라이언트 혼자서 해낼 수 없다는 두려움 등이다. 그러므로 사회복지사는 클라이언트가 이러한 감정들을 잘 표현하고 감정을 잘 처리할 수 있도록 도와야 한다. 종결을 위한 준비는 면담초기에 계획해야 한다. 클라이언트가 종결을 준비하도록 돕기 위해 사회복지사는 초기단계부터 종결날짜에 대해 명확히 해주고 실제 종결 몇 주 전에 종결에 대해 인식시켜 주어야 한다.

CHAPTER 08

면접기술

사회복지사가 사회복지현장의 복지사업 실천과정에서 다양한 대상의 클라이언트와 접촉하면서 필요한 기술 중에 기본적으로 필요한 기술이 면접기술(Interviewing skill)이라 할 것이다. 왜냐하면 사회복지실천을 위한 사회복지사의 면접기술은 의사소통기술과 더불어 클라이언트를 직접 만나 서비스를 제공할 때 이용되는 기술일 뿐만 아니라, 클라이언트와 관계되는 다른 구성원들(가족이나 친척, 이웃, 친구 등)이나 또 다른 전문가, 보다 넓게는 일반 대중들과의 의사소통을 잘하기 위한 기술이기 때문이다.

사회복지실천에서의 면접은 사회복지실천의 중요한 수단이며, 인간의 행동과 반응에 대한 전문적 지식과 정교한 인간관계기술을 갖춘 사회복지사가 클라이언트와 그들의 문제를 이해하고 돕기 위해 사용되는 전문적 대화이자 목표 지향적인 활동이다. 사회복지실천에서 면접은 전문적 관계에 바탕을 두고 정보수집, 과업수행, 클라이언트의 문제나 욕구 해결 등과 같은 목적을 수행하는 시간제한적 대화이다(Johnson, 1989). 사회복지실천에서 면접이란 면접에 참여하는 자들이 상호 간에 수용된 의도적인 목적을 가진 대화이며 일반적인 목적으로는 클라이언트의 욕구를 충족시키거나 문제를 해결하기 위해 정보를 수집하는 것이다.

사회복지실천의 면접 특성에 대해 네 가지 정도로 정리한 내용을 살펴보면 다음과 같다(Compton & Galaway, 1994; 양옥경 외, 2005).

첫째, 면접은 맥락이나 세팅을 가지고 있다. 즉, 클라이언트에게 서비스를 제공하는 특정한 기간이 있고, 면접의 내용은 특정 상황에 한정되어 있어 관련되지 않은 요인들은 제거된다.

둘째, 목적과 방향이 있다. 즉, 면담은 우연히 만나 정보를 교환하는 것이 아니라 구체적인 목표를 달성하기 위해 수행되는 과정이다.

셋째, 계약에 의한다. 즉, 면담은 클라이언트와 사회복지사가 목적달성을 위한 일련의 과정을 상호합의한 상태에서 진행함을 의미한다.

넷째, 면담에서는 관련자들 간의 특정한 역할관계가 규정된다. 즉, 면담인과 피면담인에게 각각 정해진 역할이 있고 그 역할에 따라 상호작용을 한다.

한편, 자스트로(Zastrow, 2010)는 면접의 유형을 정보수집면접(Informational or Social History Interviews, 사회력조사면접), 사정면접(Assessment Interviews), 개입면접(Intervention Interviews, 치료적 면접)의 세 가지로 구분하여 제시하고 있다. 하지만 이러한 분류는 어디까지나 편의상의 구분이며, 실제 면접과정에서는 다양한 목적과 기능들이 동시에 일어나는 경우가 많다.

1. 면접 준비기술

1) 면접 준비

사회복지사와 클라이언트의 관계 양상을 결정하는 매우 첫 만남은 사회복지실천에 있어서 모든 관계의 시작이라는 측면에서 그만큼 중요하다 할 것이다. 이렇게 중요한 첫 만남은 면접이라는 과정을 통해 이루어짐을 감안하여 사전에 면접에 대한 철저하면서도 확실한 준비와 사전계획이 필요하다. 면접 준비는 사회복지사와 클라이언트가 만나기 전에 사회복지사가 클라이언트의 입장에서 자신을 맞추려는 준비활동이 일어나는 단계를 의미하며 어떤 특정한 욕구나 기대를 포함한 보다 포괄적 상황에서 고려해야 한다.

면담 계획 및 준비과정에서 다음과 같은 욕구와 기대(〈표 8-1〉 참고)를 고려하여 준비할 필요가 있으며(Trevithick, 2000; 엄명용 외, 2005: 72), 이런 준비단계에서의 과제 해결방법(엄명용 외, 2005)은 〈표 8-1〉과 같이 이루어질 수 있다(전남련 외, 2011 재구성).

표 8-1 면접 준비 시 고려해야 할 과제와 해결방안

면접 준비 시 고려해야 할 과제	과제 해결방법
도움을 요청하는 클라이언트 개인 혹은 집단의 욕구와 기대	클라이언트 개인의 욕구와 기대를 파악할 수 있는 방법은 대체로 접수 양식이다. 전화로 도움을 요청할 때 나타나는 경우가 많다. 집단의 욕구와 기대는 비슷한 욕구를 가진 클라이언트 집단을 구성할 때 명확하게 나타난다.
클라이언트와 관계하는 중요한 타인들의 욕구와 기대	클라이언트를 둘러싸고 있는 중요한 타인인 가족, 친구, 이웃 등의 욕구와 기대를 파악하는 일은 면담 전 단계에서 쉽지 않은 과제다. 하지만 초기 면담을 준비하는 과정에서 주어진 정보를 바탕으로 클라이언트를 둘러싸고 있는 중요한 타인의 욕구를 가늠해 보고 면담에 임함으로써 면담을 보다 구조적이고 목표 지향적으로 이끌어 갈 수 있을 것이다.
실무자로서 사회복지사가 바라는 개인적인 기대와 전문적인 기대	사회복지사는 전문직 종사자로서 클라이언트에게 갖는 기대가 있다. 예를 들어, 면담시간을 지킬 것, 약속시간을 취소할 때 사전에 연락할 것, 기관 내에서는 금연할 것, 정해진 상담료를 제때 납부할 것 등이 있다. 또한 문제해결을 위해 적극적으로 참여할 것, 변화에 대해 수시로 피드백을 제공해 줄 것과 같은 원조과정에서의 기대를 고려해 볼 수 있다.
기관의 정책과 절차, 실천지침, 자원, 기관을 대표하는 사람으로서의 자격요건	사회복지사는 클라이언트에게 거는 기대를 언어적으로 표현하기도 하지만 기관의 정책이나 지침에 따라 구체적인 문서로 이러한 기대를 작성해 놓을 수도 있다.
클라이언트 개인 혹은 집단과 관계하고 있는 타 전문가	사회복지사는 클라이언트와 관계하고 있는 전문가(교사, 의사, 변호사, 심리학자 등)들과 수시로 연락을 취해야 할 경우가 있다. 특히 준비단계에서는 클라이언트가 이들 전문가들과 어떤 상황에서 관여하고 있는지 가늠해 보고, 필요한 경우 클라이언트의 사전 동의를 얻어 이들의 전문소견을 문서나 구두로 파악할 필요가 있다. 이들 가운데는 클라이언트를 사회복지서비스 기관에 의뢰한 전문가가 많으므로 의뢰 이유와 관심영역 등을 파악할 필요가 있다.

2) 면접 준비 방법

면접을 준비하는 데 있어서, 같은 이슈를 갖지만 각기 다른 방식인 두 가지 방식이 있다. 우선 첫 번째 방식은 반영적 접근방법(reflective approach)이다. 이 방식은 정보를 모으는 데 있어 체계적인 부분이 적지만 감정적이고 직관적인 방법이라 할 수 있다. 이 방법은 사회복지사가 생각과 감정, 두려움, 기대 및 면접에 참여하는 사람의 환상, 임상생활과 재정환경 그리고 출근에 관계되는 현실적인 상황을 통하여, 어떤 사람의 정신세계로 들어가는 공감적 기술을 사용하는 것이다(Kadushin, 1990).

또 다른 접근방법은 〈표 8-2〉와 같은 면접 점검표를 작성하고, 작성한 점검표에 따라 준비가 이루어지고 있는지 여부를 확인하는 것이다. 이들 두 가지 방법 모두 활용이 가능하지만 사회복지사는 면접을 성공적으로 이끌기 위해서는 최근에 진행되었던 사례일지나 최근 사건, 사건과 관여된 사람들 등에 대해 숙지하고 면담에 임해야 한다. 특히, 사회복지사에게 도움을 요청하는 사람들은 전문가에 대한 막연한 두려움이나 불안감을 가질 수 있으므로 클라이언트가 요청하는 도움과 문제의 근본이 무엇인지를 정확하게 이해하는 것은 매우 중요한 실천기술이다(Trevithick, 2000; 엄명용 외, 2005).

표 8-2 초기 면접 점검표

구분	내용
예절사항	• 클라이언트에게 인사한다. • 클라이언트가 편안한지 확인한다. • 클라이언트가 면담에 응하는 데 어려움이 있는지 파악한다. • 클라이언트를 존중하면서 부드럽게 말한다. 적대적이거나 얕보는 말은 피한다. • 클라이언트가 면접에 온 것이 외부적 강압에 의한 것인지 확인한다.
기관 서비스 정보제공	• 면접의 회기, 빈도, 시간에 관해 설명한다. • 서비스 전반에 관해 간략하게 설명한다(예: 현재의 염려사항에 초점 두기, 중요한 사람을 포함시킬 것인지 여부 등). • 서비스 제공에 있어 다른 유형의 서비스가 있으면 이를 설명한다(예: 가정방문). • 상담료에 대해 설명한다. • 첫 면담의 목적을 설명한다. • 클라이언트의 책임 - 면접시간을 지킨다. - 면접시간을 지키지 못할 경우 24시간 이전에 면담시간을 취소한다. - 합의된 상담료를 지불한다. - 문제에 변화가 있는지 확인한다. - 어려움을 사회복지사와 공유한다. • 사회복지사의 책임 - 면접시간을 지킨다. - 비밀을 보장한다. - 클라이언트의 문제에 대한 변화에 대해 피드백을 제공한다. - 다양한 절차 및 그 이유에 대해 분명하게 설명한다. - 효과적인 서비스를 제공한다. - 클라이언트의 동기를 향상시키도록 노력한다.

구분	내용
협력관계	• 초기 면접에 중요한 사람들을 포함시킨다. • 면접에 참여해야 하는 클라이언트의 책임을 강조한다. • 클라이언트가 피드백과 제안을 하도록 요청한다. • 클라이언트가 이해하고 있는지 수시로 확인한다. • 클라이언트의 소중한 제안과 피드백을 지지한다. • 클라이언트가 보일 수 있는 주저함을 예측해 본다.
정보 수집	• 각 개인의 문제와 염려 그리고 성취하고자 하는 결과 목록을 작성한다. • 우선순위를 설정한다. • 이 시점에서 도움을 요청하는 이유를 파악한다. • 문제를 그냥 지나쳤을 때 발생할 수 있는 결과를 파악한다. • 클라이언트의 구체적인 행동, 사고, 느낌이 어떻게 증가되거나 감소되고, 변화되거나 유지되어야 하는지 혹은 안정되어야 하는지 파악한다. • 발달력, 가족력과 같은 관련 정보를 수집한다. • 클라이언트의 문제에 영향을 미치는 선행사건, 결과 등을 파악한다. • 클라이언트의 현재 생활에 대한 전반적인 정보를 수집한다. • 기대치를 결정한다. • 문제에 대해 클라이언트와 중요한 사람들의 관점을 파악한다.. • 문제와 관련해서 어떤 결과가 있었는지 구체적으로 파악한다. • 원하는 결과를 얻기 위해 어떤 노력을 해 왔으며 그 결과는 어떤지 파악한다. • 원하는 결과를 성취하였을 때, 이것이 클라이언트와 중요한 사람들에게 미치는 장 · 단기적인 영향을 검토한다. • 개인적 · 환경적 자원을 파악한다. • 예측되는 장애물과 이를 극복할 방안을 모색한다. • 기초선(prebaseline)정보를 수집한다. • 클라이언트의 동기를 사정한다. • 클라이언트의 실질적인 진전을 파악할 수 있는 구체적 지표를 모색한다.
도움 제공	• 지지를 제공한다. • 잘 진행되고 있는 부분을 파악할 수 있도록 클라이언트를 돕는다. • 개별화된, 성취 가능한 목표와 결과를 파악한다. • 긍정적인 기대를 할 수 있도록 돕는다. • 클라이언트의 문제에 대해 도움이 될 수 있는 관점을 제공한다. • 문제해결기술을 향상시킬 수 있도록 돕는다. • 필요한 서비스를 제공한다.
공동결정	• 계약에 동의한다. • 명확하게 언어적으로 혹은 서면으로 동의서를 작성한다. • 도움이 될 만한 과제를 선택한다. • 다음 면접을 약속한다. • 필요한 경우 타 기관에 의뢰한다.

출처: Gambrill, E.(1997); 엄명용 외(2005).

3) 면접 준비 활용기술

사회복지사가 면접을 성공적으로 이끌기 위해선 클라이언트에 대해 최근에 진행되었던 사례일지나 최근 사건 및 사건과 연관된 사람들 등에 대해 숙지하고 면접에 임해야 한다. 또한 초기면접이라면 접수양식의 내용과 전화로 도움을 요청받은 경우의 요청내용 등에 대한 충분한 점검이 이루어져야 할 것이다. 사회복지사에게 도움을 요청하는 사람들은 전문가에 대한 막연한 두려움이나 불안감을 가질 수 있으므로 클라이언트가 요청한 도움과 문제의 근본이 무엇인가를 정확하게 이해하는 것은 실천기술에서 매우 중요한 일이다(Trevithick, 우국희 외 역, 2002). 사회복지사가 면담 준비를 위해 활용할 수 있는 기술에 대하여 구체적으로 알아보면 다음과 같은 8가지 기술에 대해 살펴볼 수 있다(Cournoyer, 김인숙 · 김용석 역, 2002; 엄명용 외, 2005 재인용).

(1) 사전검토

사회복지사가 클라이언트와 접촉하기 전에 클라이언트가 이전에 기관에서 서비스를 받은 적이 있다면 그에 관한 기록들을 살펴보아야 하고 전화로 첫 접촉을 하게 되는 경우는 주고받은 내용과 요청에 관한 기록들을 검토하는 일련의 과정들을 사전검토(preparatory review)라 한다. 즉, 사전검토란 클라이언트의 이전 기록과 기관의 정보를 검토하고 클라이언트의 기본적 배경을 검토하는 것이다. 사전검토 시, 클라이언트에 대한 편견이나 선입견을 갖는 것에 대해서 주의해야 한다.

(2) 사전탐색

접수나 초기면접(intake)을 담당하는 사회복지사나 클라이언트의 의뢰자에게서 클라이언트나 그가 처한 상황에 대한 질문을 통해 정보를 수집하는 것을 사전탐색(preparatory exploring)이라 한다. 만약 클라이언트가 같은 기관의 다른 사회복지사로부터 서비스를 제공받은 일이 있다면 이전에 서비스를 제공했던 동료 사회복지사로부터 정보를 수집하는 것도 이에 해당한다. 사전탐색 시, 클라이언트가 아닌 다른 사람들로부터 전해 듣는 정보들은 그들이 가진 관점에서 나온 것이라는 점을 분명히 주의하여 인식해야 한다.

(3) 사전협의

사회복지사가 클라이언트를 비롯한 여타의 사람들을 처음 접촉하는 것과 관련하여 슈퍼바이저나 동료에게서 조언을 구하는 것을 사전협의(preparatory consulting)라 한다. 슈퍼바이저나 동료와의 사전협의나 질문 등을 통해 클라이언트와의 첫 만남의 질을 향상시킬 수 있는 장점이 있다.

(4) 사전정리

첫 면담을 위한 체계적인 물리적 준비와 논리 정연한 준비를 의미하는 것을 바로, 사전정리(preparatory arranging)라 한다. 예를 들어, 약속시간을 잡고, 적절한 시간과 사생활 보장 및 물리적 환경을 구조화하는 것이다. 비밀보장이 될 수 있는 공간 확보를 비롯하여 면담실의 가구배치, 교통편의 및 주차, 나아가 대기실에 최신 잡지 등과 같은 읽을거리와 음료수, 간단한 그림 등을 비치함으로써 클라이언트가 보다 편안하고 안락한 느낌을 가질 수 있게 하는 준비 등이 이에 해당한다. 사전정리 기술은 클라이언트와 사회복지사 간의 의사소통을 촉진하고 가능한 한 방해물과 산만함을 줄일 수 있도록 한다.

(5) 사전공감

첫 클라이언트가 초기면담에 오기 전이지만 클라이언트가 겪을 수 있는 느낌이나 현재의 문제 및 상황에 민감하게 반응할 수 있도록 어떠한 제한된 정보라도 사회복지사에게 유용할 수 있다는 근거하에 실천해 보는 기술을 말한다. 즉, 사전공감(preparatory empathy) 기술을 통해 클라이언트가 생각하거나 느낄 수 있을 법한 것들을 경험하도록 노력해야 한다.

(6) 사전 자기탐색

이것은 자기분석의 한 형태로서, 타인과의 상호작용에서 어떻게 영향을 주고받는지를 파악하는 것이며 사회복지사 자신의 개인력을 파악하고, 자신의 특징, 욕구, 편견, 정서적 약점, 행동양상 등을 이해하는 것이다. 사전 자기탐색(preparatory self-exploration)은 자기인식 및 전문적인 자질향상과 매우 관련이 깊은 기술로서 사회복지사 스스로 특정한 사람이나 특정한 문제, 특정한 상황에서 특별하게 행동하는 점은 없는지 등에 대한 자기인식 노력이다.

(7) 집중적 자기관리

사전적 자기탐색을 통해 클라이언트에 대한 서비스 제공에 영향을 미치는 요인을 확인하면 사회복지사는 이들 요인을 관리하고 억제해야 하는데 이것을 집중적 자기관리(intensive self-management)라 한다. 이는 사회복지사의 개인 사정이 전문가로서의 의무와 서비스 전달에 방해가 되지 않도록 하기 위한 것이다. 예를 들어, 사회복지사가 자녀 문제로 업무에 집중하기 어려워 클라이언트와 면담함에 있어서 자녀 문제가 자꾸 떠오르면 사회복지사는 클라이언트에게 양해를 구하고 면담을 취소하거나 재조정하는 등의 적절한 조치를 취하여야 한다.

(8) 사전계획 및 기록

사전계획(preparatory planning)과 기록은 사회복지사가 면담 전에 면담의 목적과 목표를 확인하고, 면담을 위한 개략적 예비계획 수립과 논의할 주요 과제를 임시적으로 설정하고 기록으로 남기는 것을 의미한다. 면담에는 면담의 목적에 따라 ① 정보수집을 위한 면담, ② 정보제공을 위한 면담, ③ 사정을 위한 면담, ④ 변화를 위한 면담이 있다. 그러나 모든 면담이 반드시 이러한 분류로 구분될 수 있는 것은 아니며 서로 중복되는 부분이 많다.

2. 면접 시작기술

앞서 면접의 준비기술과 관련하여 준비방법과 활용기술 등에 대해 살펴보았는데, 면접 준비기술에 이어서 면접의 성공여부가 결정될 수 있는 매우 중요한 '면접을 어떻게 시작하는가?'에 대한 면접 시작기술에 대하여 살펴보고자 한다.

성공적인 첫 면접은 조기종결이나 중도탈락을 예방할 수 있는 기회를 제공할 뿐 아니라 비자발적이거나 참여의지가 미약한 클라이언트의 참여동기를 강화할 수 있기 때문에 매우 중요하다(이영호, 2011).

1) 전화접촉과 첫 만남

접수면접 시에 사회복지사와 클라이언트의 첫 만남은 매우 중요하다고 할 수 있는데, 그 이유는 향후 면접을 해 나가는 과정과 결론까지의 관계 양상을 결정하는 경향이 있기 때문이며, 첫 인상이 형성되는 시기이기도 하다. 경험이 없거나 부족한 사회복지사에게는 특정한 유형의 클라이언트와 관계를 맺는 것이 특별히 어려울 수 있을 것이다. 따라서 비자발적 클라이언트나 약물 의존 클라이언트, 위험하거나 접근하기 어려운 클라이언트와 활동하는 데 필요한 지침들을 사전에 충분히 숙지하고 접근하는 것이 필요하다.

클라이언트와 사회복지사는 처음 접촉이 상당 부분 전화접촉을 통해 이루어진다. 대부분의 클라이언트는 두려움과 양가감정 등 불안하고 두려워하며 기대하는 것에 대해 혼란스럽고 불확실한 감정 상태를 지니고 있다. 따라서 사회복지사는 전화접촉 시, 통화하면서 클라이언트의 두려움과 혼란스러운 감정을 줄여주고 클라이언트가 기관에 대해 요구하거나 기대하는 것에 대해 전반적인 이해노력이 필요하다. 그리고 적절하다면 첫 번째 대면 면접을 약속하고 몇 가지 지침들을 기억해야 한다(Sheafor et al., 서울대 사회복지실천연구회 역, 1998).

① 전화접촉 시에는 비언어적 행동을 읽을 수 없음을 인지해야 하고 메시지는 최대한 명확하고 간단하게 해야 한다.

② 전화로 자세한 접수면접 정보를 얻는 것을 피하고 기관과 서비스, 절차에 대한 지나치게 과도한 정보로 클라이언트를 압도하지 않는다.

③ 대면면접을 약속하는 것으로 전화 대화를 한정하는 것이 최상이다. 보통 비자발적 클라이언트는 사회복지사를 만나야 하는 것에 대해 강한 부정적 감정을 갖는데 이런 감정들은 대면면접 동안에 파악하고 효과적으로 대응하는 것이 좋다.

④ 전화접촉 시에 처음 기관을 방문하고자 약속할 때, 사무실의 위치와 담당 사회

복지사의 이름 등을 알고 있는지 확인하고 그에 따른 조치를 취한다.

⑤ 클라이언트의 관계, 역할을 확인하여 전화 한 사람이 전문적 도움을 구하는 결정으로 인한 가족이나 타 구성원들에게 어떤 영향을 주게 될 것인가에 대한 사정을 한다.

사회복지사는 첫 면담을 구조화시키는 방법으로 클라이언트의 첫 면접에 대한 불안감, 불확실성을 감소시킬 수 있다(Hersen & Ven Hasselt, 1998). 첫 면담에서 클라이언트의 두려움과 양가감정 등을 사회복지사가 어떤 사람이고 어떻게 대응하느냐에 따라 증폭될 수도 있고, 안심할 수 있기도 하다.

첫 만남에서 사회복지사는 클라이언트를 좀 더 따뜻하고 편안하게 맞이하는 방법 중에 하나로 날씨 또는 기관을 찾아오는 과정에서의 어려움 등에 대한 내용들을 가지고 비공식적인 대화로 시작하는 것이 좋다. 이러한 비공식적 대화는 철저하게 클라이언트의 입장에서 접근하고 시도되어야 한다. 자칫 클라이언트의 생각이나 입장과는 다르게 전개되었을 때 첫 만남의 중요한 관계의 시작은 되돌릴 수 없는 지경으로 잘못될 수 있기 때문에 클라이언트의 맥락에서 최대한 고려되어 적절한 비공식적 대화를 진행해야 할 것이다.

이런 비공식적 대화는 클라이언트가 사회복지사에게 호감과 친근감을 가질 수 있는 기회로 만들어가기 위한 차원에서 시도되는 것임을 주지하고 단순한 말장난이나 수다 정도로 그치지 않도록 사회복지사는 신경 써서 첫 만남을 잘 만들어 가야 한다.

2) 면접의 시작

클라이언트와 첫 만남 후 면접을 시작하는 과정에서 일반적으로 광범위하게 사용되는 것이 면접의 시작기술(beginning skill)이라 할 수 있으나, 사회복지현장에서는 특별히 의식하지 않고 지나가는 경향이 있다(도광조, 2014). 면접의 시작단계는 접수, 치료관계의 착수, 면담시간의 진입 등으로 볼 수 있는데, 이 단계에서 사회복지사는 ① 자기소개, ② 클라이언트에게 자신 및 동행인에 대한 소개 요청하기, ③ 첫 면접의 목적 설명, ④ 클라이언트의 역할 설명하기, ⑤ 기관의 정책 및 윤리적 요건에 대해 설명하기, ⑥ 피드백 요청하기 등과 같은 과업을 수행하게 된다. 내용을 구체적으로 살펴보면 다음과 같이 정리할 수 있다(Cournoyer, 김인숙·김용석 역, 2002; 엄명용 외, 2005 재인용).

(1) 자기소개

첫 면담을 시작할 때 사회복지사는 자신의 성명, 소속기관, 부서, 직위 등에 대해 간략하게 소개해야 한다. 만약 클라이언트 가운데 사회복지사의 학력, 출신학교, 자격증 소지여부, 경력 등에 대해 질문할 때 솔직하게 답하는 것이 일반적이라 할 수 있다.

(2) 소개 요청하기

보통 일반적으로 동행인을 소개하는 경우에는 연장자 순으로 인사를 나누는 것이 상례이나, 클라이언트와 동행인을 어떻게 부르는 것이 좋을지 확인하는 것도 필요하다. 예를 들면 "안녕하세요? 제가 ○○ 선생님, ○○ 사장님이라고 불러도 될까요(되겠어요)?" 등과 같이 사전에 확인하는 것이 필요하다. 또한 사회복지사보다 나이가 적은 클라이언트를 만나게 되면 일반적으로 낮춤말을 많이 쓰지만 교육적인 측면에서 존댓말을 쓸 필요가 있다.

(3) 면접목적 설명

면접의 목적설명은 직접적이고 분명하면서도 부드럽게 한다. 어려운 전문용어를 사용하는 것은 가급적 피하고 클라이언트가 쉽게 이해할 수 있는 말로 설명한다.

(4) 클라이언트역할 설명

클라이언트는 원조과정 시작 단계에서 불확실감과 불안 등을 경험한다. 따라서 사회복지사는 면접의 목적을 설명하고 면접의 진행사항 등을 설명하고 난 다음 클라이언트의 역할에 대해 설명해 주어야 한다. 예를 들어, 면접시간은 꼭 지킬 것, 면접 약속시간을 취소할 경우에는 반드시 24시간 이내에 통보해 줄 것, 서로 계약한 상담료를 납부해 줄 것, 클라이언트의 상황변화를 사회복지사에게 알려 줄 것, 만약 사회복지사가 클라이언트에게 과제를 내줄 경우에는 성실히 수행해 줄 것 등을 설명 및 요청할 수 있다.

(5) 기관의 정책 및 윤리적 요소 설명

사회복지사는 기관의 정책 및 윤리적 요소를 설명할 의무가 있다. 법적·정책적·윤리적 차원의 요인들에 대해 논의하는 것은 시작단계에서 적용할 수 있는 매우 유용한 기술이다. 예를 들어 범죄를 저지른 클라이언트가 범죄내용 사실을 사회복지사에게 고백하면서 비밀을 지켜달라고 할 때, 이런 기관의 정책과 윤리적 요소들에 대해 시작단계에서 명확하게 전달되어 이후에 나타날 수 있는 여러 가지 갈등과 문제해결에 적절히 대처하고 해결할 수 있는 차원에서 설명이 필요하다 할 것이다.

(6) 피드백 요청하기

피드백(feedback) 요청 기술은 지금까지 전달된 내용들에 대해서 정확히 듣고 명확하게 이해했는가를 살피기 위한 기술로서, 기관의 정책에 대해 설명을 하고 난 다음 기관의 서비스 수혜자격과 요건, 수혜기간, 절차, 후속조치 등에 대해 클라이언트가 이해할 수 있도록 설명한 다음 이를 잘 이해했는지 피드백을 받아야 한다. 주로 "들은 내용에 대해 어떻게 생각하십니까?, 질문이나 의문사항은 없나요?, 우리가 ~에 대해 얘기했는데 어떤 생각이 드십니까?" 등의 질문들을 통하여 피드백을 구하는 것이 일반적 방법이다.

3. 면접 과정기술

면접의 준비기술과 면접 시작기술에 이어 면접 과정기술에 대하여 살펴보고자 한다. 면접 과정기술에는 학자들마다 과정기술 방법과 제시하는 내용이 다양하다. 면접 과정기술에서 탐색이나 수집되어야 하는 주요 내용, 경청의 극대화(듣는 기술), 말하는 기술, 질문 기술, 내용확인 기술, 핵심에 도달하는 기술, 관찰 기술, 의뢰하기, 상호작용 방법 등에 대한 내용으로 설명되고 있는데 몇몇 내용을 중심으로 살펴보고자 한다.

1) 탐색 · 수집 시, 필수 내용

면접의 초기과정에서는 문제, 사람, 상황과 연관된 내용들이 주로 다루어져야 한다. 문제발생 초기부터 현재까지 발달과정, 문제발생 전 · 후 비교, 문제발생 이후 문제 등 다양한 탐색과 정보수집이 필요하다. 또한 클라이언트로 하여금 자신의 이야기를 하도록 도와주는 역할이 중요하다. 평소의 사고와 감정 및 행동적 패턴을 돌아보게 하고, 문제 관련 경험들은 조사되어야 한다. 클라이언트의 개인적 강점과 능력, 약점이나 결점에 대한 정보도 파악해야 한다. 또한, 물리적 환경과 사회적 환경, 과거 상황, 주요 가족체계, 주요한 타인, 지역사회 상황 등에 대하여 정보를 수집하고 종교, 교육, 고용, 재정 등에 대한 정보도 수집한다.

한편, 문제 및 사람과 상황 등이 미래에 어떻게 될지에 대한 클라이언트의 인식을 살필 필요가 있는데 이는 클라이언트의 개입 방향을 세우는 데 중요한 작용을 할 수 있기 때문이다.

2) 경청의 극대화

면접 과정기술에서 제일 중요한 기술 가운데 하나가 잘 듣는 것, 즉 경청의 극대화 기술이라고 할 수 있을 것이다. 듣는 기술은 면접상황에서 매우 중요한 요소임에 틀림없을 것이다. 클라이언트와 면접과정에서 사회복지사는 종종 클라이언트와의 조율과 다음 질문에 대한 생각 등으로 클라이언트의 응답에 귀 기울이지 못하는 경향이 있다. 그러다 보면 클라이언트가 무엇을 어떻게 이해하고 있으며 어떤 감정 상태로 어떤 반응을 보이고 있는지에 대한 정확한 파악이나 진단이 어려울 수가 있다. 이는 클라이언트와의 관계를 어렵게 만드는 원인이 될 수 있는 소지가 다분히 있다. 즉, 사회복지사는 최대한 경청하는 자세로 임하면서 클라이언트의 현재 욕구와 문제, 심리 · 정서적 상태, 감정상태, 그리고 그 감정상태가 어떻게 표현되는지 등에 집중하면서 열린 마음과 수용적 태도로 경청의 극대화를 도모해야 한다.

클라이언트와의 면접과정에서 클라이언트의 말을 중간에 끊고 끼어든다든지, 조언을 성급하게 해 주려 한다든지 등의 행동은 사회복지사와 클라이언트 간의 의사소통에 금이 가게 하는 매우 부적절한 행위이다. 면접과정의 흐름을 잃게 하고 맥락을 흐트러지게 하여 원활한 목적대로의 면접진행이 어려워지게 만드는 요인으로 작용하게 된다.

사회복지사는 클라이언트의 감정과 진술에 민감하게 반응하며 공감(empathy) 능력을 최대한 활용해야 한다. 클라이언트와의 공감을 통해 보다 이해도나 전달 정도를 높이고 관계형성의 질도 좋게 할 뿐만 아니라, 클라이언트로 하여금 자신의 감정상태를 충분히 표출케 하며 진술의 정확도 또한 충분히 확보할 수 있게 만들 필요가 있다.

3) 말하는 기술

면접 과정기술에서 경청기술만큼 중요한 것이 말하는 기술이라 할 수 있을 것이다. 말하는 기술은 확인하기와 초점유지기술이라고도 할 수 있다. 면접과정에서 보다 효과적인 진행과 면접을 효율적으로 이끌어가기 위해서는 확인이나 반영, 명확화, 설명하기 등의 여러 가지 방법들을 활용하여 면접과정을 진행한다. 이때 물론 사회복지사는 질문을 대부분 사용하겠지만 앞서 제시된 확인 등의 형태들을 사용하여 클라이언트와의 관계를 적절히 조율해 나간다. 사회복지사가 면접과정에서 얼마나 정확하게 표현하고 잘 듣느냐의 문제는 매우 중요한 요소인데, 말하는 기술은 의사소통의 방해요소들도 많이 존재하는 만큼 정확하게 말하고 정확하게 들으려고 노력해야 한다.

사회복지사의 표현기술 중에는 말하고 들은 것을 확인하는 기술들, 즉 바꾸어 말하기, 요약하기, 명료화, 피드백 주고받기, 내용 반영 등과 목적과 초점을 유지하는 기술들, 즉 초점유지기술, 탐색기술, 세분화, 자기노출 활용하기 등이 있다(도광조, 2014).

4) 상호작용 방법

면접 과정기술에서 상호작용하는 방법으로 악수와 신체적 접촉에 대해 살펴볼 필요가 있다(엄명용 외, 2005; 전재일 · 이성희, 2004; 전남련 외, 2011).

(1) 악수

사회복지사는 클라이언트와의 관계에서 악수하는 것에 대해 신중하면서도 상황에 맞는 판단을 적절하게 잘 활용하여 사용할 줄 알아야 한다. 사회복지사가 악수를 할지 안 할지는 자신의 직관에 의해 결정해야 한다. 왜냐하면 사회복지사는 클라이언트의 상황을 잘 알지 못할 때에도 클라이언트를 사정하기 때문이다(Trevithick, 2000).

악수를 하는 과정에서 상대방의 손의 촉감을 파악할 수 있고, 클라이언트가 사무직 근로자인지 아니면 노동자인지, 사회복지사와 만남을 기쁘게 여기는지, 아니면 마지못해서 오게 된 것인지 등에 대한 느낌을 어느 정도 파악할 수 있기 때문에, 누구도 위압하여 강제로 악수를 해서는 안 된다. 악수는 "안녕/잘 지내세요/오랜만이네요/잘 가세요" 등의 몇 마디 따뜻한 말과 함께 할 필요가 있고, 사람들과 신체적으로 '접촉' 할 기회를 가지고 좋은 인상을 주기 때문에 유익하다. 예를 들면 악수를 청하는 것은 남성보다 여성이 적은 편이고, 아동은 장난삼아 그렇게 하는 경우를 제외하고는 악수를 하려고 손을 내밀지 않는 편이다. 일반적으로 남성은 이러한 형태의 신체적 접촉을 더 쉽게 하는 경향이 있지만, 남성들 중에도 계층과 연령에 따라 매우 다르다.

(2) 신체적 접촉

브릴(Brill, 1997)은 "신체적 접촉은 비언어적 의사소통 가운데 강력한 영향력을 보일 수 있다."고 신체적 접촉의 중요성에 대해 강조하고 있다. 면접과정에서 신체적 접촉이 긍정적으로 사용되었을 때 사회복지사는 클라이언트에게 지지를 보여 줄 수 있지만, 그렇지 못한 경우 전문적 관계에 치명적인 손상을 가져올 수 있다. 특히, 클라이언트가 아동학대 혹은 성희롱과 같은 경험이 있다면 신체적 접촉은 더욱 주의를 요하는 의사소통의 방법이다. 면접과정에서 클라이언트와 신체적 접촉을 할 경우가 종종 발생한다. 예를 들어, 면담과정에서 클라이언트가 흐느껴 우는 경우가 있는데, 일상적으로 이러한 클라이언트를 볼 때 위로의 말을 건네거나 어떠한 행동을 취하지 않으면 어색하고 비인간적이면서 냉정하다고 느끼게 된다. 이런 경우 휴지를 건넨다든지, 어깨를 가볍게 두드려 준다든지, 손을 잡아 주는 경우가 있다. 그러나 사회복지사가 편안하게 해 준다고 하는 일련의 행동이 클라이언트에게 반드시 똑같은 의미로 전달되는 것은 아니다. 예를 들어, 신체적 학대나 성학대를 경험한 클라이언트는 신체적 접촉, 특히 간단한 포옹과 같은 행동에 매우 불편해하거나 과거의 피학대 경험을 되살리는 계기가 될 수도 있다. 그리고 우는 클라이언트의 손을 잡아 주는 행동은 클라이언트의 울음을 그치게 만들어 결국은 감정을 표현할 수 있는 기회를 막을 수도 있다(Trevithick, 2000). 따라서, 사회복지사는 자신에 대한 인식과 함께 전문가로서의 반응과 인간으로서의 개인적 반응을 구분할 수 있어야 한다. 이를 위해 사회복지사는 클라이언트가 표현하는 감정을 충분히 '공감'하되 적절하면서도 클라이언트가 편안함을 느낄 수 있는 방법으로 반응을 해 주어야 할 것이다. 또한 클라이언트가 보이는 감정을 충분히 표현할 수 있도록 격려해 줄 필요가 있다. 부드럽고 다정한 목소리로 위로를 제공해 주는 것은 따스한 담요로 감싸 주는 것과 같은 느낌을 갖게 할 수 있다.

5) 질문기술

질문 기술은 면접 과정기술에서 다양한 방법으로 사용되고 있는데, 우선 개방형 질문이 있을 수 있고, 폐쇄형 질문이 있을 수 있다. 또한 '무엇' 질문 등에 대해서도 살펴볼 필요가 있다.

(1) 개방형 질문

개방형 질문이란 폐쇄형 질문과는 반대로 클라이언트로 하여금 자신이 하고 싶은 말을 자신의 감정과 생각을 자율적으로 선택하여 표현할 수 있도록 하는 질문 형태이다. 클라이언트가 어떤 관심사를 선택하거나 무시할 수도 있다. 따라서 개방형 질문은 탐색하기 위한 충분한 시간을 두고 질문하는 것이 무엇보다 중요하다 할 수 있다(Trevithick, 2000).

예를 들면, 초기면접이나 사정을 위한 질문 시에 사회복지사는 "제가 어떻게 도와드리는 것이 좋을까요?", "제가 어떻게 도와드릴 수 있을까요?", "저는 무슨 일이 일어났는지 조금 알고 있는데 좀 더 자세한 내용을 저에게 말씀해 주셨으면 좋겠습니다." "당신에 대해 제가 알 수 있도록 자신에 관해 무엇이든지 말씀해 주시기 바랍니다." 등의 개방적인 질문, 즉 개방형 질문을 사용할 수 있다.

(2) 폐쇄형 질문

마찬가지로 폐쇄형 질문이란 개방형 질문과는 반대로 자유롭게 서술형으로 답하게 하지 않고, 이름이나 주소, 나이 등 몇 마디로 간단히 답하거나 '예/아니오' 등의 단답형 답을 하도록 질문하는 것을 말한다. 즉, 폐쇄형 질문은 클라이언트에게 응답을 선택할 자유를 주지 않고 구체적 상황에 초점을 두고 클라이언트가 단순히 대답할 수 있도록 범위의 제한을 두는 것이라 할 수 있다.

폐쇄형 질문은 클라이언트가 대답에 크게 고민 없이 쉽게 답하는 점도 있지만 면접이 지나치게 집중되어 잘못된 방향으로 나아가는 단점이 있다. 자칫 잘못하면 클라이언트로 하여금 쉽게 무시당한다거나, 범죄화시킨다거나, 억지로 응답을 하도록 하는 등의 클라이언트 입장에서 좌절감을 느낄 수 있는 등의 문제점이 있을 수 있다. 따라서 사회복지사는 면접 전후에 충분한 시간을 가지고 클라이언트와 함께 이러한 방식의 질문에 답하는 어려움을 이야기하는 것이 요구된다. 폐쇄형 질문의 예를 들어 보면, "현재 나이가 몇이신가요?", "사시는 데는 어디세요? 주소가 어떻게 되나요?", "지금 기분이 좋아요? 나쁜가요?" 등의 단순하면서도 한정된 답을 하게 하는 형태의 질문들이라 할 수 있다.

(3) '무엇' 질문

'무엇' 질문이란, '무엇'이라는 암시가 매우 불특정하기 때문에 클라이언트가 초점을 두고 싶어 하는 관심사나 이슈를 스스로 자유롭게 정의할 수 있게 하는 것이고, 과거보다는 현재를 강조하고 있으며, 만일 필요하다면 과거와 관련하여 부가적인 질문을 할 수 있는 형태를 말한다(Lishman, 1994).

'무엇' 질문은 충분한 시간을 가질 수 없거나 문제의 원인이나 과거를 탐색하기 위한 때에는 항상 유용한 것은 아니다. 특히 과거에 대한 탐색은 현재 실제로 일어나고 있는 일을 피하는 방식이 될 수도 있다. 이 질문은 가족치료와 단기치료에서 특히 유용하게 사용할 수 있다. 예를 들면, "당신이 생각할 때 지금은 무슨 상황이라고 말할 수 있나요?", "변화하기 위해 제가 무엇을 할 수 있을까요?" 등의 '무엇' 질문을 할 수 있다.

6) 내용확인 기술

내용확인 기술에는 사람이 말한 본질을 정확하게 반복하지는 않지만 다시 말하는 바꾸어 설명하기(paraphrasing)가 있다. 이는 개인이 사용한 말과 닮은 말을 하면서 중요 내용을 다시 생각해 선택적으로 말하는 것이지만 똑같이 말하는 것은 아니다. 그렇게 하는 이유는 사회복지사가 의사소통의 의미를 파악했는가를 확인하기 위함이다. 예를 들어, 클라이언트가 "나는 그 상담실에는 다시는 가고 싶지 않습니다. 거기 상담사는 사람을 다루는 법을 모르는 것 같아요. 나를 마치 죄인 다루듯이 하는 것처럼 느껴집니다."라고 말했다면 그에 대한 응답으로 사회복지사는 "그 상담실에 갔을 때 대우를 제대로 받지 못한다는 소리로 들립니다."라는 식으로 같은 말은 아니지만 비슷한 말로서 바꾸어 설명하기 기술을 활용하는 것이다.

내용확인 기술로서 주로 클라이언트가 더 명확하게 말하도록 격려하고 클라이언트가 말한 것에 대해 사회복지사가 이해했음을 입증하기 위해 질문하는 명료화하기(clarifying)가 있다. 명료화하기는 주로 "당신이 말하길"로 시작하는 질문이 많은데 단점으로 면담의 흐름을 방해하거나 어떤 클라이언트는 쉽게 기분이 나빠질 수 있는 위험요인이 있다. 이는 클라이언트 자신이 의사소통을 잘못하다는 의미로 받아들여 은근한 비난으로 여기기 때문이다. 또한 요약하기의 기술이 있는데 이는 여러 가지 방식으로 사용될 수 있다. 먼저 사회복지사는 새로운 세션을 시작할 때 이전 세션에서 다룬 요점을 끌어 들이거나 요약할 수 있다. 둘째, 요약하기는 지금까지 다루어 온 것에 관해 정확하고 간결한 부분이나 자세한 내용을 제공할 수 있다. 그리고 세션이 방향을 잃거나 할 때, 적절한 시기에 간략하고 정확한 요약하기는 유용할 수 있다. 마지막으로 내용확인 기술에서 피드백 주고받기가 있다. 피드백 주고받기(giving and receiving feed-back)는 사회복지사와 클라이언트 모두에게 도움이 되는데, 명백하고 솔직한 피드백은 특별한 행동과정이 동의한 목표들을 달성하는 과정에 있다는 것을 확인하는 방식으로서 실천에 적용할 수 있다. 피드백의 목적은 다음과 같다(Egan, 1990; 서혜석 외, 2013 재인용).

① **확인적**(confirmatory) **목적**

클라이언트들에게 과정 중에 있다는 것, 즉 목표를 향하여 여러 단계의 행동프로그램을 거쳐 성공적으로 이동하고 있는 것을 알릴 때

② **교정적**(corrective) **목적**

클라이언트들에게 그들이 옆길로 빗나간다면 과정으로 돌아올 필요가 있다는 정보를 제공할 때

③ **동기부여적**(motivating) **목적**

적절하고 부적절한 프로그램의 결과를 지적할 때와 수행을 개선하기 위해 제안할 때

7) 관찰 기술

사회복지사는 면접과정에서 앞서 살펴본 탐색이나 수집 및 적극적인 경청이나 말하기, 그리고 적절한 질문 기술 등을 활용하여 클라이언트와 공감한다. 이러한 면접의 전 과정에서 보여지는 클라이언트의 언어표현 및 비언어적 행동에 대해 관찰하는 것 또한 면접 과정기술에서 매우 중요한 부분이라 할 수 있다.

클라이언트의 앉아 있는 모습, 얼굴표현, 목소리의 색조 변화, 손가락으로 탁자를 치는 행동 등 비언어적 표현에 민감해야 클라이언트 진술의 타당성을 점검할 수 있고 피드백을 주기가 용이하다. 유능한 사회복지사는 클라이언트의 비언어적 몸짓으로부터 민감한 주제에 대한 신호를 알아낼 수 있다(이윤로, 2007). 사회복지사는 면접과정에서 클라이언트의 비언어적 단서들을 다음과 같은 방식으로 관찰할 수 있다(Poindexter et al., 이윤로 외 역, 2003).

① 냄새: 술을 마셨는가? 담배를 피우는가? 위생 상태는 적절한가?
② 보기: 자세, 몸짓과 동작, 얼굴표정, 눈맞춤, 의복이나 차림새, 외모, 눈물 등
③ 소리: 말의 톤과 명확성, 속도, 성량, 호흡, 울음 및 웃음소리 등
④ 거리: 클라이언트가 사회복지사와 가까이 있고 싶어 하는가? 떨어져 있고 싶어 하는가?

사회복지사는 면접과정에서 클라이언트의 비언어적 또는 언어적 단서들을 잘 관찰하면서 보다 더 깊이 이해할 줄 알아야 한다. 하지만 이러한 관찰을 통하여 클라이언트를 이해하는 데 도움이 될 수도 있으나, 한편으로는 그러한 정보로 인하여 사회복지사의 시야가 협소해지고 편견과 선입견으로 작용되어 사정과정의 어려움이나 오해를 불러일으킬 수도 있는 양면성이 존재한다. 이에 대한 대처로 사회복지사는 철저한 자기성찰과 클라이언트를 상대로 확인하고 슈퍼바이저나 동료와 논의하면서 선입견이나 고정된 관념 등의 위험에 빠지지 않도록 유의해야 한다.

4. 면접 종결기술

면접 종결은 사회복지사와 클라이언트와의 관계 특히, 클라이언트에게 미치는 영향이 매우 크기 때문에 종결을 대하는 마음가짐과 전문적 지식은 매우 중요하고 필요한 내용이다. 면접 종결이 매끄럽지 못하거나 욕구가 해결되지 않은 상태로서 종결처리된다든지 기타 다양한 이유로 면접이 어렵게 종결이 되는 경우에 클라이언트는 당황하거나 무기력한 느낌, 공포와 두려움, 자포자기, 거부감 등의 매우 부정적인 표출과 상태를 보일 수 있다.

면접을 효과적으로 종결하기 위해서는 면접을 시작할 때처럼 신중한 생각을 필요로 한다. 면접의 목적을 성취하여 성급하고 어색한 종결을 한다면 두 당사자 간의 관계에 장기적 피해를 줄 수 있다. 종결을 이룰 수 있는 언어와 비언어 기능을 사용하는 것이 중요하다. 면접맥락에서 이러한 기능은 면접의 끝을 신호로 보내는 종결과, 상호작용의 주요 부분을 논평하는 요약과 상호작용으로 즐거움을 표현하고 다음에 일어나는 것을 예상하는 지지로 기술한다. 이러한 기능은 언어나 비언어적으로 수행될 수 있다.

내담자가 원했던 변화가 일어나거나 기타 상황에 따라 상담은 종결된다. 그러나 모든 상담이 성공적으로 종결되는 것은 아니다. 상담자로서는 여러 가지 전문적인 노력을 기울였지만 당초에 설정했던 목표의 달성에 실패하는 경우가 있다.

사회복지실천 기법 가운데 하나인 종결기술을 중심으로 면접 종결기술과 연관하여 살펴보면, 종결단계에서의 목표는 클라이언트가 당면하고 있는 문제를 스스로 해결할 뿐만 아니라 앞으로 부딪힐 어려움을 극복하고 해결해 나갈 수 있는 힘을 기르는 데 있다. 사회복지사가 성공적으로 원조과정을 종결하기 위해서는 클라이언트에게 종결을 준비하는 조치를 취하고, 종결에 대한 감정을 표현하도록 하며, 그동안 성취한 것을 식별하고 다음 단계를 계획할 수 있도록 하는 등의 기술이 요구된다(이재선 외, 2016).

1) 종결 알리기

마지막 세션 얼마 전에 종결을 준비하는 조치를 취한다. 즉, 종결시간이 처음부터 정해져 있으면 그 날짜를 클라이언트에게 회상시킨다. 목표가 성취되었다면 사회복지사와 클라이언트가 상호 합의하여 종결날짜를 결정한다. 때로 클라이언트는 종결날짜를 잊어버리거나 무력감의 표현, 의존적 행동, 새로운 문제와 욕구의 제시, 주제를 회피하는 등의 반응을 보이기도 한다.

2) 클라이언트의 간접적 표현(부정적 행동)에 직접적으로 반응하기

종결이 거절의 형태로 받아들여질 때 클라이언트는 노여움 같은 부정적 감정을 간접적으로 표시하여 적대적 코멘트나 질문(예: 퇴출되셨나요?) 또는 부적절하고 파괴적인 행동, 약속을 어기거나 늦는 행동을 한다. 어떤 클라이언트는 자신이 무가치하다고 느낀다. 이런 경우 사회복지사는 클라이언트의 노여움의 표현을 비방어적으로(즉, 당연히 그럴 수 있다고) 받아들이고, 간접적으로 표현된 감정을 직접적으로 표현하도록 고무해야 한다.

3) 종결에 대한 감정을 함께 공유하기

그동안의 관계의 의미를 서로 감사히 표현하고 헤어져야 한다는 사실에 대한 아쉬운 감정을 공유한다. 사회복지사가 종결에 대한 자신의 감정을 잘 파악하고 있어야 이러한 과정을 잘 통제할 수 있다.

4) 클라이언트의 성취인정과 평가시행

그동안 성취한 것을 식별하고 다음 단계를 계획한다. 초기에 합의한 바 있던 목표와 과제를 회상시키고 성취한 것을 다시 한 번 인식시켜 클라이언트의 자존감과 능력을 확고히 한다. 또한 어떤 점이 효과적이지 못했는지, 그리고 왜 그랬는지도 함께 살펴본다. 후속조치의 필요 여부도 결정한다(Shulman, 1992; 박귀영 외, 2015 재인용).

면접을 종결하고 적절히 사례를 끝내는 것은 사회복지사가 알아야 할 가장 어렵고 중요한 기술 중의 하나이다(Kadushin, 1990). 사회복지사는 종결을 복잡한 방식으로 정당화할 수 있지만, 역시 필요 이상으로 관여하여 종결 시기를 연장하는 것은 사회복지사 활동의 목적과 방향을 상실하게 되는 상황을 초래할 수 있다. 그것은 또한 클라이언트로 하여금 불건전한 의존성을 초래할 수 있다.

사회복지사는 확고한 초점을 가지고, 사려 깊게 그리고 민감하게 면접을 종결하다 보면 면접 종결과정에서 나타나는 여러 가지 문제와 어려움을 해결하는 데 많은 도움이 될 수 있다. 면접 종결의 원인은 클라이언트로부터 시작되는 것이 바람직하나 사회복지사가 원인이 되는 경우도 있다. 가장 바람직한 면접 종결상황은 사회복지사와 클라이언트가 상호 동의된 상태에서 종결시점을 잡아 종결하는 것이 효과적이며 그 시점은 목표에 도달하였거나 사전에 약속된 활동시간이 종료되거나 클라이언트가 면담을 끝낼 준비가 되었을 때를 말한다.

CHAPTER 09

사회복지실천 기록기술

1. 기록의 개요와 이해

1) 사회복지실천 기록은 왜 해야 하는가?

요즘 현대인들은 정보과잉의 시대를 살아가고 있다. 관련하여 인포마니아(Informania)라는 단어도 생겨날 정도라고 한다. 이는 옥스포드 사전에도 있는 단어로 '모바일 기기나 컴퓨터를 사용해 뉴스나 정보를 확인하고 축적하려는 강박적 욕구'라고 한다.[1] 이런 현대사회에서 사회복지사들도 예외일 수는 없다.

사회복지사들에게 정보를 찾고 기록하는 일은 갈수록 중요해지고 있다. 사회복지 기록은 사회복지실천의 중요한 요소이며 임상적·행정적 기능을 다 갖고 있어(Kagle & Kopels, 2010) 필요한 일이므로 반드시 기록 실천되어야 한다.

사회복지실천에서 기록은 그 쓰임새가 다양할 뿐 아니라 중요한 과정이다. 사회복지 실천과정을 기록자의 편견을 배제하고 일정한 틀이나 양식에 따라 활동내용을 기록으로 남김으로써 여러 용도로 활용할 수 있다. 사회복지실천 기록은 사회복지사가 개입한 사례를 계획에서부터 종결과 사후지도까지의 전 과정을 합당한 형식을 갖춘 틀에 따라 객관적으로 서술하는 것을 말한다(최옥채, 2002).

이러한 사회복지 기록은 정보를 보존하고, 서비스 전달을 촉진한다. 기관 내외의 전문가들과의 의사소통을 가능하게 하고, 실천가들을 교육, 감독하여, 서비스 질을

1) http://slowalk.tistory.com/2356

높일 뿐 아니라, 조사 연구를 돕는 데 사용된다. 이렇게 축적된 사회복지현장의 기록을 기반으로 사회변화를 만들어 갈 필요가 있다.

2) 기록의 목적

기록의 목적은 책임성이다. 사회복지사들은 자신이 제공한 서비스를 기록하고 설명하며 평가함으로써 클라이언트와 기관과 사회에 대한 법적·윤리적 책임을 지게 된다(Kagle, 1995).

기록의 목적과 용도를 구체적으로 살펴보면 다음과 같다.

① 책임성

기록의 일차적인 목적은 책임성이다.

사회복지실천가들은 기관과 클라이언트, 지역사회에 대해 법적이고 윤리적인 중요한 책임성을 가지고 자신들이 제공하는 서비스나 개입에 대해 기록, 설명, 평가함으로써 전문직을 수행하게 된다.

② 정보 제공

클라이언트와 그 가족, 대리인, 고용주에게 정보를 제공한다.

특히 클라이언트의 알 권리를 존중하기 위해 정보를 개방하고 공유하며 치료적인 목적에 활용하기도 한다. 또한 사회복지실천가, 지도감독관, 자문 그리고 기관 내의 다른 전문가들에게 정보를 제공한다.

③ 개입이나 서비스의 과정 점검과 평가

기록을 통해서 서비스나 개입이 어떻게 이루어지고 있는지 과정을 점검할 수 있다. 또한 개입이나 서비스가 효과적이었는지 평가하는 데 사용된다.

④ 클라이언트에 대한 이해 증진

사회복지사는 클라이언트가 무엇을 원하는지 욕구를 파악하고 개입의 방향을 설정하는 데 도움을 받는다. 또한 클라이언트는 자신에 대한 기록을 보거나 기록과정에 참여함으로써 자신에 대한 이해를 높일 수 있으며 사회복지사와 클라이언트 간의 의사소통을 원활하게 한다.

⑤ 지도 감독과 교육활성화

기록은 실천가들을 교육하고 지도 감독하는 데 이용된다. 또한, 교육을 받는 학생이나 실습생 또는 초보 사회복지사들은 자신의 활동에 대해 점검하고 훈련받을 수 있는 기회가 된다. 슈퍼바이저나 상급자는 직원들이 제공하는 서비스나 업무내용을 파악하고 평가하며 지도 감독하는 데 활용한다.

⑥ 근거자료

기록은 기관 및 사회정책에 따르는 승인을 증명하는 데 이용된다. 서비스의 질을 관리하고 조사를 수행하는 데도 이용된다. 또한 기록은 연구를 위한 자료로 활용되며 재정을 마련하거나 기금조성의 근거자료가 된다.

⑦ 효과적인 사례관리

클라이언트에게 제공되는 서비스나 개입 등이 기록됨으로써 클라이언트가 타 전문가에게 의뢰될 경우에도 서비스가 중단되지 않고 연결될 수 있다. 또한 서비스나 개입에 대해 문서화함으로써 서비스의 중복이나 누락을 막아 효과적으로 사례가 관리된다.

⑧ 타 전문직과의 의사소통

기록은 기관 안팎의 다른 사람들과 의사소통하는 데 이용되며, 이는 전문직 간 협력을 원활하게 한다.

⑨ 자료화

사회복지실천 활동이 이루어지는 모든 내용을 자료로 남긴다.

더불어 양정남과 최선령(2002)이 정리한 기록의 목적과 유용성을 살펴보면 다음과 같다.

① 클라이언트의 욕구 파악

기록은 관심의 초점이 되는 문제에 대한 서비스 내용뿐만 아니라 클라이언트의 상황에 관한 기술과 사정 그리고 사회, 심리적 판단을 포함한다. 이런 내용들은 서비스 교류가 이루어지는 동안 수정되고 최신정보로 대치될 수도 있다.

② 사회복지실천 증빙자료

클라이언트의 상황이나 서비스 과정에 영향을 주는 주요 사건들에 대해 보고한다.

③ 서비스의 계속성

사례가 다른 사회복지사나 기관으로 넘어갈 때, 클라이언트와 마지막 접촉 후 상당히 시간이 흐른 경우, 또는 클라이언트의 상황이 복잡하고 서비스가 광범위할 때 특히 유용하다.

④ 다른 전문가와 의사소통의 원활화

타 분야의 전문가와 함께 일하는 장소에서 기록은 전문적 공조체제를 원활하게 해준다. 팀 구성원들에게 집단결정과 행동을 강화시켜 주는 자원을 제공하며, 전문가들의 개별적 노력을 조정할 수 있도록 돕고, 팀의 모든 구성원들이 접할 수 있는 새로운 정보를 만들어 낸다.

⑤ 지도감독 및 자문, 그리고 교육과 훈련의 자료

초보 사회복지사들이 상담기술을 향상시키고 개입의 질을 높이기 위해서는 지도감독을 받거나 자문을 구하게 된다. 이럴 경우 기록을 보면서 개입이 적절했는지 아닌지를 구체적으로 교육받을 수 있다. 실습생들의 경우에도 실습일지나 기록으로 실천교육과 자문을 받게 된다. 이렇게 교육용으로 기록할 경우에는 대화체로 기록하는 것이 교육받는 데 더 유리하다.

⑥ 조사연구의 자료 및 통계보고서로 활용

사회복지 실천현장에서의 기록은 현장에서 어떤 일들이 일어나고 있으며, 어떤 어려움이 있는지를 생생하게 보여주는 자료가 된다. 또한 새롭게 요구되는 기술이나 정책이 무엇이며 실천의 기술과 이론들이 어떻게 적용되는지를 검증할 수 있는 연구자료로 활용되고 있다.

⑦ 클라이언트와 정보를 공유하고 서비스의 과정과 결과 평가

기록으로 클라이언트에 관한 정보를 공유하고 서비스가 어떻게 진행되었으며 어떤 결과를 가져왔는지를 평가할 수 있다. 이런 측면에서 기록은 사회복지사가 바뀌는 경우, 타 부서와의 연계, 서비스의 적절성 등을 파악하고 평가하는 자료가 된다.

3) 사회복지실천 기록 용도

- 클라이언트의 욕구를 파악하고 개입을 위한 기초자료를 얻는다.
- 서비스 수급자격을 입증할 문서로 사용된다.
- 클라이언트와 서비스에 관한 정보를 필요할 때 이용할 수 있도록 보관한다.
- 사회복지사 교체 시 사례의 지속성을 보장한다.
- 정보공유를 통하여 의사소통을 촉진시킨다.
- 슈퍼비전, 자문, 동료, 검토를 위한 근거를 제공한다.
- 교육훈련의 자료로 활용한다.
- 연구조사의 자료로 사용한다.
- 서비스의 효율성, 효과성, 질을 평가하는 데 사용된다.
- 행정절차상의 규정이나 기준을 준수하고 있는지 보여준다.

4) 기록의 기본 원칙

사회복지실천기록은 사회복지사와 클라이언트 그리고 기관이 상호 밀접한 관계를 가지게 할 뿐만 아니라 이들에게 매우 유용한 문서이므로 다음과 같은 몇 가지 원칙을 가져야 한다.

케글(Kagle)은 좋은 기록의 15가지 원칙을 제안했다.

원칙 1: 가치 있는 목적에 대해 균형 유지하기

좋은 기록은 서로 경쟁적이면서 가치 있는 네 가지 목적－책무성, 실천을 지원하고 향상시키기, 효율성, 클라이언트 사적 권리－사이에서 균형을 유지한다.

원칙 2: 사명에 초점 두기

좋은 기록은 기관의 사명과 서비스 프로그램의 목표와 관련된 내용에 초점을 둔다.

원칙 3: 위험 관리

좋은 기록은 기관정책, 법적 기준, 실천지침, 전문가 윤리와 부합하는지를 문서화하거나, 그렇지 못한 경우를 정당화한다.

원칙 4: 책무성

좋은 기록은 서비스의 목적, 목표, 계획, 활동, 진전, 영향, 성과에 대한 지표(indicators)를 문서화하면서 서비스 전달에 초점을 둔다. 좋은 기록은 모든 서비스 결정과 행동에 대한 근거와 서비스가 기관정책, 법적 기준, 실천지침, 전문가 윤리에 부합하는가(아니면 부합하지 않는 이유)에 대한 근거를 문서화한다.

원칙 5: 단축

좋은 기록은 서비스 목적, 목표, 성과와 무관한 클라이언트－욕구－상황에 관한 정보를 포함하지 않는다.

원칙 6: 객관성

좋은 사정은 공평하고 공정하며, 관찰, 정보 출처, 판단에 사용된 기준, 평가라는 네 요소를 포함한다.

원칙 7: 클라이언트 관여

사정, 목표, 계획, 활동은 개별 클라이언트－욕구－상황에 맞게 이루어져야 한다. 좋은 기록은 의사결정과 행동 수행을 포함하는 서비스 과정의 전 측면에서 클라이언트가 어떤 역할을 담당했는지 문서화한다.

원칙 8: 출처

좋은 기록의 정보는 출처에 의거해야 한다. 사회복지사는 매 기록마다 날짜를 적고 날인한다.

원칙 9: 문화적 맥락

좋은 기록은 클라이언트-욕구-상황과 서비스 결정, 행동, 성과에 영향을 주는 문화적 요소들을 문서화한다.

원칙 10: 접근성

좋은 기록은 클라이언트와 클라이언트를 위하여 행동하는 사람들, 또는 클라이언트의 소망이나 이익에 반하여 행동하는 사람들이 모두 기록을 읽을 수 있다는 것을 가정하고 쓰인다.

원칙 11: 활용성

좋은 기록은 꼭 들어가야 할 모든 정보를 포함하며, 문장이 잘 쓰여지고, 하나의 일관된 전체를 형성한다. 독자들은 시간이 경과함에 따라 클라이언트-욕구-상황과 서비스 과정에 관한 중요 정보를 알 수 있어야 한다. 좋은 기록은 중복을 최소화하기 위하여 연대순과 주제에 따라 상호 참조(cross-references)할 수 있도록 구성된다.

원칙 12: 현시성

좋은 기록은 최신의 내용을 담은 생생한 기록이어야 한다. 장기 사례에 대한 기록은 정기적 검토와 요약을 포함한다.

원칙 13: 근거

좋은 기록은 모든 서비스 결정과 행동에 대한 근거와 정당성을 제공한다.

원칙 14: 긴급 상황

위급 상황(예: 위탁모의 입원)과 위험한 사건(예: 클라이언트가 이웃을 위협함)은 즉각적이며 충분하게 기록되어야 하며, 사회복지사가 날인하고 슈퍼바이저나 다른 행정가가 승인한 보고 내용과 행동 계획을 포함한다.

원칙 15: 제외

좋은 기록은 면담이나 집단회기('과정')에 대한 자세한 기술이나, 추측, 근거 없는 견해, 판단적 용어, 직감적 반응, 직관이나, 서비스 목적과 무관한 클라이언트-욕구-상황에 관한 정보나, 클라이언트를 위해 사회복지사가 취한 많은 활동들에 대한 자세한 기술 ["내가 얼마나 바쁜지 봐라"식의 자세한 내용(Bristol, 1936)]을 포함하지 않는다. 좋은 기록은

"선동적이거나 품위를 떨어뜨리거나 차별적으로"(O'Brien et al., 1992) 기술되는 내용뿐만 아니라 서비스 목적, 목표, 성과와 무관한 클라이언트의 개인적 정보는 제외시킨다.

더불어 사회복지실천 기록은 사회복지사와 클라이언트, 그리고 기관이 상호 밀접한 관계를 가질 뿐만 아니라 이들에게 매우 유용한 문서이므로 다음과 같은 몇 가지 원칙을 가져야 한다(최옥채, 2002).

① 기록의 내용은 비밀이 보장되어야 한다.

그러므로 사회복지사가 개입한 사례는 반드시 자신이 기록해야 하며 특정인의 사사로운 목적으로 공개할 수 없다.

교육상 공개해야 할 경우에도 사전에 참여자들로부터 허락을 받고 클라이언트는 물론 모든 참여자의 이름은 가명으로 기록해야 하고 가명임을 밝혀야 한다.

② 사실대로 작성한다.

기록자 임의로 기록해서는 안 된다. 가급적 쉽고 간결하게 작성한다. 가급적 쉬운 용어로 올바른 뜻의 전달을 위해 필요한 경우에는 괄호 안에 한자나 기타 외국어는 가급적 지양하고 내용에 거짓 없이 작성한다.

③ 구체적 · 객관적 · 논리적 · 긍정적으로 작성한다.

기록자 임의로 기록해서는 안 된다. 즉, 사회복지사의 개입 내용이 과장되거나 축소되어 기록될 수 없다. 특히 사회복지사는 자신이 개입한 결과에 평가를 두려워하지 말고 겸손하게 받아들이는 자세로 임함으로써 기록의 객관성을 유지해야 한다.

또한 기록은 논리적이어야 한다. 즉, 다음 활동 계획은 전 활동의 평가 내용과 맞아야 하고, 평가는 사회복지사의 개입 내용에 근거해야 한다. 활동 내용은 목표 달성을 위한 소 프로그램의 적용을 다루어야 하며, 소 프로그램은 활동 목표에 맞아야 한다. 이는 결국 사회복지사의 개입이 계획적으로 이루어져야 함을 의미한다.

④ 정확한 용어를 사용해야 한다.

기록에는 용어와 상황을 정확하게 구분하여 기록해야 한다. 기록에는 각종 기관의 고유 명칭을 사용하여야 한다.

글씨는 깨끗하고 단정하게 작성하게 맞춤법에 유의하여야 한다. 더불어 띄어쓰기에도 유의한다.

⑤ 요약 정리하는 습관을 가져야 한다.

글을 잘 쓰기 위해서는 평소 요약 정리하는 습관이 필요하며 다양한 경험이 필요하다. 모든 것을 직접 경험해 볼 수 있는 것은 아니므로 여행, 시청, 책 읽기나 인터넷 검색으로 TV 경험을 간접적으로 얻는 것도 좋은 방법이다.

많이 안다고 반드시 좋은 글을 쓸 수 있는 것은 아니지만 지식이 풍부하면 좋은 글이 나올 수 있는 가능성이 그만큼 높다. 많은 경험을 통해 생각의 폭이 넓어지기 때문이다.

이렇게 수집한 경험을 잘 정리한다면 한편의 좋은 글이 될 것이다.

⑥ 깔끔하게 기록하는 습관을 가져야 한다.

2~3줄밖에 안 되는 짧은 문장을 쓰면서도 자주 범하는 오류나 잘못된 기록 습관을 가다듬으면 기록하는 업무에 도움이 된다.

예를 들면 '및'을 '와'와 '과'로 바꾸면 된다. '~하도록 한다. ~대하여 혹은 ~관하여, ~시킨다'라는 서술어, ~성(性)이란 명사, '~것, ~통해, ~등'이라는 문구도 자주 남발되는데, 100% 없애기 어렵겠지만 최대한 쓰지 않아야 깔끔하고 맛있는 문장이 된다.[2)]

2. 기록의 종류

기록의 방법에는 여러 가지가 있으며 새로운 실천방법의 등장에 따라 변화해왔다. 사회복지사는 자신이 소속된 기관이 요구하는 기록을 정확하고 효율적으로 유지하는 능력을 발전시켜야 한다.

2) http://www.infuture.kr/338 인퓨처컨설팅 & 유정식_문장을 깔끔하게 쓰기 위한 9가지 팁

1) 과정기록

과정기록(process recording)은 사회복지실천에서 가장 오랜 역사를 가진 기록방법으로 사회복지실천의 초장기에 사회조사(social investigation)가 중요한 목적이었을 때 과정에 기록을 통하여 클라이언트 및 그들의 사회적 상황에 대하여 말하고, 행동하고, 관찰하고, 추측한 것을 사회복지사가 기억할 수 있는 한 모두 기록한다.

(1) 과정기록 방법

기록방법은 상호작용과정을 세밀하게 표현하기 위해 네 칸으로 나누어 제일 왼쪽 칸은 슈퍼바이저의 코멘트를 위해 여백으로 남겨 놓고 왼쪽에서 두 번째 칸에는 사회복지사와 클라이언트의 대화내용을 기록하고 세 번째 칸에는 사회복지사와 클라이언트의 대화에 대한 사회복지사의 느낌, 네 번째 칸에는 이에 대한 사회복지사의 분석을 기록한다.

(2) 과정기록의 장단점 및 유의사항

① 장점

첫째, 과정기록은 사회복지실습이나 교육 방법으로 유용하게 쓰인다.

둘째, 과정기록은 학생의 자아인식 및 서비스 과정에서의 자아의 활용을 향상시켜준다.

셋째, 기관 측에서도 과정기록을 통하여 사례진행에 대해 점검하고 면담 중에 일어난 일을 파악할 수 있기 때문에 잘못된 사례진행을 사전에 예방할 수 있다.

② 단점

첫째, 기록하는 데 시간이 너무 많이 걸린다.

둘째, 과정기록은 면접에서 실제로 일어난 일을 완벽하게 제한하기는 어렵다.

③ 유의사항

첫째, 정직하게 기록해야 한다.

둘째, 기록하는 데만 너무 집중해서 면접 자체에 주의를 기울이지 못하는 경우가 있다.

셋째, 과정기록이 의미 있기 위해서는 면접이 끝난 후 가능한 한 빨리 써야 한다.

넷째, 과정기록은 교육적 목적을 위해 쓰이는 것이기 때문에 기관의 공식적 기록의 일부가 되어서는 안 된다.

2) 이야기체 요약기록

이야기체 요약기록(narrative summary recording)은 사회복지사가 클라이언트 및 그 상황이나 서비스에 대하여 이야기를 풀어가듯이 서술체로 기록하는 방법으로 과정기록과는 달리 많은 사회복지기관에서 사용하는 기록으로 면담의 내용이 요약되어 서술된다.

(1) 이야기체 요약기록 방법

이 기록방법은 사회복지사의 말이나 느낌보다는 클라이언트 및 그 상황, 그리고 서비스 교류에 초점이 맞추어진다. 클라이언트 및 서비스에 대한 많은 정보를 서술체로 기록하기 위해서는 조직화가 필수적이며 관련되어 있지 않는 세부적 사항은 제외되고 관련되는 사항이라도 다 기록하지 않고 중요한 정보만 기록한다.

(2) 이야기체 요약기록의 장단점 및 유의사항

① 장점

첫째, 임상실무를 문서화하는 데 적합하다.

둘째, 기록에 융통성이 있어서 중요하다고 생각되는 것을 포괄적으로 기록할 수 있다.

② 단점

첫째, 사회복지사의 재량에 아주 많이 의존한다. 따라서 기록내용이 지나치게 단순할 수도 있고, 지나치게 길고 초점이 분명하지 않을 수도 있다.

둘째, 개별적 구성과 부담스러운 양 때문에 원하는 정보를 쉽게 찾기 어렵다.

셋째, 기록하는 데 시간이 많이 걸리기 때문에 종종 기록하기를 미루게 되는 일이 발생할 수 있다.

③ 유의사항

첫째, 단기적 서비스나 일상적이고 전형적 서비스의 구조화된 양식이나 체크리스트를 사용하고 복합적이고 개별화된 서비스에 대해서만 이야기체 기록을 사용하도록 한다.

둘째, 이야기체 기록에 포함되는 것들에 대한 지침을 세운다.

셋째, 이야기체 기록에서 배제되어야 할 것에 대한 지침을 세운다.

넷째, 장기개입의 경우에는 요약기록 방법이 유용하므로 면담내용을 기록할 수 있는 사례노트를 활용하여 사례의 진행단계에 따라 기록하는 것도 좋은 방법이다.

3) 문제중심기록

문제중심기록(problem-oriented recording)은 현재 제시되고 있는 문제를 중심으로 구성되며, 문제 영역을 규명하고, 시정하고, 각 문제에 대하여 무엇을 할 것인지에 대한 계획을 기록하는 것이다. 이 방식은 특히 다른 여러 전문직이 하나의 사례에 대해 함께 일하는 세팅에서 효과적이다. 왜냐하면 이러한 세팅에서 기록의 주요 목표는 문서화뿐만 아니라 정보교환이 목표이기 때문이다.

(1) 문제중심기록 방법

문제중심기록은 데이터베이스, 문제목록, 초기계획, 진행노트 네 부분으로 이루어진다.

첫 부분은 자료수집을 통한 데이터베이스 구축이다.

두 번째 부분은 문제목록이다.

세 번째 부분은 초기계획이다.

네 번째 부분은 진행노트이다. 사례가 진행되면 서비스 진행과 변화 내용에 대해 문제목록에 기재된 번호에 따라 SOAP방식으로 기록한다.

① S(Subjective information): **주관적 정보**

클라이언트가 지각하는 문제, 자신의 상황과 문제에 대해 어떻게 생각하고 느끼고 있는가에 대한 주관적 정보를 기술한다.

② O(Objective information): **객관적 정보**

클라이언트의 행동이나 외모에 대한 사회복지사의 관찰과 사실적 자료와 같은 객관적인 정보를 기술한다(클라이언트의 주거상태, 경제적 상태, 건강상태 등이 포함될 수 있다).

③ A(assessment): **사정**

주관적 정보, 객관적 정보에 기초하여 사정, 견해, 해석, 분석을 기술한다. 사회복지사의 관찰 및 사실적 정보의 의미를 사정하고 분석한 견해를 기술하는 것이다.

④ P(plan): **계획**

위의 주관적 정보, 객관적 정보 사정을 기반으로 하여서 확인된 문제에 대하여 무엇을 할 것인지에 대한 계획을 기술한다.

(2) 문제중심기록의 장단점

① **장점**

첫째, 여러 상이한 전문직 간의 의사소통을 촉진하며, 여러 분야 간의 공조를 원활하게 해 준다.

둘째, 책무성을 향상시킨다.

셋째, 질 높은 기록 검토를 할 수 있다.

② **단점**

첫째, 클라이언트의 욕구, 자원 강점보다는 문제를 강조함으로써 사회복지실천의 관심의 폭을 지나치게 한정시킬 수 있다.

둘째, 개인과 환경의 상호작용보다는 개인을 강조함으로써, 관련 현상의 복잡성을 단순화시킬 우려가 있다.

셋째, 부분화를 강조함으로써 통합적이며 체계적인 쟁점들을 왜곡시킬 우려가 있다(이종복, 2006).

4) 녹음 및 녹화기록

① 특징

음성녹음과 화면녹화를 이용하여 면접과정을 관찰하고 재조사하며 분석하는 것이다.

② 장점

교육용으로 유용하고 가족치료와 실천에 대한 과정지향적인 접근법을 지도 감독할 때 유용하다.

③ 단점 및 주의할 점

클라이언트가 녹화나 녹음을 지나치게 의식하여 집중력이 떨어지거나 평소처럼 자연스럽지 않고 어색할 수 있다.

5) 시계열기록

시계열기록(time-series records)은 사회복지실천 서비스의 목표를 달성하는 과정에 대한 정보를 제공하기 위한 것으로 서비스 효과를 기록하는 것이다.

이러한 측정은 우선 클라이언트 상황에 대한 사정과 그 후에는 서비스의 목적이나 목표성취로의 움직임에 대한 평가에 사용된다.

서비스의 목표가 설정되면 측정도구가 결정되고 측정과정이 시작되며 기록 작업도 시작된다.

교실에서의 아동 행동 개입의 대표적인 예로 들어보면 개입이 시작되기 전, 서비스 과정 동안, 서비스가 종결된 후 얼마간 클라이언트에게 서비스를 제공하지 않는 사회복지사가 매일 얼마 동안 교실에서 일어나는 것을 관찰하고 기록한다.

시계열기록의 장단점은 다음과 같다.

① 장점

클라이언트의 행동과 태도 또는 반응의 변화 여부에 대해 그리고 목적을 달성하기 위한 움직임이 있었는지를 보여주기 위해 시각적으로나 통계적으로 분석될 수 있다.

사회복지사와 클라이언트가 목적을 설정하고 성취하는 데 초점을 둔다.

② 단점

측정과정이 개입과정과 개입의 효과에 영향을 미칠 수 있다.

사회복지실천을 방해할 수 있으며 너무 시간 소모적이거나 기관 소송 의뢰인 또는 다루어야 할 문제에 적합하지 않을 수 있다.

클라이언트의 행동을 중심으로 기록하고 실천하는 경향이 있다.

3. 기록을 위한 지침

좋은 기록을 위해 무엇보다 서비스를 제공하기까지의 사고와 행동의 질이 좋아야 한다.

케글이 제시한 기록의 특징은 다음과 같다(Kagle, 1997).

1) 좋은 기록의 특징

① 서비스의 결정과 행동에 초점을 둔다.
② 사정, 개입, 평가의 기초가 되는 클라이언트와 상황에 관한 정보가 들어 있다.
③ 각 단계에서 목적, 목표, 계획, 과정과 진행을 포함하여 서비스전달에 관한 정보가 들어 있다.
④ 상황묘사와 사회복지사의 견해가 명확하게 분리되어 별도의 제목하에 쓰여 읽는 사람들이 사회복지사의 관찰사항과 해석을 구분해 이해할 수 있다.
⑤ 구조화되어 있어 정보를 효과적으로 문서화할 수 있고, 쉽게 색출해 낼 수 있다.
⑥ 서비스전달이 잘 묘사되고 모든 문서가 정확하여 유용하다.

⑦ 기록이 간결하고, 구체적, 타당하고 명확, 논리적, 시기적절, 의미 있고 사실에 근거한다.
⑧ 전문가적 윤리를 바탕으로 한다.
⑨ 수용된 이론에 기초해 있다.
⑩ 전문가의 견해를 담으면서도 클라이언트의 관점을 무시하지 않는다.

2) 좋지 않은 기록의 특징

① 부정확한 사정, 잘못된 판단, 비윤리적 행동, 부적절한 개입
② 정보가 너무 많거나 적고 조직화되어 있지 않아 필요한 사람에게 정보를 제대로 제공하지 못한다.
③ 뒷받침이 되는 관찰과 평가 없이 결론을 내려 기록상 과잉단순화가 나타난다.
④ 초점이 없고, 모호하며, 편견에 치우쳐 있고, 추리에 의존, 정확하지 않다.
⑤ 맞춤법상의 오류가 있다.
⑥ 반복된 표현, 정확한 표현, 진부한 용어를 사용한다.
⑦ 의미가 없고, 비판적이며, 과장되게 표현한다.
⑧ 클라이언트와 상황에 대한 독단적인 견해의 표현, 특히 클라이언트에 대한 비난 또는 부정적인 낙인을 붙인다.
⑨ 행위자가 식별되지 않는 수동태 문장으로 표현한다.

좋은 기록을 위해서 사회복지사는 체계적으로 준비하고 문장력을 향상시켜야 한다. 클라이언트를 만나는 동안이나 만난 이후에는 얻어진 것과 밝혀진 것에 대하여 짧게 메모해 두는 것이 좋다. 중요한 단어와 문장은 필요한 정보를 기억하는 데 큰 도움이 된다.

4. 기타 기록

1) 클라우드를 활용한 기록

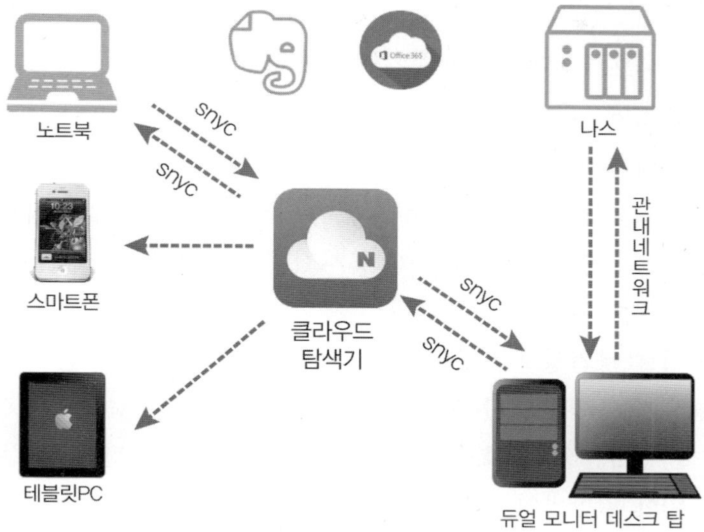

① 네트워크 스토리지

네트워크 스토리지(NAS, Network-Attached Storage)[3]는 사회복지시설 NAS를 설치하여 이용자, 후원자, 자원봉사자의 기록을 관리하는 방법이다.

② 클라우드 서비스

클라우드 서비스[4]를 이용하여 노트북, 스마트폰, 태블릿피시, 다양한 스마트워크

---

3) 파일 수준의 데이터 저장 서버로, 컴퓨터 네트워크에 연결된 기억장치를 말한다. 즉, 네트워크로 연결된 다른 기기에 파일 수준의 데이터를 저장할 수 있도록 하는 장치다. 네트워크 제어와 설정 방식을 사용하여 간소한 운영체제로도 구축이 가능하기 때문에 장비 설치가 쉽고 저렴하다는 장점이 있다. 이러한 특성 때문에 소규모 파일 공유자들 사이에서 인기가 높다(출처: 네이버 시사상식 사전).

4) 각종 자료를 사용자의 PC나 스마트폰 등 내부 저장공간이 아닌 외부 클라우드 서버에 저장한 뒤 다운로드받는 서비스로 사진·문서·동영상 등 각종 콘텐츠를 클라우드 서버에 저장한 뒤 인터넷으로 접속해 노트북·스마트폰 등 다양한 기기로 이용할 수 있는 서비스이다. 2011년 애플사가 시작한 아이클라우드(iCloud)가 대표적으로, 국내에서는 네이버 N드라이브·다음 클라우드 등이

오피스 프로그램(네이버웍스모바일, 구글앱스, 오피스 365)들과 연동하여 기록하는 방법이다.

2) 개인정보를 보호하는 기록

개인정보를 기반으로 사회복지서비스를 제공하고 당사자의 인권을 보호하기 위해서 사회복지서비스와 관련한 사람들이 활용한다.

사회복지실천 기록 시 개인정보보호의 사회적 요구가 증가하고 있다. 개인정보는 기본적으로 사회복지시설을 이용하는 데 있어 개인 인권 측면에서 지켜야 하는 부분이다. 개인 이외에도 기업에는 영업자산과 사회활동의 기반, 국가에는 신뢰도와 밀접하게 연관되어 있다.

더불어 개인정보 자기정보결정권의 관심과 개인정보 침해 시 손해배상 증가로 개인정보보호 필요가 높아지고 있다.

사회복지시설의 개인정보보호를 위한 명확한 기준 제시가 필요하다는 취지에서 개인정보보호를 위한 일반법인 「개인정보보호법」이 2011년 3월 29일에 제정되어 같은 해 9월 30일부터 시행 중이고 2016년 3월 개정되어 시행 중이다. 이런 상황에 맞추어 개인정보보호 기반조성과 「개인정보보호법」의 안정적 정착을 위해 사회복지시설의 특성을 고려한 업무처리 기록 기준이 마련되어 진행될 필요가 있다.

(1) 개인정보 용어

① "정보주체"란 처리되는 정보에 의하여 알아볼 수 있는 사람으로서 그 정보의 주체가 되는 사람을 말한다.

② "개인정보처리"란 개인정보의 수집, 생성, 기록, 저장, 보유, 가공, 편집, 검색, 출력, 정정, 복구, 이용, 제공, 공개, 파기, 그 밖에 이와 유사한 행위를 말한다.

③ "개인정보처리자"란 업무를 목적으로 개인정보파일을 운용하기 위하여 스스로 또는 다른 사람을 통하여 개인정보를 처리하는 공공기관, 법인, 단체 및 개인

개인용으로 제공하고 있다. 저장된 콘텐츠가 많을수록 더 많은 사용자를 확보할 수 있기 때문에 인터넷 업체에서 차세대 서비스로 주목하고 있다(출처: 네이버 시사상식 사전).

등을 말한다.

④ "개인정보 파일"이란 개인정보를 쉽게 검색할 수 있도록 일정한 규칙에 따라 체계적으로 배열하거나 구성한 개인정보의 집합물을 말한다.

⑤ "영상정보처리기기"란 일정한 공간에 지속적으로 설치되어 사람 또는 사물의 영상 등을 촬영하거나 이를 유·무선망을 통하여 전송하는 일체의 장치로서 「개인정보보호법 시행령」 제3조에 따른 폐쇄회로 텔레비전(CCTV) 및 네트워크 카메라를 의미한다.

⑥ "개인정보 보호책임자"란 개인정보처리자의 개인정보처리에 관한 업무를 총괄해서 책임지거나 업무처리를 최종적으로 결정하는 자로서, 「개인정보보호법」(이하 "법"이라 한다) 제31조(개인정보 보호책임자의 지정)에 따른 지위에 해당하는 자를 말한다.

(2) 이용자 정보 기록 관리

이용자의 개인정보를 수집·이용할 때에는 개인정보 수집 목적 및 이용 범위, 이용기간, 정보주체의 권리 등이 포함된 내용을 고지한 후 동의 기록할 필요가 있다.

사회복지서비스 제공을 위한 최소한의 개인정보를 수집하는 경우와, 법령에 따른 개인정보를 수집하는 경우에는 동의 없이 개인정보를 수집할 수 있으나 그 외에는 동의와 권리 고지 후 기록한다.

최소한의 정보 외의 선택정보 수집 시에는 반드시 동의가 필요하다. 즉각적인 서비스 이용이 어려워 대기하여야 하는 경우, 대기자 명단 등록 및 관리는 이에 대한 동의 후 기록한다.

개인정보처리 동의는 사회복지시설 운영규칙 등에 관련된 내용을 정리하여 그 준수 동의를 받거나, 별도의 동의서로 동의 등 다양한 방법으로 활용한다.

방문서비스를 제공할 때에는 서비스제공(이용)계획서와 서비스 일정표를 작성하고, 서비스 제공 시 제공내역 기록부에 기록한다.

사회서비스 이용 시, 「사회서비스 이용 및 이용권 관리에 관한 법률」에서의 주민등록번호 이용 근거에 따라 동의가 불필요하다.

(3) 후원자 정보 기록 관리

사회복지시설은 후원금(아무런 대가 없이 무상으로 받은 금품 및 기타의 자산)에 대해 영수증의 교부, 사용내역의 통보 및 보고가 필요한 최소한의 범위에서 개인정보 수집 기록이 가능하다.

사회복지시설에서 후원금을 받은 때에는 「소득세법 시행규칙」 제101조20호의2 또는 「법인세법 시행규칙」 제82조제6항3의3호에 따라 기부금 영수증 양식으로 후원금 양식을 교부하고 발급내역 보관 기록이 가능하다.

후원자의 인적사항 및 후원활동, 후원금(품)에 대한 개인정보 수집 시 후원자별 동의 후 기록이 가능하다.

수집된 개인정보의 이용 범위와 기간은 후원자에게 고지하여야 하며, 고지된 내용 변경 시 추가 동의 후 기록한다.

단체로 후원하는 경우에도, 후원자 연락망을 작성하기 위해서는 개별적인 개인정보 수집 동의 후 기록이 가능하다.

※ 후원자의 개인정보(고유식별정보 포함)를 처리할 수 있는 법령의 근거(소득세법, 법인세법 등)가 있으나 의무조항이 아니므로 동의를 한 후원자의 개인정보만을 수집 · 이용하여야 한다.

사회복지시설은 후원자에게 후원금(품)의 사용 내역 통보를 위한 연락처 관리 가능, 단, 후원금 결과보고를 시 · 군 · 구청장에 제출할 때는 후원자 성명 비공개로 한다.

후원자에게 사회복지시설이 제공하는 다양한 혜택 및 행사참여를 위한 소식지 등을 제공하기 위해서는 후원과 관련된 개인정보 수집 동의 외에 별도의 동의 기록이 가능하다.

CMS(Cash Management Service)[5] 이용을 위한 후원자 개인정보 수집 및 국세청의 연

5) CMS(Cash Management Service): 은행의 컴퓨터와 거래처의 컴퓨터나 단말기를 통신회선으로 연결하여 거래처에 금융거래정보의 제공, 자금의 효율적 관리, 자금 대체 등의 서비스를 행하는 것을 의미한다. 금융결제원에서는 2016년 1월부터 CMS 자동이체를 이용하고 있는 모든 기관에 증빙서류 제출을 의무화했다. 따라서 CMS 자동이체 신청서(스캔문서), 신청내용이 담긴 녹음(음성파일), 범용공인인증서를 통한 본인확인 서류(전자파일) 중 하나를 필수로 제출해야 한다.

말정산 간소화서비스 후원내역 자료제공에 대해서는 정보주체(후원자)의 별도 동의를 받아 기록한다.

(4) 자원봉사자 정보 기록관리

자원봉사자의 효과적인 관리를 위해 사회복지봉사활동인증관리시스템(Volunteer Management System 이하 VMS)을 활용할 때에는 자원봉사자(정보주체)가 자신의 개인정보를 직접 등록하도록 한다.

자원봉사 신청서 작성 시, 사회복지시설은 자원봉사자의 교육, 배치, 확인서 발급 등을 목적으로 필요한 최소한의 개인정보를 정보주체의 동의를 받아 수집 기록하여야 한다.

만 14세 미만의 아동에게 개인정보를 수집하는 경우에는 법정 대리인의 동의가 필요하다.

VMS는 자원봉사자(또는 자원봉사단체)가 직접 회원가입을 하도록 하며, 입력된 정보의 열람에 필요한 정보 및 기타 추가정보에 대해서만 수집기록이 가능하다.

자원봉사자가 요구하는 경우, 이를 활용하여 자원봉사증명서 발급하고, 발급대장을 관리하여야 한다.

사회복지시설은 개인정보 수집 목적(자원봉사 활동 확인 등)을 달성하였을 경우, 개인정보를 파기하여야 한다.

※ VMS 개인정보 처리 근거는 「사회복지사업법」 제9조 및 시행령 제25조의2에서 사회복지 자원봉사활동의 지원 · 육성에 관한 사무를 위해 고유식별번호를 처리토록 규정하고 있다.

3) 웹에서 찾은 자료관리(웹레퍼런스)

사회복지실천현장에서 이용자로부터 보고 받은 정보 이외에도 우리가 제공해야 할 정보, 업무를 진행하면서 저장관리해야 할 정보들이 넘쳐나고 있다. 이런 정보를 기록, 저장, 분류하는 일도 중요한 일이다.

그중에 웹상에서 이용자에게 제공하기 위해 찾아봤던 정보들, 필요한 레퍼런스를 잘 정리해둘 필요가 있다.

① 파일로 저장하기

좋은 자료는 발견하는 '즉시' 저장하는 것이 좋다. 네이버 클라우드, 구글 드라이브나 드롭박스(Dropbox)와 같은 클라우드 서비스를 이용하면 다른 기기에서도 확인할 수 있는 장점이 있다.

② 브라우저의 북마크/읽기 목록 활용하기

크롬 브라우저는 다른 기기에서 본인 아이디로 로그인 시 PC와 모바일 브라우저가 연동되어 데스크톱에서 저장한 북마크를 모바일 브라우저에서도 확인할 수 있다. 파일 관리처럼 북마크의 저장 체계를 활용하는 방법도 있다.

③ 자료수집용 블로그/SNS 계정 만들기

최근엔 블로그나 트위터, 페이스북에서 많은 정보를 얻다 보니, 바로 그 SNS 계정을 활용한다. 그러나 자료수집이 서비스의 본래 목적이 아니기에, 내 타임라인에서 과거의 자료를 찾아보기가 쉽지 않은 단점이 있다.

④ 관련 서비스, 어플리케이션 이용하기

핀터레스트(Pinterest)는 웹에서 찾은 자료를 '보드'에 '핀'으로 담아 보관할 수 있는 서비스이다. 진행하는 프로젝트나 평소 관심사에 맞게 보드를 만들어 아이디어를 모으는 방법이 있다.

⑤ 에버노트와 같은 노트 어플리케이션에 필요한 링크를 저장하기

에버노트(Evernote) 웹클리퍼는 브라우저의 확장 프로그램으로 별도의 설치 작업을 해야 한다. 인터넷 익스플로러의 경우 에버노트가 설치되면 기본적으로 자동 설치되지만, 크롬이나 파이어폭스, 사파리 등에서는 에버노트 웹사이트에서 웹클리퍼를 따로 설치해야 한다. 웹클리퍼가 설치된 브라우저 상단에 있는 에버노트 웹클리퍼 버튼을 클릭하면 해당 자료를 에버노트로 간단히 저장할 수 있다. 이때 텍스트와 이미지가 함께 저장되며, 이후에 에버노트로 이를 편집할 수 있다(http://slowalk.tistory.com/2392).

크롬 브라우저에 확장 프로그램 중 에버노트를 설치 후 웹레퍼런스를 위해 간소화된 기사로 전환 후 에버노트에 저장하는 방식으로 정보를 축적, 기록하는 방안이 있다.

그림 9-1 장애인포털 사이트에서 정보 검색화면

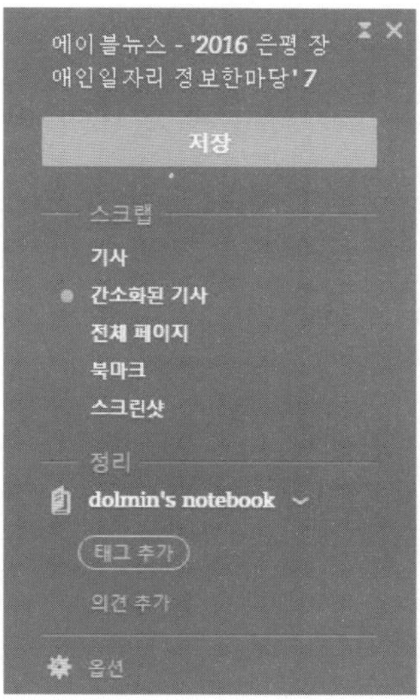

그림 9-2 크롬 브라우저에 설치된 에버노트 확장 프로그램

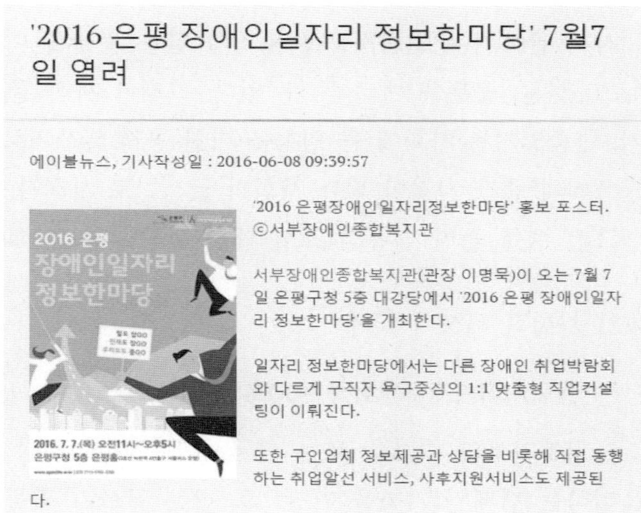

그림 9-3 크롬 브라우저에 설치된 에버노트 확장 프로그램으로 필요한 정보만 캡처

4) 사회복지실천 기록기술을 기반으로 하는 사회적 글쓰기

(1) 사회적 글쓰기란

> 몇 해 전 산티아고 해외연수 중이었던 사회복지사 연수팀이 연수 기간 중 '줬다 뺏는 기초연금'과 '세월호' 피켓을 배낭에 달고 순례자의 길을 걸었다고 한다. 배낭에 피켓을 달고 걷는 활동에 대해 묻는 사람들에게 '세월호'와 '줬다 뺏는 기초연금'에 대해 설명을 했더니, 어떤 일을 하시는 분이냐고 물었다고 한다. 그래서 "사회복지사"라고 답하니 "역시 그렇군요."라고 했다고 한다. 그래서 본인도 이런 일을 하는 사람이 사회복지사라는 것을 다시 한 번 느꼈다고 한다.

이 사례는 사회복지사 역할이 기록으로 사회변화를 위해 알리고 노력하는 사람들이라는 것을 인식하는 내용이라고 본다. 이 사례로 볼 때 사회복지사가 글쓰기 하는 행동들이 사회변화를 위해 노력하는 과정이라고 정의할 수 있다.

사회적 글쓰기 강좌를 처음 기획한 양희송 청아람아카데미 대표기획자는 사회적 글쓰기는 사적 글쓰기(private writing)와 공적 글쓰기(public writing)의 중간쯤이라고 정의한다.

사적 글쓰기는 일반적으로 일기와 같은 것들을 이야기할 수 있고 공적 글쓰기는 뉴스, 신문, 공문을 예로 들 수 있다. 그러나 사적 글쓰기 하나인 일기 중 안네의 일기, 난중일기는 사회에 큰 영향을 미친 공적 글쓰기로 발전했다. 사적 글쓰기와 공적 글쓰기의 중간 지점이 되는 사회적 글쓰기로 사회복지사의 기록이 발전되어야 한다.

그런 예를 들면 일종의 소셜 액션 활동(Social Action)으로 설명할 수 있다.

(2) 사회적 글쓰기 사례

① 한국사회복지사협회장 100% 선거

사회복지사의 수장을 뽑는 한국사회복지사협회장 100% 투표하기와 같이 참여를 독려하는 캠페인 기록을 기반으로 하는 글쓰기 활동이었다.

② 세상을 바꾸는 사회복지사(세밧사) 활동

2013년 "사회복지사 연쇄 자살에 대한 항의" 1차 기자회견(장소: 보건복지부 앞) 이후

2013년 10월 31일까지 100일 일인시위와 월례 촛불집회를 이어가며 활동 내용을 기록, 공유하고 있다.

복지국가 촛불문화제는 사회복지사 연쇄 자살에 대한 항의, 사회복지목적세 도입, 어린이 병원비 국가보장 등 복지국가 관련 콘텐츠를 기반으로 현재 40차까지 진행되었다.

③ 사회복지목적세 도입 캠페인

사회복지목적세는 20조 원의 복지재원을 마련을 위해 방위세와 교육세, 농어촌특별세처럼 국가의 역사적 과제를 풀기 위한 목적세이다. 이러한 사회복지목적세 도입을 위한 캠페인은 부자들의 세금회피 구실로 악용돼 온 '세금폭탄론'에 과감히 맞서 복지국가를 향한 아래로부터의 증세운동을 기록한 활동이다.

④ 기초연금 정책 개선

기초연금 개정 활동인 '줬다 뺏는 기초연금'은 40만 명의 수급노인이 2014년 기초연금이 지급되기 시작한 7월 25일에 기초연금 20만 원 받은 대신에 8월 20일 받는 수급비에서 20만 원이 삭감되는 것에 항의하는 신문 광고면에 9차례 모금 광고로 진행하는 기록을 남겼고 지금도 지속적으로 기록하며 정책개선을 위해 활동하고 있다.

⑤ 세월호 가족과 304명 사회복지사 간담회

세월호 1주기인 2015년 4월 세월호 가족을 위해 사회복지사는 무엇을 하면 좋을까? 이 질문에 한 사회복지사가 "가족들은 국민들을 만나 이야기하고 싶어 한다. 잊히는 것을 두려워한다."고 말했다. 이에 "그러면 우리가 세월호 가족의 이야기를 듣는 자리를 마련하면 어떨까?"해서 구상된 내용으로 "세월호 가족과 304명 사회복지사 간담회"를 기록했다. 세월호 2주기도 사회복지 내의 단체들과 연대하여 진행했다. 이런 기록으로 사회문제에 사회복지사들이 참여하고 활동하고 있음을 알리는 계기가 되고 있다.

사회복지실천 기록은 앞에서 언급되었지만 사회복지실천의 중요한 요소이며 임상적·행정적 기능을 다 갖고 있다. 사회행동 실천 기록 기반으로 사회변화를 만들어 내는 활동은 사회복지사들이 가져야 하는 중요한 활동 중 하나이다.

CHAPTER

10 사례관리 실천기술

1. 사례관리의 필요성

사례관리는 여러 분야에 걸쳐서 복합적인 서비스를 받는 당사자들에게 효과적인 서비스를 전달하기 위한 주요 실천전략의 핵심요소로 인정받아 오고 있다. 즉, 재가노인복지 영역, 정신보건 영역, 장애인 직업재활 영역, 아동복지서비스 영역, 성장장애 영역 등에 존재하는 다양한 욕구들을 가지고 있는 당사자들을 충족시키기 위해서 사회복지서비스를 조직하고, 주택, 고용, 정신보건, 사회적인 서비스, 건강보호와 같은 다양한 영역의 서비스를 모아 조정하고, 관리와 통제를 해야 할 필요성이 제기된다(서울시복지재단, 2010). 더불어 2015년 발달장애인 권리보장 및 지원에 관한 법률이 시행되면서 강점관점과 인권 기반 옹호관점 필요성이 더욱 강조되고 있다.

1) 탈시설화의 영향

1960년대 초 미국에서 정신장애인과 지적장애 장애인을 시설보호에서 탈피하여 지역사회에서 정착시키고자 하는 탈시설화 정책이 이루어졌고 이로 인하여 가족들은 이들에 대한 돌봄의 부담이 커졌다. 이에 따라 지역사회 차원의 종합적인 서비스가 요청되었고 그 결과로 기관 단위의 서비스를 넘어서는 사례관리 서비스라는 포괄적 대책이 요구되었다(김성천, 2015).

2) 서비스의 지방분권화 영향

지역사회 서비스의 지방분권화로 인해, 기관들 간의 경계 전반에 걸쳐 각 기관들의 서비스를 조직화하고, 통합함으로써 지방분권화에 따르는 부정적 영향들을 완화시킬 수 있는 전문가(혹은 팀)의 활동이 요구되었다(서울시복지재단, 2010).

3) 지역사회보호 기능 강조

지적장애, 정신장애, 신체장애, 심각한 의료적 문제, 경제적 문제와 노숙 등 복합적인 문제를 가지고 지역사회에서 함께 살아가야 할 사람들이 점차로 늘고 있는 데 반하여 가족기능의 급격한 쇠퇴와 복지국가의 쇠퇴 및 탈시설화로 인하여 지역사회보호의 기능이 강조되면서 탈시설화된 클라이언트를 지역사회 내에서 지속적으로 보호관리할 필요성이 증가되었다. 통합적인 서비스 체계 필요성 증가 클라이언트의 욕구가 다양화되고 다양한 서비스 기관들이 출현하면서 서비스체계의 연계성이 요구되었다. 특히 비공식적인 지원체계와 사회적 지원망의 중요성이 강조되면서 공식적 자원체계와 비공식적인 지원체계와의 연계 방법론이 필요하게 되었다(김성천, 2015).

4) 지원체계와 관계망의 영향력 인식 증대

대인서비스 실천 전문가들 사이에서 사례관리를 통해 사회적 지원체계를 조직하고 사회적 지지망을 확장하여 클라이언트의 욕구와 문제를 해결함으로써 클라이언트의 삶의 질을 향상시킬 수 있다는 인식이 지속적으로 증가하였다(서울시복지재단, 2010).

5) 비용효과성의 요구에 대응

복지국가의 시기가 지나가고 복지다원주의의 이념이 득세하는 가운데 사회서비스의 비용을 절감하기 위한 노력이 커졌다. 특히 서비스 간의 중복을 피하고 서비스의 효과성을 높이는 방안 중에 하나로 사례관리가 각광을 받게 되었다. 공공재원이 투자되는 대상에 대한 체계적인 관리를 통한 복지 체감도 및 삶의 질 향상을 지원할 필요가 증대되었다(김성천, 2015).

6) 가족을 기반으로 한 사례관리의 필요성 증대

최근에 들어 클라이언트가 가지고 있는 강점에 관심을 갖고 강점을 강화하는 실천 전략이 강조되면서 클라이언트의 미시적 체계인 가족에 대해서도 관심이 높아지고 있다. 사례관리 이용자의 개인적 배경과 욕구 이외 가족의 기능, 역할 그리고 자원 등에 대한 사정을 통해서 가족을 기반으로 하여 클라이언트의 문제와 욕구의 해결방안을 모색함으로써 클라이언트 개인, 가족, 지역사회에서의 문제해결능력을 증가시키려는 시도가 요구되고 있다(서울시복지재단, 2010).

7) 이용자의 역량강화

사회적 기능상의 문제를 지닌 이용자들은 자원과 기회의 부족, 동기의 결여, 능력의 부족, 정보의 부재, 자신감의 결여, 좌절감 등으로 인해 자신의 욕구를 충족시키지 못하는 경우가 많다. 역량강화는 이용자가 직면한 장애를 극복할 수 있도록 직접서비스를 충분히 제공하고, 이용자에게 자원을 연결시키며 간접서비스를 충분히 제공함으로써 이용자가 사례관리자의 도움 없이도 다양한 자원과 연결을 유지할 수 있도록(김용득 외, 2013) 역량강화의 필요성이 증가하고 있다.

8) 인권기반 옹호 관점의 확대

2007년 장애인차별금지 및 권리구제에 관한 법률이 통과되어, 장애인 권리에 기반을 둔 인권기반실천이 주목을 받고 있다. 그동안 장애인거주시설은 대규모집단수용으로 인한 반인권적 구조, 장애인의 인간적 권리실현과 보편적 지역사회생활을 제약하는 시설 서비스 구조, 대규모시설수용에 따른 이용자 인권 보장 저해 파트너십보다는 위계적 의사전달구조, 이용자의 선택과 자율성을 강조하기보다는 획일적 프로그램 제공 등의 문제가 제기되어 왔다(김미옥 외, 2008). 더불어 2008년 12월 2일, UN 장애인권리협약이 국회에서 비준되면서 인권기반 옹호 관점이 요구되고 있다.

2. 사례관리의 개념 및 정의

사례관리는 한 가지 합의된 개념으로 단정 짓기가 매우 어렵다. 사회복지실천의 역사에서 사례관리는 당사자의 욕구와 권리, 서비스의 목적과 서비스 제공자의 역할에 따라 다양하고 포괄적으로 적용되어 왔기 때문이다.

NASW(1995)의 사회사업백과사전에서는 '사례관리란 복잡하고 다양한 문제와 장애를 가진 클라이언트가 시기적절한 때에 적절한 방법으로 그들이 필요로 하는 서비스를 포괄적으로 제공받을 수 있도록 보장하는 서비스 접근방법이다'라고 정의하고 있다.

목슬레이(Moxley, 1989)는 '사례관리란 선정된 사례관리자(혹은 전문가 팀)가 복합적인 욕구를 지닌 클라이언트의 복지와 기능화를 최대화하기 위해 고안된 활동들과 공식적 · 비공식적 자원들의 망(network)을 조직하고, 조정하며, 유지하는 것이다'라고 정의하였다(김신실, 1996).

로스만(Rothman, 1992)에 의하면 사례관리란 두 가지 핵심적인 기능을 함유하고 있는데, 하나는 지역사회에 있는 클라이언트에 대해 개별화된 조언, 치료, 상담 서비스

표 10-1 사례관리에 대한 주요 개념 및 정의

주요 학자	사례관리 개념 및 정의
정순둘(2006)	사례관리는 한 사람의 사례관리자가 복합적 욕구를 가진 클라이언트에게 다양한 서비스자원(공급체계)을 연결시켜 클라이언트가 사회생활의 어려움을 극복할 수 있도록 돕는 사회복지 실천의 한 방법이다.
홍선미(2004)	사례관리는 서비스체계의 문제점을 개선하며 실천의 효과성을 높이기 위해 제안된 대표적인 통합적 실천모델로서, 복합적 욕구를 가지고 장기적 보호를 요하는 지역사회의 다양한 대상에게 적용되는 사회복지 실천방법이다.
캠프 (Kemp, 1998)	사례관리는 클라이언트가 필요로 하는 서비스의 제공이나 주선을 책임 맡은 일차 담당자가 클라이언트와 함께 노력하여 클라이언트의 욕구에 따라 그들에게 포괄적이며 통합된 서비스를 적용하는 방법이다.
로스만 (Rothman, 1991)	사례관리란 대인서비스 분야에서 가장 두드러지게 발전하고 있는 개입방법으로 장기보호를 요하는 클라이언트에게 연속적인 서비스를 제공하기 위한 수단으로서 만성적이거나 중증장애인에게 지속적인 보호를 제공하는 서비스 제공 방식이다.
바커 (Baker, 1991)	사례관리란 클라이언트의 이익을 위해 다양한 기관과 직원들로부터 제공받을 수 있는 서비스를 계획하고 수행하며 점검하는 일련의 절차이다.

출처: 한국장애인개발원(2015).

를 제공해 주고, 다른 하나는 클라이언트와 공식적 지역사회의 기관 및 비공식적 원조관계망에서 가용될 수 있는 필요한 서비스와 원조를 연계시키는 역할이라고 했다(황성철, 1995; 서울시복지재단, 2005).

사례관리란 만성적·복합적 욕구가 있는 클라이언트와 가족의 사회적 기능 회복을 위해 운영체계를 확립하고, 이를 기반으로 체계적 사정과 지역사회의 다양한 자원을 활용하여 지속적이고, 효과적인 사회복지서비스를 제공하는 통합적 실천방법이다(김성천, 2015).

3. 사례관리의 이론과 모델

사례관리는 클라이언트중심 철학을 지니며 적극적인 지역사회보호를 강조한다. 클라이언트중심 철학이란 클라이언트 욕구에 기초하고 궁극적으로는 클라이언트의 자립과 복지를 위하는 것을 의미한다. 적극적인 지역사회보호란 단편화되고 분산된 지역사회서비스를 조정하고 통합하는 것이다. 이러한 사례관리의 특성으로 클라이언트와 관련된 다양한 체계들을 종합적으로 사정할 수 있는 틀을 제공해주는 생태체계관점에 대한 충분한 지식이 요구된다. 또한 최근 사례관리가 클라이언트의 장기적인 문제를 관리하는 차원을 넘어 복합적인 문제를 단기에 해결하는 방법으로도 사용되고 클라이언트의 자립을 도모하는 목적도 갖는 등의 다양성을 보이고 있기 때문에 클라이언트의 역량을 강화하기 위한 임파워먼트와 강점 접근 그리고 자원의 효과적인 개발과 연계를 위한 네트워크 이론 등이 중시되고 있다. 더불어 인권 기반의 옹호관점의 모델이 강조되고 있다.

1) 생태체계 관점

사례관리전문가양성교육에서 정리한 이론과 모델을 보면 체계 관점은 심리, 정신병리 등 클라이언트 개인의 문제에 중점을 두고 전문성을 키워왔던 기존의 사회사업실천에 개인을 둘러싼 환경 속에서의 다양한 관계망과 상호작용, 사회적 변화에 관심을 더함으로써 사회사업의 통합적인 접근을 가능케 한 중요한 실천 기반이다.

첫째, 체계적 관점은 개인을 다른 체계의 한 부분으로 포함(하위체계)하는 동시에 다른 체계를 통합하여 이해하는 것이 중요하다. 그렇기 때문에 사례관리 실천과정에서 개인의 요구와 문제는 가족과 지역사회 등의 사회환경 요소와의 관련성을 고려하여 다루어진다. 즉, 개인의 문제가 개인에게만 초점이 주어지지 않는다.

둘째, 실제로 각각의 체계는 매우 복잡하고 다양한 방식으로 상호작용을 하는데 체계적 관점은 이렇게 개인과 가족, 지역사회 더 나아가 좀 더 큰 사회환경과의 상호작용을 어떻게 이해해야 할 것인지 알려준다.

셋째, 각 체계들은 투입(input)과 처리(thoughput) 산출(output)과 환류(feedback loops)의 과정을 이행한다.

생태적 관점은 기본적으로 체계적 관점과 맥을 같이 하고 있고 그 강조점은 개인과 개인을 둘러싸고 있는 환경이 서로 상호작용하고 있다는 데 초점을 두고 있다.

2) 강점관점

사례관리의 궁극적인 주요 목표는 클라이언트의 자립이다. 자립은 자원을 제공하여 문제를 해결하는 것이 아니라 문제를 이겨나갈 수 있는 클라이언트의 역량을 키워주는 것으로 역량강화에 초점을 둔다고 볼 수 있다. 이를 위해서는 병리적 관점에서 강점관점으로의 전환이 요구된다. 강점관점은 사회복지사가 클라이언트를 돕는 과정에서 클라이언트의 문제와 병리 현상보다는 강점에 초점을 두고 활동하는 것이 클라이언트의 문제해결에 보다 효과적이라는 관점이다.

강점관점은 개인이 삶의 도전에 대처할 수 있는 능력과 내적인 자원을 가지고 있다고 믿는 것(Weick, 1983; 김경미 · 윤재영, 2010 재인용)으로, 강점관점 사례관리는 강점의 이론을 토대로 개인의 삶에 영향을 미치는 요인들과 개인이 어떻게 변화될 수 있는가에 초점을 맞추었다(김경미 · 윤재영, 2010). 클라이언트의 임파워먼트에 초점을 두고 기관은 직접서비스와 지지체계 개발 등을 포함한 중재자로서의 역할을 담당하게 된다(최선희, 2008). 강점 이론에서 클라이언트는 삶의 질, 성취, 유능성의 자각, 삶의 만족도, 역량강화와 같은 영역에서 바람직한 산출물들을 제시할 수 있어야 한다. 개인적인 강점(열정, 유능성, 자신감, 희망, 인내, 조직화 등)과 환경적인 강점(자원, 사회적 관계, 기회 등)은 실제 사람들의 적합한 장소(niche)의 질에 직접적인 영향을 준다(Arnold et al., 2007; 김경미 · 윤재영, 2010 재인용).

강점관점 사례관리는 병리적인 것보다는 개인의 강점에 초점을 두고, 비공식적인 자원체계도가 확대될 수 있다고 보며(Black, 2003), 개입은 사례관리자와 클라이언트의 관계에 기초한다는 것이다. 또한 사례관리자와 클라이언트의 관계는 일차적이며 본질적인 부분이고, 공격적인 아웃리치가 선호되는 개입 방식이며 사람들은 배우고 성장하고 변화할 수 있다고 보는 것이다. 여기에 클라이언트와 관계를 맺고 발전시켜 나가는 것, 강점의 진단, 개인적 계획, 자원의 획득, 지속적인 협력과 점차적인 종결 등이 또 다른 중요 요소이다(Rapp, 1998).[1]

3) 임파워먼트 관점

임파워먼트 접근은 권한 부여, 역량강화, 세력화 등으로 번역되며 사회복지 실천영역에서 매우 의미 있게 적용되고 있다. 임파워먼트란 개인, 집단, 가족 그리고 지역사회가 자신들의 내부 그리고 둘러싸고 있는 자원과 도구를 발견하고 확장하려는 의도이자 과정이며 돕는 것을 의미한다. 임파워먼트는 개인, 그룹, 조직 그리고 지역사회 등이 각각의 기능을 잘 수행하고 적절한 관계를 형성해 나갈 수 있도록 그 능력과 힘을 잘 통제할 수 있도록 하는 과정으로 자신감, 가치감을 제공하고 스스로 갖춰야 할 환경에 대한 파워와 통제력에 대한 인식을 더해준다. 그렇기 때문에 사회복지사는 임파워먼트의 사회구조에 따른 체계, 즉 개인 또는 개인 간 그리고 다양한 사회구조 범주를 충분히 이해함으로써 이러한 구조를 잘 조정하고 파워를 분배할 수 있어야 한다. 이러한 임파워먼트의 특성은 사례관리의 기능과도 의미를 같이 한다.

---

1) http://sungsan21.org/gboard/bbs/board.php?bo_table=business22_201603

4) 옹호 관점

사례관리를 포함한 사회복지실천에서 생태체계 관점 외에도 옹호 관점은 서비스 이용자의 권리보호와 환경변화에 필수적인 이론적 틀을 제공해준다. 옹호 서비스는 사회복지를 다른 전문직과 차별화해 주는 것으로 전통적으로 매우 높게 평가되어온 활동이다(엄명용 외, 2011).

클라이언트와 합의한 목표를 달성하기 위해 개인과 가족의 변화도 필요하지만 때로는 개인과 가족을 뛰어넘는 더 큰 환경에 대한 개입과 변화를 추구해야 할 때가 있다. 옹호는 사회복지사가 클라이언트가 원하는 변화와 자원 확보를 위해 클라이언트를 포함한 다양한 체계에 클라이언트의 이해와 입장을 대변하여 문제해결을 돕는 노력이고 최대한 클라이언트와 함께하며 클라이언트의 자기결정을 존중하는 것이 중요하다.

클라이언트가 자신의 권리를 주장할 능력이 취약하거나 자신의 권익을 확보할 능력과 지식이 부족할 경우 클라이언트의 최선의 이익을 위해 사례관리자는 대변과 옹호활동을 통해 함께 힘을 키우고 체계에 직간접적인 개입활동을 행하게 된다.

옹호자로서 사례관리자는 클라이언트를 대변하거나 클라이언트와 함께 체계의 변화를 이끌어 내는 역할을 하게 된다.

콤프톤과 갤러웨이(Compton & Gallaway, 1989)는 옹호 내용의 결정 주체를 크게 사회복지사, 사회복지사와 클라이언트의 공동계획 그리고 클라이언트의 자기결정의 세 가지로 나누었는데 공동계획은 양자가 공통적으로 수용 가능한 시각에서 함께 결정한다는 것이고 스스로 결정하도록 허용하는 것도 중요하다는 것이 자기결정 주장인데 결국 클라이언트의 능력과 상황 문제의 성격을 고려하여 클라이언트의 의견과 입장이 충분히 반영되도록 하는 노력이 필요하다고 하겠다(김성천, 2015).

사례관리를 포함한 사회복지실천에서 생태체계 관점 외에도 옹호관점은 서비스 이용자의 권리보호와 환경변화에 필수적인 이론적 틀을 제공해준다. 옹호 서비스는 사회복지를 다른 전문직과 차별화해 주는 것으로 전통적으로 매우 높게 평가되어온 활동이다(엄명용 외, 2011).

클라이언트와 합의한 목표를 달성하기 위해 개인과 가족의 변화도 필요하지만 때로는 개인과 가족을 뛰어넘는 더 큰 환경에 대한 개입과 변화를 추구해야 할 때가 있다.

옹호는 사회복지사가 클라이언트가 원하는 변화와 자원 확보를 위해 클라이언트를 포함한 다양한 체계에 클라이언트의 이해와 입장을 대변하여 문제해결을 돕는 노력이고 최대한 클라이언트와 함께하며 클라이언트의 자기결정을 존중하는 것이 중요하다.

옹호모델은 전 과정에서 초기에 필요할 수도 있고, 후에 배치되거나 연계될 때 제공될 수도 있다. 특히 장애인재활, 복지향상, 권익보호를 위해 필수적인 실천기법이다. 옹호는 적절한 서비스를 제공받지 못하거나 부당한 처우를 받을 때, 클라이언트를 돕는 확실하고 단정적인 접근이다. 또한 옹호는 이익을 획득하기 위하여 관료적인 장벽에 부딪치는 클라이언트를 원조한다. 옹호는 어떻게 하면 조직적인 정치성의 인식을 포함하여 조직이 구조화되고, 활동하는지에 대한 정교한 이해를 요구하게 된다.

4. 사례관리자의 역할 및 사례회의

로스만(Rothman)이 제시한 사례관리자의 공통적인 기능에 솔로몬(Solomon)은 ① 클라이언트의 가족 및 중요한 타인에 대한 원조, ② 사회적 지지망 형성을 위한 원조, ③ 사회적 기술 습득을 위한 교육 및 지도, ④ 투약 관리 등의 네 가지 기능을 첨가시켰다. 여기에서 우리가 명심해야 할 사항은 대부분의 사례관리자가 위에서 열거된 모든 기능을 수행하지 않으며, 또한 그 기능을 꼭 같은 정도의 강도로 수행하지는 않는다는 점이다. 이러한 점에 착안하여 콜과 세드닝거(Korr & Cedninger)는 사례관리 모형을 보다 단순화하여 최소모델(minimal model), 조정모델(co-ordination model), 통합모델(comprehensive model) 등 세 가지로 분류하였다. 그리고 헉슬리와 워너(Huxley & Warner)는 연계모델(brokerage), 적극적 모델(assertive out-reach), 상담모델(counseling and assessment)로 분류했다.

사례관리 초창기의 사례관리자의 주요 역할은 '체계 대행자'로서 또는 중개자로서 역할에 초점을 두었다. 그 이후 사회복지실천현장에서 사례관리의 적용이 활발히 이루어지면서 사례관리자의 역할도 실천관점에 따라 상이하게 강조되었다.

사례관리자로서의 사회복지사는 공식적 서비스와 가족과 기타 1차 집단에 의해 제공되는 비공식적 서비스의 성공적인 통합에 결정적인 역할을 수행한다. 이런 역할들은 ① 기관 간의 정책과 프로토콜(protocol: 기관의 규칙과 절차 등을 말함)에 대한 지식을 포함한 중개(brokerage) 능력; ② 클라이언트의 권리를 주장하기 위한 옹호와 서비스 체계의 경직성을 극복하기 위한 능력인정치적 기술(political skills); ③ 비공식적 원조망 등과 같은 자원체계를 찾아내고, 증대시키거나, 연구하고, 이러한 체계에 클라이언트를 연계시키는 능력을 포함한 지역사회 업무(community work) 능력; ④ 진단의 치밀함은 물론 치료적 지식과 기술을 포함한 임상적 기술(clinical skills); ⑤ 클라이언트들의 기본적인 생활기술의 매우 작고, 단순한 변화를 성취하기 위한 노력에 대한 인내심을 발휘할 수 있는 재활(rehabilitation)에 대한 신념 등이 요구된다(서울시복지재단, 2010).

기능적으로 분류를 하면 아웃리치 워커, 조정자, 대변자, 상담자, 동원자, 사정자, 계획자, 점검자, 평가자, 중개자, 이행자, 교육자, 안내 및 협조자, 자료관리자, 행정가, 보호제공자, 진행자, 경계범주자, 정보전문가로 구분하고 있다(전재일 · 이준상, 2003). 여기에 현재의 흐름으로 볼 때 인권옹호자의 역할이 강조되고 있다. 옹호자로서의 역할은 필요한 자원이 부재하거나, 특정 이용자에게 서비스의 제공이 차단되는 상황이 발생할 때 매우 중요하다. 옹호자로서 사례관리자는 이용자가 필요한 자원을 얻을 수 있도록 일한다. 또 다른 경우, 사회가 이용자에게 지나치게 부당한 것을 요구하는 상황도 발생한다. 이 경우 사례관리자는 사회의 요구를 중화시키거나 비용을 낮추어 클라이언트가 사회의 요구를 충족시킬 수 있도록 옹호자로서의 역할도 하게 된다.

1) 사례회의 운영

(1) 사례회의

사례에 대한 다양한 논의와 서비스에 대한 조정과 협의를 할 수 있는 사례회의(Case Conference)는 사례관리의 전 과정에서 진행될 수 있다. 즉, 인테이크, 사정, 목표 및 개입계획 수립과정뿐만 아니라 개입과정과 점검, 평가 단계에서도 이루어질 수 있다(백은령, 2015). 일부에서는 전담팀만 사례회의가 진행되지만 모든 영역의 담당자가 참여하는 것이 바람직하다.

(2) 사례회의 내용

- 인테이크 결과 보고와 사례관리 클라이언트 스크리닝
- 사례관리자 결정
- 사정결과 보고, 서비스 방향, 우선순위
- 사례관리 장단기 목표 설정, 결과목표와 서비스 목표, 개입계획과 방법 논의
- 사례관리자와 서비스 제공자 간의 사례회의로 서비스 조정
- 사례 모니터링 결과 보고와 논의, 서비스 목표 조정, 개입계획 수정
- 평가결과 논의, 종결 보고 등

표 10-2 사례회의록 사례

사례회의록

<table>
<tr><td>회의구분</td><td colspan="3">□ 내부사례회의 ☑통합사례회의</td></tr>
<tr><td>회의일시</td><td>2000. 00. 00. (목)</td><td>작성자</td><td>임○○</td></tr>
<tr><td>①참석자</td><td colspan="3">• 사례관리 위원 18명(동주민센터 주무관, 정신건강지원센터, 종합복지관, 노인복지관, 장애인복지관, 주거복지센터, 방문간호사, 희망지원단 사례관리사, 지역아동센터, 여성인력개발센터, 지역사회교육전문가, 교육복지센터, 병원 의료사업팀, 경찰서 여성청소년과, 아동보호전문기관, 다문화지원센터. 건강가정지원센터)
• 복지플래너 1명(임○○)</td></tr>
<tr><td>②회의 내용</td><td colspan="3">[사례개요]
□ 일반현황
<table>
<tr><td>접수번호</td><td>2016-00</td><td>성명</td><td>임00</td><td>생년월일</td><td>1900.00.00.</td><td>성별</td><td>☑남 □여</td></tr>
<tr><td>주 소</td><td colspan="5">000길 36-23</td><td>연락처</td><td>010-0000-0000</td></tr>
</table>
<table>
<tr><td colspan="8">▶ 가 족 사 항</td></tr>
<tr><td>관계</td><td>성 명</td><td>생년월일</td><td>동거</td><td>학력</td><td>직업</td><td>장애 및 질병</td><td>건강상태</td></tr>
<tr><td>본인</td><td>임00</td><td>1900.00.00.</td><td>○</td><td></td><td>무직</td><td>장애 3급</td><td>지체(척추) 5급</td></tr>
<tr><td>처</td><td>강00</td><td>1900.00.00.</td><td>○</td><td></td><td>무직</td><td>지적장애 3급</td><td></td></tr>
<tr><td>자</td><td>임00</td><td>1900.00.00.</td><td>○</td><td></td><td>무직</td><td>지적장애 1급</td><td></td></tr>
<tr><td>보장 구분</td><td colspan="7">□ 기초생활보장 □의료급여 ☑차상위계층 □ 장애인복지 □ 한부모가족
□ 아동복지 □ 서울형기초생활보장 □ 희망온돌서비스 □ 긴급지원
□ 기타( )</td></tr>
</table></td></tr>
</table>

<table>
<tr><td rowspan="5">경제
상황</td><td rowspan="3">월소득액
(만원)</td><td rowspan="3">89만원</td><td rowspan="3">수입내역
(만원)</td><td>근로소득 □정기적 □비정기적 (만원)</td></tr>
<tr><td>정부
보조금 (89 원)</td></tr>
<tr><td>후원금 / 자녀결연금( ) (후원기관:)</td></tr>
<tr><td rowspan="2">월지출액
(만원)</td><td rowspan="2">만원</td><td rowspan="2">지출내역
(만원)</td><td>월세(만원) 교육비(만원) 의료비(만원)
공과금(만원) 생활비(만원) 기타(만원)</td></tr>
<tr><td>부채(카드 / 은행권 / 기타)</td></tr>
<tr><td rowspan="2">주거
상황</td><td>형태
(만원)</td><td colspan="3">□ 자가(만원) ☑ 전세(1,500만원) □ 월세(보증금 만원/ 월세 만원)
□ 영구임대(보증금/ 임대료) □ 무상임대 □ 기타</td></tr>
<tr><td>환경</td><td colspan="3">☑방(2) ☑부엌(조리가능☑유□무)
☑화장실(☑단독 ㅁ공동)
☑목욕(ㅁ가능☑불가능)
난방: ☑기름 ☑LPG
□LNG(도시가스)
□연탄 ☑기타(전기장판)</td></tr>
</table>

□ 생활실태

- 당사자 임○○은 3인가구로 처 강○○, 자 임○○과 함께 1,500만원의 무허가건물 전셋집에서 거주
- 당사자는 장애 3급, 당사자 아내는 지적장애 3급, 자녀는 지적장애 1급임
- 당사자는 청구성심병원에서 폐질환으로 월 1회 진료 받고 약물복용 중이었으나, 상태가 악화되어 2000.00.00. 호흡기장애 3급 진단 받음
- 2000년 00월부터 현재까지 1년에 여러 차례 입퇴원을 반복하고 있는데 한 번 입원할 때마다 두 달가량 입원하고 있고, 의료급여 보장 시에는 30만 원 정도 나오던 병원비가 딸(임○○)의 소득인상으로 맞춤형 급여(2015.10.)에서 제외된 후 2백만 원 정도 나오고 있다 함
- 서울형기초보장 · 장애인연금 · 기초연금 등의 정부보조금 89만 원과 자(임○○)의 아르바이트 20만 원의 수입으로 생활을 하고 있으나
- 월 소득만으로는 지속적으로 발생하는 병원비를 감당하기 어렵고, 딸의 소득인정액으로 인하여 차상위 본인부담경감 보장도 어려운 상태라 경제적 어려움 호소함
- 병원비 일부는 딸(임○○)이 도움을 주고 있으나, 주기적으로 발생하는 고액의 병원비로 인한 경제적 부담으로 딸과의 관계가 약간 소원해졌다고 함
- 또한 단열이 취약한 무허가건물에서 거주하는 관계로 석유, LPG가스, 전기장판을 동시에 사용하고 있는데 4월 중순인 방문 당시에도 냉기가 매우 심하였고, 겨울에는 이보다 더 추워 난방비 부담이 크다고 함
- 자녀 임○○이 일하고 있는 가구점이 4월 말 폐업 예정이라 아르바이트가 곧 종료예정이고, 현재 복지관에 일자리를 의뢰한 상태라고 함
- 당사자가 입퇴원 반복하고 있는 ○○병원 공공사회사업팀에 병원비 지원여부 확인 결과 1년간 본인부담금 70% 최대 100만 원까지 지원 가능하나 지속적인 지원은 어렵다고 함

<table>
<tr><td></td><td>[주요 욕구 및 서비스제공 계획]
<table>
<tr><th>주요 욕구</th><th>서비스계획</th><th>이용 가능한 강점</th></tr>
<tr><td>경제적 문제</td><td>• 사랑장바구니 생필품 지원(1회)
• 희망지기 후원결연 매달 3만원 지원 예정
• 병원비 부담 해소</td><td>민간자원</td></tr>
<tr><td>생활환경 문제</td><td>SH · LH임대주택 2순위 자격으로 신청 안내</td><td>공공자원</td></tr>
</table></td></tr>
<tr><td>③회의 결과</td><td>• 당사자 가구는 복지관의 제보로 ‘찾아가는 동주민센터’ 빈곤 위기가정 복지플래너 방문이 이루어진 사례로
• 방문 당시 ○○병원에 호흡질환으로 입원 중이었으며, 병원비가 150만원 발생한 상태였음
• 수급 책정 중지된 장애인 가정의 계속되는 병원비 부담으로 인하여 당사자 가구의 생활이 위험에 처했기에 개입이 시급하다고 판단되었고, 통합사례회의 결과 위기사례로 판정하여 구청 희망복지지원단에 의뢰함</td></tr>
<tr><td>④차기 회의 일시</td><td></td></tr>
</table>

2) 통합사례회의

(1) 통합사례회의

통합사례회의는 지역을 기반으로 조직된 통합 사례관리팀에서 실시하는 사례회의를 말한다. 통합사례회의에는 복지관의 사례관리팀, 복지관 내부의 지원체계, 지역사회 전문가, 전문 슈퍼바이저가 참석한다.

통합사례관리팀은 경직된 것이 아니라 유연하게 운영되는 것이 바람직하다. 통합사례관리팀으로 지정되어 있다 하더라도 필요한 경우에만 참석할 수도 있으며 통합사례관리팀으로 지정되지 않았다 하더라도 클라이언트를 돕는 데 필요한 경우 통합사례회의에 초대될 수도 있다. 정신보건센터의 경우 구 단위에 설치되어 있는 경우가 많은데 복지관에서 실시하는 통합사례회의에 매번 참석할 경우 회의참석으로 인한 고유 업무의 수행에 어려움이 있을 수 있으므로 정신장애 문제를 가진 클라이언트를 다룰 때 선별적으로 참여하도록 한다.

통합사례회의는 사례관리 조직의 사례관리 팀장이 주관하며 월 1회 이상 1회 3시간 이내 실시하는 것을 원칙으로 한다. 안정적인 통합사례회의를 위하여 통합사례회의 요일과 시간을 고정시키도록 하며 사례관리팀장은 통합사례회의에 상정될 사례와 안건을 사전에 조정한다.

통합사례회의를 실시할 경우 참석자에 대한 소개와 회의안건에 대한 소개를 실시한 후 본격적인 사례협의를 실시한다. 사례를 상정한 사례관리자가 사례에 대해 설명하도록 하고 사례에 대한 정보를 공유한 후 문제와 욕구에 대한 사정 결과 개입 계획 및 자원 활용 방안에 대해 슈퍼비전을 제공한다.

통합사례회의에서 전문 슈퍼바이저의 역할이 매우 중요하다. 왜냐하면 통합사례회의에 참여하는 위원들의 전문성의 수준과 관점이나 방법이 상이할 수 있기 때문이다. 따라서 전문 슈퍼바이저는 사례에 임상적인 자문과 행정적인 자문 그리고 자원의 활용 등에 관한 자문을 전문적인 개입 방안을 모색하도록 도우며 다양한 서비스 제공자들 간의 이견이나 관점의 차이를 조정해 줄 수 있는 역할을 수행하도록 한다.

사례관리 팀장은 서기를 지정하여 통합사례회의에서 논의되는 회의내용을 기록하도록 하는데 사례에 관한 사항은 담당 사례관리자가 기록을 하도록 하고 서기에게 제공하여 회의록을 완성하도록 한다. 작성된 회의록은 일주일 이내에 복지관의 내부결재를 거쳐 통합사례관리팀의 구성원들과 공유하도록 한다(김상곤, 2015).

통합사례관리 체계는 이용자를 효과적으로 돕기 위해서는 지역사회기관들이 협력적으로 활동하는 통합사례관리 체계의 구축과 활용이 필요하다. 복합적인 욕구를 가지고 있으며, 다양한 서비스를 필요로 하는 사례관리 이용자의 경우, 지역사회 내 다양한 서비스 조직과 연관되어 있는 경우가 대부분이다.

이런 경우, 사례관리서비스가 필요한 이용자는 개별기관의 사례일 뿐만 아니라 관여되어 있는 기관(주민자치센터, 정신건강증진센터, 보건소, 자립생활센터, 사회복지관, 노인복지관, 특수학교, 직업재활시설, 거주시설, 병원, 종교단체)이 협력해야 하는 공동의 사례이다.

(2) 통합사례관리팀 구성

사례관리 이용자의 삶에 영향을 미칠 수 있는 공공과 민간의 다양한 주체들이 참여하는 것이 바람직하다. 그리고 다학제적인 전문가들이 참여할 수 있도록 개방성을 높이는 것이 바람직하다.

(3) 통합사례관리 체계의 기능

통합사례관리 체계에 참여하는 기관과 담당자들은 정기적인 통합사례회의에 참석하여 사례에 대한 정보공유, 사정에 대한 자문, 개입방안과 자원의 활용, 사례개입을 위한 역할 분담, 주 사례관리 기관의 조정 등에 대한 의견을 공유한다. 그리고 통합사례회의에 상정된 사례에 대한 정기적인 점검과 재사정, 평가결과 공유, 종결여부 결정 등의 기능을 수행한다. 또한 참여하는 기관들은 특정 사례관리 조직의 사례에 대해 자문을 제공하는 역할과 자신들이 담당하거나 발굴한 이용자를 사례회의에 상정하고 필요한 경우 통합사례회의를 통하여 주 사례관리 기관을 조정한다(한국장애인복지관협회, 2013).

3) 솔루션 위원회의

(1) 솔루션 위원회의란

사례관리팀이 단독으로 사례에 대한 이해와 사정 개입계획의 수립 실천 등 사례관리를 실천하는 데 많은 어려움을 겪게 된다. 이러한 어려움에 자주 노출될수록 사례관리자와 사례관리팀은 무력감에 빠지기 쉬우며 결국 사례관리자들을 소진에 빠지게 하는 부정적인 결과를 초래하게 된다. 이러한 어려움에 효과적으로 대처하기 위하여 솔루션 체계를 두도록 한다(김상곤, 2015).

(2) 솔루션 위원회의 참석자

솔루션 위원회에는 솔루션 위원으로 위촉된 위원과 사례를 상정하는 기관의 사례관리팀장 및 사례관리자가 참석한다. 클라이언트와 가족의 문제와 욕구를 지원하는 데 필요한 공공 또는 민간 전문가가 참고인으로 참석할 수도 있다.

(3) 솔루션 위원회의의 운영

솔루션 체계의 업무를 담당하는 간사단체의 사례관리 팀장은 솔루션 위원회의 개최 1개월 전에 위원장의 지휘하에 회의일정, 회의일시 및 장소 등을 공지하고 회의 개최 이전에 회의안건을 조정하여 솔루션 위원회의에 상정하도록 한다.

긴급 사례 또는 심의나 판정 사안이 발생할 경우 신속하게 소집되어 사례에 대한 임상적인 자문 사례에 대한 행정적인 판단 그리고 사례관리 실천을 위한 정책적인 건의로 사례관리 실천을 지원하도록 한다.

솔루션 위원회의는 위원장이 주재하도록 하며 분기별 1회 이상 개최하도록 한다. 간사단체의 사례관리 팀장 또는 안건 상정 사례관리자는 상정된 안건에 대해 부연 설명하고 솔루션위원들로부터 임상적·행정적 자문을 받도록 한다. 솔루션 위원회의 서기는 솔루션 위원회의에서 제공된 자문내용은 기록하도록 하며 위원장의 승인을 거쳐 위원들에게 솔루션 위원들과 공유하도록 한다. 자문내용에 대한 승인과 기록의 공유는 메일을 통해서 실시하도록 한다. 솔루션 위원회의에 참석한 위원들에게는 예산의 범위 내에서 수당을 지급할 수 있다.

5. 장애인복지관 사례관리 지침으로 살펴보는 현장 사례관리실천

제1장 총 칙

제1조 (목적) 본 지침은 다각적인 분야에서의 접근과 지원, 관리가 요구되는 장애인과 그 가족에게 체계적이고 종합적인 사례관리프로그램을 진행하는 데 필요한 내용, 절차 등을 규정함으로써 관련 업무를 효율적으로 처리함에 그 목적이 있다.

제2조 (적용) 본관에서 이루어지는 사례관리에 관한 사항은 본 지침에 의한다.

제3조 (담당자) 본관에서 이루어지는 모든 사례관리는 사례관리전담팀의 사회복지사가 담당하며 각 팀의 프로그램제공자와 자원개발자의 협조 하에 이루어진다.

제4조 (내용과 절차) 본 지침의 내용은 접수, 평가, 사례관리계획 수립, 계약서 작성, 사례관리활동실천, 모니터링과 점검, 사례회의, 종결, 사후관리, 사례관리자, 부칙으로 구분하며 사례관리절차를 세분하면 [그림 10-1]과 같다.

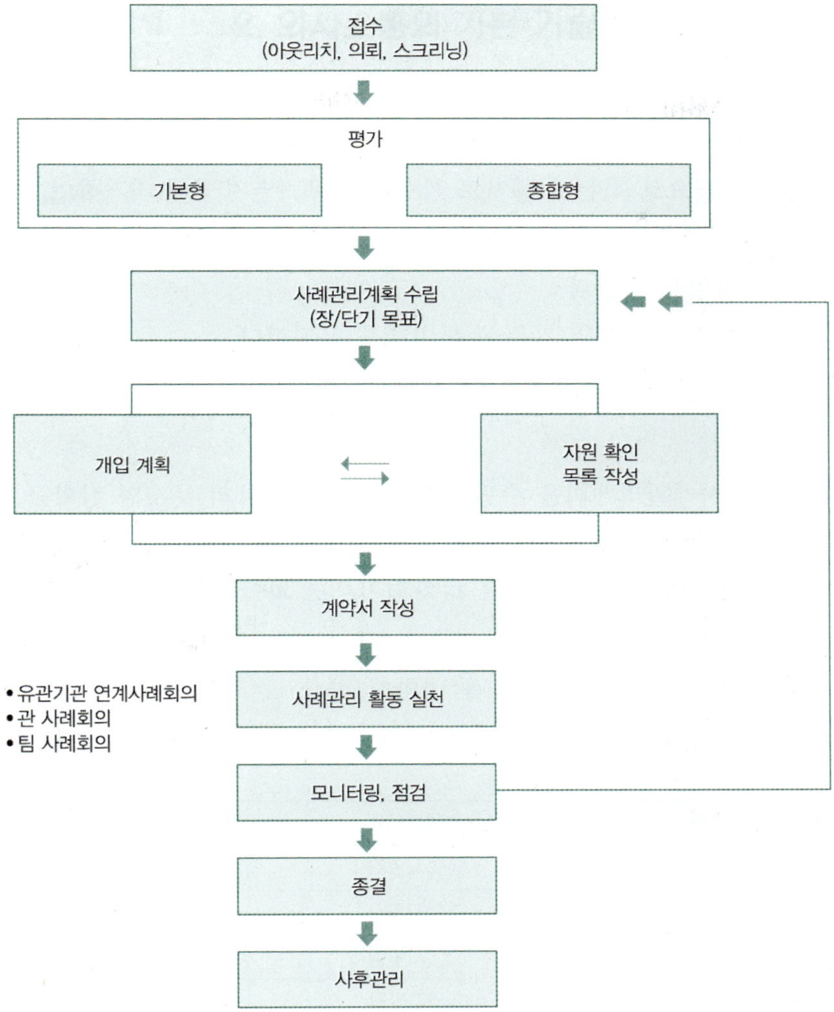

그림 10-1 사례관리 개입도

제2장 접 수

제5조 (용어정의) 이용자를 확인하고 등록하는 단계로 아웃리치, 의뢰, 스크리닝 과정을 모두 포괄한다.

제6조 (목적) 잠재적 이용자를 발굴하고, 이용자의 장애나 욕구를 개략적으로 파악하

여 사례관리를 필요로 하는지를 확인한다.

(장/단기 목표)

제7조 (방법과 조치 사항)

1) 사례관리를 필요로 하는 이용자로 확인될 경우, [별지 1]에 의거하여 초기접수를 진행한 후 통합전산시스템의 접수면접등록에 정보를 입력하여 등록번호를 부여하고 개별파일을 만든다.
   단, 기존 이용자의 경우 기존 등록번호를 유지한다.
2) 사례관리이용자로 적합하지 않다고 판단되면 다른 기관, 자원에 의뢰한다.

제3장 평 가

제8조 (용어정의) 사례관리계획을 수립하기 위하여 이용자의 문제와 상황을 검토하기 위한 단계로, 개인, 가족, 환경 등을 파악하는 것을 의미한다.

제9조 (목적) 이용자의 욕구와 자원을 다차원적으로 파악하고 해결되어야 할 문제와 목표를 확인한다.

1) 이용자의 욕구 내용과 그 정도를 명확히 한다.
2) 아래의 평가영역에 기반을 두어 욕구에 대응하는 이용자의 능력을 평가한다.

평가(사정)영역	담당부서	담당자
사회진단	○○지원팀	사회복지사
심리평가	○○지원팀	심리치료사
언어평가	○○지원팀	언어치료사
교육평가	○○지원팀	특수교사
직업능력평가	○○지원팀	직업재활사

3) 이용자의 비공식적(이웃, 친구 등), 공식적 사회적 관계망을 평가한다.

제10조 (프로그램 분류) 개입 정도에 따라 기본형, 종합형으로 세분화한다.

1) 기본형: 욕구의 수준이 낮고, 시급한 자원연결 등으로 욕구가 충족되는 경우
2) 종합형: 욕구의 수준이 높고, 장기간에 걸친 개입이 필요한 경우, 지속적인 상담

과 지원이 필요한 경우, 주로 저소득장애가정과 부모가 정신적 장애를 가진 경우

제11조 (방법과 조치 사항) 이용자의 내관, 사례관리담당자의 가정방문 등을 통하여 이용자의 가족사항, 가정환경, 사회환경, 개인발달사 등을 파악하여 통합전산시스템의 사회진단지에 입력한다.

제4장 사례관리

제12조 (사례관리 계획) 장단기 목표를 설정하고 이를 위해 적절한 개입방법을 모색하기 위한 단계이다.

제13조 (사례관리 계획의 목적) 사정단계에서 확인된 장애인이 가진 문제, 성취되어야 하는 목표, 목표달성에 요구되는 프로그램에 대해 장애인, 사례관리자, 프로그램 제공자, 기타 관련된 사람들 사이에 합의를 도출하는 일련의 과정이다.

제14조 (사례관리 계획의 방법과 조치 사항) 이용자와 가족의 주요 욕구, 장·단기 목표, 수행방법 등을 당사자가 직접 참여하여 사례관리계획서를 작성한다.

제15조 (계약서 작성) 이용당사자와 가족이 함께 참여하여 사정결과를 공유하고 협의하여 사례관리계획을 수립하는 과정을 의미한다.

제16조 (계약서 작성의 목적)

1) 사례관리계획의 목표와 방법을 이용자와 가족에게 설명한다.
2) 이용자와 가족의 욕구를 재확인하고 사례관리 방향을 협의, 조정하며 동의하는 과정을 진행한다.
3) 기타 사례에 관한 모든 사항을 논의한다.

제17조 (담당자) 사례관리전담팀의 사례관리담당자가 사례관리이용자, 그 가족과 진행한다.

제18조 (계약서 작성일) 계획서 작성 후 1~2주일 정도 이내에 실시하며 이용자와 가족의 시간을 고려하여 진행한다.

제19조 (계약서 작성)

1) 참석자는 관련 사례의 사례관리담당자, 당사자 또는 보호자로 한다.
2) 사례관리계획의 방향과 목표, 프로그램 내용에 대한 공유, 동의의 과정으로 진행된다.

3) 동의 과정을 거쳐 최종 협의된 사례관리계획서에 당사자 또는 보호자의 서명을 받은 후 원본은 개별파일에 보관하고 사본을 제공한다.

제20조 (사례관리 활동 실천) 사례관리계획서에 명시된 프로그램과 자원을 확보하고 조정하고, 프로그램을 제공하는 단계이다.

제21조 (사례관리의 목적) 사례관리계획의 장/단기목표를 성취하기 위하여 직접, 간접 서비스를 조정, 연계하고 네트워크를 구성, 활용한다.

제22조 (사례관리 방법과 조치 사항) 사례관리계획상의 목표를 실행하기 위하여 상담, 외부기관 또는 단체의뢰, 프로그램/자원 연결 등을 진행하며 관련된 내용을 통합전산 시스템의 개별일지에 기록한다.

제5장 모니터링과 점검

제23조 (용어정의) 이용자에게 제공되는 프로그램의 적시성, 적절성, 연속성을 보장하기 위해 프로그램의 내용, 질에 대해 지속적으로 점검하고 평가하는 과정을 의미한다.

제24조 (목적)

1. 사례관리계획이 이용자에게 만족스럽고 적절하게 제공되고 있는지 점검한다.
2. 이용자의 욕구와 문제 상황이 변화되었는지를 확인하여 재사정으로 계획을 수정, 보완한다.

제25조 (방법과 조치 사항)

1) 모니터링은 개입 후 6개월 후 진행하는 것이 일반적이며 사례의 복합성에 따라 기간을 달리하여 진행할 수 있다.
2) 재사정은 모니터링 결과를 토대로 1~2년을 최대 주기로 실시한다.

제6장 사례회의

제26조 (용어정의) 사례관리를 진행하는 과정에서 논의, 조정, 공유 등이 필요한 경우 진행되는 회의를 의미한다.

제27조 (목적)

1) 구체적인 프로그램 계획, 실행, 평가에 대한 점검, 이용자에 대한 의사소통 구조를 마련한다.
2) 프로그램 제공자와 담당자 간 논의와 공유를 통하여 이용자에게 통합적인 프로

그램을 제공한다.

제28조 (담당자) 사례관리전담팀의 사례관리담당자가 진행한다.

제29조 (방법과 조치 사항)

1) 사례관리담당자가 사례회의가 필요한 사례를 의뢰하여 논의하는 방식으로 진행하며 주 1회 진행함을 원칙으로 하되, 필요한 경우 수시로 회의를 소집하여 진행한다.
2) 사례관리전담팀에서는 사례회의 내용을 [별지 4]에 의거 기록하고 보관한다.

제7장 종 결

제30조 (용어정의) 사례관리 목표가 달성되었거나 프로그램이 더 이상 도움이 되지 않는 경우, 이용자의 중대한 변화로 더 이상 사례관리를 수행할 수 없는 경우 등 사례관리 프로그램 제공을 중단하는 과정이다.

제31조 (목적) 사례관리계획과 실행, 모니터링 결과, 이용자의 변화 토대로 사례관리 종결여부를 논한다.

제32조 (종결의 결정) 다음과 같은 경우 사례관리가 종결된다.

1) 목표 달성
2) 계약기간 만료
3) 시설 입소, 사망
4) 이용자가 스스로 종결을 원하는 경우
5) 더 이상 제공할 수 있는 프로그램이 없는 경우
6) 사례관리계획, 제공된 프로그램을 자주 거절하거나 기관의 신뢰성과 책임성을 위태롭게 하는 경우
7) 장애인 당사자의 역량강화로 스스로 프로그램 조정과 획득이 가능한 경우

제33조 (방법과 조치 사항) 사례관리 종결 이용자가 되는 경우 통합전산시스템 상의 종결평가서를 작성한 후 종결처리하고, 종결평가서는 개별파일에 보관한다.

제8장 사후관리

제34조 (용어정의) 사례관리 종결 후 이용자와 정기적인 의사소통으로 후속 지원하는 것을 의미한다.

제35조 (목적) 종결된 이후에도 지속적인 지지와 관심, 후속 상담, 정보제공 등의 정기적인 의사소통을 통해 이용자에게 프로그램에 접근할 수 있는 기회를 제공한다.

제36조 (방법과 조치 사항) 종결 후 6개월에 1회 정도의 전화 상담을 실시하며 상담 결과는 통합전산시스템의 종결평가서에 추가 기록하여 저장한다.

제9장 사례관리자

제37조 (용어정의) 사례에 대한 협의, 조정하는 역할을 담당하는 수행 인력을 의미한다.

제38조 (목적과 역할) 이용자의 복지와 프로그램 효과성을 극대화시킬 수 있는 전반적인 관리, 조정의 책임자 역할을 수행한다.

1) 이용자에 대한 직/간접적 프로그램 제공
2) 개인 또는 가족의 재활상담자의 역할
3) 사례회의로 진행과정 점검, 보고
4) 이용자에 대한 전반적인 관리와 협의 조정자의 역할
5) 기타 사항

〈별지 1〉

복지관 이용 신청서

복지관 이용을 신청해주셔서 감사합니다.

우리 복지관은 헌법 제34조 2항 "모든 국민은 인간다운 생활을 할 권리를 가진다."의 실현을 위하여 장애를 가지고 있는 사람들이 보다 바람직한 조건에서 일반적으로 사회활동에 참여할 수 있도록 지원하고자 합니다. 또한 개인의 능력을 향상시킴과 동시에 개인의 능력이 최대한 발휘될 수 있도록 사회 환경을 변화시키기 위해 노력하고 있습니다.

이와 관련하여 (   )님의 소중한 의견과 정보를 여쭙고자 하오니 번거로우시더라도 이용 신청서 작성과 상담에 대한 협조 부탁드립니다.

상담자		작성자	(관계:)	신청일	년 월 일

필수정보	이 름		성 별	□ 남 □ 여
	생년월일	년 월 일	집 전화번호	
	본 인 휴대전화번호		가 족 휴대전화번호	(관계:)
	주 소			

민감정보	장애 등록	□ 등록 □ 미등록		장애등록일	년 월 일
	등록 장애명	장애		1 2 3 4 5 6	
	진단받은 병원			보 장 구	
	감 면 여 부	□ 기초생활수급 (생계급여, 의료급여)	□ 일반감면 (주거급여 수급, 교육급여 수급, 차상위계층, 한부모가족)		□ 일반감면 (기타 저소득)
	건강보험종류	□ 의료보호 1종	□ 의료보호 2종	□ 일반건강보험	□ 기 타( )

복지관을 어떻게 알게 되셨나요?				
□ 복지관 홍보물		□ 방송(TV, 라디오)	□ 인터넷 검색	□ 저인 소개( )
□ 기관의뢰 · 연계 ( )			□ 기 타 ( )	
복지관 이용 희망 프로그램/서비스				
□ 상담	□ 평가	□ 사례관리	□ 가족지원	□ 발달재활서비스 (재활치료)
□ 아동 프로그램	□ 청소년 프로그램	□ 직업재활(상담, 평가, 훈련, 지원)		□ 장애인활동지원
□ 문화여가	□ 주간보호	□ 기타 ( )		

복지관 이용 신청서(민감정보)

건강상황

출생 전	□임신중독 □약물 □흡연 □충격 □유산 □기타( )
출생 직후	□황달 □경기 □고열 □중독 □외상 □기타( )
성장 시기	(옹알이, 말하기, 듣기 / 기기, 서기, 걷기 / 신변처리 등)
신체 건강	(먹고 있는 약, 다니고 있는 병원, 장애로 인해 불편한 점, 체형, 영양상태, 신체적 특이사항, 아픈 곳 등)
정신 건강	(우울, 음주, 흡연, 스트레스, 정신건강, 자해, 타해, 문제행동, 성격, 대인관계 등)

치료상황

기관명	이용기간	치료명

교육상황

기관명	이용기간	기타(교육환경, 적응정도, 졸업여부 등)

직업경험

업체명	알선기관	근무기간	급여(월)	퇴사이유
취업에 신경써주었으면 하는 점				

기타 훈련 또는 자격증	활 용 정 도

메 모

복지관 이용 신청서(민감정보)

경제상황

근로 소득	□ 본인(만원)	□ 가족(만원)	□ 기타(만원)
정부지원금	□ 수급비(만원)	□ 장애연금(만원)	□ 기타(만원)

주거 형태	□ 아파트	□ 다세대/빌라	□ 단독주택	□ 기타( )
주거 상황	□ 자가	□ 전세(만원)	□ 월세(/ 만원)	□ 기타( )
난 방	□ 도시가스	□ 등유(기름)	□ 연탄	□ 기타( )
기 타				

사회복지

기관명	이용기간	프로그램 / 서비스명

문화여가

기관명	이용기간	프로그램 / 서비스명

종교기관

기관명	이용기간	참여 중인 활동, 만족도, 관계 등

메 모

복지관 이용 신청서(민감정보)

학습 / 일상생활	
받아쓰기	상담자가 불러드리는 문장을 듣고 써보세요.
숫자계산	더하기, 빼기, 곱하기, 나누기 문제를 풀어보세요.
시계보기	그림에 있는 시간을 읽어보세요.
색 구분하기	색을 보고 색 이름을 말해보세요.

03:57

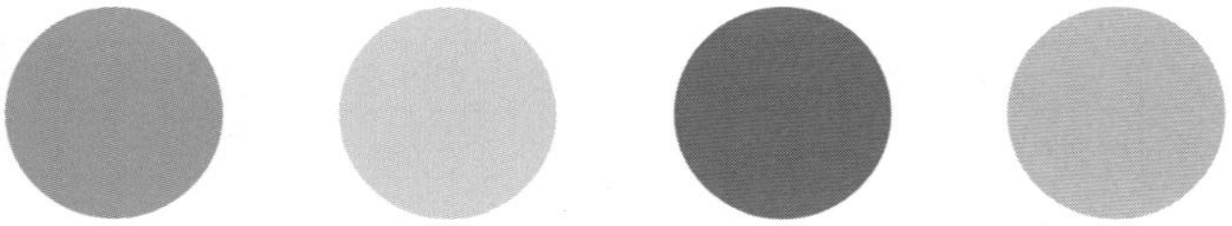

일상생활능력	스스로 활동이 가능한지, 도움이 필요한지 등을 말해주세요.
위생/청결관리	
식사하기	
이동하기	
대중교통이용하기	
전화 걸고 받기	
정리정돈하기	
물건구입하기	

메 모

복지관 이용 신청서(선택정보)

가족관계

이 름	관 계	생년월일(연령)	직 업	동거여부	장애여부 / 장애명
				O / X	
				O / X	
				O / X	
				O / X	

친구, 친인척	만나는 횟수, 참여 중인 모임, 친한 정도 등

기타 내용

〈별지 2〉
회원번호:

____________님의 20　 년 계획서(계약서)

<table>
<tr><td colspan="3">〈20　 년 바라는 점〉</td></tr>
<tr><td colspan="3">20　 년 바라는 것을 이루기 위한 00복지관과의 약속</td></tr>
<tr><td>이루기 위한 방법</td><td>책임과 역할</td><td>기간</td></tr>
<tr><td rowspan="2"></td><td>본인.</td><td></td></tr>
<tr><td>담당자.</td><td></td></tr>
<tr><td rowspan="2"></td><td>본인.</td><td></td></tr>
<tr><td>담당자.</td><td></td></tr>
<tr><td rowspan="2"></td><td>본인.</td><td></td></tr>
<tr><td>담당자.</td><td></td></tr>
</table>

본 계획서는 귀하의 개별적인 상황을 반영하여 권리와 욕구를 최대한 충족시키고자 계획된 것으로 여기에 기록된 내용들은 귀하와 가족, 담당자의 협의를 거쳐 결정되었으며, 필요에 따라 수정 또는 보완될 수 있습니다.

위의 계획에 동의합니다.

20　 .　 .　 .

이용자(보호자):　　　　　　(인)
사회복지사　:　　　　　　(인)

〈별지 2-1〉

상담내용

〈별지 3〉

점검날짜: 20 . . .

회원번호:

______________님 진행 과정 점검표(모니터링)

이루기 위한 방법	구분	책임과 역할 진행 과정											
		1월	2월	3월	4월	5월	6월	7월	8월	9월	10월	11월	12월
	본인												
	담당자												
	본인												
	담당자												
	본인												
	담당자												
	본인												
	담당자												
비 고													

〈별지 4〉

사례/평가자 회의록(생애주기 입력)

장소	
시간	
참석자	

결재	담당	팀장	국장	관장

월	일	분류	이용자 번호	성명	연령	성별	장애	서비스현황 과주욕구	상담 / 평가결과	논의 내용	서비스 계획	담당자

〈별지 5〉

초 기 평 가 서

1. 기본사항

이용자번호		평가일시	
이용자이름		진단명	
생년월일		제공서비스	
성별		담당자	

2. 서비스계획 및 목표

목표 1. 2. 서비스계획 1. 2.

3. 평가

〈별지 6〉

중 간 평 가 서

1. 기본사항

이용자번호		평가일시	
이용자이름		진단명	
생년월일		제공서비스	
성별		담당자	

2. 이전 평가시 목표

목표 1. 2. 서비스계획 1. 2.

3. 경과보고

4. 차후 평가시 목표

5. 평가

〈별지 7〉

종 결 평 가 서

1. 기본사항

이용자번호		평가일시	
이용자이름		진단명	
생년월일		제공서비스	
성별		담당자	

2. 이전 평가시 목표

목표 1. 2. 서비스계획 1. 2.

3. 경과보고

4. 평가 / 5. 종결사유

CHAPTER 11

사회복지실천의 평가기술

1. 사회복지실천 평가개요

1) 사회복지실천 평가의 개념

평가란 클라이언트중심의 서비스의 질을 보장해 주는 것이며(Cassam & Gopta, 1992)로 규정하였으며, 또한 책무성 있는 조직관리와 효과적이고 효율적인 도구로 볼 수 있으며, 정책결정자와 전문가 집단, 그리고 클라이언트는 평가가 지니는 다양성과 가능성으로 평가에 대해 긍정적인 기대를 갖게 된다(Weiss, 1998).

평가란 사회복지 개입의 결과를 조사 기법을 적용하여 사정하는 것을 의미하며, 사회복지사의 개입활동에 대한 효과성 및 효율성을 평가하여 사회복지서비스의 필요성, 서비스의 계획적인 수행, 서비스 목표의 달성 정도, 서비스의 효과성을 검증하는 것을 의미한다(김정진, 2014).

종합적으로 살펴보면, 평가란 클라이언트의 서비스의 질을 향상시키기 위한 사회복지사의 활동에 대해 정확한 평가기법을 통하여 효과성과 효율성을 판단하는 방법이다. 여기에서 사회복지사의 활동은 주로 클라이언트에 수행하는 프로그램을 의미하며, 효과성은 프로그램의 변화의 정도를 파악하기 위한 사회복지영역의 대표적인 평가지표이며, 프로그램의 설정된 목표가 어느 정도 달성되었는가에 대한 수준을 의미한다. 반면 효율성은 최소비용을 통한 최대효과를 측정하려는 비용에 대한 성과측정을 의미한다.

2) 사회복지실천 평가의 의의

1945년부터 1970년 중반의 복지국가의 황금기에 서유럽과 미국에서는 사회복지프로그램과 복지예산이 급격히 증가하였지만 사회복지조직에서는 서비스의 효과성, 프로그램의 성과를 입증하는 데 실패함으로써 1970년 중반 이후 책무성의 위기가 나타났다.

책무성(accountability)이란 사회복지 프로그램 또는 사회복지 조직이 확보된 자원을 가지고 어떤 구체적인 목적에 대해 효과성이나 효율성을 어느 정도 달성했는가를 객관적인 증거를 기반으로 프로그램의 정당성을 입증하기 위한 능력(Rossi & Freeman, 1982)이라고 정의하였다. 사회복지실천 평가의 주 기능은 개입의 효과성 여부를 알려주는 것으로 평가 그 자체만으로 사회복지실천의 책무성이 강조되며, 책임성 있는 전문가는 자신의 활동으로 스스로 평가할 수 있어야 한다(Bloom et al., 1995).

이처럼 사회복지 영역에서 책무성이 중요하게 부각하게 된 것은 사회복지실천에서 책무성의 위기와 복지국가 위기 이후 자유경쟁시장이 확대되면서 자원의 희소성에 기인한다.

우리나라에서도 1997년 IMF 이후 복지다원주의 영향으로 복지주체가 다양화되면서 공급 주체들 간의 경쟁이 가속화되면서 사회복지조직의 투명성과 전문성, 그리고 효과성의 강화노력이 요구되었다. 이에 따라 1998년 사회복지사업법과 시행규칙이 개정되면서 사회복지기관 및 시설이 평가를 통해 책무성을 입증하도록 제도화되었다(김상곤 외, 2012).

이러한 책무성의 요구로 인하여 사회복지실천현장에서 평가의 중요성이 부각되었다.

첫째, 프로그램 평가는 사회복지사들의 기본적인 업무이다. 사회복지사의 프로그램 기획은 기본 업무이며 일상적인 업무로 수행빈도와 중요도가 높은 직무 중 하나이다.

둘째, 프로그램 평가는 사회복지조직의 책무성과 효과성을 실현하는 수단이다. 평가를 통하여 사회복지조직은 체계적이고 전문적인 프로그램을 개발하고 주어진 재원을 가지고 설정된 목적을 얼마나 효율적이고 효과적으로 수행했는지 입증한다.

셋째, 프로그램 개발과 평가로 외부에서 사업재원을 확보하는 수단이 된다. 사회복지재원의 축소와 재원 확보를 위한 무한경쟁 시대가 도래하면서 사회복지재원을 공급하는 주체들은 재원 배분 방식을 공모제로 채택하였다. 그러므로 프로그램의 정확한 평가는 재원을 확보하는 가장 기본적인 척도이며, 평가를 통하여 사회복지조직의 신뢰성과 전문성을 확인하는 수단이 된다(김상곤 외, 2012).

2. 사회복지실천 평가유형

평가유형은 사용방법에 따라 여러 가지 형태로 구분될 수 있다.

1) 사업평가의 사용목적에 따른 구분

(1) 총괄평가

총괄평가는 프로그램이 집행되고 난 후에 프로그램이 사회에 미친 영향을 추정하는 조사활동으로 목표 지향적 평가이다. 프로그램 운영이 끝날 때 행해지는 평가로 성질이 비슷한 다른 프로그램, 상황, 또는 대상에 대하여 일반화시키려는 것이다. 또한, 총괄평가는 성질이 비슷한 프로그램을 다시 시작할 것인지 종결할 것인지 판단하는 데 도움이 된다. 총괄평가는 효과성, 효율성, 공평성 등으로 평가된다.

(2) 형성평가

형성평가는 프로그램 운영 도중에 이루어지는 조사로서 계속되는 프로그램을 수정, 보완하기 위하여 이루어지는 조사로 과정평가(process evaluation)이다. 이는 프로그램이 제시된 지침에 따라 얼마나 구체적으로 집행되었는가를 평가함으로써 프로그램의 운영 및 활동을 분석하여 이를 근거로 해서 더욱 효율적인 집행전략을 분석한다. 또한, 형성평가는 프로그램 내용을 수정 · 변경, 프로그램의 중단 · 축소 · 유지 · 확대 여부를 결정하는 데 도움이 된다.

그리고 프로그램 효과나 부작용 등이 발생한 경로를 밝혀서 총괄평가를 보완하는 기능을 수행한다.

표 11-1 형성평가와 총괄평가의 비교

구분	형성평가	총괄평가
목적	가치나 질을 결정하기 위하여	가치나 질을 결정하기 위하여
용도	정책을 발전시키기 위하여	정책의 장래 또는 채택에 대한 결정을 하기 위하여
이해당사자	집행자와 직원	집행자, 자금제공기관
주체	주로 내부평가자	주로 외부평가자
자료수집의 목적	진단을 위하여	결정을 위하여

2) 사업평가의 평가주체에 따른 구분

사업평가의 평가주체에 따라서 내부평가와 외부평가로 구분된다. 내부평가는 프로그램의 결정, 집행을 담당하고 있는 사람들이나 또는 같은 조직체 내의 다른 구성원이 행하는 평가이다. 반면, 외부평가는 프로그램을 수행하는 조직체가 아닌 대학전문 교수, 조사 연구기관 등 제3자가 행하는 평가이다.

3) 만족도 평가

만족도 평가(consumer satisfaction)는 평가 유형 중에서 가장 단순하고 가장 자주 사용하는 평가이지만 평가도구의 신뢰도와 타당도가 낮다. 만족도 평가는 클라이언트가 스스로 가지는 취약성 때문에 대체로 긍정적인 결과가 도출된다. 왜냐하면 서비스를 받은 클라이언트가 부정적으로 응답하였을 경우 서비스를 계속 받을 수 없을 것이라는 두려움과 위험 요인이 발생하므로 긍정적인 반응을 보일 수 있는 단점이 있다.

3. 사회복지실천 평가방법

사회복지실천에서 사용하는 평가방법은 효과성, 효율성, 노력성, 접근성, 적합성 등 다양한 평가방법들이 있으며, 이 중 가장 대표적인 평가방법은 효과성 평가이다. 그리고 최근에는 경제적 측면에서 효율성 평가도 요구되고 있다. 효과성(effectiveness)이란 목표 달성의 총량에 기여한 정도를 의미하며, 투입된 비용에 관계없이 성취한 양이 많을수록 더 바람직한 것으로 보는 입장이다. 사회복지정책의 목표달성도와 관련된 수단지향적인 기준이 효과성이다. 효율성 평가는 능률성 평가로 노력에 비용변수를 계산하는 것으로 투입과 산출의 비율에 대한 평가이다. 즉, 투입이 일정하면 산출을 최대한으로 만드는 것이 효율적이고, 산출이 일정하면 투입을 최소화하는 것이 효율적이다.

노력성은 목표달성을 위해 필요한 프로그램 활동의 양과 종류, 투입시간, 인적·물질적 지원, 클라이언트의 참여, 담당자의 제반 활동이다. 형평성(equity, 공평)은 제안된 대안이 이용자들에게 골고루 서비스의 기회를 제공하고 있는지를 평가하는 기준으로 같은 조건의 개인들에게 얼마나 같은 질과 양의 서비스가 균등하게 제공될 수 있는가 하는 개인에 대한 결과의 공평성을 보장하는 것을 의미한다. 대응성은 클라이언트의 욕구, 문제에의 대처 등 필요적 상황에 적절하게 대응되었는가를 평가하는 것으로, 사전에 체계적 욕구의 분석이 필요하다. 적합성(adequacy, 민감성)은 프로그램이 얼마나 그 이용자들의 욕구를 잘 충족시킬 수 있는가를 평가하는 기준이다. 접근성은 프로그램, 기관 등에의 접근, 이용 등에 있어서 차별, 왜곡, 용이성 등에 대한 평가이다.

표 11-2 평가종류와 그에 따른 평가방법 및 도구

평가의 종류	평가방법 및 도구
노력평가	• 활동의 양 • 노력의 양(클라이언트 수/서비스 단위측정)
효과성 평가	• 프로그램 목표의 달성 정도 • 단일사례분석 • 목표달성척도 • 평가조사

평가의 종류	평가방법 및 도구
효율성 평가	• 산출대비 비용 정도 • 서비스 단위당 비용 • 비용-효과분석(cost-effectiveness analysis) • 비용-편익분석(cost-benefit analysis)
영향평가	• 사회문제나 이용자 욕구 변화에 미친 영향 • 프로그램 노력과 사회적 지표변화 간의 관계 • 변화에 대한 실증적 기대 정도 • 평가조사
서비스의 질 평가	• 전문성 • 동료리뷰
과정평가	• 프로그램 결과의 경로 • 동료리뷰
형평성 평가	• 프로그램 배분의 공평성 • 프로그램의 접근성 • 평가조사

출처: 정무성(2006: 388).

4. 사회복지실천 평가기법

1) 실험설계의 기본 개념

실험설계(experimental design)는 자연과학에서 사용되는 방법이지만 사회과학에서도 활용된다. 실험설계는 개입을 제공하는 한 집단(실험집단)과 어떠한 개입도 제공하지 않는 또 다른 집단(통제집단)의 결과들이 비교되기 때문에 집단 간 비교조사설계라고도 한다. 실험설계는 실험으로부터 기대되는 가장 합리적인 결과를 얻기 위해 관계되는 여러 변수를 통제하여 조사하는 계획적 연구방법으로 연구자가 엄격한 외생변수의 통제하에서 독립변수를 조작하여 종속변수에 미치는 영향 정도를 밝혀 인과관계를 찾아내려는 조사설계이다.

실험설계는 집단이나 프로그램, 지역사회에서 사회복지서비스의 효과를 측정하기 위한 목적으로 조사를 구성할 때 활용한다. 실험설계는 사회복지실천영역, 즉 사회복지기관에서 실시하는 프로그램의 실행평가, 복지정책의 평가 분석 그리고 지역사회 개발 평가 등에 유용하게 활용된다.

실험설계의 장단점은 다음과 같다.

① 장점

- 외생변수를 통제하여 순수 독립변수의 효과만을 측정할 수 있다.
- 조사대상의 무작위화를 통해 외생변수를 통제할 수 있다.
- 동일한 조건만 주어지면 재현 가능성이 높고 명확한 인과관계를 검증할 수 있다.

② 단점

- 인위성 · 부자연성이 높아 외적타당성이 저해된다.
- 윤리적인 문제로 실험이 불가능한 경우도 있다.
- 실제 세계에서는 많은 요인들이 작용하기 때문에 독립변수의 강도가 실제 세계에서만큼 크게 작용하지 못한다.

2) 실험설계의 조건과 기본 모형

(1) 실험설계의 조건

실험설계의 조건은 다음과 같이 정리할 수 있다.

① 실험변수의 조작

실험변수의 조작이란 원인이 되는 독립변수를 인위적으로 조작함으로써, 조작으로 인한 독립변수의 크기 및 영향 정도를 통해 종속변수의 변화결과를 관찰하는 것을 의미한다.

② 외생변수의 통제

외생변수의 통제는 독립변수 의외의 어떠한 요인이 종속변수에 영향을 미치지 못하도록 통제한다는 것을 말한다. 독립변수 이외의 제3의 변수들이 종속변수에 영향을 미쳤다면 독립변수가 종속변수의 진정한 원인으로 볼 수 없다. 그러므로 제3의 변수들을 통제해야 한다.

③ 실험대상의 무작위화

실험대상의 무작위화는 전체 집단에서 각 대상들이 실험대상으로 뽑힐 확률이 모두 동일하도록 배정하는 것을 의미한다. 무작위로 선발하게 되면 하나의 집단이 또 다른 집단으로 분류될 수 있는 가능성이 있으며 모든 사례들이 하나의 집단이나 또 다른 집단으로 배정될 수 있는 기회가 동등하다는 의미이다.

(2) 실험설계의 기본 모형

실험설계는 인과관계를 규명하는 데 가장 적합한 연구기법이라고 볼 수 있다. 인과관계는 원인과 결과 사이의 관계를 의미하며 이 결과를 통하여 현상을 예측하거나 설명하려는 것이다. 이러한 인과관계를 규명하기 위해 사용되는 방법이 실험설계이다. 실험설계 방법 중 순수실험설계가 인과관계를 규명하는 데 가장 적합하다.

실험설계의 구성요소는 ① 실험처치(experimental treatment), ② 독립변수(independent variable), ③ 종속변수(dependent variable), ④ 사전검사(pre-test), ⑤ 사후검사(post-test), ⑥ 통제집단(control group), ⑦ 무작위배정(random assignment), ⑧ 관찰(observation) 등을 갖추고 있어야 한다.

변수 간의 인과관계를 규명하기 위해 실험집단과 통제집단을 비교하여 두 집단의 특정이 동일한가를 관찰한다. 통제집단에는 실험처치(프로그램, 독립변수)를 개입시키지 않고 실험집단에만 실험처치를 개입시킨 후 두 집단의 종속변수를 비교하여 차이가 발생하면 그 차이의 원인은 실험처치로 인한 것으로 설명한다. 실험처치가 순수한 원인이라고 전제할 때는 실험처치 이외의 어떤 요인도 개입되지 않았다는 점과 실험집단과 통제집단이 무작위로 배정되었다는 것이다.

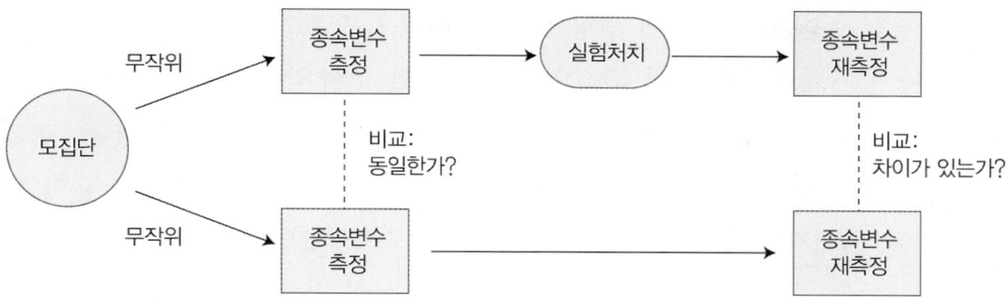

그림 11-1 실험설계 모형

3) 실험설계의 타당성

(1) 내적타당성

① 내적타당성의 개념

내적타당성(internal validity)은 측정된 결과가 실험처치의 진정한 변화 때문에 일어난 것인가에 관한 것이다. 실험처치의 변화 이외의 다른 요인들이 개입되었다면 실험처치를 진정한 원인이라고 볼 수 없다. 내적타당성을 높이기 위해서는 순수하게 독립변수의 영향에 의해서만 결과에 변화 또는 차이가 있어야 하므로 외생변수들을 통제하여야 한다.

② 내적타당성의 저해요인

가. 선발요인: 선발요인은 실험집단과 통제집단으로 나눌 때 편의적으로 선발, 편견을 가지고 선정, 편향된 선별을 통해서 관찰을 할 때 발생한다.

나. 우연적 사건(역사)요인: 역사요인은 조사기간 중에 연구자의 의도와는 관계없이 일어난 사건이 결과변수에 영향을 미치는 것이다. 조사기간 중에 정치 · 사회 · 경제 등의 변화가 종속변수에 영향을 미치는 경우 실험처치가 종속변수에 변화나 차이를 가져온다고 하더라도 진정한 원인이라고 할 수 없다.

다. 성숙요인: 성숙요인은 시간의 흐름에 따른 생리적 · 심리적 변화가 종속변수에 영향을 미쳐 잘못된 결론을 유도하는 경우에 발생하는 문제로 연령, 지식, 체력, 경험 등이 종속변수에 영향을 미친다. 복지프로그램을 실시하더라도 노인은 나이가 들어감에 따라 건강이 악화된다면 성숙요인이다.

라. 실험도중 탈락(상실) 요인: 조사기간 중 실험대상에서 특정인들이 탈락·상실됨으로써 남아 있는 대상이 처음의 관찰대상집단과 다른 특성을 갖게 되어 비교집단과 차이가 발생된다. 자아존중감 향상 프로그램에 참여하고 있는 학생이 다른 학교로 전학을 간 경우 전학 간 학생은 사전 검사에는 참여하였지만 사후 검사에는 빠지게 되어 결과에 영향을 미치게 된다.

마. 측정도구 요인: 사전 사후의 측정에서 측정자의 측정도구가 달라져서 발생하는 문제이다. 실직자재취업훈련프로그램이 효과가 있는가를 알아보기 위해 프로그램 참여 전에는 난이도가 높은 시험문제로 측정하고, 프로그램이 끝난 후에는 난이도가 낮은 시험문제로 측정하는 경우 그 결과를 통해 프로그램이 효과가 있었다고 말할 수는 없다.

바. 검사요인: 검사요인은 실험대상이 동일측정을 여러 번 받을 때 발생하는 문제이다. 조사의 실시 전·후에 유사한 검사가 반복됨으로써 프로그램 참여자들이 검사에 친숙해져서 측정값(결과)에 영향을 미치는 현상이다.

사. 통계적 회귀: 회귀요인(regression)은 종속변수의 극단적인 측정값(최고값 또는 최저값)을 갖는 사례들을 재측정할 때, 평균값으로 회귀하여 처음과 같은 극단적 측정값을 나타낼 확률이 줄어든다. 회귀요인은 종속변수의 값이 가장 높거나 가장 낮은 사람만을 실험집단으로 선택했을 경우 다음 검사에서는 독립변수의 효과가 없더라도 높은 집단은 낮아지고 낮은 집단은 높아지는 현상을 의미한다. 생활시설 클라이언트의 좌절감이 어느 정도인지를 파악하기 위해 사전검사를 실시한 후 좌절감이 높은 사람들에게 상담을 실시하였다. 상담 후에 사후검사를 실시한 결과 좌절감이 줄었다는 결과가 나왔다. 그러나 이 결과는 상담프로그램의 영향인지 아니면 사전검사 당일에 컨디션이 나빠서 비정상적인 낮은 점수를 받았는지 알 수가 없다. 예를 들어, 2003년 11월 토플시험에서 상위 1%에 들고 2004년 2월에는 10%에 들었다면 이것이 통계적 회귀 때문이다.

아. 모방: 실험집단과 통제집단에 속한 사람들이 서로 대화나 만날 가능성이 있는 경우 실험집단에 속한 사람들이 통제집단의 사람들에게 자신의 실험경험을 알려 줌으로써 정확한 효과를 측정할 수 없다. 통제집단의 사람들은 실험집단의 사람들을 모방하려 하게 됨으로써 실험효과를 알 수 없게 된다.

③ 내적타당성 저해요인의 통제방법

가. 짝짓기: 짝짓기는 실험집단과 통제집단에 똑같은 특성을 가진 사람들로 할당하는 방법으로 짝짓기는 정밀통제방법과 빈도분포통제방법이 있다. 정밀통제방법은 실험집단과 통제집단의 모든 사례가 똑같은 특성을 갖도록 배정하는 방법이다. 성별과 나이를 통해 짝짓기 한다면 양 집단에 똑같이 배정한다.

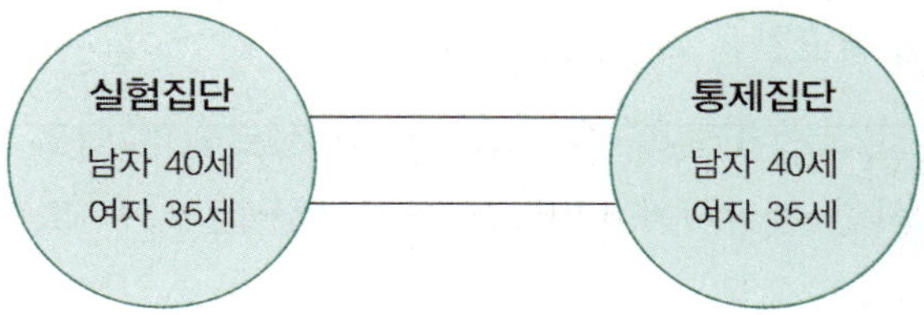

그림 11-2 정밀통제방법

빈도분포통제방법은 실험집단과 통제집단에 일대일 대응이 아니라 중앙경향치를 중심으로 유사하게 짝짓기 하는 것이다. 연령이 문제이면 양 집단의 평균나이를 같게 하고, 소득이 문제이면 평균소득을 갖게 한다.

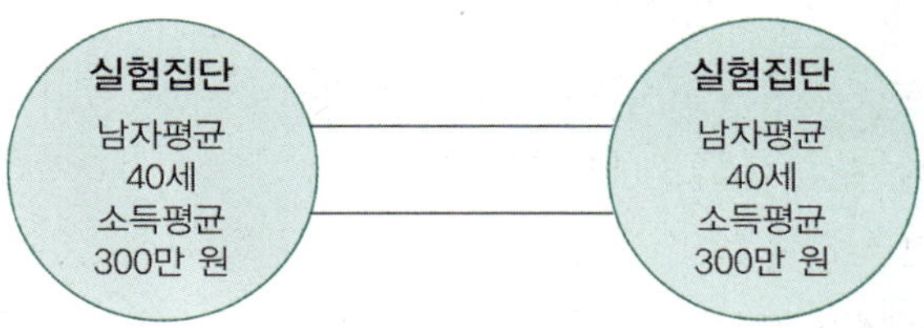

그림 11-3 빈도분포통제

나. 무작위배정의 방법: 무작위배정은 통계적으로 의미를 가지며, 무작위는 확률적으로 모든 각각의 사례가 뽑힐 수 있는 기회를 가진다는 것이다. 무작위방법은 난수표, 동전, 제비뽑기 등으로 실험집단과 통제집단을 구분한다.

(2) 외적타당성

① 외적타당성의 개념

외적타당성(external validity)은 관찰한 결과로 밝혀진 독립변수의 효과를 다른 상황에서도 적용했을 때 동일한 효과가 나타나는가에 대한 것으로 일반화에 대한 것이다. 외적타당성은 특정 집단을 대상으로 특정 상황에서 특정 시기에 조사한 결과를 다른 집단, 다른 시기, 다른 상황에 보편적으로 적용시킬 수 있는 것을 의미한다.

② 외적타당성의 저해요인

가. 실험절차에 대한 반응적 효과: 실험에 참여한 사람들이 실험을 당하고 있다는 것을 인식하게 되면 평상시와 다른 의식적 행동을 할 수 있다. 따라서 실험과정을 아는 사람들과 모르는 사람들이 나타내는 반응은 다르다는 것이다.

나. 실험대상자 선발편견: 실험대상자의 선발편견으로 나타난 결과를 일반화한다면 문제가 발생할 수 있다. 노인우울증 프로그램 효과를 알아보기 위해 저소득층지역의 노인들을 대상으로 프로그램을 적용하여 관찰한 결과를 부유층지역의 노인들에게 적용하였을 때 동일한 결과를 가져올 것이라고 주장하는 것은 문제가 있다.

다. 다양한 실험처리의 복합적 영향: 동일한 사람들에게 여러 가지 실험처치를 적용하는 경우 이전 실험처리의 효과가 나중 실험처리의 효과에 영향을 미치게 된다. 이러한 사람들의 측정결과를 아무런 실험처치 경험이 없는 사람들에게 적용한다는 것은 문제가 있다.

③ 외적타당성 저해요인의 통제방법

외적타당성 저해요인의 통제방법은 무작위 추출방법, 계획적으로 이질적인 요소를 포함시키는 방법, 대표적 사례만을 표본으로 선정하는 방법 등이 있다.

4) 실험설계의 유형

(1) 진실험설계

진실험설계(순수실험조사설계, experimental design)는 인과관계를 규명하는 전형적인 설계방법으로 실험설계의 조건(실험처리의 조작화, 외생변수 통제, 관찰대상의 무작위화)을 모두 충족시키는 실험방법으로 내적타당도는 높지만 외적타당도는 낮아 일반화시키기가 어렵다. 본 설계방법은 통제집단이 구축되어 있어 역사적 사건, 성숙효과, 측정도구, 통제적 회귀 통제가 가능하다.

진실험설계에는 통제집단 사후측정설계, 통제집단 사전사후설계, 솔로몬4집단설계, 요인설계 등이 있다.

① 통제집단 사후측정설계(통제집단후비교조사)

통제집단 사후측정설계(posttest only control group design)는 무작위배정에 의해서 동질성을 가진 연구대상을 실험집단과 통제집단으로 구성한 다음, 실험집단에 대해서는 실험변수를 개입시키고 통제집단에 대해서는 실험변수를 통제하는 실험설계이다.

	무작위배정	실험처치	사후검사
실험집단	R	×	O_1
통제집단	R		O_2

실험변수의 효과 = $(O_1 - O_2)$

이 방법은 사전측정이 불가능한 경우에 사용되며, 역사요인, 성숙요인, 회귀요인 등 내적타당성의 저해요인이 제거된다. 이 방법은 통제집단 사전사후조사에서 발생할 수 있는 사전검사의 영향(주시험효과 또는 검사효과)을 배제할 때 사용하는 방법으로 사전측정을 하지 않아 사전검사에 대한 반응적 효과에 의한 외적타당성 저해를 방지할 수 있고 시간과 비용이 절약된다. 반면, 사전검사를 하지 않기 때문에 O_1과 O_2의 차이가 과연 실험처치(X)에 의한 것인지 알 수 없다는 것이 문제점이다.

② 통제집단 사전사후설계

통제집단 사전사후설계(pretest-posttest control group design, 고전적 설계)는 무작위화를 통해 선정된 두 집단에 대하여 실험집단에는 실험처치(독립변수, 프로그램)의 조작을 가하고 통제집단에는 실험처지를 하지 않는다. 통제집단 사전사후설계에서 통제집단의 사전검사는 실험처치하기 전에 종속변수를 측정하기 위한 것이다.

		사전검사	실험처치	사후검사
실험집단	R	O_1	×	O_2
통제집단	R	O_3		O_4

실험변수의 효과 = $(O_2 - O_1) - (O_4 - O_3)$

이 방법은 실험처지가 개입되기 전에 실험집단과 통제집단의 상태가 동일한지의 여부를 점검해 볼 수 있으나 실험집단과 통제집단 모두에 검사요인을 통제할 수 없다. 통제집단 사전사후검사설계는 고전적 설계방법으로 무작위화로 실험집단과 통계집단을 구분하고 실험집단에 실험처치를 실시한 후 사전사후검사를 통해 차이점을 알아보는 방법이다.

③ 솔로몬4집단설계

솔로몬4집단설계(Solomon four-group design)는 고전적 설험설계와 통제집단 사후설계를 혼합한 것이다. 이 설계는 네 개의 집단으로 연구대상을 무작위배정한 것이며, 두 집단은 통제집단, 두 집단은 실험집단이다. 통제집단과 실험집단 중 각 한 집단에는 사전검사와 사후검사를 실시한다. 다른 통제집단과 실험집단은 사후검사만 한다.

		사전검사	실험처치	사후검사
실험집단	R	O_1	×	O_2
통제집단	R	O_3		O_4
실험집단	R		×	O_5
통제집단	R			O_6

실험변수의 효과 = $(O_2 - O_1) - (O_4 - O_3)$

사전검사가 특별한 효과를 야기한다면 그 효과는 두 실험집단의 결과를 서로 비교하고, 두 통제집단의 결과를 서로 비교하여 발견할 수 있다. 이 설계방법의 장점은 각 변수별로 효과의 분리가 가능하고 철저하게 외생변수를 통제할 수 있다는 것이다. 이 설계방법의 단점은 실험집단과 통제집단의 선정과 관리가 어렵고 비경제적이다.

④ 요인설계

요인설계(factorial design)는 다수의 독립변수가 동시에 종속변수에 영향을 미칠 때 하나의 독립변수만의 효과를 가지고 이를 일반화시킨다면 인과관계의 외적타당성에 문제가 발생을 없애기 위한 설계방법이다. 요인설계는 두 개 이상의 독립변수가 종속변수에 영향을 미치는 상황을 알아보려는 설계방법으로 다른 설계에 비해 일반화의 정도가 크다.

[그림 11－4]에서 식사량에 따른 남녀의 외모 관심도 연구에서 독립변수는 성별과 식사량 2개이다. 성별은 남과 여, 식사량은 소식과 대식으로 나누면 전체 집단은 4개이다.

		식사량(독립변수 A)	
		소식(수준1)	대식(수준2)
성별 (독립변수 B)	남자 (수준1)	**그룹1** (소식하는 남성)	**그룹2** (대식하는 남성)
	여자 (수준2)	**그룹3** (소식하는 여성)	**그룹4** (대식하는 여성)

출처: 정영숙(2006: 134).

그림 11-4 요인설계: 식사량에 따른 남녀의 외모 관심도

(2) 유사실험설계

유사실험설계(준실험설계, quasi-experimental design)는 무작위배정에 의해 실험집단과 통제집단이 동등하게 할 수 없을 때 사용하는 설계방법이다. 유사실험설계는 무작위배정 대신에 다른 방법을 사용하여 실험집단과 유사한 비교집단을 구성하는 설계이다.

① 비동질적 통제집단조사

비동질적 통제집단설계(non-equivalent control group design)는 실험조건상 조사대상을 실험·통제집단으로 나눌 수 있으나 무작위배정을 통한 동질화가 이루어지지 않는 경우이다. 이러한 경우 짝짓기 등의 방법을 통하여 가능한 범위 내에서 실험집단과 유사한 비교집단을 구성하여 측정하려는 것이다.

		사전검사	독립변수	사후검사
실험집단	R	O_1	×	O_2
통제집단	R	O_3		O_4

실험변수의 효과=$(O_2 - O_1) - (O_4 - O_3)$

② 시계열조사

실험조사설계에서 통제집단을 설정하기 곤란한 경우에 임의로 한 집단을 선택해서 개입 전과 개입 후에 정기적으로 관찰하여 개입 전후의 점수 또는 경향을 비교하는 조사 형태이다. 시계열설계(time-series design)는 여러 시점에서 관찰되는 자료를 통해서 실험변수의 효과를 추정하기 위한 방법이다. 이 방법은 하나의 자료가 주어져 있기 때문에 시계열이라고 하며, 독립변수가 조작되는 점에서 분명한 구분선이 존재하기 때문에 단절적 시계열이라고 한다. 이 방법은 동일 간격과 동일 횟수의 측정이 필요하며, 안정된 기초선 확보를 위해서는 최소한 3회 이상의 충분한 관찰을 통하여 개입 이전에 종속변수의 일상적인 상태를 알 수 있어야 하며 정책이나 프로그램이 개입 전후의 여러 시점에 걸쳐서 어떤 변화를 보이는지를 관찰하는 방법이다. 조사대상을 실험·통제집단으로 나눌 수 없으며, 동일한 대상에 대해서 실험변수에 노출되기 전·후의 종속변수에 대한 측정을 실시하여 변화의 추세를 파악하고 실험효과를 분석하는 방법이다(황성동, 2007).

사전검사	실험처치(프로그램/개입)	사후검사
O_1 O_2 O_3 O_4 O_5	×	O_6 O_7 O_8 O_9 O_{10}

③ 복수시계열조사

복수시계열조사는 비동일통제집단 전후비교조사의 확대형이다. 시계열조사의 단점을 보완하기 위해 비슷한 특성을 지닌 실험집단과 통제집단을 구성하고, 실험집단에 대해서는 시계열조사와 같이 개입 전후에 세 번 이상씩 관찰하고, 통제집단에 대해서는 개입 없이 계속 관찰하여 종속변수의 변화 상태를 비교하는 조사설계이다.

O_1 O_2 O_3 O_4 O_5	×	O_6 O_7 O_8 O_9 O_{10}
O_1 O_2 O_3 O_4 O_5		O_6 O_7 O_8 O_9 O_{10}

(3) 전실험설계

전실험설계(pre-experimental design)는 비실험설계(non-experimental design)는 비교지단이 없고 연구자가 실험변수를 조작하기 어려우며, 실험대상을 무작위화할 수 없는 실험설계로 정확한 의미에서는 실험설계라고 할 수 없다. 이 방법은 인과적 추론의 세 가지 조건을 모두 갖추지 못하기 때문에 내적타당성이나 외적타당성의 저해요인을 거의 하지 못하며, 비실험설계는 가설의 검증보다는 문제의 도출을 위해 순수한 실험설계 전에 시험적으로 실시하는 탐색조사의 성격을 갖는다(황성동, 2007; 박희서, 2006).

① 단일집단 사후측정설계

단일집단 사후측정설계(단일사례연구, one group posttest only design)는 단일집단을 사건 뒤에 한 번만 관찰하는 방식으로 대부분의 사회실험이 여기에 해당된다. 이 방법은 사전측정이 없어 실험의 순수한 효과를 측정했다고 볼 수 없고, 외생변수의 통제도 불가능하여 내적·외적타당성이 모두 결여된다.

$$\times \quad O_1 \quad \Rightarrow \quad E(\text{실험효과}) = O_1$$

② 단일집단 사전사후측정설계

단일집단 사전사후측정설계(one group pretest-posttest design)는 단일집단에 대해 실험처리 전후를 측정한 뒤 이를 비교하는 방식이다. 이 방법은 O_1이 있어서 비교가 가능하다는 것이 장점이나 (O_2-O_1) 간의 차이가 X 이외의 다른 요인(외생변수)으로도 설명 가능하기 때문에 인과관계를 추론하기가 힘들다.

$$\text{실험집단} \quad O_1 \quad \times \quad O_2$$

실험변수의 효과(E) = (O_2 - O_1)

③ 비동질적 집단 사후측정설계(비교집단설계, 정태적 집단비교설계)

비동질적 집단 사후측정설계(posttest only design with non-equivalent group)는 실험대상을 두 개의 집단으로 나누어 실험변수를 조작하는 집단과 그렇지 않은 집단으로 구분한 후, 사후측정 결과의 차이로 실험변수조작의 효과를 측정하는 방법이다. 비동질적 집단 사후측정설계는 정태적 집단비교설계라고도 하며, 무작위 할당이 되지 않아 두 집단이 서로 유사한지 알 수 없다. 이 방법은 무작위로 배정이 되지 않아 두 집단의 동질성을 확보하기 어려워 내적타당성과 외적타당성이 낮다.

	독립변수	사후검사
실험집단	×	O_1
통제집단		O_2

실험변수의 효과(E)=(O_2 - O_1)

표 11-4 실험설계의 요약

<table>
<tr><th colspan="2">구분</th><th>연구 대상의 무작위화</th><th>독립변수(실험처치)의 조작 가능성</th><th>외생 변수의 통제 정도</th><th>측정시기 및 측정 대상 통제</th><th>내적타당도 위협요소</th><th>외적타당도 위협요소</th></tr>
<tr><td rowspan="3">진실험 설계</td><td>통제집단전후 비교조사</td><td rowspan="3">가능</td><td rowspan="3">가능</td><td rowspan="3">가능</td><td rowspan="3">가능</td><td>측정효과</td><td>측정의 반응효과</td></tr>
<tr><td>통제집단후 비교조사</td><td>없음</td><td>측정의 반응효과</td></tr>
<tr><td>솔로몬4집단 비교조사</td><td>없음</td><td>없음</td></tr>
<tr><td rowspan="3">준실험 설계</td><td>비동일통제집단 전후비교조사</td><td rowspan="3">불가능</td><td rowspan="3">일부 가능</td><td rowspan="3">일부 가능</td><td rowspan="3">가능</td><td>대상자 선정, 측정효과</td><td>대상자 선정-연구 속성의 상호작용 측정의 반응효과</td></tr>
<tr><td>시계열조사</td><td>역사적 사건, 성숙, 측정효과</td><td>측정의 반응효과</td></tr>
<tr><td>복수시계열조사</td><td>대상자 선정</td><td>측정의 반응효과</td></tr>
<tr><td rowspan="3">비실험 설계</td><td>단일집단전후 비교조사</td><td rowspan="3">불가능</td><td rowspan="3">불가능</td><td rowspan="3">불가능</td><td rowspan="3">불가능</td><td>역사적 사건, 성숙, 측정도구, 통계적 회귀</td><td>대상자선정-연구 속성의 상호작용 측정의 반응효과</td></tr>
<tr><td>단일집단후 비교조사</td><td>대상자 선정, 역사적 사건, 탈락, 성숙</td><td>대상자 선정-연구속성의 상호작용 측정의 반응효과</td></tr>
<tr><td>비동일집단후 비교조사</td><td>대상자 선정, 탈락</td><td>대상자 선정-연속 속성의 상호작용 측정의 반응효과</td></tr>
</table>

출처: 황성동(2007: 147); 박희서 외(2006: 148) 재편집.

CHAPTER 12

사회복지실천의 종결 및 사후관리

1. 사회복지실천 종결 기술

1) 종결의 의미

종결은 개인, 집단, 가족과의 실천 모두에게 클라이언트의 문제해결을 위해 함께 노력해 왔던 사회복지사와 클라이언트 간의 원조관계를 끝내는 것이다(엄명용 외, 2010). 종결은 모든 사회복지실천과정에서 가장 마지막에 수행되는 과정이다. 종결은 평가를 통해 개입 초기의 목표가 충분히 달성되었다고 판단되면 일반적으로 종결되지만 종결은 단순히 사회복지실천이 종료되는 것을 의미하지는 않는다(도광조, 2006). 종결을 통하여 클라이언트가 사회복지사의 도움 없이 혼자 독립적인 생활을 영위할 수 있도록 돕는 이별의 과정으로 종결 이후 클라이언트와 사회복지사가 개입 전 과정에서 달성된 과업들을 유지하기 위한 사후관리도 필요하다(엄명용 외, 2010).

또한 종결은 사회복지실천 개입과정을 정리하고 마무리하는 단계로 개입과정 이상으로 중요한 단계이다. 종결단계에는 클라이언트가 상실과 이별에 직면하면서 다양하고 복잡한 감정과 태도를 보이기 때문에 사회복지사는 이에 민감하게 반응하고 기술적으로 접근하는 것이 필요하다. 평가단계는 실천의 목적과 목표가 달성되었는지 점검하고 실행에 효과적이었던 방법과 전략들을 밝혀내는 과정이다. 평가는 클라이언트와 일반 대중에게 사회복지실천의 효과성과 효율성을 담보한다는 점에서, 즉 책임성을 명확히 한다는 점에서 매우 중요하다.

그러나 사회복지사가 종결시기를 결정하는 것은 쉬운 일이 아니다. 종결은 통상적으로 마무리 단계에서 진행되지만 다양한 시점에서도 종결이 일어날 수 있다(Johnson & Yanca, 2004).

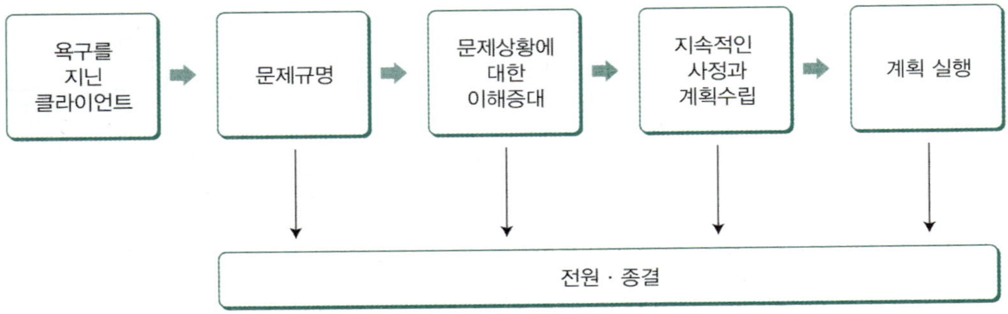

출처: Johnson & Yanca(2004: 308).

그림 12-1 종결이 일어날 수 있는 상황

이처럼 종결은 마무리 단계에서만 진행되는 과정이 아니다. 언제 어떤 시점에서도 종결이 일어날 수 있다는 종결시기를 결정하기는 어렵다.

종결은 계획적으로 진행될 수 있으나 전혀 예상하지 못한 상황에서도 나타날 수 있으며 성공적인 종결이 될 수도 그렇지 않을 수도 있다. 원칙적으로 종결은 사회복지사의 욕구가 아니라 클라이언트의 욕구를 근거로 해야 하며 클라이언트가 더 이상 서비스를 필요로 하지 않거나 서비스를 주는 것이 더 이상 이득이 되지 않는다고 판단될 때 이루어져야 한다. 클라이언트는 계속적인 서비스를 원하지만 기관이나 사회복지사의 사정이 어려울 때는 다른 기관에 전원조치가 필요하다(이원숙, 2008).

이처럼 종결은 매우 중요하면서 복잡한 단계이며, 고려해야 할 내용들이 많다. 특히 종결시기에는 사회복지사의 민감성, 전문적인 기술과 지식, 철저한 준비와 계획이 요구된다.

사회복지사가 종결을 원만히 수행되려면 다음과 같은 네 가지 측면을 고려해야 한다. 첫째, 사회복지사는 제공되는 서비스의 적절한 종결 시점을 결정할 수 있어야 한다. 둘째, 개입을 통해 달성한 과업을 강화하고, 개입이 끝난 이후에도 증진된 기능을 안정적으로 유지할 수 있도록 도와야 한다. 셋째, 사회복지사는 경우에 따라 클라이언트를 적절한 서비스를 제공하는 기관에 의뢰할 수 있어야 한다. 넷째, 종결에 따른 부담을 잘 다룰 수 있어야 한다(이선혜, 2005).

2) 종결시기 결정하기

최근의 경향에서 사회복지사와 클라이언트의 계약으로 종결시기가 결정되는 경우가 많아지고 있다. 그러나 종결시기는 개입 목표의 달성 여부에 따라 달라질 수 있 수 있다. 이처럼 종결에는 계획에 의한 종결과 미계획된 종결이 있다. 이러한 종결에는 클라이언트의 다양한 반응이나 감정이 표출될 수 있다. 특히 계획된 종결보다는 불시적인 미계획된 종결에서 심리적·정서적으로 부정적 감정표현이 나타날 수 있다. 종결에 대한 부정, 분노, 좌절, 불안, 상실감, 회피 등의 부정적 감정표현이 표출될 수 있다. 계획적인 종결이 최선의 방법이지만 경우에 따라 어쩔 수 없는 상황에서 종결하게 되면 이러한 부정적인 감정을 최소화하기 위하여 사회복지사는 종결과정에서 다음과 같은 점을 고려해야 한다(도광조, 2006).

- 클라이언트와 함께 종결을 계획하고 논의해야 한다.
- 부정적인 정서적 반응을 해결하는 노력을 고려해야 한다.
- 성취한 변화를 계속 유지할 수 있도록 도와주어야 한다.

그러므로 종결시기를 언제 결정하는가는 매우 중요한 문제이다.

다음과 같은 내용을 고려하면 종결시기를 결정하는 데 도움이 될 수 있다.

- 개입목표의 달성 정도
- 서비스 시간 내 제공완료 여부
- 클라이언트의 문제상황의 해결 정도
- 사회복지사와 기관의 투자 노력
- 더 이상의 만남이 큰 도움이 되지 않으리라는 것에 대한 합의
- 클라이언트의 의존성
- 클라이언트에 대한 새로운 서비스의 적합성 여부: 의뢰

3) 정서적 반응 다루기

사회복지실천에서 종결은 사회복지사와 클라이언트 모두에게 다양한 정서적 반응을 경험하게 된다. 정서적 반응은 긍정적 반응뿐만 아니라 부정적 반응도 경험할 수

있다. 이러한 정서적 반응은 사회복지사와 클라이언트의 신뢰성이 더욱 돈독하고 클라이언트의 긍정적인 변화가 클수록 더욱 크게 느껴질 수 있다.

종결과정에서 경험하는 다양한 정서적 반응을 잘 파악하고 잘 대처하는 것이 중요한 과업이다. 이러한 감정을 적절히 조절함으로써 종결에 대한 평가를 정확히 할 수 있다.

종결과정에서 경험하는 다양한 정서적 반응은 다음과 같다.

(1) 사회복지사의 감정

① 사회복지사의 긍정적 감정

- 자신이 행한 업무에 대한 만족감
- 전문인의 성취감
- 클라이언트와 함께 이룬 성취감
- 클라이언트의 긍정적 변화에 대한 기쁨과 자신감
- 새로운 업무나 사례에 대한 기대감

② 사회복지사의 부정적 감정

- 분노, 실망감, 실패감, 상실감, 슬픔, 불안
- 아쉬움과 상실

(2) 클라이언트의 감정

① 클라이언트의 긍정적 감정

- 만족감, 기쁨, 행복감, 성취감, 자신감

② 클라이언트의 부정적 감정

- 목적이 달성되지 않은 경우 실망, 사회복지사에 대한 분노, 버림받는다는 느낌 등의 정서적 반응
- 사회복지사가 떠날 때 이전에 거부당한 경험이 있는 클라이언트는 상처받기 쉽고 자존심이 약해짐

사회복지사가 떠날 때의 정서적 반응 다루기는 클라이언트와 사회복지사에게 모두 힘든 경우이다. 특히 이전에 거부당한 경험이 있는 클라이언트는 상처받기 쉽고 자존심이 약해진다. 클라이언트는 상실감을 거부하기 위해 평소와 같은 행동을 보일 수 있는데 이것은 종결을 극복한 것이 아니라 고통스러운 현실과 관련된 감정을 피하기 위한 시도일 수 있으므로, 이 감정에 직면하게 한다. 사회복지사는 시간이 허락하는 한 클라이언트의 부정적·긍정적인 모든 감정을 표현을 허용하고 다른 사회복지사에게 의뢰하는 것을 수용하도록 돕는다.

이처럼 사회복지사와 클라이언트는 종결과정에 다양한 긍정적·부정적 감정을 가질 수 있다. 사회복지사는 이러한 다양하게 경험하는 경험들을 다룰 수 있어야 한다. 사회복지사는 이러한 클라이언트의 부정적·긍정적인 모든 감정표현을 허용하고자 다른 사회복지사에게 의뢰하는 것을 수용하도록 도와야 한다.

긍정적인 종결은 성취한 이득으로 인해 종결로 인한 상실감의 충격이 감소하게 된다. 반면, 부정적인 종결은 클라이언트가 치료 및 사회복지사에게 집착하게 된다. 원조관계를 통해 외부관계 및 활동에서 더 좋은 결과를 성취할 방법을 배우기보다 원조관계 자체를 관계와 활동의 대체물로 생각한다. 사회복지사가 클라이언트에게 집착하지 않았는지, 클라이언트의 강점과 성장의 기회보다는 약점, 결함, 병에만 초점을 둔 결과 그러한 어려움이 발생한 것이 아닌지 살펴봐야 한다.

치료의 종결시점에 이를수록 클라이언트는 공황을 겪고 상당기간 발생하지 않았던 과거 문제가 다시 발생하는 경우에는 종결 이후의 삶과 관련한 두려움과 불확실성에 초점을 두는 것이 중요하다. 클라이언트의 감정을 탐색하고, 공감한 후, 클라이언트가 이룬 진보에 대해 다시 한 번 검토하고 클라이언트가 사용할 수 있게 된 강점과 사적 자원에 대해 믿음을 주는 것이 도움이 된다.

원조관계를 계속하기 위한 방편으로 새로운 스트레스나 문제를 호소하는 경우, 사회복지사는 새로운 문제나 정보의 중요성을 최소화해서는 안 되지만, 종결에 대한 감정을 일단 탐색한 후 그 문제와 정보에 관심을 갖는 것이 중요하다.

클라이언트가 의존할 다른 대상을 찾아 현재의 사회복지사를 상실한 것에 대해 보상하는 경우, 사회복지사는 클라이언트가 이러한 역동을 인식하고 자신이 선택한 것이 어떤 결과를 가져올지 숙고할 수 있도록 도와주어야 한다. 집단성원 역시 지속적인 사회지지체계를 개발하기보다 단순히 다른 집단에 소속되어 집단에 대한 상실을 보상받으려 할 수 있다. 집단지도자는 클라이언트가 집단 외부 사람과 관계를 맺는 것에 대한 두려움을 탐색하고 해결하는 수단으로 집단을 활용할 수 있도록 클라이언트의 목표에 대해 협상하는 것이 좋다.

때론, 문제를 극복하기 위해 아무리 노력해도 클라이언트가 절망 속에 갇혀 있을 때 종결하자고 해야 한다. 집단도 성원들이 혼란스럽고, 실망하고, 지도자나 다른 성원에게 화가 난 채 성공적이지 못한 결과로 끝날 수도 있다. 사회복지사와 클라이언트가 협조적인 관계로 원조과정에 참여하려 노력했지만 개입의 결과가 기대했던 만큼 나오지 않거나 실패할 수도 있다. 이런 경우 바람직한 성과를 성취한 못한 요인과 추가 도움을 구하는 것에 대한 클라이언트의 감정을 다루어야 한다.

부정적 감정을 성공적으로 극복하기 위해서 사회복지사는 클라이언트가 그 감정을 이겨낼 수 있을 때까지 감정에 초점을 두어야 하며 공감적 의사소통, 수용, 따뜻함 등의 기술과 태도들이 필요하다. 반복하여 거절을 경험한 클라이언트는 종결을 사회복지사가 거절한 것으로 잘못 해석한다. 이런 경우, 분리에 대한 반응을 알고 클라이언트를 이해한다.

4) 종결의 유형

(1) 클라이언트의 일방적인 조기종결: 계획되지 않은 종결

클라이언트의 일방적인 종결은 계획되지 않는 종결이다. 클라이언트가 갑자기 약속을 어기거나 이런 저런 핑계를 대면서 올 수 없다고 알리거나 자기 문제를 노출시키지 않으면서 종결을 원하는 경우이다. 이것은 클라이언트가 불만이 있거나 저항의 방법으로 사용되기도 한다. 이런 경우 종결 전에 클라이언트의 부정적인 감정을 해소해야 한다. 이러한 경우 사회복지사는 클라이언트의 부정적인 감정에 관하여 논의하기를 원한다고 말하고 함께 다루어 나간다. 사회복지사는 종결의 중요함을 알리고 신중히 생각할 것을 권한다. 그러나 결정은 클라이언트에게 맡기며, 언제든지 다시 오면 서비스가 제공될 수 있음을 알려준다. 사회복지사는 클라이언트의 자기결정권을 존중하는 한편 전문가로서 의견을 제시해야 할 의무를 다해야 한다.

(2) 시간제한적인 개입모델에 따른 종결: 계획된 종결

계획된 종결은 미리 알리는 종결이므로 클라이언트는 종결에 대해 준비할 수 있고 충분한 시간을 갖고 준비할 수 있다.

처음부터 사회복지사와 클라이언트가 기간을 정하고 시작함으로 정서적 애착과 의존이 줄어들고 종결에 따른 상실감도 감소한다. 예정된 종결임에도 불구하고 클라이언트는 서비스가 중단되었다고 생각할 수 있고, 사회복지사는 남아 있는 문제를 해결하기 위해 다른 기관에 의뢰해야 하는 부담을 가질 수도 있다. 사회복지사는 클라이언트에게 기관의 한계를 설명하여 신뢰관계가 손상되지 않도록 주의하고 적절한 기관에 의뢰한다.

계획된 종결에서 사회복지사의 과제는 다음과 같다.

- 클라이언트가 얻은 것을 분명히 한다.
- 지속적인 개입이 필요한 경우 또 다른 계획을 세운다.
- 개입기간에 배운 바를 클라이언트가 일상생활에 어떻게 적용할 것인지 확인한다.
- 사후관리를 계획한다.
- 과업중심적 접근에서 사회복지사는 마지막 직전의 면접에서 다음이 마지막임을 명확히 언급하여 공식적으로 종결을 시작하는 것이 좋다.

(3) 시간제한이 없는 개방형 모델에 따른 종결: 계획을 세워나가는 종결

시간제한이 없는 개방형 모델에 따른 종결에서 클라이언트는 종결할 즈음에 사회복지사에게 매달리거나, 과거 문제가 재발했다고 하거나 새로운 문제를 갖고 오는 경우가 있다. 사회복지사를 대치할 대상을 찾는 등 강한 정서적 반응을 보일 수 있다.

이러한 종결의 일반적 기준은 다음과 같다.

- 개입목표의 달성지도
- 서비스의 기간 내 제공 완료 여부
- 클라이언트의 문제상황의 해결 정도
- 사회복지사와 기관의 투자노력
- 더 이상의 만남이 큰 도움이 되지 않으리라는 것에 대한 합의

- 클라이언트의 의존성
- 클라이언트에 대한 새로운 서비스의 적합성 여부: 의뢰

이러한 종결의 주요 과제는 종결시기를 정하는 것이 중요한 과업이다. 개입과정 중에 얻는 것이 점차 감소한다고 판단될 때가 일반적으로 종결할 때이다.

(4) 사회복지사의 사정으로 인한 종결

사회복지사의 사정으로 인한 종결의 경우는 사회복지사가 잡자기 이직하거나 퇴직하는 경우, 클라이언트의 비협조적 동기부족 등으로 개입이 도움이 되지 못한다는 판단을 종결하는 경우 등이 있다. 이러한 종결에서 클라이언트는 계속적인 원조를 원하므로 클라이언트와 사회복지사 모두에게 어려움이 있을 수 있다. 클라이언트는 배신감, 거부당한 느낌 등으로 자존심에 상처를 입을 수 있으며, 사회복지사는 클라이언트의 부정적인 감정을 표현할 기회를 주고 극복할 수 있도록 도와준 후 다른 사회복지사에게 의뢰한다.

5) 종결의 기술: 단일사례설계

종결에 대한 결정은 명확한 평가를 통해 구체화할 수 있다. 명확한 평가는 사회복지실천현장에서 사회복지사가 종결의 시기와 종결에 대한 결정 등을 판단하는 데 구체적인 자료를 제공받는 종결기술이다.

사회복지실천현장에서 사회복지사가 가장 쉽게 이용할 수 있는 평가방법 중 하나가 바로 단일사례조사설계이다. 이러한 단일사례조사설계를 사회복지사가 잘 이해함으로써 종결하는 데 정확한 종결기술을 가질 수 있다.

(1) 단일사례설계 정의와 목적

단일사례설계(Single Case Design)는 과학적 방법을 토대로 개인, 가족, 집단이 직면하고 있는 문제를 해결하기 위해 적용한 개입이 어느 정도 효과가 있는지를 검증하는 것이다. 개입(intervention)은 문제에 직면한 대상자의 표적행동을 변화시키기 위한

심리치료, 상담 등과 같은 프로그램이나 실험자극을 의미한다. 연구자에게 개입은 독립변수이고, 조사대상자의 표적행동의 변화는 종속변수이다.

단일사례설계는 사회복지사가 클라이언트의 문제에 개입한 이후에 클라이언트가 변화하고 있다는 것을 즉각적이고 실용적으로 파악할 수 있어서 사회복지실천에서 임상적 실천에서 많이 활용한다. 단일사례설계는 비교적 이해하기 쉽고 활용하기 수월한 조사설계이다.

단일사례조사는 대상, 즉 N=1 조사를 의미하며, N은 개인, 가족, 집단, 조직체 등이 될 수 있다. 단일사례조사의 특성은 이론적·통계적 지식이 없어도 이해하고 실행에 옮길 수 있다. 이것의 장점은 시각화에 있으며, 클라이언트의 변화를 그래프를 통해 잘 표현함으로써 클라이언트의 치료 동기를 높일 수 있다. 개인으로 인한 변화가 없어도 사회복지사와 클라이언트가 문제를 점검하여 즉각적이고 실제적인 피드백을 주고받을 수 있으며, 개입 도중에 언제든지 자료를 검토할 수 있어 개입방법을 수정하거나 개입을 보완할 수 있다.

(2) 단일사례설계의 목적

단일사례설계는 대상자에 대해 즉각적인 조사가 필요할 경우와 적합한 통제집단을 찾기 어려운 경우에 적용할 수 있는 방법이다. 개입과 그 효과를 비교하면서 개입된 실험자극이나 서비스 프로그램의 순수한 효과를 파악할 수 있어 현장의 사회복지사들에게 매우 유용한 설계방법이다. 집단설계(실험설계) 방법이 대규모의 표본을 대상으로 모집단에 일반화하는 것이 목적이라면 단일사례설계는 하나의 단일 표본을 대상으로 탐색적 조사연구를 통해 문제의 본질과 개입방법 및 효과를 파악하는 것이다. 단일사례설계는 사회복지 실천의 효과성을 평가하고 개입의 효율성을 높이기 위해서이다.

(3) 단일사례설계의 특성

단일사례설계는 단일대상으로 통제집단과 실험집단을 설정한 것과 같은 효과를 가진다.

단일사례설계는 외적·내적타당성에 문제가 있어서 일반화와 인과관계를 규명하기는 힘들지만, 개입이라는 독립변수와 표적행동의 변화라는 종속변수 간의 인과관계를 어느 정도 규명할 수 있어서 과학적 방법이다.

단일사례설계의 특성은 다음과 같다.

첫째, 사례 수가 하나이다. 표본의 크기가 하나라는 것은 표본단위를 의미하며 표본수가 하나라는 것이다. 즉, 개인 한 명, 한 가족, 한 지역사회 등 표본수가 'N=1'을 의미한다.

둘째, 개입 전과 개입 후의 효과를 측정할 수 있다. 개별사례설계에서 개입 전은 실험처치 전의 통제집단과 같고 개입 후는 실험처치 후의 비교집단과 같기 때문에 부분적으로 실험설계의 효과도 얻을 수 있다.

셋째, 개입효과를 관찰·분석할 수 있다. 단일사례설계는 변수 간의 관계를 규명하기 위해 가설을 세워 검증하는 것이 아니라 표적행동에 대한 개입효과를 관찰하고 평가하기 위한 방법이다. 표적행동은 개인이나 가족의 기능을 저해하는 문제행동을 의미한다.

넷째, 변화의 경향을 알 수 있도록 시계열적으로 반복 측정할 수 있다. 단일사례설계는 개입효과를 시계열적으로 반복 측정하여 내적타당성을 저해하는 우연한 사건요인이나 성숙효과를 통제할 수 있다. 반복 측정을 통해 확인된 경향이 일관되게 나타날수록 대상문제의 변화가 독립변수에 의한 것인지 우연한 사건 또는 성숙요인에 의한 것인지를 알 수 있다.

다섯째, 개입 중에 개입수준과 방향을 수정할 수 있다.

여섯째, 단일사례연구는 대상자에 대해 즉각적인 조사가 필요할 경우와 적합한 통제집단을 찾기 어려운 경우에 적용할 수 있는 방법으로 개입 전과 개입 후의 효과를 측정할 수 있다. 단일사례연구는 외적·내적 타당도에 문제가 있어서 일반화하기가 어렵다.

(4) 단일사례설계의 유형

① AB 설계

AB 설계는 단일사례설계의 가장 기본적 유형으로 기초선과 개입의 두 국면으로 이루어진 설계로 가장 많이 사용되는 유형이다. 연구자는 대상자의 문제행동을 측정하고 개입을 하며, 문제행동은 기초선 주기 동안 반복 측정한다.

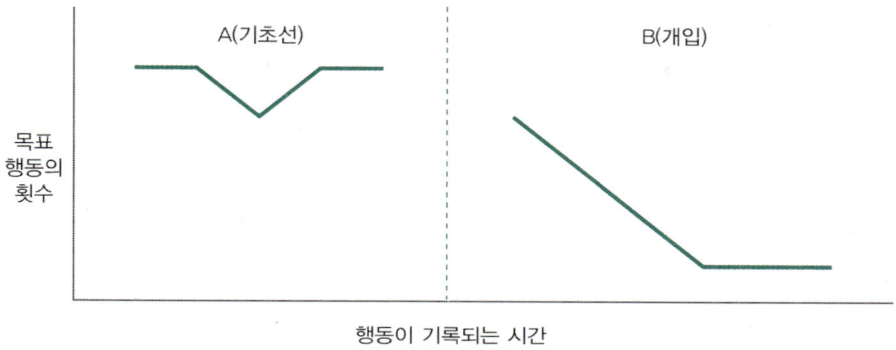

그림 12-2 AB 조사설계

기초선(baseline)이란 개입에 앞서서 반복적으로 하는 측정을 의미하고, 기초선은 표적행동률의 개입 전과 후를 비교함으로써 표적행동에 대한 개입의 영향을 평가하는 것을 도와준다. [그림 12-2]에서 표적행동을 측정하여 기초선 또는 설계의 A단계를 구성한다. B단계에서는 개입 이후 목표행동의 측정으로 구성된다. 개입의 효과성은 A단계에서 측정된 목표행동과 B단계에서 측정된 표적행동을 비교하여 결정된다. AB 설계의 장점은 단순성이지만 이 설계의 문제점은 외재적 요인들과 역사적 사건과 같은 내적타당도를 통제할 수 없다.

② ABC 설계

ABC 설계는 복수의 각기 다른 개입방법을 도입해 보는 것이다. B 외에 C, D 또는 E라는 다른 개입을 적용할 수 있다. 이 유형은 연속적인 개입, 즉 첫 개입에 대한 효과가 나타나지 않는 경우 다른 형태의 개입을 시작하거나, 다중 개입방법을 계획하는 경우이다.

이 유형은 클라이언트에게 적합한 새로운 개입방법을 적용해 볼 수 있으며, 각각의 개입효과에 대해 개별적으로 증명하기보다는 클라이언트의 행동이 원하는 방향으로 변화되고 있고 개입이 성공적으로 되고 있음을 보여주는 데 목적이 있다.

이 유형의 단점은 상호작용 효과, 즉 클라이언트가 두 가지 혹은 세 가지 개입을 함께 경험함으로써 개입의 효과가 누적되는 경향이 있어 특정한 개입에 대한 개별적 효과를 파악할 수 없다.

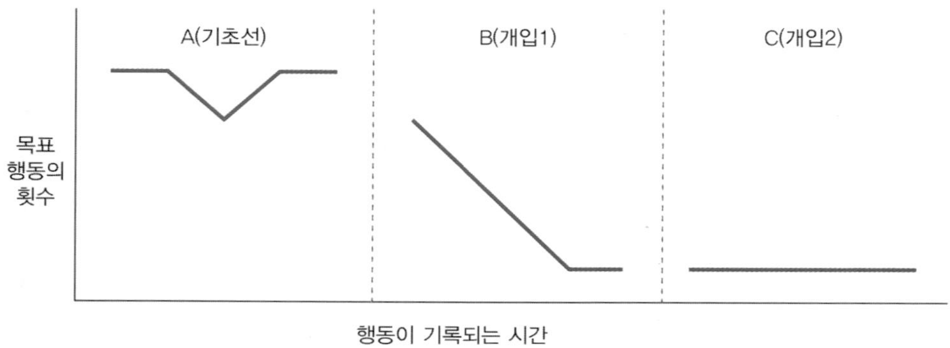

그림 12-3 ABC 조사 설계

③ ABAB 설계

ABAB 설계는 반전설계 또는 중지설계, 실험적 단일사례조사라고도 한다. 이 유형은 AB 설계를 시행하고 난 후 개입을 중지하고 다시 개입을 하기 전에 기초선 자료를 수집한 이후에 다시 개입을 하는 과정으로 이루어진다. 이 유형은 두 번째 기초선과 개입의 패턴이 첫 번째 기초선과 개입의 패턴과 일치하므로 클라이언트의 표적행

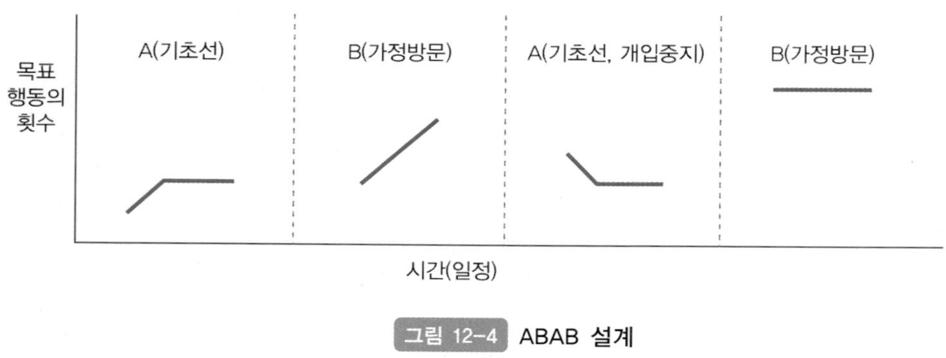

그림 12-4 ABAB 설계

동의 변화가 개입에 의한 것임을 확실히 증명할 수 있다. 그러나 이 유형은 단점은 첫째, 두 번째 기초선 단계에서 클라이언트가 어떤 변화가 일어났는가를 알기 위해 치료를 철회 또는 중단하는 것은 비윤리적이다. 둘째, 이 유형을 활용하는 데 많은 시간과 노력이 필요하므로 비현실적이다.

④ BAB 설계

BAB 설계는 기초선 기간이 설정 없이 개입을 먼저하고 그 다음에 개입을 중단하고 반전의 단계를 거쳐서 다시 개입을 하는 설계이다. 이 유형은 기초선 설정을 할 시간적 여유가 없이 개입해야 하는 사례에 적절한 설계이다. 실천현장에서 위기 개입이 곧바로 진행되어야 할 때는 기초선 기간을 설정할 시간적 여유가 없으므로 우선 개입을 시작하고 기초선의 관찰은 뒤로 미룬다.

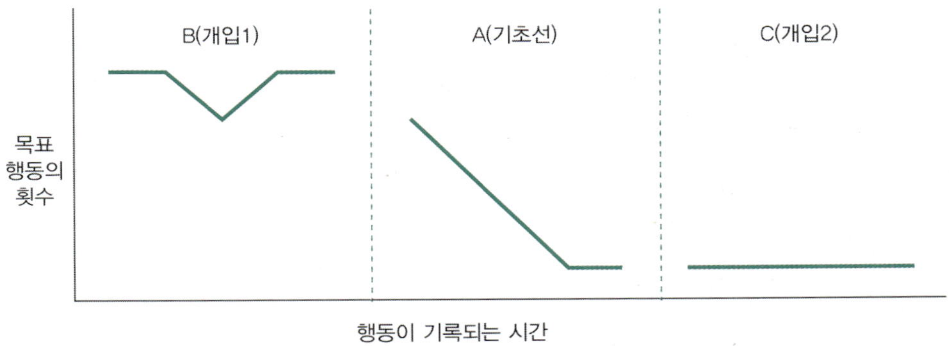

그림 12-5 BAB 설계

⑤ B조사 또는 사례조사

B조사(B design)는 기초선이 없는 조사로서 일반적으로 사례조사를 의미한다. 이 방법은 무엇보다 쉽게 개념화할 수 있고, 조사에 대한 별다른 사전 계획이 요구되지 않는다. B조사의 장점은 클라이언트에게 일어나는 변화의 진전 상황을 쉽게 측정할 수 있다. 반면, 체계적인 관찰과 사정의 표준화가 부족하여 기초선이 없어서 개입 후 비교의 근거가 없어 과학적으로 가장 취약하다.

⑥ **복수기초선(다중기초선) 설계**

복수기초선은 하나의 개입을 둘 이상의 클라이언트에게, 각기 다른 세팅에서 적용하는 것이다. 복수기초선 설계는 집단설계에서 비교 집단들의 원칙을 포함하고 있다. 즉, 서로 다른 클라이언트, 서로 다른 장소, 서로 다른 문제행동을 비교한다. 두 명의 다른 클라이언트에게 같은 장소, 같은 목표문제에 대해서 같은 개입을 하였을 때의 효과성의 차이를 통해서, 단지 한 사람의 클라이언트만을 보는 것보다는 더욱더 개입의 효과성에 대해서 확신을 할 수 있다. 이 방법의 제한점은 복수기축선 설계를 다른 클라이언트에게 적용할 때, 모든 클라이언트에게 긍정적 결과를 가져왔다 하더라도 그 결과가 여전히 개입에 의해서 나타난 것인지는 확신할 수 없다.

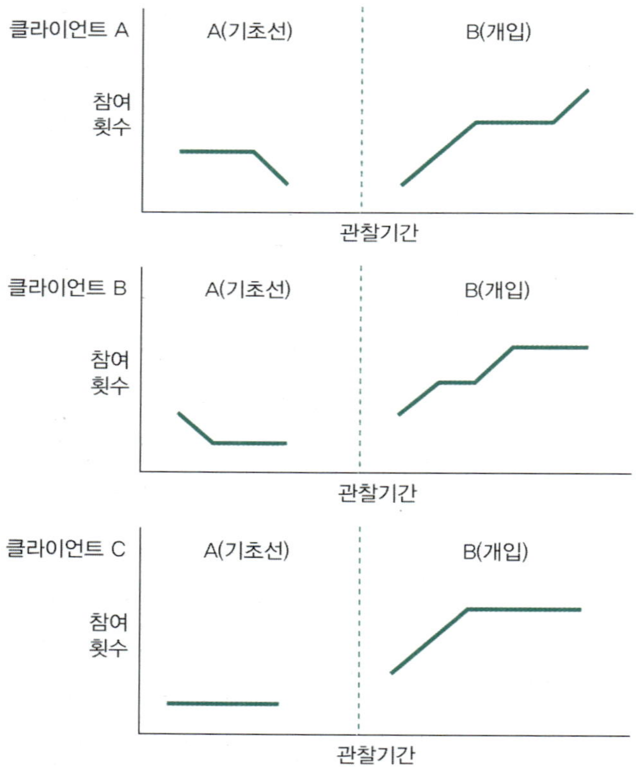

그림 12-6 복수 기초선

(5) 단일사례설계자료의 분석 · 평가

① 시각적 분석

단일사례설계에 따른 결과는 기초선과 개입선을 평균과 표준편차를 기준으로 그려 놓은 그래프를 보면서 개입 전과 후에 문제행동이 변화가 있었는지를 파악하게 된다.

시각적 변화는 파동(variability), 경향(trend), 수준(level)을 고려하여 파악한다. 첫째, 변화의 파동은 관찰된 표적행동이 시간 경과에 따라 변화되는 정도를 의미한다. 둘째, 변화의 경향은 변화분석의 과정에서 연결시켜 파악한다. 개입의 시각적 효과는 단순한 결과로만 파악해서는 안 되고, 기초선 기간과 개입기간에서 발생하는 변화의 경향을 고려해야 한다. 셋째, 변화의 수준은 관찰된 표적행동의 점수의 위치를 의미한다. 기초선에서 점수의 수준과 개입기간에서 점수의 수준 사이에 차이가 클수록 개입에 대한 효과가 크다고 볼 수 있다.

그래프 분석 시 유의 사항은 다음과 같다.

- 수직선을 이용하여 분명하게 나타난다.
- 기초선과 개입선은 서로 연결시키지 않는다.
- 기초선 조건에 따른 명칭은 구체적으로 기록한다.

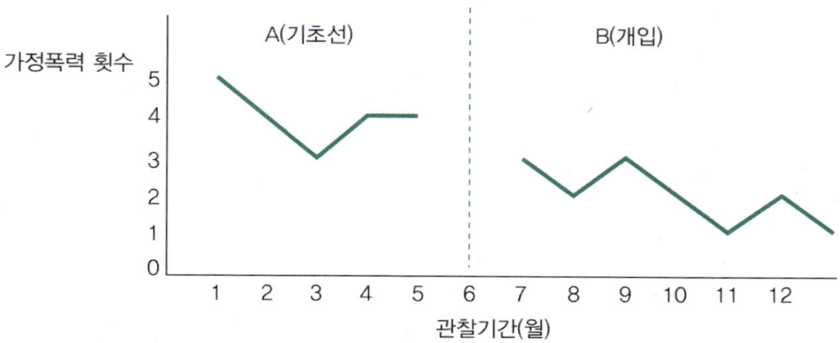

그림 12-7 그래프 분석

시각적 분석은 우선 그래프에서 기초선을 기준으로 개입선의 평균이 기초선의 평균으로부터 어느 정도 가까이 또는 멀리 떨어져 있는지를 비교한다. 둘째, 그래프를 보고 기초선과 개입선 간의 간격이나 거리가 상당한 차이를 보이면 개입효과가 있는 것으로 간주한다.

② 통계학적 분석

가. 평균비교 접근

첫째, 기초선에서 나타나는 관찰값들의 평균과 개입선의 평균값들을 비교해 보는 방법이다.

둘째, 기초선을 기준으로 개입선의 평균이 기초선의 평균으로부터 어느 정도 벗어나 있으면, 통계학적으로 유의미하다고 볼 수 있는지를 판단한다.

셋째, 개입선의 평균이 기초선의 평균으로부터 ±2 표준편차만큼 벗어나 있으면 개입효과가 통계적으로 유의하다고 볼 수 있다.

[그림 12-8]은 가정폭력에 대한 기초선과 개입선을 분석한 결과에 대한 통계적 유의성을 검증하는 과정이다.

첫째, 기초선 정보: 기초선 평균 8.0, 표준편차 0.89

둘째, 기초선에서 ±2 표준편차의 범위: 8.0±2×0.89=6.22~9.78

셋째, 개입선 평균: 개입선 평균(m=3)이 ±표준편차 범위(6.22~9.78)를 벗어나 있으므로 기초선을 기준으로 한 개입효과는 통계적으로 유의미한 것으로 결론내릴 수 있다.

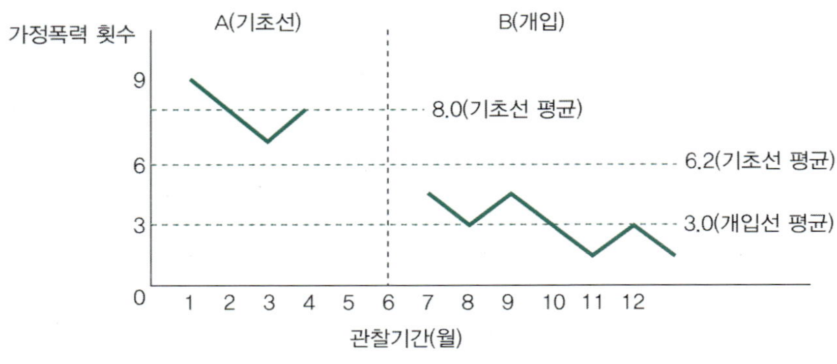

출처: 정영숙(2006: 297).

그림 12-8 평균비교 접근

나. 경향성 접근: 평균비교가 단순한 통학적 기법을 제시해 주지만, 기초선이 불안정하게 형성되어 있어서 일종의 경향성을 가지고 있을 때는 단순 평균비교가 힘들다. 이때에는 경향성 접근이 필요하다.

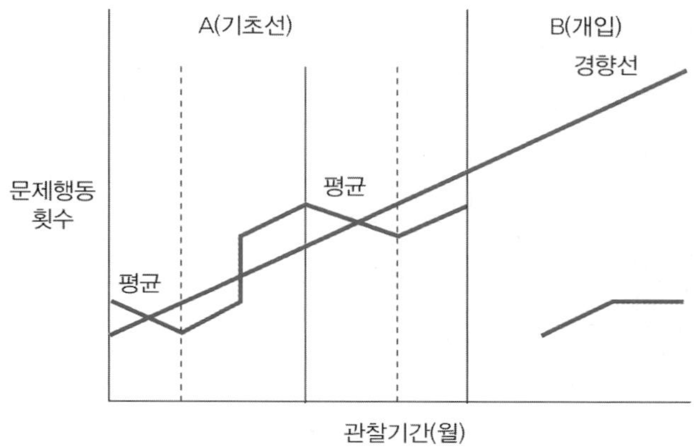

그림 12-9 **경향선 분석**

경향선 구하는 방법은 다음과 같다.

- 기초선의 관찰을 두 영역으로 나눈다.
- 다시 각각 둘로 나누어 각 그룹의 평균을 구한 후 이 평균을 연결하여 경향선을 긋는다.
- 개입단계에서 관찰점이 모두 경향선 위나 아래에 분포하여 있다면 그 개입은 효과적이라고 판단할 수 있다.

평균비교가 단지 기초선의 변화 폭만을 고려한다면 경향선은 폭과 기울기를 같이 고려할 수 있다.

③ 실질적(임상적) 분석

표적행동의 변화가 검증된 개입과 연관되어 있다면 그 변화가 임상실천적인 관점에서도 중요한가를 평가해야 한다. 시각적·통학적 변화가 클라이언트에게 진정한 개입으로 작용하였는가, 비용-효과성의 문제는 없는가를 분석해야 한다. 이러한 여러 가지 내용들을 포함하여 개입의 변화를 파악하는 것을 실질적 분석이라고 한다. 임상적 분석은 다소 객관성에 문제가 있을 수 있다.

(6) 단일사례설계의 장단점

① 장점

- 사회복지사와 클라이언트가 공동 참여한다.
- 클라이언트에 대한 피드백을 줄 수 있다.
- 실천 지식을 정립할 수 있다.
- 시간과 비용을 줄일 수 있다.
- 질적 · 양적 방법론 모두 사용 가능하다.
- 시각화를 할 수 있어서 개입의 결과를 비교검토하기가 용이하다.

② 단점

- 외적타당도에 문제가 있어서 일반화하기가 어렵다.
- 사용범위에 한계가 있다. 단일사례연구는 실천현장에 적합한 사례이다.
- 결과를 측정하기 위해 고의로 개입을 철회하는 상황이 발생되어 윤리적 문제가 발생할 수 있다.

표 12-1 단일사례조사설계와 실험조사설계의 비교

구분	단일사례설계	실험설계
분석단위	개인(N = 1)	집단(N = 다수)
목적	개입효과, 성공여부 확인	인과관계 규명
표본추출	하나의 표본추출	다수의 표본추출
설계	다양한 설계방법	비교집단이 없음
자료수집	관찰, 면접, 질문지법, 이차자료, 문헌자료	

2. 사후관리

사후관리란 사회복지사가 클라이언트에 대한 원조 및 개입과정이 종료된 이후에도 클라이언트가 원조과정에서 획득한 변화를 유지할 수 있도록 계속 관심을 가지고 확인하는 과정이다(도광조, 2006).

종결 후에는 사후활동을 통하여 클라이언트의 변화가 잘 유지되고 있는지 관리해야 한다.

사후관리는 평가 및 변화유지와 밀접한 관련이 있으며, 클라이언트는 종결 후 계속 진보하며 사회복지사는 그런 이득에 대한 확신을 갖고 클라이언트에게 계속 노력하도록 독려한다.

사후관리는 사회복지사가 지속적으로 관심을 갖고 있다는 것을 보여줌으로써 클라이언트가 종결의 충격을 최소화할 수 있다는 이점이 있다. 원조과정 초기에 사후관리를 설명하고 과정을 진행하면서 때때로 상기시킴으로써, 그것이 계획의 일부임을 명확하게 하여 클라이언트가 사후관리를 사생활침해나 사회복지사의 개인적인 호기심을 만족하기 위한 것으로 인식하는 위험을 방지한다.

클라이언트가 원조과정에서 획득한 변화를 유지하지 못하는 경우가 종종 있는데 실패하는 유인에 대해 헵워스는 다음과 같이 제시하였다(이원숙, 2008).

- 습관적인 반응 패턴으로 돌아가고자 하는 자연적 경향(예: 알코올, 약물의 사용 등)
- 환경에서의 사회적 및 레저 활동 기회의 부족
- 긍정적인 지지체계의 부재
- 부적당한 사회기술
- 기능적 행동이 강화받지 못함
- 환경적 변화에 대한 준비가 부적당함
- 또래 압력에 저항하는 능력이 결여됨
- 새로운 행동이 부적당하게 형성됨

이러한 변화 유지에 대한 실패 요인들로 인하여 사후관리도 매우 중요한 과정이다. 사회복지사는 사후관리를 통하여 클라이언트가 원조과정에서 획득한 변화에 대해 유지할 수 있도록 돕는 것이 필요하다.

1) 사후관리 활동의 목표

사후관리도 활동목표를 설정하고 그 목표가 달성될 수 있도록 노력해야 한다. 사후관리의 활동목표는 다음과 같이 설정한다.

첫째, 클라이언트가 시작한 변화 노력을 계속 유지할 수 있도록 해야 한다. 종결 후에는 클라이언트의 변화노력이 약해질 수 있으므로 종결 후에도 사회복지사의 지지와 격려가 필요하다.

둘째, 클라이언트의 변화가 지속될 수 있도록 해야 한다. 사회복지사는 클라이언트의 변화가 계속될 수 있도록 클라이언트뿐만 아니라 가족, 지역사회 등 모든 체계에 대한 변화가 될 수 있도록 관심과 지지가 필요하다.

셋째, 종결 후에는 사회복지사와 클라이언트가 이해관계를 유지하기보다는 진정한 친구로 교류하는 것이 필요하다(최옥채, 2007).

2) 활동기간

사후관리의 활동기간은 특별히 정해진 기간은 없지만, 통상적으로 사회복지실천 활동과 사후활동 기간을 합쳐 1년으로 잡는 것이 적절할 수 있다. 최소한 사계절을 통해 클라이언트의 변화된 모습을 파악할 수 있기 때문이다(최옥채, 2007). 사후관리는 1개월에 한 번씩 주기적으로 대면뿐만 아니라 전화, 메일, 문자 등 SNS를 통해 다양하게 진행될 수 있다. 이러한 계획적인 만남을 통해 사회복지사가 클라이언트에 대해 관심을 갖고 있다는 확신을 줌으로써 클라이언트의 변화를 유지하는 데 도움을 줄 수 있다.

3) 활동방법

사후관리는 실제 활동보다는 보다 자유롭고, 다양한 장소 등 공식적인 관계보다는 비공식적인 관계를 유지하면서 활동하는 것이 좋다. 활동의 빈도 또한 종결 전보다는 횟수를 줄여가는 것이 바람직하다. 미팅방법도 반드시 대면적인 만남보다 상황에 따라 전화와 같은 통신매체를 사용하는 것이 좋은 방법이다(채옥채, 2007). 사회복지사가 구체적으로 사후관리 날짜를 잡기보다는 계획한 시간이 지난 후 클라이언트에게 연락하여 사후관리를 적절하게 조정하는 것이 바람직하다. 사후관리는 사회복지사의 노력에 대해 더 많이 평가할 수 있는 기회이다. 가장 도움이 된 것과 그렇지 않은 것을 돌아볼 수 있다. 사회복지사는 클라이언트가 기능적으로 퇴보하는 것을 막도록 적절한 원조를 계획한다.

4) 사후모임

원조과정이 종결 후에는 사후모임을 통해 사회복지사는 개입결과를 평가할 수 있으며, 클라이언트에게는 자신의 변화를 느낄 수 있는 기회가 될 수 있다.

사후모임에서 다음과 같은 내용을 다룰 수 있다(엄명용 외, 2010).

- 개입을 통해서 배운 것을 클라이언트 자신의 생활 속에서 적용한 경험
- 클라이언트가 직면한 문제와 긍정적 경험
- 개입 당시에 대한 기억
- 개입효과의 지속성에 대한 평가

5) 의뢰

사례가 종결되었지만 클라이언트에게 새로운 서비스가 더 필요하거나 해결되지 않은 문제가 있는 경우 의뢰한다. 종결 후에도 클라이언트의 문제가 변화되지 않거나 문제가 아직 남아 있다면 사회복지사는 타 기관에 의뢰할 수 있다.

사회복지사가 의뢰가 필요하다고 판단하였더라도 일방적으로 의뢰해서는 안 되며, 클라이언트의 선택권이 충분히 보장될 수 있도록 의뢰이유를 설명해야 한다.

❙ 참고문헌 ❙

강성애(1997). “정신과개방병동환자를 위한 사회기술훈련프로그램 효과에 관한 사례연구” 광주대학교 경상대학원 석사학위 논문.

고수현(2015). 『지역사회복지론』. 양서원.

곽형식(2001). “행동주의 상담과 인본주의 상담의 특성 비교”. 학생생활연구 *JOURNAL OF STUDENT GUIDANCE*. 경상북도 학생생활연구소.

구혜영(2010). 『사회복지실천기술론』. 도서출판 신정.

국립보건원(2010). 재활서비스 사례관리과정.

권중돈 · 김동배(2005). 『인간행동과 사회환경』. 학지사.

금기윤 · 김미연 · 김은희 · 류동수 · 이태희(2013). 『사회복지실천기술론』. 공동체.

길귀숙 외(2015). 『사회복지실천기술론』. 양서원.

김경호(2010). 『사회복지실천론』. 양서원. pp. 169-171.

김광희(2016). 『지역사회복지론』. 공동체.

김기태 · 김수환 · 김영호 · 박지영(2002). 『사회복지실천론』. 양서원.

김상곤 · 최승희 · 안정선(2012). 『사회복지 프로그램 개발과 평가』. 학지사.

김융일 · 조흥식 · 김연옥(2000). 『사회복지실천론』. 나남출판.

김종옥 · 권중돈(2000). 『집단사회사업방법론』. 홍익제.

김혜란 · 홍선미 · 공계순(2001). 『사회복지실천기술론』. 나남출판.

김혜란 · 홍선미 · 공계순(2006). 『사회복지실천기술론』. 나남.

김혜숙(2003). 『가족치료 이론과 기법』. 학지사.

남세진 · 조흥식(2001). 『집단지도방법론』. 서울대학교 출판부.

남양주 한마음 가족상담소(cafe.daum.net/hanmaum).

남일재 · 문영주(2015). 『지역사회복지론』. 양서원.

도광조(2014). 『사회복지실천기술론』. 양서원.

류종훈(2004). 『쉽게 쓴 사회복지실천론』. 동인.

박귀영 외(2015). 『사회복지실천론』. 양서원.

박영숙(2008). “집단사회사업의 실천과정과 사회복지사의 역할”, 『인권복지연구』. Vol. 3, 한국인권사회복지학회. pp. 53-71.

박태영 · 채현탁(2014). 『지역사회복지론』. 정민사.

박희서 · 김구(2006). 『사회복지조사방법론』. 비앤엠북스.

배은숙 · 문혜숙 · 김준환 · 이금옥 · 박주현(2013). 『사회복지실천기술론』. 창지사.

배창진 · 박정희 · 장세철 · 이영실 · 이재모 · 이용환 · 황성하(2003). 『사회복지실천론』. 대학출판사.

보건복지부 및 안전행정부(2013). 『개인정보보호 가이드라인–사회복지시설편』.
사회복지사수험연구회 편(2002). 『사회복지실천기술론』. 동인.
서강훈(2013). 『사회복지 용어사전』. 이담북스.
서울대 사회복지실천연구회 역(2001). 『사회복지실천 기법과 지침』. 나남출판.
서울시복지재단(2005). 장애인복지관프로그램매뉴얼개발연구 장애인복지와 사례관리실천방법.
서혜석 · 이혜숙 · 이윤형 · 한경리(2013). 『사회복지실천기술론(개정판)』. 양서원.
설진화(2013). 『사회복지실천기술의 이해』. 양서원.
손광훈(2012). 『사회복지실천기술론』. 공동체.
신성자 · 고유나 · 권신혜 · 김수정 · 박용권 · 성희자 · 이현정 · 전보경 · 정숙희 · 최은지(2012). 『사회복지실천기술론』. 양서원.
양옥경 외(2005). 『사회복지실천론』. 양서원.
양옥경 · 김정진 · 서미경 · 김미옥 · 김소희(2001). 『사회복지실천기술론』. 나남출판.
양정남 · 최선령(2014). 『사회복지실천론』. 양서원.
양정하 · 황인옥 · 엄태완 · 이인숙 · 윤성호 · 이경서 · 홍연숙(2006). 『사회복지조사방법론』. 학현사.
양정하 · 황인옥 · 윤성호 · 이인숙 · 김태준(2007). 『사회복지조사방법론』. 공동체.
엄명용 외(2010). 『사회복지실천기술의 이해』. 학지사.
엄명용 · 노충래 · 김용석(2005). 『사회복지실천기술의 이해』. 학지사.
오봉욱 · 한주빈 · 전수미 · 이효순 · 성치상 · 최종복 · 최세영 · 전동일(2013). 『사회복지실천기술론』. 동문사.
우혜진(2012). "행동주의 학습이론을 적용한 중학교 감상수업 지도방안". 교육대학원 석사학위 논문.
윤현숙 외(2005). 『사회복지실천기술론』. 동인.
이미선 · 강우진 · 권향임(2015). 『사회복지실천기술론』. 창지사.
이영철(2014). 『지역사회복지론』. 양서원.
이영호(2011). 『사회복지실천기술론』. 공동체.
이영호(2014). 『사회복지실천기술론(제2판)』. 공동체.
이용석(2016). 『사회복지사1급 수험서』. 시대고시기획.
이원숙(2008). 『사회복지실천론』. 학지사.
이윤로(2007). 『사회복지실천기술론』. 학지사.
이재선 · 김미림 · 김성철 · 노상은 · 순덕기 · 신철민 · 오은경 · 이병철 · 임원균 · 정용충 · 조순일 · 최상희(2016). 『사회복지실천기술론』. 양서원.
이종복 외(2006). 『사회복지실천론』. 학현사.
이종복 · 전남련(2011). 『사회복지실천론』. 학현사.
이준우(2009). 『사회복지실천기술론』. 파란마음.
이준우 · 이화옥 · 임원선(2006). 『사례와 함께하는 사회복지실천론』. 인간과복지.
이해령(2005). "한국의 사회복지사가 경험하는 종결과정". 중앙대학교 대학원.

이형득(1982). 『인간관계훈련의 실제』. 중앙적성출판사.
이화여자대학교 사회사업학과 편(1997). 『가족치료 총론』. 동인.
임안나·곽정국 외(2011). 『사회복지실천기술론』. 공동체.
임은(2005). 『사회복지실천론』. 학지사.
전남련·박정란·윤기종·이효수(2012). 『사회복지실천기술론』. 정민사.
전남련·이재선·정명희·김치건·김현명·김철벽·오영식(2011). 『사회복지실천기술론』. 오래.
전재일 외(2006). 『사회복지실천론』. 형설출판사.
전재일·이성희(2004). 『사회복지실천기술론』. 형설출판사.
전재일·이성희·김연희(2015). 『사회복지실천기술론』. 공동체.
전재일·이준상(2003). 『사례관리론』. 사회복지개발연구원.
정무성(2006). 『사회복지프로그램 개발과 평가』. 양서원.
정영숙(2006). 『사회복지조사방법론』. 공동체.
조안나(2004). "학습이론에 기초한 수학교육지도방안: 행동주의와 인지주의를 중심으로". 홍익대학교 석사학위 논문.
조휘일 외(2005). 『사회복지실천기술론－제너럴리스트 실천 접근』. 학현사.
조흥식 외(2011). 『가족복지학』. 학지사.
지은구·조성숙(2010). 『지역사회복지론』. 학지사.
채구묵(2006). 『사회복지조사방법론』. 양서원.
채옥채(2007). 『사회복지실천론』. 양서원.
최경화·김재열·유인애·석재은·황성식·안성의·이형진(2010). 『사회복지실천기술론』. 도서출판 신정.
최선화(2016). 『풀어쓴 사회복지실천기술』. 공동체.
최옥채·박미은·서미경·전석균(2002). 『인간행동과 사회환경』. 양서원.
최일섭·류진석(2002). 『지역사회복지론』. 서울대학교출판부.
최일섭·이현주(2014). 『지역사회복지론』. 서울대학교출판부.
한국사회복지대학협의회(2002). 『사회복지학 교과목 지침서』. 한국사회복지대학협의회.
한국여성인권진흥원(2013). 『가정폭력피해자 초기지원매뉴얼』. 가정폭력방지본부.
한국장애인개발원(2015). 발달장애인가족 사례관리 매뉴얼 개발 연구.
한국장애인복지관협회(2013). 장애인복지관 사례관리 매뉴얼 개발 연구.
한국장애인복지관협회(2015). 2015년도 전국 장애인복지관 사례관리 고급과정.
황성동(2007). 『알기 쉬운 사회복지조사방법론』. 학지사.

Barker, R. L.(1995). *The Social Work Dictionary*(3rd ed.). Washington, DC: NASW Press.
Benjamin, A.(1969). *The helping interview*(2nd ed.). Boston: Houghton Mifflin.

Bienvenu, M. J. & McClain, S.(1971). "Parent-adolescent communication and self-esteem", *Journal of Home Economics*, 62. pp. 344-345.

Bloom, M., Fischer, J., & Orime, J.(1995). *Evaluating Practice: Guidelines for the Accountable Profession*(2nd ed.). Bostion, MA: Allyn and Bacon.

Brill, N. I.(1997), *Working with People: The Helping Process*(6th ed.). New York: Longman.

Burns, D. D.(1980). *Feeling Good Together*. New York: Morrow. 차익종 역(2015). 『관계수업』. 흐름출판.

Compton, B. R. & Galaway, B.(1994). *Social Work Processes*(5th ed.). Belmont: Wadsworth. p. 274.

Corey, G,. 조현춘 · 조현재 공역(2003). 『심리상담과 치료의 이론과 실제』. 시그마프레스.

Cournoyer, B.(2000). *The Social Work Skills Workbook*(3rd ed.). Belmont, CA: Brooks/Cole. 김인숙 · 김용석 역(2002). 『사회복지실천기술연습』. 나남출판, p. 143.

Coyle, G.(1930). *Social Process in organized groups*. New York: Richard Smith Inc.

Dunham, A.(1970). *The New Community Organization*. New York: Thomas Y. Growell Company.

Egan, G.(1990). *The skilled helper. A systematic approach to effective helping*(4th ed.). Pacific Grove, Califonia: Brook/cole.

Gambrill, E.(1997). *Social Work Practice: A Critical Thinker's Guide*. New York: Columbia University Press.

Garvin, C. D., 정진영 · 황성철 외 역(1998). 『현대 집단사회사업』. 학문사.

Goidstein, E. & Noonan, M., 이선혜 외 역(2005). 『사회복지실천을 위한 통합적 단기개입』. 학지사.

Gross, I. H., & Knoll, M. M.(1980). *Management for Modern Family*. Eagle wood Cliffs, NJ: Prentice Hall.

Grosser, C. F.(1965). "Community Development Programs Serving the Urban Poor", *Social Work*, Vol. 10, No. 3, July. New York: National Association of Social Workers. pp. 294-301.

Grossman, L.(1969). "Program Action Issues and Action Organizing Tasks", in Kramer, R. M. & Specht, H. et al.(Eds), *Readings in Community Organization Practice*. Englewood Cliffs, New Jersey: Prentice-Hall.

Hardcastle, D. A., Wenocur, S., & Powers, P.(1997). *Community Practice*. Oxford University Press.

Hartford, M.(1971). *Groups in social work*. New York: Columbia University Press.

Hepworth, D. H. & Larsen, J. A.(1990). *Direct Social Work Practice: Theory and skills*(3rd ed.). Belmont: Wadworth Publishing Company.

Hersen, M. & Van Hasselt, C. B.(Eds.)(1998). *Basic Interviewing: A Practical Guide for Counselors and Clinicians*. Mahwah, NJ: Lawrence Erlbaum Associates Pub.

Johnson, F. E., Van Hasselt V., & Hersen, M.(1997). "Chapter3: Rapport empathy, and reflection", in Hersen, M. & Van Haasselt, V.(Eds.), *Basic Interviewing: A Practical Guide for Counselors and Clinicians*. Mahwah, NJ: Lawrence Erlbaum Associates Pub. pp. 41-56.

Johnson, L. & Yanca, S.(2004). *Social Work Practice: a generalist approach*(8th ed.). Pearson Education.

Johnson, L. C.(1989). *Social Work Practice*(3rd ed.). Massachusetts: Allyn and Bacon. p. 187.

Kadushin, A. & Kadushin, G.(1997). *The Social Work Interview*(4th ed.). New York: Columbia University Press.

Kadushin, A.(1990). *The Social Work Interview*(3rd ed.). New York, NY: Columbia University Press.

Kadushin, A.(1995). "Interviewing", in Edwards, R. L. & Hopps, J. G.(Eds.), *Encyclopedia of Social Work*(19th ed.). Washington, DC: NASW Press. pp. 1527-1537.

Kagle, J. D. & Kopels, S., 홍순혜・한인영 공역(2010). 『사회복지기록(제3판)』. 시그마프레스.

Kelly, J. B., Balderrabano, A. L., & Briseno, E. L.(1986). "The roles of community development workers in the U.S and Mexico", *Community Development Journal*, Vol. 21, No. 1. pp. 11-22.

Kirst-Ashman, K. K. & Hull, G.(1993). *Understanding generalist Practice*. Chicago: Nelson-Hull Publishers.

Lippitt, R. et al.(1958). *The Dynamics of Planned Change: A Comparative Study of Principles and Techniques*. New York: Harcourt. Brace. Jovanovich.

Lishman, J.(1994). *Communication in Social Work*. Basingstoke: Macmillan/BASW.

Mehrabian, A.(1972). *Nonverbal communication*. Chicago, Illinois: Aldine-Atherton.

Mehrabian, A.(1981). *Silent messages: Implicit communication of emotions and attitudes*(2nd ed.). Belmont, California: Wadsworth.

Miller, J. B.(1986). *Toward a New Psychology of Women*. Hamonds Worth: Penguin.

Morris, R. & Binstock, R.(1966). *Feasible Planning for Social Change*. New York: Colombia University Press.

Papell, C. P. & Rothman, B.(1980). "Social group work models: Possession and heritage", in A. Alissi(Ed.), *Perspectives on social group work practice*. New York: The Free Press.

Park, R. E. & Burgess, E. W.(1921). *Introduction to the Science of Sociology*. Chicago: University of Chicago Press.

Payne, M., 서진환·이선혜·정수경 역(2001). 『현대사회복지실천이론』. 나남출판.

Poindexter, C. C., Valentine, D. P., & Conway, P. G., 이윤로 외 역(2003). 『사회사업실천기술론』. 현학사.

Reid, K. E.(1997). *Social work Practice with groups: A clinical perspective*(2nd ed.). Pacific Grove, CA: Books/Cole.

Ross, M. G.(1955). *Community Organization: Theory and Principles*. New York: Harper & Brothers.

Ross, M. G.(1967). *Community Organization: Theory, Principles and Practice*. New York: Harper & Row. Publishers.

Rossi, P. & Freeman, H.(1982). *Evaluation: A Systematic Approach*. Beverly Hills, CA: Sage.

Rothman, J.(1974). "Three Models of Community Organization Practice", in Fred M, Cox et al.(Eds.), *Strategies of Community Intervention: A Book of Readings*. F. E. Peacock Publishers.

Rothman, J.(1995). "Approaches to Community Intervention". in Rothman, J. et al.(Eds.), *Strategies of Community Intervention*. F. E. Peacock Publishers.

Sanders, I. T.(1969). "Professional Roles in Planned Change". in Kramer, R. M. & Specht, H. et al.(Eds), *Reading in Community Organization Practice*. Englewood Cliffs. New Jersey: Prentice-Hall. pp. 269-278.

Satir, V., Banman, J., & Gomori, M.(1991). *Stair step by step: A guide to creating charge in families*. Palo Alto: Science and Behavior Books Inc.

Sheafor, B. W., Horejsi, C. R., & Horejsi, G. A.(1991). *Technique and Guideline for Social Work Practice*(2nd ed.). Boston: Allyn & Bacon.

Sheafor, B. W., Horejsi, C. R., & Horejsi, G. A.(1997). *Techniques and Guidelines for Social Work Practice*. New York: Allyn & Bacon. 서울대 사회복지실천연구회 역(1998). 『사회복지실천기법과 지침』. 나남출판.

Shulman, L.(1992). *The Skills of Helping*. Itasca, Ill.: F. E. Peacock Publishers.

Toseland, R. W. & Rivas, R. F.(1995). *An introduction to group work practice*(2nd ed.). New York: Macmillan.

Trecker, H. B.(1972). *Social Group Work: Principle and Practice*. New York: Association Press.

Trevithick. P.(2000). *Social Work Skills: A Practice Handbook*. Philadelphia, PA: Open University Press. 우국희·최경원·황숙연 역(2002). 『사회복지실천기술: 실천을 위한 핵심기술 50』. 사회복지실천연구소.

Warren, R. L.(1978). *The Community in America*. Rand McNally.

Weiss, C. H.(1998). *Evaluation*(2th ed.). Prentice Hall.

Yalom, I. D.(1995). *The Theory and Practice of group psychotherapy*(4th ed.). New York: Basic Books.

Zastrow, C.(2010). *The Practice of Social Work*. Brooks/Cole, Cengage Learning.

http://slowalk.tistory.com

http://www.sebasa.org

https://evernote.com

찾아보기

■ 인명

갈러웨이 ············ 8
갬블 ············ 222
골든버그 ············ 171
골란 ············ 71
권중돈 ············ 134
그로서 ············ 236
그로스 ············ 241
김종옥 ············ 134
데이비드 번즈 ············ 243
돌고프 ············ 16
듀발 ············ 176
로스 ············ 229, 233
로스만 ············ 228, 333
로웬버그 ············ 16
리바스 ············ 140
리치먼드 ············ 89
린더만 ············ 67
매티슨 ············ 15
맥클라인 ············ 241
머튼 ············ 133
메식 ············ 72
모랄레스 ············ 8
밀러 ············ 176
바커 ············ 8
반두라 ············ 77
버거 ············ 77
벡 ············ 54
브릴 ············ 291
비앙브뉘 ············ 241
샌더스 ············ 235
셰퍼 ············ 8, 242
슐만 ············ 8, 107
스키너 ············ 76
슬레이터 ············ 148
시포린 ············ 21
아귈라 ············ 72
앤 하트만 ············ 200
에릭슨 ············ 68
엘리스 ············ 53
울프 ············ 78
웨일 ············ 222
전재일 ············ 8
존슨 ············ 272
카두신 ············ 271
칼 로저스 ············ 82
캐플란 ············ 67
코놉카 ············ 140
콤프톤 ············ 8
크놀 ············ 241
토스랜드 ············ 140
트웰브트리스 ············ 222
파블로프 ············ 75
펄만 ············ 89
피들러 ············ 133
하우 ············ 20
하트포드 ············ 134

■ 내용

가계도 ············ 196
가정폭력 ············ 124, 175, 208
가족 ············ 171
가족구조 ············ 178
가족그림 ············ 192
가족생태학 ············ 177
가족생활주기 ············ 175
가족신화 ············ 175
가족옹호 ············ 185
가족조각 ············ 191
가족중재 ············ 192
간직하기 ············ 45
간헐적 강화 ············ 77
갈등주의 관점 ············ 220

감정 반영하기 ···· 108
감정이입 ···· 45
감정정화 ···· 143
강점 ···· 189
강점관점 ···· 330
강화 ···· 76, 78, 103
개방적 질문 ···· 110
개방형 질문 ···· 267, 292
개별화 ···· 49
격려하기 ···· 64
격리 ···· 42
경계 만들기 ···· 189
경제적 학대 ···· 127
경청 ···· 45, 64, 186
경청기술 ···· 106, 264
경청의 극대화 ···· 289
경향성 접근 ···· 395
경험적 가족치료 ···· 191
경험적 학습 ···· 56
계속적 강화 ···· 76
고전적 조건형성 ···· 75
공감 ···· 244
공감적 이해 ···· 87
과정기록 ···· 308
과제 주기 ···· 65
과학적 기반 ···· 18
관계형성기술 ···· 271
관찰 기술 ···· 263, 295
구조적 가족치료 ···· 188
균형 깨트리기 ···· 190
긍정적 관심 ···· 85
기능적 가족 ···· 172
기능적 지역사회 ···· 216
기능주의 관점 ···· 219
기록 ···· 187, 300
기록과제 ···· 56
기술 ···· 7
기적질문 ···· 64, 193
기초선 ···· 389
꿈의 분석 ···· 45

나-전달법 ···· 115
나-전달법 ···· 259
내면화 ···· 44
내용 반영하기 ···· 108
내용확인 기술 ···· 294
내적타당성 ···· 367
너-전달법 ···· 259, 261
네트워크 스토리지 ···· 315
노인폭력 ···· 125
노출기법 ···· 81
노출법 ···· 80
녹음 및 녹화기록 ···· 312
논박 ···· 114

다세대적 가족치료 ···· 190
단일사례설계 ···· 386
단일집단 사전사후측정설계 ···· 376
단일집단 사후측정설계 ···· 375
대리적 조건형성 ···· 77
대변자(advocate) ···· 22
대상관계이론 ···· 47
대인관계의 기술 ···· 11
대인관계학습 ···· 143
대처-극복질문 ···· 194
대처질문 ···· 64
대처카드 ···· 58
동일시 ···· 43

라포형성 ···· 271

만족도 평가 ···· 362
말하는 기술 ···· 290
맥마스터 모델의 가족사정척도 ···· 207
메시지 작성 ···· 65
면담 ···· 91
면접 과정기술 ···· 288
면접 시작기술 ···· 284
면접 종결기술 ···· 296
면접 준비 ···· 278

명료화 ······ 46, 56
명료화기술 ······ 73, 120
명확화 ······ 107
모델링 ······ 57, 79, 80
모방 ······ 104
모방행동 ······ 143
목소리 ······ 252
몸동작 ······ 252
무엇 질문 ······ 293
무의식 ······ 40
무조건적인 긍정적 존중 ······ 87
문제의 외재화 ······ 195
문제중심기록 ······ 310
문화적 민감성 ······ 187
미국사회복지사협회 윤리강령 ······ 15

바꿔말하기 ······ 107
반동형성 ······ 42
반영 ······ 107
발달적 위기 ······ 68
방어기제 ······ 42
방임 ······ 123, 127
버텨주기 ······ 45
벌 ······ 78
보상 ······ 44
복수기초선(다중기초선) 설계 ······ 392
복수시계열조사 ······ 375
부모폭력 ······ 125
부부의 개인 및 관계평가척도 ······ 207
부부폭력 ······ 125
부적강화 ······ 76
부적처벌 ······ 76
부정 ······ 44
브로커(broker) ······ 22
비동질적 집단 사후측정설계 ······ 376
비동질적 통제집단조사 ······ 374
비버스-팀버론 가족평가척도 ······ 207
비언어적 의사소통기술 ······ 251

사례관리 ······ 328
사례조사 ······ 391
사례회의 ······ 334
사정 ······ 98
사회계획모델 ······ 230
사회복지 전문직의 정체성 ······ 24
사회복지공동모금회 ······ 239
사회복지관 ······ 239
사회복지사 ······ 13
사회복지사 역할 ······ 233
사회복지사 전문직의 윤리 ······ 14
사회복지사의 가치 ······ 16
사회복지사의 기능 ······ 30
사회복지사의 역할 ······ 28
사회복지사의 윤리 ······ 14
사회복지사의 클라이언트에 대한 윤리기준 ······ 15
사회복지시설의 사회화 ······ 240
사회복지실천 기술요소 ······ 9
사회복지실천 평가 ······ 359
사회복지실천현장 ······ 27
사회복지협의회 ······ 239
사회적 관계망 ······ 203
사회적 글쓰기 ······ 322
사회적 지지원 ······ 203
사회적목표모델 ······ 166
사회통제 ······ 217
사회통합 ······ 218
사회행동모델 ······ 230
사회화 ······ 217
사후관리 ······ 397
상부상조 ······ 218
상호작용 방법 ······ 290
상호작용모델 ······ 168
상황적 위기 ······ 68
생각중지기법 ······ 57
생산성 ······ 160
생태도 ······ 200
생태체계 관점 ······ 329
생활력도표 ······ 205
생활주기표 ······ 206
설명 ······ 56

성적 학대 ······ 127
성학대 ······ 123
소거 ······ 77
속죄양 ······ 174
솔로몬4집단설계 ······ 372
솔루션 위원회의 ······ 339
수용 ······ 49
순환적 인과성 ······ 177
순환적 질문 ······ 195
시각적 분석 ······ 393
시계열기록 ······ 312
시계열조사 ······ 374
시련기법 ······ 195
시선 ······ 253
시연 ······ 57
신체적 근접성 ······ 252
신체적 접촉 ······ 291
신체적 학대 ······ 122, 126
실연 ······ 190
실존적 위기 ······ 69
실질적(임상적) 분석 ······ 395
실천과정의 기술 ······ 12
실험대상의 무작위화 ······ 366
실험변수의 조작 ······ 365
실험설계 ······ 364
실현화 경향 ······ 84
심리사회모델 ······ 46

아동폭력 ······ 125
아동학대 ······ 121
아웃리치 워커(outreach worker) ······ 22
악수 ······ 291
알코올 남용 ······ 209
알코올 및 물질남용 ······ 175
억압 ······ 42
언어의 재구성 ······ 248
언어적 의사소통기술 ······ 248
얼굴표정 ······ 117, 251
역기능적 가족 ······ 173
역동적·실존적 반영 ······ 57
역설적 개입 ······ 194
역설적 의도 ······ 56
역설적 지시 ······ 194
역전 ······ 43
역할교환 ······ 104
역할극 ······ 191
역할연습 ······ 191
예술적 기반 ······ 19
예외질문 ······ 64, 193
옷차림 ······ 253
옹호 관점 ······ 332
외생변수의 통제 ······ 366
외양 ······ 253
외적타당성 ······ 370
요약 ······ 108
요약기술 ······ 119, 273
요인설계 ······ 373
원가족 척도 ······ 207
원초아 ······ 40
웰레퍼런스 ······ 319
위기개입모델 ······ 67
위장 ······ 173
유사실험설계 ······ 374
윤리적 갈등 ······ 15
의사소통 ······ 178, 241
의사소통기술 ······ 106
의사소통의 방해 요인 ······ 253
의사전달기술 ······ 120
의식 ······ 40
이야기체 요약기록 ······ 309
이완훈련 ······ 57, 80
이중구속 메시지 ······ 173
인정 ······ 64
인지 재구조화 ······ 57
인지적 과제 ······ 114
인지행동모델 ······ 53
인터뷰 ······ 186
일반화 ······ 103
임파워먼트 관점 ······ 331

자기결정 ···· 49
자기관리 ···· 187
자기관리 프로그램 ···· 81
자기노출 ···· 250
자기대화 ···· 58
자기로의 전향 ···· 43
자기소개 ···· 287
자기주장 훈련 ···· 81
자기지시기술 ···· 58
자기표현 ···· 244
자녀폭력 ···· 125
자료수집 ···· 97
자발적 회복 ···· 77
자살 ···· 127
자세 ···· 252
자아 ···· 41
자아실현 욕구 ···· 84
자원봉사센터 ···· 239
자유연상 ···· 44
재구조화 ···· 190
재보증 ···· 103
저항 ···· 45
적극적 경청 ···· 108
적응 ···· 188
전략적 가족치료 ···· 194
전실험설계 ···· 375
전의식 ···· 40
전이 ···· 45
전치 ···· 43
전환 ···· 43
접수 ···· 95
정보제공 ···· 103
정보제공기술 ···· 270
정서적 반응 다루기 ···· 381
정신분석이론 ···· 47
정신역동 집단상담 ···· 135
정신역동모델 ···· 39
정신적 학대 ···· 126
정적강화 ···· 76
정적처벌 ···· 76
제스처 ···· 116
제지기법 ···· 195
조건부 가치 ···· 85
조언 ···· 103
조작적 행동 ···· 78
존중 ···· 244
종결 ···· 162, 379
종결기술 ···· 274
좋은 기록 ···· 313
좋지 않은 기록 ···· 314
주장 ···· 244
중재기술 ···· 110
증상처방 ···· 195
지리적 지역사회 ···· 216
지성화 ···· 43
지시적 기술 ···· 72
지역사회 ···· 215
지역사회개발모델 ···· 229
지지 ···· 50
지지기술 ···· 162
지지적 기술 ···· 72
직면 ···· 45, 103, 183, 192
직면기술 ···· 269
직접적 영향 ···· 50
진실성 ···· 86
진실험설계 ···· 371
질문 ···· 186
질문기술 ···· 110, 267, 292
집단문화 ···· 158
집단사회복지사 ···· 153
집단사회사업 ···· 133, 140
집단상담 ···· 141
집단역동 ···· 138
집단응집력 ···· 139, 143, 160
집단지도 ···· 142
집단치료 ···· 141

책무성 ···· 360
처벌 ···· 103
척도질문 ···· 64, 194

체계적 둔감법 ······ 78, 80
체계적 둔감화 ······ 58
초기 면접 점검표 ······ 280
초대하기 ······ 64
초자아 ······ 41
초점유지기술 ······ 109
초점화 ······ 103
초점화된 질문하기 기술 ······ 269
총괄평가 ······ 361
취소 ······ 43
치료모델 ······ 167
치환 ······ 44
칭찬 ······ 183

코칭 ······ 58
클라우드 서비스 ······ 315
클라우드를 활용한 기록 ······ 315
클라이언트중심모델 ······ 82

타당성 ······ 367
타임아웃 ······ 81, 104
탈삼각화 ······ 190
탈시설화 ······ 325
토큰강화 ······ 104
토큰경제 ······ 80
통계학적 분석 ······ 394
통제집단 사전사후설계 ······ 372
통제집단 사후측정설계 ······ 371
통제집단후비교조사 ······ 371
통합 ······ 162
통합사례회의 ······ 337
통합주의 관점 ······ 221
퇴행 ······ 42
투사 ······ 43
투입 ······ 43

평균비교 접근 ······ 394
폐쇄적 질문 ······ 111
폐쇄형 질문 ······ 267, 293

표적행동 ······ 78
표현촉진기술 ······ 109, 268
피드백 ······ 187
피해야 할 질문 ······ 112

합류 ······ 188
합리적 정서치료(REBT) ······ 55
합리화 ······ 43
해결중심모델 ······ 60
해결중심적 가족치료 ······ 193
해석 ······ 44
해석기술 ······ 266
행동수정기법 ······ 80
행동수정기술 ······ 73
행동시연 ······ 104, 195
행동주의모델 ······ 74
협상 ······ 187
형성평가 ······ 361
형제폭력 ······ 126
호기심 갖기 ······ 64
홍수법 ······ 80
환경적 위기 ······ 69
환경조정기술 ······ 73
환기 ······ 103
환기법기술 ······ 73
환류 고리 ······ 178
훈습 ······ 46

AB 설계 ······ 388
ABAB 설계 ······ 390
ABC 설계 ······ 389
BAB 설계 ······ 391
B조사 ······ 391

저자 약력

이재선_ 평택대학교 사회복지학 박사
신안산대학교 사회복지과 교수 역임
〈저서〉 사회복지개론, 사회복지실천론, 사회복지현장실무 외 다수

김성철_ 숭실대학교 사회복지학 박사
백석대학교` 보건복지대학원 교수
〈저서〉 사회복지시설운영론, 사회복지개론, 사회복지실천론 외

순덕기_ 건국대학교 사회복지학 박사
한국열린사이버대학교 인문사회대학 학장/사회복지과 교수
〈저서〉 사회복지정책론, 사회복지조사론과 통계, 사회복지실천론 외

신철민_ 가톨릭대학원 사회복지정책 박사과정
서부장애인종합복지관 사무국장
〈저서〉 사회복지 지도감독과 현장실무론, 사회복지실천론 외

정용충_ 서울한영대학교 사회복지학 박사
한국열린사이버대학교 사회복지과 교수
〈저서〉 사회복지개론, 사회복지실천론, 자원봉사론 외

조순일_ 연세대학교 행정대학원 석사(사회복지 전공)
두원공과대학교 보육복지과 교수
〈저서〉 사회복지실천론, 사회복지 지도감독과 현장실무론 외

▍현장실천중심 **사회복지실천기술론** ▍

1판 1쇄 발행 2016년 8월 30일
1판 2쇄 발행 2018년 8월 10일

저 자 | 이재선 김성철 순덕기 신철민 정용충 조순일
발 행 인 | 박철용
발 행 처 | 양서원
주 소 | 경기도 파주시 직지길 522 파주출판도시
전 화 | 031-955-8000(代)
팩 스 | 031-955-8005
홈페이지 | www.yswpub.co.kr
이 메 일 | yswpub@chol.com
출판등록 | 1987년 11월 24일 제 406-2003-037 호

ISBN 978-89-994-0580-8

정가 20,000원